Cadernos do cárcere

Obras de Antonio Gramsci

Editor: Carlos Nelson Coutinho
Coeditores: Luiz Sérgio Henriques e Marco Aurélio Nogueira

Cadernos do cárcere (6 vols.)

1. Introdução ao estudo da filosofia. A filosofia de Benedetto Croce
2. Os intelectuais. O princípio educativo. Jornalismo
3. Maquiavel. Notas sobre o Estado e a política
4. Temas de cultura. Ação católica. Americanismo e fordismo
5. O *Risorgimento*. Notas sobre a história da Itália
6. Literatura. Folclore. Gramática. Apêndices, variantes e índices

Escritos políticos (2 vols.)

1. Escritos políticos 1910-1920
2. Escritos políticos 1921-1926

Cartas do cárcere (2 vols.)

Antonio Gramsci

Cadernos do cárcere

Volume 4:
Temas de cultura. Ação católica.
Americanismo e fordismo

Tradução de
Carlos Nelson Coutinho
Luiz Sérgio Henriques

7ª edição

Rio de Janeiro
2023

Copyright © Carlos Nelson Coutinho, Luiz Sérgio Henriques e
Marco Aurélio Nogueira, 1999

Capa: Rodrigo Moreira
Imagem de capa: Laski Diffusion/Getty Images

Todos os direitos reservados. É proibido reproduzir, armazenar ou transmitir partes
deste livro, através de quaisquer meios, sem prévia autorização por escrito.

Texto revisado segundo o Acordo Ortográfico da Língua Portuguesa de 1990.

Direitos desta tradução adquiridos pela
EDITORA CIVILIZAÇÃO BRASILEIRA
Um selo da
EDITORA JOSÉ OLYMPIO LTDA.
Rua Argentina, 171 — Rio de Janeiro, RJ — 20921-380 — Tel.: (21) 2585-2000.

Seja um leitor preferencial Record.
Cadastre-se no site www.record.com.br
e receba informações sobre nossos lançamentos e nossas promoções.

Atendimento e venda direta ao leitor:
sac@record.com.br

CIP-BRASIL. CATALOGAÇÃO NA PUBLICAÇÃO
SINDICATO NACIONAL DOS EDITORES DE LIVROS, RJ

G773c Gramsci, Antonio, 1891-1937
7. ed.   Cadernos do cárcere : volume 4 : temas de cultura, ação católica,
          americanismo efordismo / Antonio Gramsci ; tradução Carlos Nelson
          Coutinho, Luiz Sérgio Henriques. - 7. ed. - Rio de Janeiro : Civilização
          Brasileira, 2023.

          Tradução de: Quaderni del carcere
          Inclui índice
          ISBN 978-65-5802-021-9

          1. Gramsci, Antonio, 1891-1937 - Visão política e social. 2. Ciência
          política - Filosofia. 3. Cultura. 4. Igreja Católica. 5. Estados Unidos
          - Condições sociais. 6. Fordismo. I. Coutinho, Carlos Nelson.
          II. Henriques, Luiz Sérgio. III. Título.

23-85258   CDD: 320.01
                          CDU: 321.01

Meri Gleice Rodrigues de Souza – Bibliotecária – CRB-7/6439

Impresso no Brasil
2023

SUMÁRIO

Nota prévia   9

CADERNOS DO CÁRCERE
Volume 4

I. TEMAS DE CULTURA

1. Caderno 16 (1933-1934)
Temas de cultura. 1º   15

2. Caderno 26 (1935)
Temas de cultura. 2º   87

3. Dos cadernos miscelâneos
Caderno 1 (1929-1930)   103
Caderno 2 (1929-1933)   105
Caderno 3 (1930)   108
Caderno 4 (1930-1932)   111
Caderno 5 (1930-1932)   111
Caderno 6 (1930-1932)   114
Caderno 7 (1930-1931)   119
Caderno 8 (1931-1932)   120
Caderno 9 (1932)   127
Caderno 14 (1932-1935)   134
Caderno 15 (1933)   142
Caderno 17 (1933-1935)   152

II. AÇÃO CATÓLICA

1. Caderno 20 (1934-1935)
Ação Católica — Católicos integristas —
Jesuítas — Modernistas   157

2. Dos cadernos miscelâneos
Caderno 1 (1929-1930)   187
Caderno 2 (1929-1933)   194
Caderno 3 (1930)   200
Caderno 4 (1930-1932)   206
Caderno 5 (1930-1932)   207
Caderno 6 (1930-1932)   225
Caderno 7 (1930-1931)   238
Caderno 8 (1931-1932)   242
Caderno 9 (1932)   247
Caderno 14 (1932-1935)   249
Caderno 15 (1933)   252
Caderno 17 (1933-1935)   254

III. AMERICANISMO E FORDISMO

1. Caderno 22 (1934)
Americanismo e fordismo   259

2. Dos cadernos miscelâneos
Caderno 1 (1929-1930)   309
Caderno 2 (1929-1933)   310
Caderno 3 (1930)   316
Caderno 4 (1930-1932)   319
Caderno 5 (1930-1932)   320
Caderno 6 (1930-1932)   327
Caderno 7 (1930-1931)   332

Caderno 8 (1931-1932)   334
Caderno 9 (1932)   337
Caderno 14 (1932-1935)   340
Caderno 15 (1933)   342

Notas ao texto   349
Índice onomástico   395

NOTA PRÉVIA

Para os critérios utilizados na presente edição brasileira dos *Cadernos do cárcere*, cujo volume 4 o leitor tem agora em mãos, remetemos à detalhada "Introdução" contida no volume 1. Nela o leitor encontrará não apenas a explicitação desses critérios, mas também uma descrição dos *Cadernos* e uma história de suas edições na Itália e no Brasil.

Recordamos aqui apenas alguns tópicos:

1) Os *Cadernos do cárcere* se dividem, segundo indicações do próprio Gramsci, em "cadernos especiais" e "cadernos miscelâneos". Nos primeiros, em geral mais tardios, Gramsci agrupou notas sobre temas específicos; nos segundos, reuniu apontamentos sobre diferentes assuntos. Além de reproduzir os "cadernos especiais" tais como nos foram legados por Gramsci, esta edição os faz sempre acompanhar pelas notas contidas nos "cadernos miscelâneos" relativas ao conteúdo básico de cada um dos "cadernos especiais".

O presente volume 4 contém quatro desses "cadernos especiais": dois dedicados a "Temas de cultura", em que Gramsci aborda variados assuntos, um à "Ação Católica" e outro a "Americanismo e fordismo". Tais cadernos são seguidos por três partes intituladas "Dos cadernos miscelâneos". A primeira delas agrupa notas sobre variados temas de cultura geral; a segunda reúne a maioria das notas dedicadas a temas organizativos da Igreja, em particular as que o próprio Gramsci intitulou "Ação Católica" e "Católicos integristas, jesuítas, modernistas"; a terceira contém não só as notas diretamente vinculadas ao tema do "americanismo", mas também as relativas aos Estados Unidos, aos processos de modernização industrial, a questões demográficas e à crise econômica de 1929, ou seja, a temas também abordados por Gramsci no caderno 22.

Apresentados aqui em sua presumível ordem cronológica de redação, os cadernos e as notas (sempre precedidas no manuscrito de Gramsci por um sinal de §) são datados e numerados segundo os critérios adotados na edição crítica organizada por Valentino Gerratana (*Quaderni del carcere*, Turim, Einaudi, 1975, 4 vols.).

2) Em sua edição, Gerratana distingue as notas gramscianas em textos A, B e C. Os textos A são aqueles que Gramsci cancela e depois retoma, com maiores ou menores alterações, em textos C; os textos B são os de redação única. Nossa edição, que reproduz a totalidade dos textos B e C, contém apenas alguns textos A, incluídos como apêndice ao volume 6. Enquanto os "cadernos especiais" são quase sempre constituídos por textos C, os "cadernos miscelâneos" (se excluirmos os textos A e apenas três textos C) são formados por textos B. Quando houver exceções a essa "regra", elas serão indicadas na presente edição, mediante a inclusão, após cada parágrafo que não siga a "regra", dos signos {B} ou {C}. Cabe advertir que, no presente volume 4, todas as notas contidas nos "cadernos especiais" (16, 20, 22 e 26) são do tipo C, salvo os §§ 10 do Caderno 16, 1 do Caderno 22 e 4 do Caderno 26, que são textos B; e todas as notas dos "cadernos miscelâneos" são de tipo B.

3) Sempre que o leitor encontrar, ao longo do texto de Gramsci, um número posto entre colchetes ([1], [2], [3], etc.), tal número remete às "Notas ao texto", situadas no final de cada volume. Essas "Notas" fazem parte do aparato crítico da presente edição. No caso do atual volume, além de muitas notas originais e de outras sugeridas por V. Gerratana e por J. A. Buttigieg (nas edições mencionadas no vol. 1), valemo-nos também de indicações fornecidas por Elsa Fubini, organizadora do volume antológico de A. Gramsci, *Il Vaticano e l'Italia*, Roma, Riuniti, 1974, e por Franco de Felice, em sua edição crítica de A. Gramsci, *Quaderno 22. Americanismo e fordismo*, Turim, Einaudi, 1978.

C.N.C.

CADERNOS DO CÁRCERE

VOLUME 4

I.
TEMAS DE CULTURA

1. Caderno 16

(1933-1934)

Temas de cultura. 1º

§ 1. *A religião, a loteria e o ópio da miséria*. Nas *Conversazioni critiche* (Série II, p. 300-301), Croce busca a "fonte" do *Paese di Cuccagna*, de Matilde Serao, e a encontra num pensamento de Balzac [1]. Na narrativa *La rabouilleuse*, escrita em 1841 e depois intitulada *Un ménage de garçon*, falando de madame Descoings, que há vinte e um anos apostava numa famosa sequência de três números, o "romancista sociólogo e filósofo" observa: "Essa paixão, tão universalmente condenada, nunca foi estudada. Ninguém ainda compreendeu o ópio da miséria. A loteria, a mais poderosa fada do mundo, não desenvolvia esperanças mágicas? A jogada de roleta, que acenava aos jogadores com montões de ouro e de prazeres, não durava mais que um clarão; ao passo que a loteria dava uma duração de cinco dias a esse magnífico clarão. Qual é, atualmente, a potência social que pode, por quarenta soldos, tornar-vos felizes durante cinco dias e conceder-vos idealmente todas as felicidades da civilização [2]?"

Croce já havia observado (em seu ensaio sobre Serao, "Letteratura della nuova Italia", III, p. 51) que *Paese di Cuccagna* (1890) tinha sua ideia matriz num trecho de outro livro de Serao, *Il ventre di Napoli* (1884), no qual "se realça a loteria como 'o grande sonho de felicidade' que o povo napolitano 'volta a sonhar toda semana', vivendo 'por seis dias uma esperança crescente, voraz, que se alastra, sai dos limites da vida real'; o sonho 'em que estão todas as coisas de que ele é privado, uma casa limpa, de ar saudável e fresco, um bom raio de sol cálido no chão, uma cama branca e alta, uma cômoda luzidia, as massas e a carne de todo dia, e a garrafa de vinho, e o berço da criança, e as roupas da casa para a mulher, e o chapéu novo para o marido'".

18 | CADERNOS DO CÁRCERE

O trecho de Balzac também se poderia relacionar com a expressão "ópio do povo", empregada na *Crítica da filosofia do direito de Hegel*, publicada em 1844 (verificar a data), cujo autor foi um grande admirador de Balzac: "Tinha uma tal admiração por Balzac que se propunha escrever um ensaio crítico sobre a *Comédia humana*", escreve Lafargue em suas recordações de K.M. publicadas na conhecida coletânea de Riazanov (p. 114 da edição francesa). Nesses últimos tempos (talvez em 1931) foi publicada uma carta inédita de Engels em que se fala difusamente de Balzac e da importância cultural que lhe deve ser atribuída [3].

É provável que a passagem da expressão "ópio da miséria", usada por Balzac acerca da loteria, à expressão "ópio do povo" acerca da religião, tenha sido ajudada pela reflexão sobre o *pari* de Pascal, que aproxima a religião do jogo de azar, das apostas. Deve-se recordar que justamente em 1843 Victor Cousin identificou o manuscrito autêntico de *Os pensamentos* de Pascal, editados pela primeira vez em 1670 por seus amigos de Port-Royal, com muitas incorreções, e reeditados em 1844 pelo editor Faugère a partir do manuscrito identificado por Cousin. *Os pensamentos*, em que Pascal desenvolve o argumento do *pari*, são os fragmentos de uma *Apologia da religião cristã* que Pascal não levou a cabo. Eis a linha do pensamento de Pascal (segundo G. Lanson, *História da literatura francesa*, 19ª ed., p. 464): "Os homens nutrem desprezo pela religião, têm ódio e medo de que ela seja verdadeira. Para remediar isso, é preciso começar por mostrar que a religião não é de modo algum contrária à razão; em seguida, que ela é venerável, que merece respeito; torná-la, depois, amável, fazer com que os bons desejem que ela seja verdadeira, e por fim mostrar que ela é verdadeira [4]."

Depois do discurso contra a indiferença dos ateus, que serve como introdução geral da obra, Pascal expõe sua tese da impotência da razão, incapaz de saber tudo e de saber alguma coisa com certeza, reduzida a julgar segundo as aparências dadas pelo ambiente das coisas. A fé é um meio superior de conhecimento: ela se aplica além dos limites a que pode chegar a razão. Mas, mesmo que não fosse assim, mesmo que nenhum meio houvesse para chegar a Deus, através da razão ou através de um outro caminho qualquer, na absoluta impossibilidade de saber, seria preciso operar como se soubéssemos. Isso porque, segundo o cálculo das probabilidades, é vantajoso apostar que a religião é verdadeira e regular a própria vida como se ela fosse verdadeira. Vivendo de modo cristão, arrisca-se infinitamente pouco, alguns anos de prazeres conturbados (*plaisir mêlé*), para ganhar o infinito, a felicidade eterna. Deve-se refletir que Pascal foi muito sutil ao dar forma literária, justificação lógica e prestígio moral a esse argumento da aposta, que na realidade é um modo de pensar difuso em relação à religião, mas um modo de pensar que "se envergonha de si mesmo", porque, ao mesmo tempo que satisfaz, parece indigno e baixo. Pascal enfrentou a "vergonha" (se é que se pode dizer assim, porque talvez o argumento da "aposta", hoje popular, em formas populares, derive do livro de Pascal e não se conhecesse antes) e buscou dar dignidade e justificação ao modo de pensar popular (quantas vezes se ouve dizer: "O que é que se perde indo à igreja, acreditando em Deus? Se não existir, paciência; mas, se existir, terá sido muito útil acreditar!", etc.). Esse modo de pensar, mesmo na forma pascaliana do *pari*, tem algo de voltairianismo e lembra uma expressão de Heine: "Quem é que sabe se o Padre Eterno não nos prepara alguma bela surpresa depois da morte?", ou algo do gênero. (Ver como os estudiosos de Pascal explicam e justificam moralmente o argumento do *pari*. Deve haver um estudo de P. P. Trompeo no volume *Rilegature gianseniste*, em que se fala do argumento do *pari* em relação a Manzoni. Deve-se ver também Ruffini por causa de seu estudo sobre o Manzoni religioso [5].)

De um artigo de Arturo Marescalchi, "Durare! Anche nella bachicoltura", no *Corriere della Sera* de 24 de abril de 1932: "Para cada meia onça de ovos investida na criação do bicho-da-seda se concorre

20 | CADERNOS DO CÁRCERE

a prêmios que vão de cifras modestas (há quatrocentos de mil liras) até vários de 10 a 20 mil liras e cinco entre 25 e 250 mil liras. No povo italiano está sempre vivo o sentido de tentar a sorte; no campo, ainda hoje, não existe quem se abstenha das 'rifas' e das tômbolas. Aqui se terá grátis o bilhete que permite tentar a fortuna."

De resto, há uma estreita conexão entre a loteria e a religião, as premiações mostram que alguém foi "eleito", que alguém obteve uma graça particular de um Santo ou de Nossa Senhora. Seria possível uma comparação entre a concepção ativista da graça nos protestantes, que deu forma moral ao espírito de empreendimento capitalista, e a concepção passiva e indolente da graça própria da gente comum católica. Observar a função que tem a Irlanda no sentido de revigorar as loterias nos países anglo-saxões e os protestos dos jornais que representam o espírito da Reforma, como o *Manchester Guardian*.

Além disso, deve-se ver se Baudelaire, no título de seu livro *Os paraísos artificiais* (e mesmo no tratamento do tema), não terá se inspirado na expressão "ópio do povo": a fórmula pode ter chegado a ele indiretamente a partir da literatura política ou jornalística. Não me parece provável (mas não se pode excluir) que existisse já antes do livro de Balzac alguma expressão na qual o ópio e outros estupefacientes e narcóticos fossem apresentados como meios para gozar um paraíso artificial. (É preciso lembrar, de resto, que Baudelaire participou, até 1848, de uma certa atividade prática, foi diretor de semanários políticos e teve papel ativo nos acontecimentos parisienses de 1848.)

§ 2. *Questões de método.* Se se quer estudar o nascimento de uma concepção do mundo que não foi nunca exposta sistematicamente por seu fundador (e cuja coerência essencial se deve buscar não em cada escrito particular ou série de escritos, mas em todo o desenvolvimento do variado trabalho intelectual em que os elementos da concepção estão implícitos), é preciso fazer preliminarmente um trabalho filológico minucioso e conduzido com escrúpulos máximos de exatidão, de honestidade científica, de lealdade intelectual, de ausência de qualquer preconceito e apriorismo ou posição preconcebida. É preciso, antes de mais nada, reconstruir o processo de desenvolvimento intelectual do pensador dado para identificar os elementos que se tornaram estáveis e "permanentes", ou seja, que foram assumidos como pensamento próprio, diferente e superior ao "material" anteriormente estudado e que serviu de estímulo; só esses elementos são momentos essenciais do processo de desenvolvimento. Essa seleção pode ser feita levando em conta períodos mais ou menos longos, tal como se determinam intrinsecamente e não a partir de informações externas (que também podem ser utilizadas), e acarreta uma série de "eliminações", isto é, doutrinas e teorias parciais pelas quais aquele pensador pode ter tido alguma simpatia em certos momentos, até o ponto de aceitá-las provisoriamente e delas se servir para seu trabalho crítico ou de criação histórica e científica. É observação comum de todo estudioso, como experiência pessoal, que toda nova teoria estudada com "furor heroico" (isto é, quando não se estuda por mera curiosidade exterior, mas por um profundo interesse) por um certo tempo, especialmente quando se é jovem, atrai por si mesma, domina toda a personalidade e é limitada pela teoria sucessivamente estudada, até que se estabeleça um equilíbrio crítico e se estude com profundidade, mas sem se render imediatamente ao fascínio do sistema ou do autor estudado. Essa série de observações é tanto mais válida quanto mais o pensador dado é bastante impetuoso, de caráter polêmico, e não tem espírito de sistema, quando se trata de uma personalidade na qual a atividade teórica e a prática estão indissoluvelmente entrelaçadas, de um intelecto em contínua criação e em perpétuo movimento, que sente vigorosamente a autocrítica do modo mais impiedoso e consequente. Dadas essas premissas, o trabalho deve seguir estas linhas: 1) a reconstrução da biografia não só no tocante à atividade prática, mas especialmente no tocante à atividade intelectual; 2) o registro de todas as obras, mesmo as

22 | CADERNOS DO CÁRCERE

mais secundárias, em ordem cronológica, dividido segundo motivos intrínsecos: de formação intelectual, de maturidade, de posse e aplicação do novo modo de pensar e conceber a vida e o mundo. A pesquisa do *Leitmotiv*, do ritmo do pensamento em desenvolvimento, deve ser mais importante do que as afirmações particulares e casuais e do que os aforismos isolados.

Esse trabalho preliminar possibilita toda a pesquisa subsequente. Entre as obras do pensador dado, além disso, é preciso distinguir as que ele concluiu e publicou e as que permaneceram inéditas, porque não concluídas, e foram publicadas por amigos ou discípulos, não sem revisões, modificações, cortes, etc., ou seja, não sem uma intervenção ativa do editor. É evidente que o conteúdo dessas obras póstumas deve ser tomado com muito discernimento e cautela, porque não pode ser tido como definitivo, mas só como material ainda em elaboração, ainda provisório; não se pode excluir que essas obras, especialmente se há muito em elaboração sem que o autor jamais decidisse completá-las, fossem no todo ou em parte repudiadas pelo autor ou consideradas insatisfatórias.

No caso específico do fundador da filosofia da práxis, pode-se dividir a obra literária nestas partes: 1) trabalhos publicados sob a responsabilidade direta do autor: entre estes, devem ser considerados, em geral, não só os materialmente impressos, mas os "publicados" ou postos em circulação de qualquer modo pelo autor, como as cartas, as circulares, etc. (exemplos típicos são a *Crítica do Programa de Gotha* e a correspondência); 2) as obras não publicadas sob a responsabilidade direta do autor, mas por outros, póstumas; naturalmente, destas últimas seria interessante ter o texto-base, o que já está em via de se fazer, ou pelo menos uma descrição minuciosa do texto original feita com critérios filológicos.

Ambas as partes devem ser reconstruídas segundo períodos crítico-cronológicos, de modo que se possam estabelecer comparações válidas e não puramente mecânicas e arbitrárias.

CADERNO 16 | **23**

Deve-se estudar e analisar minuciosamente o trabalho de elaboração realizado pelo autor sobre o material das obras publicadas a seguir por ele mesmo: esse estudo daria pelo menos indícios e critérios para avaliar criticamente a credibilidade dos textos das obras póstumas editadas por outros. Quanto mais o material preparatório das obras editadas pelo autor se afastar do texto definitivo redigido pelo mesmo autor, tanto menos será confiável a redação de um material do mesmo tipo por outro escritor. Uma obra não pode nunca ser identificada com o material bruto recolhido para sua feitura: a escolha definitiva, a disposição dos elementos constitutivos, o peso maior ou menor dado a este ou àquele elemento recolhido no período preparatório são exatamente o que constitui a obra efetiva.

Também o estudo da correspondência deve ser feito com certas cautelas: uma afirmação incisiva feita numa carta talvez não fosse repetida num livro. A vivacidade estilística das cartas, embora muitas vezes artisticamente mais eficaz do que o estilo mais medido e ponderado de um livro, às vezes leva a deficiências de argumentação; nas cartas, como nos discursos e nos diálogos, verificam-se frequentemente *erros lógicos*; a maior rapidez do pensamento se dá muitas vezes em detrimento de sua solidez.

No estudo de um pensamento original e inovador, só secundariamente se coloca a contribuição de outras pessoas para sua documentação. Assim, pelo menos em princípio, como método, deve ser formulada a questão das relações de homogeneidade entre os dois fundadores da filosofia da práxis. A afirmação de um e de outro sobre acordo recíproco só vale para o tema dado. Mesmo o fato de que um escreveu alguns capítulos para o livro do outro não é razão peremptória para que se considere todo o livro como resultado de um acordo perfeito. Não se deve subestimar a contribuição do segundo, mas também não se deve identificar o segundo com o primeiro nem pensar que tudo aquilo que o segundo atribuiu ao primeiro seja absolutamente autêntico e sem infiltrações. É certo que o segundo deu provas de um desinteresse e de uma ausência de vaidade pessoal ímpares na história da literatura, mas não se trata disso nem de pôr em dúvida a absoluta honestidade científica do segundo. Trata-se de que o segundo não é o primeiro e, se se quiser conhecer o primeiro, será preciso buscá-lo especialmente em suas obras autênticas, publicadas sob sua responsabilidade direta. Dessas observações decorrem várias advertências de método e algumas indicações para pesquisas correlatas. Por exemplo, que valor tem o livro de Rodolfo Mondolfo sobre *Il materialismo storico di Federico Engels*, editado por Formiggini em 1912? Sorel (numa carta a Croce) põe em dúvida que se possa estudar uma questão dessa natureza, dada a escassa capacidade de pensamento original de Engels, e frequentemente repete que não se deve confundir os dois fundadores da filosofia da práxis [6]. Deixando de lado a questão posta por Sorel, parece que, pelo fato mesmo de se supor (de se afirmar) uma escassa capacidade teórica no segundo dos dois amigos (pelo menos, uma posição subalterna dele em relação ao primeiro), é indispensável investigar a quem cabe o pensamento original, etc. Na realidade, jamais se fez uma investigação sistemática desse tipo (exceto o livro de Mondolfo) no mundo da cultura; antes, as exposições do segundo, algumas relativamente sistemáticas, são agora consideradas em primeiro plano, como fonte autêntica e até como a única fonte autêntica. Por isso, o volume de Mondolfo parece muito útil, pelo menos em razão da diretriz que traça.

§ 3. *Um repertório da filosofia da práxis.* (1). Seria utilíssimo um inventário crítico de todas as questões que foram levantadas e discutidas em torno da filosofia da práxis, com amplas bibliografias críticas. O material para uma obra enciclopédica especializada desse gênero é de tal modo extenso, desigual, de variadíssimo valor, em tantas línguas, que só um comitê de redação poderia elaborá-lo, e não a curto prazo. Mas a utilidade que teria uma semelhante compilação seria de uma importância imensa, seja no campo científico, seja no campo educativo e entre os estudiosos independentes. Tornar-se-ia um instrumento de primeira ordem para a difusão dos estudos sobre a filosofia da práxis e para sua consolidação como disciplina científica, distinguindo nitidamente duas épocas: a moderna e a anterior, de improvisações, repetições e diletantismos jornalísticos. Para construir o projeto, deve-se estudar todo o material do mesmo tipo publicado pelos católicos dos vários países a propósito da Bíblia, dos Evangelhos, da Patrologia, da Liturgia, da Apologética, grandes enciclopédias especializadas de variado valor mas que se publicam continuamente e mantêm a unidade ideológica das centenas de milhares de padres e outros dirigentes que formam a estrutura e a força da Igreja Católica. (Para a bibliografia da filosofia da práxis na Alemanha, devem-se consultar as compilações de Ernst Drahn, citadas pelo próprio Drahn na introdução aos números 6068-6069 da *Reclams Universal-Bibliothek* [7].)

2. Seria preciso fazer sobre a filosofia da práxis um trabalho como aquele que Bernheim fez sobre o método histórico (E. Bernheim: *Lehrbuch der historischen Methode*, 6ª ed., 1908, Leipzig, Duncker u. Humblot, traduzido para o italiano e publicado pelo editor Sandron, de Palermo) [8]. O livro de Bernheim não é um tratado da filosofia do historicismo, mas a ela está implicitamente ligado. A chamada "sociologia da filosofia da práxis" deveria estar para essa filosofia assim como o livro de Bernheim está para o historicismo em geral, ou seja, ser uma exposição sistemática de cânones práticos de investigação e de interpretação sobre a história e a política; uma coletânea de critérios imediatos, de cautelas críticas, etc., uma filologia da história e da política, tal como concebidas pela filosofia da práxis. Sob alguns aspectos seria preciso fazer, a propósito de algumas tendências da filosofia da práxis (e porventura as mais difundidas em razão de seu caráter tosco), uma mesma crítica (ou tipo de crítica) que o historicismo moderno fez do velho método histórico e da velha filologia, que haviam levado a formas ingênuas de dogmatismo e substituíam a interpretação e a construção histórica pela descrição exterior e a

listagem das fontes primárias, muitas vezes acumuladas desordenada e incoerentemente. A força maior dessas publicações consistia naquela espécie de misticismo dogmático que se havia criado e popularizado paulatinamente e se expressava na afirmação não justificada de que se era adepto do método histórico e da ciência.

3. Em torno dessas questões, devem-se lembrar algumas observações da série "tipos de revista" e sobre um "Dicionário Crítico" [9].

§ 4. *Os jornais das grandes capitais.* Uma série de ensaios sobre o jornalismo das mais importantes capitais dos Estados do mundo, seguindo estes critérios: 1) Exame dos jornais cotidianos que num dia determinado (não escolhido por acaso, mas no qual se registre algum acontecimento importante para o Estado em questão) saem numa capital — Londres, Paris, Madri, Berlim, Roma, etc. —, para estabelecer o termo de comparação mais homogêneo possível, ou seja, o acontecimento principal e suas respectivas versões, a fim de ter um quadro do modo variado como os partidos e as tendências refletem suas opiniões e formam a chamada opinião pública. Mas, como nenhum jornal diário, especialmente em certos países, é cotidianamente o mesmo do ponto de vista técnico, será preciso conseguir, para cada qual, os exemplares de toda uma semana ou do período em que se tiver o ciclo completo de certas colunas especializadas e de certos suplementos, cujo conjunto permite compreender a repercussão que obtêm junto aos leitores assíduos.

2) Exame de toda a imprensa periódica, de toda espécie (da esportiva até os boletins de paróquia), que completa o exame dos cotidianos, na medida em que são publicados depois do cotidiano-tipo.

3) Informações sobre a tiragem, o pessoal, a direção, os financiadores, a publicidade. Em suma, deve-se reconstruir, no caso de cada capital, o conjunto do mecanismo editorial periódico que difunde as tendências ideológicas que operam contínua e simultaneamente sobre a população.

CADERNO 16 | **27**

4) Estabelecer a relação da imprensa da capital com a das províncias; essa relação varia de país para país. Na Itália, a difusão dos jornais romanos é muito inferior à dos jornais milaneses. A organização territorial da imprensa francesa é muito diferente da Alemanha, etc. O tipo do semanário político italiano talvez seja único no mundo e corresponde a um tipo de leitor determinado.

5) No caso de certos países, é preciso levar em conta a existência de outros centros dominantes além da capital, como Milão na Itália, Barcelona na Espanha, Munique na Alemanha, Manchester e Glasgow na Inglaterra, etc.

6) No caso da Itália, o estudo poderia ser estendido a todo o país e a toda a imprensa periódica, ordenando a exposição segundo a importância dos centros: por exemplo: 1º Roma, Milão; 2º Turim, Gênova; 3º Trieste, Bolonha, Nápoles, Palermo, Florença, etc.; 4º Imprensa política semanal; 5º Revistas políticas, literatura, ciência, religião, etc.

§ 5. *A influência da cultura árabe na civilização ocidental*. Ezio Levi reuniu no volume *Castelli di Spagna* (Treves, Milão) uma série de artigos publicados dispersamente em revistas sobre as relações culturais entre a civilização europeia e os árabes, que se verificaram especialmente através da Espanha, onde os estudos a propósito são inúmeros e contam com muitos especialistas: os ensaios de Levi quase sempre partiam das obras de arabistas espanhóis [10]. No *Marzocco* de 29 de maio de 1932, Levi comenta a introdução ao livro *L'eredità dell'Islam*, de Angel Gonzales Palencia (a introdução saiu como opúsculo independente, com o título: *El Islam y Occidente*, Madri, 1931), e enumera toda uma série de empréstimos feitos à Europa pelo mundo oriental, na cozinha, na medicina, na química, etc. O livro completo de Gonzales Palencia será muito interessante para o estudo da contribuição dada pelos árabes à civilização europeia, para um juízo da função desempenhada pela Espanha na Idade Média e para uma caracterização da própria Idade Média mais exata do que a corrente.

28 | CADERNOS DO CÁRCERE

§ 6. *O capitalismo antigo e uma disputa entre modernos.* Pode-se expor, na forma de resenha crítico-bibliográfica, a chamada questão do capitalismo antigo. 1) Uma comparação entre as duas edições, a primeira em francês, posteriormente traduzida para algumas outras línguas europeias, e a segunda, recente, em italiano, do pequeno livro de Salvioli sobre o *Capitalismo antico*, com prefácio de G. Brindisi (Ed. Laterza) [11]. 2) Artigos e livros de Corrado Barbagallo (p. ex., *L'Oro e il Fuoco*, os volumes da *Storia Universale* relativos à era clássica, em via de publicação pela Utet de Turim, etc.) e a polêmica ocorrida há algum tempo sobre o tema na *Nuova Rivista Storica* entre Barbagallo, Giovanni Sanna e Rodolfo Mondolfo [12]. Em Barbagallo se deve especialmente observar, nessa polêmica, o tom desencantado de quem tudo sabe das coisas deste mundo. Sua concepção de mundo é que não há nada de novo sob o sol, "o mundo todo é uma aldeia", "quanto mais as coisas mudam, mais são as mesmas". A polêmica parece uma sequência farsesca da famosa "Disputa entre os antigos e os modernos" [13]. Mas essa polêmica teve uma grande importância cultural e um significado progressista; foi a expressão de uma consciência difusa de que existe um desenvolvimento histórico, de que já se havia entrado plenamente numa nova fase histórico-mundial, completamente renovadora de todos os modos de existência, e significou uma estocada ferina contra a religião católica, que deve sustentar que, quanto mais retrocedemos na história, tanto mais devemos encontrar os homens perfeitos, porque mais próximos da comunicação do homem com deus, etc.

(A esse propósito se deve ver o que escreveu Antonio Labriola, no fragmento póstumo do livro não escrito *Da un secolo all'altro*, sobre o significado do novo calendário instaurado pela Revolução Francesa: entre o mundo antigo e o mundo moderno jamais houvera uma consciência tão profunda de separação, nem mesmo com o advento do cristianismo.)

Ao contrário, a polêmica de Barbagallo não tinha nada de progressista, tendia a difundir ceticismo, a retirar dos fatos econômicos todo valor de desenvolvimento e de progresso. Essa posição de Barbagallo pode ser interessante para uma análise, porque ele ainda se declara adepto da filosofia da práxis (cf. sua breve polêmica com Croce na *Nuova Rivista Storica* há alguns anos), escreveu um pequeno volume sobre esse tema na Biblioteca da Federação das Bibliotecas Populares de Milão [14]. Mas Barbagallo está ligado por fortes vínculos intelectuais a Guglielmo Ferrero (e é um pouco loriano). É curioso que seja professor de história da economia e se dedique a escrever uma *Storia Universale* quem tem da história uma concepção tão pueril e superficialmente acrítica; mas não surpreenderia se Barbagallo atribuísse esse seu modo de pensar à filosofia da práxis.

§ 7. *A função mundial de Londres*. Como se constituiu historicamente a função mundial de Londres? Tentativas americanas e francesas de substituir Londres. A função de Londres é um aspecto da hegemonia econômica inglesa, que persiste mesmo depois que a indústria e o comércio ingleses perderam a posição anterior. Quanto rende à burguesia inglesa a função de Londres? Em alguns textos de Einaudi antes da guerra existem amplas referências a esse tema. O livro de Mario Borsa sobre Londres. O livro de Angelo Crespi sobre o império inglês. O livro de Guido De Ruggiero [15].

O tema foi em parte tratado pelo presidente do Westminster Bank no discurso pronunciado ante a assembleia social de 1929: o orador mencionou as queixas pelo fato de que os esforços para conservar a posição de Londres como centro financeiro internacional impõem sacrifícios excessivos à indústria e ao comércio, mas observou que o mercado financeiro de Londres produz uma renda que contribui em ampla medida para cobrir o déficit do balanço de pagamentos. Segundo uma pesquisa feita pelo Ministério do Comércio, em 1928 essa contribuição foi de 65 milhões de esterlinos, em 1927 de 63 milhões, em 1926 de 60 milhões; essa atividade deve-se considerar, por isso, uma das maiores indústrias "exportadoras" inglesas. Deve-se ter em conta a parte importante que cabe a Londres na exportação de capitais, que gera uma renda anual de 285 milhões de esterlinos e facilita a exportação de mercadorias inglesas, porque os investimentos aumentam a capacidade de compra dos mercados externos. E o exportador inglês encontra no mecanismo que a finança internacional criou em Londres, facilidades bancárias, cambiais, etc., superiores às existentes em qualquer outro país. É evidente, pois, que os sacrifícios feitos para conservar a supremacia de Londres no campo da finança internacional são amplamente justificados pelas vantagens que daí derivam, mas para conservar essa supremacia considerava-se essencial que o sistema monetário inglês tivesse por base o livre movimento do ouro; acreditava-se que qualquer medida que perturbasse essa liberdade redundaria em prejuízo para Londres como centro internacional para o dinheiro à vista. Os depósitos externos feitos em Londres a esse título representavam somas muito consideráveis postas à disposição daquela praça. Pensava-se que, se esses recursos cessassem de afluir, a taxa de juros talvez fosse mais estável mas seria indiscutivelmente mais alta.

Depois do colapso do esterlino, que fim levaram todos esses pontos de vista? (Seria interessante ver quais termos da linguagem comercial se tornaram internacionais em razão dessa função de Londres, termos que se repetem muitas vezes não só na imprensa especializada, mas também nos jornais e no periodismo político geral.)

§ 8. *Roberto Ardigò e a filosofia da práxis* [16]. (Cf. o volume *Scritti vari*, reunido e organizado por Giovanni Marchesini, Florença, Le Monnier, 1922.) Recolhe uma parte dos escritos de ocasião, tanto do período em que Ardigò era sacerdote (por exemplo, uma interessante polêmica com Luigi De Sanctis, padre católico que deixa a batina e se torna em seguida um dos propagandistas mais verbosos e desvairados do Evangelismo) quanto do período subsequente ao abandono do sacerdócio por parte do próprio Ardigò e de seu pon-

CADERNO 16 | 31

tificado positivista, escritos que Ardigò mesmo havia organizado e preparado para publicação. Esses escritos podem ser interessantes para um biógrafo de Ardigò e para estabelecer com exatidão suas tendências políticas, mas são em sua maior parte banalidades sem nenhum valor e pessimamente redigidos.

O livro se divide em várias partes. Entre as polêmicas (1ª parte), é notável aquela contra a maçonaria, em 1903; Ardigò era antimaçom, e de forma acalorada e agressiva.

Entre as cartas (4ª parte), aquela endereçada à *Gazzetta di Mantova* a propósito da peregrinação ao túmulo de Vítor Emanuel II (na *Gazzetta di Mantova* de 28 de novembro de 1883). Ardigò havia aceitado participar de um comitê promotor da peregrinação. "Mas a peregrinação não agradava a muitos revolucionários exaltados, que imaginaram que eu pensasse como eles e, portanto, renegasse minha fé político-social com a mencionada adesão. E assim se expressaram privada e publicamente com as mais ferozes invectivas contra mim." As cartas de Ardigò são enfáticas e altissonantes: "Ontem, como lhes convinha fazer passar-me por um dos seus, eu que jamais o fui (o que sabem ou devem saber), proclamaram-me, com louvores que me repugnavam, seu mestre; e isso sem me entender ou me entendendo pelo avesso. Hoje, como não me veem pronto a prostituir-me a seus intuitos parricidas, querem pegar-me por uma orelha para que escute e aprenda a lição que (muito ingenuamente) se arrogam em recitar-me. Quanta razão tenho em dizer com Horácio: *Odi profanum vulgus et arceo!*"

Numa carta sucessiva, de 4 de dezembro de 1883, ao *Bacchiglione*, jornal democrático de Pádua, escreve: "Como sabem, fui amigo de Alberto Mario; venero-lhe a memória e apoio com toda a alma aquelas ideias e aqueles sentimentos que com ele tive em comum [17]. E, consequentemente, oponho-me sem hesitação às baixas facções anarquistas antissociais. [...] Sempre expressei essa minha oposição de modo inequívoco. Há alguns anos, numa reunião da Sociedade

32 | CADERNOS DO CÁRCERE

da Igualdade Social de Mântua falei assim: 'A síntese de suas tendências é o ódio, a síntese da minha é o amor; por isso, não estou com os senhores.' Mas continuavam a querer que se acreditasse em minha solidariedade com o socialismo antissocial de Mântua. Assim, senti o dever de protestar", etc. A carta foi republicada na *Gazzetta di Mantova* (de 10 de dezembro de 1883; a *Gazzetta* era um jornal conservador de extrema direita, então dirigido por A. Luzio), com um outro desfecho violentíssimo porque os adversários lhe haviam recordado o sacerdócio, etc.

Em julho de 1884, escreve a Luzio que "nada me impediria de dar o assentimento" à proposta que lhe fizeram de entrar na lista moderada para as eleições municipais de Mântua. Também escreve considerar Luzio "mais radical do que muitos pretensos democratas. [...] Muitos se dizem democratas e são apenas desordeiros estúpidos..." Mas em junho-agosto de 1883 se servia do jornal socialista de Ímola, *Il Moto*, para responder a uma série de artigos anônimos da liberal (terá sido conservador) *Gazzetta dell'Emilia*, de Bolonha, que diziam ser Ardigò um liberal recém-convertido e o ironizavam brilhantemente, ainda que com má-fé polêmica muito evidente. *Il Moto* de Ímola "naturalmente" defende Ardigò de modo encarniçado, e o exalta, sem que Ardigò procure se dissociar.

Entre as reflexões, todas surradas e banais, destaca-se aquela sobre o *materialismo histórico* (p. 271), que se deve juntar, sem dúvida, ao artigo de A. Loria, "L'influenza sociale dell'aeroplano" [18]. Eis a reflexão completa: "Com a *concepção materialista da história* se pretende explicar uma formação natural (!), que a ela está submetida (*sic*) apenas em parte e indiretamente, negligenciando outros fatores essenciais. Explico-me. O animal não vive se não tem seu alimento. E pode obtê-lo porque nele nasce o sentimento da fome, que o leva a buscar a comida. Mas num animal, além do sentimento da fome, produzem-se muitos outros sentimentos, relativos a outras operações, os quais, igualmente, contribuem para sua atividade. O fato é que

CADERNO 16 | 33

com a nutrição se mantém um dado organismo, que tem comportamentos particulares, tais numa espécie, outros tais noutra. Uma queda-d'água faz girar um moinho que produz a farinha e um tear que produz o pano. Assim, para o moinho, além da queda-d'água é preciso o grão para triturar e, para o tear, os fios para entrelaçar. Mantendo-se o organismo através do movimento, o ambiente, com suas contribuições de outro gênero (!?), determina, como dissemos, muitas funções que não decorrem diretamente da nutrição, mas da estrutura especial do aparelho em funcionamento, por uma parte, e da ação, ou seja, contribuição nova do ambiente, por outra. Assim, por exemplo, um homem é estimulado em muitos sentidos. E em todos irresistivelmente. É estimulado pelo sentimento da fome, é estimulado por outros sentimentos, produzidos em razão de sua estrutura especial e das sensações e ideias que nele nascem através da ação externa, do treinamento recebido, etc., etc. (*sic*). Deve obedecer ao primeiro, MAS DEVE OBEDECER TAMBÉM AOS OUTROS, queira ou não queira. E os equilíbrios que se formam entre o impulso do primeiro e o desses outros, através da resultante da ação, se revelam variadíssimos de acordo com uma infinidade de circunstâncias, que fazem sobrepor-se ora um, ora outro dos sentimentos estimuladores. Numa vara de porcos predomina o sentimento da fome, mas entre os homens tudo se passa de modo muito diferente, porque também têm outras preocupações além de engordar. No homem mesmo, o equilíbrio se diversifica segundo as disposições que nele se puderam formar, e assim, com o sentimento da fome, o ladrão rouba, mas o honesto trabalha: tendo aquilo que lhe é necessário para satisfazer a fome, o avaro busca também o não necessário, mas o filósofo se satisfaz e dedica sua ação à ciência. O antagonismo, afinal, pode ser de tal ordem que acabem por prevalecer sentimentos diferentes do da fome, até o ponto de o calar inteiramente, até fazer com que se suporte a morte, etc., etc. (*sic*). A força presente no animal e em suas ações é a força da natureza, que o domina e o obriga a agir em sentidos multiformes, transformando-se de modo variado em seu organismo. Suponhamos que se deva reduzir a concepção materialista à luz do sol, de preferência à razão econômica. À luz do sol, entendida de um modo que também a ela se possa referir o fato da idealidade impulsiva do homem." (Fim.)

O trecho apareceu pela primeira vez num número especial (talvez impresso pelo *Giornale d'Italia*) em benefício da Cruz Vermelha, em janeiro de 1915. É interessante não só para demonstrar que Ardigò jamais esteve preocupado em se informar diretamente sobre a questão tratada e só leu artigos destrambelhados de alguns jornalecos, mas porque serve para documentar as estranhas opiniões difundidas na Itália sobre a "questão do estômago". Por que, afinal, somente na Itália estava difundida essa estranha interpretação obcecada com o "estômago"? Ela não pode deixar de estar relacionada aos movimentos em razão da fome, mas, desse modo, a acusação de obsessão com o estômago é mais humilhante para os dirigentes que a faziam do que para os governados que sofriam realmente a fome. E, apesar de tudo, Ardigò não era uma pessoa qualquer.

§ 9. *Alguns problemas para o estudo do desenvolvimento da filosofia da práxis.* A filosofia da práxis foi um momento da cultura moderna; numa certa medida determinou ou fecundou algumas de suas correntes. O estudo desse fato, muito importante e significativo, foi negligenciado ou mesmo ignorado pelos chamados ortodoxos, e pela seguinte razão: a de que a combinação filosófica mais relevante aconteceu entre a filosofia da práxis e diversas tendências idealistas, o que aos chamados ortodoxos, ligados essencialmente à corrente particular de cultura do último quarto do século passado (positivismo, cientificismo), pareceu um contrassenso, se não uma jogada de charlatães (no entanto, no ensaio de Plekhanov, *Questões fundamentais*, existe alguma referência a esse fato, mas só de passagem e sem qualquer tentativa de explicação crítica) [19]. Por isso, parece necessário revalorizar a formulação do problema assim como foi tentada por Antonio Labriola.

O que aconteceu foi isto: a filosofia da práxis sofreu realmente uma dupla revisão, isto é, foi subsumida numa dupla combinação filosófica. Por uma parte, alguns de seus elementos, de modo explícito ou implícito, foram absorvidos e incorporados por algumas correntes idealistas (basta citar Croce, Gentile, Sorel, o próprio Bergson, o pragmatismo); por outra, os chamados ortodoxos, preocupados em encontrar uma filosofia que fosse, segundo seu ponto de vista muito restrito, mais compreensiva do que uma "simples" interpretação da história, acreditaram-se ortodoxos identificando-a fundamentalmente no materialismo tradicional. Uma outra corrente voltou ao kantismo (e se podem citar, além do professor vienense Max Adler, os dois professores italianos Alfredo Poggi e Adelchi Baratono). Pode-se observar, em geral, que as correntes que tentaram combinações da filosofia da práxis com tendências idealistas são, numa parte muito grande, de intelectuais "puros", ao passo que a corrente que constituiu a ortodoxia era de personalidades intelectuais mais acentuadamente dedicadas à atividade prática e, portanto, mais ligadas (por laços mais ou menos extrínsecos) às grandes massas populares (o que, de resto, não impediu a maioria de fazer piruetas não destituídas de importância histórico-política). Essa distinção tem um grande alcance. Os intelectuais "puros", como elaboradores das ideologias mais amplas das classes dominantes, como líderes dos grupos intelectuais de seus países, não podiam deixar de se servir pelo menos de alguns elementos da filosofia da práxis, para fortalecer suas concepções e moderar o excessivo filosofismo especulativo com o realismo historicista da teoria nova, para prover com novas armas o arsenal do grupo social a que se ligavam. Por outra parte, a tendência ortodoxa se encontrava em luta com a ideologia mais difundida nas massas populares, o transcendentalismo religioso, e acreditava poder superá-lo só com o materialismo mais cru e banal, que era também uma estratificação não indiferente do senso comum, mantida viva, mais do que se acreditava e do que se acredita, pela própria religião, que assume no povo uma expressão trivial e baixa, supersticiosa e mágica, na qual a matéria tem uma função não desprezível.

Labriola se distingue de uns e de outros por sua afirmação (nem sempre segura, para dizer a verdade) de que a filosofia da práxis é uma filosofia independente e original que tem em si mesma os elementos de um novo desenvolvimento para passar de interpretação da história a filosofia geral. É preciso trabalhar justamente nesse sentido, desenvolvendo a posição de Antonio Labriola, da qual os livros de Rodolfo Mondolfo não parecem (pelo menos, segundo se pode lembrar) um desenvolvimento coerente. Parece que Mondolfo jamais abandonou completamente o ponto de vista fundamental do positivismo próprio de aluno de Roberto Ardigò. O livro do discípulo de Mondolfo, Diambrini Palazzi (prefaciado por Mondolfo), *La Filosofia di Antonio Labriola*, é um documento da pobreza de conceitos e de diretrizes do ensinamento universitário do próprio Mondolfo.

Por que a filosofia da práxis teve esse destino, o de ter servido para formar combinações, com seus elementos principais, seja com o idealismo, seja com o materialismo filosófico? O trabalho de investigação não pode deixar de ser complexo e delicado: requer muita fineza de análise e sobriedade intelectual. Porque é muito fácil se deixar levar pelas semelhanças exteriores e não ver as semelhanças ocultas e os nexos necessários, mas camuflados. A identificação dos conceitos que a filosofia da práxis "cedeu" às filosofias tradicionais, e pelos quais estas encontraram alguns momentos de rejuvenescimento, deve-se fazer com muita cautela crítica; e significa, nem mais nem menos, fazer a história da cultura moderna após a atividade dos fundadores da filosofia da práxis. A absorção explícita, evidentemente, não é difícil de rastrear, ainda que também deva ser analisada criticamente. Um exemplo clássico é o representado pela redução crociana da filosofia da práxis a cânone empírico de investigação histórica, conceito que

CADERNO 16 | **37**

penetrou até entre os católicos (cf. o livro do monsenhor Olgiati) e contribuiu para criar a escola historiográfica econômico-jurídica italiana, difundida inclusive fora da Itália [20]. Mas a investigação mais difícil e delicada é a das absorções "implícitas", inconfessadas, realizadas justamente porque a filosofia da práxis foi um momento da cultura moderna, uma atmosfera difusa que modificou velhos modos de pensar mediante ações e reações não aparentes e não imediatas. O estudo de Sorel é especialmente importante desse ponto de vista, porque através de Sorel e sua fortuna se podem ter muitos indícios a propósito; e diga-se o mesmo de Croce. Mas parece que o estudo mais importante deve ser o da filosofia bergsoniana e o do pragmatismo, para ver em que medida algumas de suas posições seriam inconcebíveis sem o elo histórico da filosofia da práxis.

Um outro aspecto da questão é o ensinamento prático de ciência política que a filosofia da práxis deu aos próprios adversários que a combatem duramente por princípio, assim como os jesuítas combatiam teoricamente Maquiavel, mesmo sendo na prática seus melhores discípulos. Numa "Opinione" publicada por Mario Missiroli em *La Stampa*, no tempo em que foi correspondente em Roma (em torno de 1925), afirma-se mais ou menos que caberia ver se, no íntimo de suas consciências, os industriais mais inteligentes não estariam convencidos de que a Economia Crítica compreendera muito bem seus próprios assuntos e não se serviam dos ensinamentos assim aprendidos. Nada disso seria de modo algum surpreendente, porque, se o fundador da filosofia da práxis analisou exatamente a realidade, ele apenas sistematizou racional e coerentemente aquilo que os agentes históricos dessa realidade sentiam e sentem confusa e instintivamente e de que tomaram maior consciência depois da crítica adversária.

O outro aspecto da questão é ainda mais interessante. Por que também os chamados ortodoxos "combinaram" a filosofia da práxis com outras filosofias e, predominantemente, com uma em vez de outras? Com efeito, a combinação que conta é aquela com o materialismo tradicional; a combinação com o kantismo só teve um sucesso limitado e apenas entre grupos intelectuais restritos. Sobre a questão, deve-se ver o ensaio de Rosa, "Estagnação e progresso no desenvolvimento da filosofia da práxis", que observa como as partes constitutivas dessa filosofia se desenvolveram em medida diversa, mas sempre de acordo com as necessidades da atividade prática [21]. Isto é, os fundadores da filosofia nova teriam se antecipado em muito às necessidades de seu tempo e mesmo às do tempo subsequente, teriam criado um arsenal com armas que ainda não serviam por serem anacrônicas e que só com o tempo seriam aperfeiçoadas. A explicação é um pouco capciosa, na medida em que, em grande parte, apenas dá como explicação, de forma abstrata, o próprio fato a ser explicado, mas nela existe algo de verdade que se pode aprofundar. Uma das razões históricas parece que se deve buscar no fato de que a filosofia da práxis teve de se aliar com outras tendências para combater os resíduos do mundo pré-capitalista nas massas populares, especialmente no terreno religioso. A filosofia da práxis tinha duas tarefas: combater as ideologias modernas em sua forma mais refinada, para poder constituir o próprio grupo de intelectuais independentes, e educar as massas populares, cuja cultura era medieval. Essa segunda tarefa, que era fundamental, dado o caráter da nova filosofia, absorveu todas as forças não só quantitativa mas também qualitativamente; por razões "didáticas", a nova filosofia redundou numa forma de cultura que era um pouco superior à cultura média popular (que era muito baixa), mas absolutamente inadequada para combater as ideologias das classes cultas, quando, ao contrário, a nova filosofia nascera precisamente para superar a mais alta manifestação cultural do tempo, a filosofia clássica alemã, e para suscitar um grupo de intelectuais próprios do novo grupo social do qual era a concepção de mundo. Por outra parte, a cultura moderna, especialmente a idealista, não consegue elaborar uma cultura popular, não consegue dar um conteúdo moral e científico aos próprios programas educacionais, que permanecem como esquemas abstratos e teóricos; ela continua a ser a cultura de uma aristocracia intelectual restrita, que às vezes tem influência sobre a juventude, mas apenas ao se tornar política imediata e ocasional.

Deve-se ver se esse modo de "alinhamento" cultural não é uma necessidade histórica e se na história passada não se encontram alinhamentos análogos, levando em conta as circunstâncias de tempo e de lugar. O exemplo clássico e anterior à modernidade é, indubitavelmente, o do Renascimento na Itália e o da Reforma nos países protestantes. No volume *Storia dell'età barroca in Italia*, na p. 11, Croce escreve: "O movimento do Renascimento permanece aristocrático, típico de círculos eleitos, e na própria Itália, que foi sua mãe e nutriz, não sai dos círculos de corte, não penetra no povo, não se torna costume ou 'preconceito', ou seja, persuasão e fé coletivas. A Reforma, ao contrário, *teve certamente esta eficácia de penetração popular, mas pagou-a com um atraso de seu desenvolvimento intrínseco*, com o amadurecimento lento e várias vezes interrompido de seu germe vital." E na p. 8: "E Lutero, como aqueles humanistas, desaprova a tristeza e celebra a alegria, condena o ócio e prescreve o trabalho; mas, por outro lado, demonstra desconfiança e hostilidade contra as letras e os estudos, de modo que Erasmo pôde dizer: *ubicumque regnat lutheranismus, ibi literarum est interitus*; e certamente, ainda que não apenas por efeito daquela aversão que tomou conta de seu fundador, o protestantismo alemão foi por alguns séculos quase estéril nos estudos, na crítica, na filosofia. Ao contrário, os reformadores italianos, notadamente aqueles do círculo de Juan de Valdés e seus amigos, reuniram sem esforço o humanismo ao misticismo, o culto dos estudos à austeridade moral. Tampouco o calvinismo, com sua dura concepção da graça e a dura disciplina, favoreceu a livre investigação e o culto da beleza, mas coube-lhe, interpretando, desenvolvendo e adaptando o conceito da graça e o da vocação, promover energicamente a vida econômica, a produção e o aumento da riqueza."

40 | CADERNOS DO CÁRCERE

A reforma luterana e o calvinismo, onde se difundiram, suscitaram um amplo movimento popular-nacional, e só em períodos sucessivos uma cultura superior; os reformadores italianos não geraram grandes acontecimentos históricos. É verdade que também a Reforma, em sua fase superior, assume necessariamente os modos do Renascimento e, como tal, se difunde mesmo nos países não protestantes, onde não houvera a incubação popular; mas a fase de desenvolvimento popular permitiu aos países protestantes resistir tenaz e vitoriosamente à cruzada dos exércitos católicos e assim nasceu a nação alemã como uma das mais vigorosas da Europa moderna. A França foi dilacerada pelas guerras de religião, com a vitória aparente do catolicismo, mas teve uma grande reforma popular no século XVIII, com o Iluminismo, o voltairianismo, a Enciclopédia, que precedeu e acompanhou a Revolução de 1789; tratou-se realmente de uma grande reforma intelectual e moral do povo francês, mais completa do que a luterana alemã, porque alcançou mesmo as grandes massas camponesas, porque teve um fundo laico acentuado e tentou substituir a religião por uma ideologia completamente laica representada pelo vínculo nacional e patriótico; mas nem mesmo ela conheceu um florescimento imediato de alta cultura, a não ser na ciência política na forma de ciência positiva do direito. (Cf. o paralelo feito por Hegel entre as formas nacionais particulares assumidas pela mesma cultura na França e na Alemanha no período da Revolução Francesa; concepção hegeliana que, através de uma cadeia mais ou menos longa, levou ao famoso verso carducciano: "reunidos na mesma fé, / Emmanuel Kant decapitou Deus, / Maximilien Robespierre, o rei [22]".)

Uma concepção da filosofia da práxis como reforma popular moderna (uma vez que cultuam abstrações os que esperam uma reforma religiosa na Itália, uma nova edição italiana do calvinismo, como Missiroli & Cia.) talvez tenha sido entrevista por Georges Sorel, um pouco (ou muito) dispersamente, de um modo intelectualista, por uma espécie de furor jansenista contra as baixezas do parlamentarismo e dos partidos políticos. Sorel buscou em Renan o conceito da necessidade de uma reforma intelectual e moral, afirmou (numa carta a Missiroli) que, muitas vezes, grandes movimentos históricos não são representados por uma cultura moderna, etc. [23]. E me parece que uma tal concepção está implícita em Sorel quando se serve do cristianismo primitivo como termo de comparação, com muita literatura, é verdade, mas com mais de um grão de verdade, com referências mecânicas e frequentemente artificiosas, mas com alguns lampejos de intuição profunda. A filosofia da práxis pressupõe todo esse passado cultural, o Renascimento e a Reforma, a filosofia alemã e a Revolução Francesa, o calvinismo e a economia clássica inglesa, o liberalismo laico e o historicismo, que está na base de toda a concepção moderna da vida. A filosofia da práxis é o coroamento de todo esse movimento de reforma intelectual e moral, dialetizado no contraste entre cultura popular e alta cultura. Corresponde ao nexo Reforma Protestante + Revolução Francesa: é uma filosofia que é também uma política e uma política que é também uma filosofia. Ainda atravessa sua fase popular: suscitar um grupo de intelectuais independentes não é coisa fácil, requer um longo processo, com ações e reações, com adesões e dissoluções e novas formações muito numerosas e complexas: é a concepção de um grupo social subalterno, sem iniciativa histórica, que se amplia continuamente, mas de modo inorgânico, e sem poder ultrapassar um certo grau qualitativo que está sempre aquém da posse do Estado, do exercício real da hegemonia sobre toda a sociedade, que, só ele, permite um certo equilíbrio orgânico no desenvolvimento do grupo intelectual. A filosofia da práxis também se tornou "preconceito" e "superstição"; tal como é, constitui o aspecto popular do historicismo moderno, mas contém em si um princípio de superação desse historicismo. Na história da cultura, que é muito mais ampla do que a história da filosofia, sempre que a cultura popular aflorou, porque se atravessava uma fase de transformações e da ganga popular se selecionava o metal de uma nova classe, registrou-se um florescimento de "materialismo"; inversamente, no mesmo momento, as classes tradicionais se apegavam ao espiritualismo. Hegel, situado entre a Revolução Francesa e a Restauração, dialetizou os dois momentos da vida do pensamento, materialismo e espiritualismo, mas a síntese foi "um homem que caminha de cabeça para baixo". Os continuadores de Hegel destruíram essa unidade, e se voltou aos sistemas materialistas, por um lado, e aos espiritualistas, por outro. A filosofia da práxis, em seu fundador, reviveu toda essa experiência, de hegelianismo, feuerbachianismo, materialismo francês — para reconstruir a síntese da unidade dialética: "o homem que caminha sobre as próprias pernas." O dilaceramento ocorrido com o hegelianismo se repetiu com a filosofia da práxis, isto é, da unidade dialética se voltou ao materialismo filosófico, ao passo que a alta cultura moderna idealista tentou incorporar da filosofia da práxis aquilo que lhe era indispensável para encontrar algum novo elixir. "Politicamente", a concepção materialista está próxima do povo, do senso comum; ela está estreitamente ligada a muitas crenças e preconceitos, a quase todas as superstições populares (feitiçarias, espíritos, etc.). Isso se vê no catolicismo popular e, especialmente, na ortodoxia bizantina. A religião popular é crassamente materialista, mas a religião oficial dos intelectuais tenta impedir que se formem duas religiões distintas, dois estratos separados, para não se separar das massas, para não se tornar oficialmente, como o é realmente, uma ideologia de grupos restritos. Mas, desse ponto de vista, não se deve confundir a atitude da filosofia da práxis com a do catolicismo. Enquanto aquela mantém um contato dinâmico e tende a erguer continuamente novos estratos de massa a uma vida cultural superior, este último tende a manter um contato puramente mecânico, uma unidade exterior, baseada especialmente na liturgia e no culto mais aparatosamente sugestivo sobre as grandes multidões. Muitas tentativas heréticas foram manifestações de forças populares para reformar a Igreja e aproximá-la do povo, elevando o povo. A Igreja reagiu muitas vezes de forma violentíssima, criou a Companhia de Jesus, escudou-se nas decisões do Concílio de Trento, embora tenha organizado um maravilhoso mecanismo de religião "democrática" de seus intelectuais, mas como indivíduos particulares, não como expressão representativa de grupos populares. Na história dos desenvolvimentos culturais, é preciso levar especificamente em conta a organização da cultura e do pessoal em que tal organização assume forma concreta. No livro de G. De Ruggiero, *Rinascimento e Riforma*, pode-se ver qual foi o comportamento de muitíssimos intelectuais, Erasmo à frente: eles se dobraram ante as perseguições e as fogueiras. O portador da Reforma, por isso, foi exatamente o povo alemão em seu conjunto, como povo indiferenciado, não os intelectuais. É precisamente essa deserção dos intelectuais diante do inimigo que explica a "esterilidade" da Reforma na esfera imediata da alta cultura, até que da massa popular, que permanece fiel, se selecione lentamente um novo grupo de intelectuais que culmina na filosofia clássica. Algo análogo ocorreu até agora com a filosofia da práxis; os grandes intelectuais que se formaram em seu terreno, além de pouco numerosos, não eram ligados ao povo, não saíram do povo, mas foram a expressão de classes intermediárias tradicionais, às quais retornaram nas grandes "viradas" históricas; outros permaneceram, mas para submeter a nova concepção a uma revisão sistemática, não para patrocinar seu desenvolvimento autônomo. A afirmação de que a filosofia da práxis é uma concepção nova, independente, original, mesmo sendo um momento do desenvolvimento histórico mundial, é a afirmação da independência e originalidade de uma nova cultura em preparação, que se desenvolverá com o desenvolvimento das relações sociais. O que existe em cada momento é uma combinação variável de velho e novo, um equilíbrio momentâneo das relações culturais correspondentes ao equilíbrio das relações sociais. Só depois da criação do Estado, o problema cultural se impõe em toda a sua complexidade e tende a uma solução coerente. Em todo caso, a atitude anterior à formação estatal não pode deixar de ser crítico-polêmica, e jamais dogmática; deve ser uma atitude romântica, mas de um romantismo que conscientemente aspira a seu caráter clássico ordenado.

Nota 1. Estudar o período da Restauração como período de elaboração de todas as doutrinas historicistas modernas, incluída a filosofia da práxis, que é o coroamento delas, e que, de resto, foi elaborada justamente às vésperas de 1848, quando a Restauração desabava por toda parte e o pacto da Santa Aliança se despedaçava. Sabe-se que Restauração é somente uma expressão metafórica; na realidade, não houve nenhuma restauração efetiva do *ancien régime*, mas só uma nova sistematização das forças, em que as conquistas revolucionárias das classes médias foram limitadas e codificadas. O rei na França e o papa em Roma se tornaram líderes dos respectivos partidos e não mais representantes indiscutíveis da França ou da cristandade. A posição do papa foi especialmente abalada e, a partir de então, tem início a formação de organismos permanentes dos "católicos militantes", que, após outras etapas intermediárias — 1848-1849, 1861 (quando ocorreu a primeira desagregação do Estado pontifício com a anexação dos territórios papais emilianos), 1870 e o pós-guerra —, se tornarão a poderosa organização da Ação Católica, poderosa, mas em posição defensiva. As teorias historicistas da restauração se opõem às ideologias setecentistas, abstratas e utópicas, que continuam a viver como filosofia, ética e política proletária, difundida especialmente na França, até 1870. A filosofia da práxis se opõe a essas concepções setecentista-populares como filosofia de massa, em todas as suas formas, das mais infantis à de Proudhon, que sofre algumas influências do historicismo conservador e que parece poder ser chamado de Gioberti francês, mas das classes populares, dada a relação de atraso da história italiana em comparação com a francesa, como se demonstra no período de 1848 [24]. Se os historicistas conservadores, técnicos do velho, estão bem situados para criticar o caráter utópico das ideologias jacobinas mumificadas, os filósofos da práxis estão mais bem situados tanto para estimar o valor histórico real e não abstrato que o jacobinismo teve como elemento criador da nova nação francesa, isto é, como fato de atividades circunscritas em determinadas circunstâncias e não idolatradas quanto para avaliar a tarefa histórica desses mesmos conservadores, que na realidade eram filhos envergonhados dos jacobinos e, apesar de maldizerem seus excessos, administravam com cuidado sua herança. A filosofia da práxis não só pretendia explicar e justificar todo o passado, mas explicar e justificar historicamente também a si mesma, isto é, era o "historicismo" máximo, a libertação total de todo "ideologismo" abstrato, a conquista real do mundo histórico, o início de uma nova civilização.

§ 10. *A religião, a loteria e o ópio da miséria.* Jules Lachelier, filósofo francês (sobre o qual cf. o prefácio de G. De Ruggiero ao volume do próprio Lachelier, *Psicologia e metafísica*, Bári, Laterza, 1915), escreveu uma nota ("penetrante", diz De Ruggiero) sobre o *pari* de Pascal, publicada no volume *Du fondement de l'induction* (Paris, Alcan, na "Bibliothèque de philosophie contemporaine"). A objeção principal à formulação que Pascal deu do problema religioso no *pari* é a da "lealdade intelectual" em relação a si mesmo. Parece que toda a concepção do *pari*, pelo que me lembro, está mais próxima da moral jesuítica do que da jansenista, é excessivamente "mercantil", etc. (cf. no caderno anterior outras notas sobre essa questão) [25]. {B}

§ 11. *Relações entre Estado e Igreja.* O *Vorwärts* de 14 de junho de 1929, num artigo sobre a Concordata entre a Cidade do Vaticano e a Prússia, escreve: "Roma considerou caduca (a legislação anterior, que já constituía de fato uma concordata), no rastro das mudanças políticas ocorridas na Alemanha [26]." Esse princípio admitido ou, antes, afirmado pelo Vaticano por iniciativa própria pode conduzir muito longe e ser pleno de muitas consequências políticas.

No *Vossische Zeitung* de 18 de junho de 1929, o ministro das Finanças prussiano, Hoepker-Aschoff, formulava assim a mesma questão: "Igualmente, não é possível desconhecer o fundamento da tese de Roma, que, na presença de tantas mudanças políticas e territoriais ocorridas, requeria que se adaptassem os acordos às novas circunstâncias." No mesmo artigo, Hoepker-Aschoff recorda que "o Estado prussiano sempre sustentara que os acordos de 1821 ainda estavam em vigor". Para o Vaticano, parece, a guerra de 1870 com suas mudanças territoriais e políticas (expansão da Prússia, constituição do Império germânico sob a hegemonia prussiana) e o período da *Kulturkampf* não eram "mudanças" capazes de constituir "novas circunstâncias", ao passo que essenciais seriam as mudanças acontecidas após a grande guerra [27]. Modificou-se, evidentemente, o pensamento jurídico do Vaticano e poderia se modificar de novo, segundo as conveniências políticas.

"Em 1918 se registrava uma importantíssima inovação em nosso direito, inovação que estranhamente (mas em 1918 havia censura à imprensa!) passava em meio à desatenção geral: o Estado recomeçava a subsidiar o culto católico, abandonando, depois de sessenta e três anos, o princípio cavouriano posto como fundamento da lei sarda de 29 de maio de 1855: o Estado não deve subsidiar nenhum culto." A. C. Jemolo, no artigo "Religione dello Stato e confessioni ammesse", nos *Nuovi Studi di Diritto, Economia, Politica*, ano 1930, p. 30 [28]. A inovação foi introduzida com os Decretos-leis n. 396, de 17 de março de 1918, e n. 655, de 9 de maio de 1918. A propósito, Jemolo remete à nota de D. Schiappoli, "I recenti provvedimenti economici a vantaggio del clero", Nápoles, 1922, separata do vol. XLVIII dos *Atti della R. Accademia di scienze morali e politiche*, de Nápoles.

(*Concordatas e tratados internacionais.*) A capitulação do Estado moderno que se verifica em razão das concordatas é mascarada identificando-se verbalmente concordatas e tratados internacionais. Mas uma concordata não é um tratado internacional comum: na

CADERNO 16 | **47**

concordata, realiza-se de fato uma interferência de soberania num *só* território estatal, uma vez que todos os artigos de uma concordata se referem aos *cidadãos de um só* dos Estados contratantes, sobre os quais o poder soberano de um Estado estrangeiro justifica e reivindica determinados direitos e poderes de jurisdição (ainda que de uma determinada jurisdição especial). Que poderes obteve o *Reich* sobre a Cidade do Vaticano em virtude da recente concordata? Além disso, a fundação da Cidade do Vaticano confere uma aparência de legitimidade à ficção jurídica segundo a qual a concordata é um tratado internacional bilateral comum. Mas se estipulavam concordatas mesmo antes que a Cidade do Vaticano existisse, o que significa que o território não é essencial para a autoridade pontifícia (pelo menos desse ponto de vista). Uma aparência, uma vez que, enquanto a concordata limita a autoridade estatal de uma parte contratante, em seu próprio território, influencia e determina sua legislação e sua administração, nenhuma limitação é mencionada para o território da outra parte: se limitação existe para a outra parte, ela se refere à atividade desenvolvida no território do primeiro Estado, seja por parte dos *cidadãos* da Cidade do Vaticano, seja dos cidadãos do outro Estado que se fazem representar pela Cidade do Vaticano. A concordata, portanto, é o reconhecimento explícito de uma dupla soberania num mesmo território estatal. Não mais se trata, certamente, da mesma forma de soberania supranacional (*suzeraineté*), tal como formalmente reconhecida ao papa na Idade Média, até as monarquias absolutistas e, sob outra forma, mesmo depois, até 1848, mas é uma necessária derivação de compromisso. De resto, mesmo nos períodos mais esplêndidos do papado e de seu poder supranacional, nem sempre as coisas se passaram sem atritos: a supremacia papal, ainda que reconhecida juridicamente, era de fato combatida de um modo muitas vezes duro e, na hipótese mais otimista, reduzia-se aos privilégios políticos, econômicos e fiscais do episcopado de cada país.

As concordatas ferem de modo essencial o caráter de autonomia da soberania do Estado moderno. O Estado obtém alguma contrapartida? Certamente, mas a obtém em seu próprio território, no tocante a seus próprios cidadãos. O Estado consegue (e neste caso seria preciso dizer mais precisamente: o governo) que a Igreja não dificulte o exercício do póder, mas antes o favoreça e o sustente, assim como uma muleta ampara um inválido. Ou seja, a Igreja se compromete perante uma determinada forma de governo (que é determinada de fora, como documenta a própria concordata) em promover aquele consenso de uma parte dos governados que o Estado explicitamente reconhece não poder obter com meios próprios: eis em que consiste a capitulação do Estado, porque, de fato, este aceita a tutela de uma soberania exterior cuja superioridade praticamente reconhece. A própria palavra "concordata" é sintomática. Os artigos publicados nos *Nuovi Studi* sobre a Concordata estão entre os mais interessantes e se prestam mais facilmente à refutação. (Recordar o "tratado" imposto à República Democrática da Geórgia depois da derrota do general Denikin [29].)

Mas, também no mundo moderno, o que significa praticamente a situação criada num Estado pelas cláusulas de uma concordata? Significa o reconhecimento público de determinados privilégios políticos para uma casta de cidadãos do próprio Estado. A forma não é mais a medieval, mas a substância é a mesma. No desenvolvimento da história moderna, aquela casta vira ser atacado e destruído um monopólio de função social que explicava e justificava sua existência, o monopólio da cultura e da educação. A concordata reconhece novamente esse monopólio, ainda que atenuado e controlado, uma vez que assegura à casta posições e condições preliminares que esta, unicamente com suas forças, com a adesão intrínseca de sua concepção de mundo à realidade efetiva, não poderia obter e manter.

Compreende-se, assim, a luta surda e sórdida dos intelectuais laicos e laicistas contra os intelectuais de casta para salvar sua auto-

CADERNO 16 | **49**

nomia e sua função. Mas é inegável sua intrínseca capitulação e seu afastamento do Estado. O caráter ético de um Estado concreto, de um determinado Estado, é definido por sua legislação em ato e não pelas polêmicas dos franco-atiradores da cultura. Se estes afirmam: "o Estado somos nós", afirmam somente que o chamado Estado unitário é apenas, exatamente, "chamado", porque de fato em seu interior existe uma cisão muito grave, tanto mais grave por ser afirmada implicitamente pelos próprios legisladores e governantes, os quais, com efeito, dizem que o Estado é duas coisas ao mesmo tempo: aquele das leis escritas e aplicadas e aquele das consciências que intimamente não reconhecem tais leis como eficientes e buscam sordidamente esvaziá-las (ou pelo menos limitá-las em suas aplicações) de conteúdo ético. Trata-se de um maquiavelismo de pequenos politiqueiros; os filósofos do idealismo atual, especialmente o grupo de papagaios amestrados dos *Nuovi Studi*, podem ser considerados as vítimas mais ilustres do maquiavelismo. É útil estudar a *divisão de trabalho* que se tenta estabelecer entre a casta e os intelectuais laicos: à primeira se deixa a formação intelectual e moral dos muito jovens (escola elementar e média), aos outros, o desenvolvimento subsequente dos jovens na universidade. Mas a escola universitária não está submetida ao mesmo regime de monopólio a que, ao contrário, se submete a escola elementar e média. Existe a Universidade do Sagrado Coração e poderão ser organizadas outras universidades católicas equiparadas em tudo às universidades públicas [30]. As consequências são óbvias: a escola elementar e média é a escola popular e da pequena burguesia, estratos sociais que são monopolizados educacionalmente pela casta, uma vez que a maioria de seus elementos não chega à universidade, ou seja, não conhecerá a educação moderna em sua fase superior crítico-histórica, mas só conhecerá a educação dogmática. A universidade é a escola da classe (e do pessoal) dirigente propriamente dito, é o mecanismo através do qual ocorre a seleção dos indivíduos das outras classes a serem incorporados ao pessoal governativo, administrativo, dirigente. Mas com a existência, em igualdade de condições, de universidades católicas, também a formação desse pessoal não será mais unitária e homogênea. Não só: a casta, em suas próprias universidades, realizará uma concentração de cultura laico--religiosa como há décadas não se via mais e se encontrará de fato em condições muito melhores do que a concentração laico-estatal. Com efeito, nem mesmo de longe se pode comparar a eficiência da Igreja, que se põe como um bloco em apoio à própria universidade, com a eficiência organizativa da cultura laica. Se o Estado (mesmo no sentido mais amplo de sociedade civil) não se expressa numa organização cultural segundo um plano centralizado e não pode sequer fazê-lo, porque sua legislação em matéria religiosa é o que é e porque seu caráter equívoco não pode deixar de ser favorável à Igreja, dada a maciça estrutura desta e o peso relativo e absoluto que deriva de tal estrutura, e se se equipara o estatuto dos dois tipos de universidade, é evidente que se formará a tendência no sentido de que as universidades católicas sejam o mecanismo seletivo dos elementos mais inteligentes e capazes das classes inferiores a inserir no pessoal dirigente. Favorecerão essa tendência: o fato de que não há descontinuidade educativa entre as escolas médias e a universidade católica, ao passo que tal descontinuidade existe para as universidades laico-estatais; o fato de que a Igreja, em toda a sua estrutura, já estar aparelhada para esse trabalho de elaboração e seleção de baixo para cima. Desse ponto de vista, a Igreja é um organismo perfeitamente democrático (em sentido paternalista): o filho de um camponês ou de um artesão, se inteligente e capaz, e se suficientemente maleável para se deixar assimilar pela estrutura eclesiástica e para sentir seu particular espírito de corpo e de conservação e a validade dos interesses presentes e futuros, pode, teoricamente, tornar-se cardeal e papa. Se, na alta hierarquia eclesiástica, a origem democrática é menos frequente do que poderia ser, isso ocorre por razões complexas, em que só parcialmente incide a pressão das grandes famílias aristocráticas católicas ou a razão de Estado (internacional): uma razão muito forte é que muitos seminários são muito mal equipados e não podem educar completamente o jovem inteligente de origem popular, ao passo que o jovem aristocrata recebe de seu próprio ambiente familiar, sem esforço de aprendizagem, uma série de comportamentos e de qualidades que são de primeira ordem para a carreira eclesiástica: a tranquila segurança da própria dignidade e autoridade, bem como a arte de tratar e governar os outros.

Uma razão de fraqueza da Igreja no passado consistia no fato de que a religião dava poucas possibilidades de carreira fora da carreira eclesiástica: o próprio clero era deteriorado qualitativamente pela "escassez de vocações" ou pela vocação unicamente dos elementos intelectualmente subalternos. Essa crise já era muito visível antes da guerra: era um aspecto da crise geral das carreiras com rendimentos fixos e estruturas lentas e pesadas, isto é, da inquietude social do estrato intelectual subalterno (professores do nível elementar e médio, padres, etc.), em que operava a concorrência das profissões ligadas ao desenvolvimento da indústria e da organização privada capitalista em geral (jornalismo, por exemplo, que absorve muitos professores, etc.). Já havia começado a invasão das escolas preparatórias para o magistério ou das universidades por parte das mulheres e, com as mulheres, os padres, aos quais a Cúria (depois da Lei Credaro) não podia proibir que buscassem um diploma que lhes permitisse concorrer também a empregos públicos e aumentar assim a "renda" individual [31]. Muitos desses padres, logo depois de obterem o diploma, abandonaram a Igreja (durante a guerra, em virtude da mobilização e do contato com ambientes de vida menos sufocantes e estreitos do que os eclesiásticos, esse fenômeno adquiriu uma certa amplitude). A organização eclesiástica, pois, sofria uma crise constitutiva que podia ser fatal para seu poder, se o Estado tivesse mantido íntegra sua posição de laicidade, até sem a necessidade de uma luta ativa. Na luta entre as formas de vida, a Igreja estava por

52 | CADERNOS DO CÁRCERE

perecer automaticamente, por esgotamento próprio. O Estado salvou a Igreja. As condições econômicas do clero foram melhoradas em várias oportunidades, enquanto piorava o padrão de vida geral, mas especialmente o das camadas médias. A melhoria foi tal que as "vocações" se multiplicaram surpreendentemente, impressionando o próprio pontífice, que as explicava justamente com a nova situação econômica [32]. Ampliou-se, pois, a base de seleção das vocações ao sacerdócio, permitindo mais rigor e maiores exigências culturais.

Mas a carreira eclesiástica, embora seja o fundamento mais sólido do poder vaticano, não esgota suas possibilidades. A nova estrutura educacional permite a inserção no pessoal dirigente laico de células católicas que se reforçarão cada vez mais, de elementos que deverão sua posição apenas à Igreja. Deve-se pensar que a infiltração clerical na formação do Estado está prestes a aumentar progressivamente, porque, na arte de selecionar os indivíduos e de mantê-los permanentemente ligados a si, a Igreja é quase imbatível. Controlando os liceus e as outras escolas médias, através de seus quadros de confiança, ela rastreará, com a tenacidade que lhe é característica, os jovens mais valorosos das classes pobres e os ajudará a prosseguir os estudos nas universidades católicas. Bolsas de estudo, reforçadas por internatos organizados com a máxima economia junto às universidades, permitirão essa ação. A Igreja, em sua fase atual, com o impulso dado pelo atual pontífice à Ação Católica, não pode se contentar apenas em formar padres; ela quer permear o Estado (recordar a teoria do governo indireto elaborada por Bellarmino) e, para tanto, são necessários os laicos, é necessária uma concentração de cultura católica representada por laicos [33]. Muitas personalidades podem se tornar auxiliares da Igreja mais preciosos como professores universitários, como altos funcionários da administração, etc., do que como cardeais ou bispos.

Ampliada a base de seleção das "vocações", uma tal atividade laico-cultural tem grandes possibilidades de se estender. A Universidade do Sagrado Coração e o centro neoescolástico são apenas as primeiras células desse trabalho [34]. De fato, foi sintomático o Congresso filosófico de 1929: nele se defrontaram idealistas atuais e neoescolásticos, e estes participaram do Congresso animados do espírito guerreiro de conquista [35]. O grupo neoescolástico, após a Concordata, queria justamente parecer combativo, seguro de si, para atrair os jovens. É preciso levar em conta que uma das forças dos católicos consiste no fato de que não fazem nenhum caso das "refutações peremptórias" de seus adversários não católicos: eles retomam a tese refutada, imperturbáveis, como se de nada se tratasse. Não compreendem o "desinteresse" intelectual, a lealdade e a honestidade científica, ou os compreendem como fraqueza e ingenuidade dos outros. Contam com o poderio de sua organização mundial, que se impõe como se fosse uma prova de verdade, e com o fato de que a grande maioria da população ainda não é "moderna", ainda é ptolomaica como concepção do mundo e da ciência.

Se o Estado renuncia a ser centro ativo e permanentemente ativo de uma cultura própria, autônoma, a Igreja não pode deixar de triunfar substancialmente. Mas o Estado não só não intervém como centro autônomo, mas destrói todo opositor da Igreja que tenha a capacidade de limitar-lhe o domínio espiritual sobre as multidões.

Pode-se prever que as consequências de uma tal situação de fato, restando inalterado o quadro geral das circunstâncias, podem ser da máxima importância. A Igreja é um Shylock ainda mais implacável do que o Shylock shakespeariano: ela há de querer sua libra de carne mesmo à custa de dessangrar sua vítima e, com tenacidade, mudando continuamente seus métodos, tenderá a alcançar seu programa máximo. Segundo a expressão de Disraeli, os cristãos são os judeus mais inteligentes, que compreenderam o que era preciso fazer para conquistar o mundo [36]. A Igreja não pode ser reduzida a sua força "normal" com a refutação, em termos filosóficos, de seus postulados teóricos e com as afirmações platônicas de uma autonomia estatal

54 | CADERNOS DO CÁRCERE

(que não seja militante): mas só com a ação prática cotidiana, com a exaltação das forças humanas criadoras em toda a área social.

Um aspecto da questão que é preciso avaliar bem é o das possibilidades financeiras do centro vaticano. A organização do catolicismo nos Estados Unidos, cada vez mais em desenvolvimento, dá a possibilidade de recolher recursos muito apreciáveis, além das rendas normais já asseguradas (que, no entanto, a partir de 1937, diminuirão em 15 milhões ao ano em razão da conversão da dívida pública de 5% para 3,5%) e do óbolo de São Pedro [37]. Com o Estado subsidiando permanentemente a Igreja, poderiam nascer questões internacionais a propósito da intervenção da Igreja nos assuntos internos de cada país? A questão é instigante, como se diz.

A questão financeira torna muito interessante o problema do chamado nexo indissolúvel entre Tratado e Concordata proclamado pelo pontífice. Admitindo-se que o papa se encontrasse na necessidade de recorrer a esse meio político de pressão sobre o Estado, não se apresentaria imediatamente o problema da restituição das somas recebidas (que se ligam precisamente ao Tratado e não à Concordata)? Mas se trata de quantias imensas e se pode pensar que foram gastas em grande parte nos primeiros anos, de modo que se pode considerar sua restituição praticamente impossível. Nenhum Estado poderia fazer um empréstimo tão grande ao pontífice para tirá-lo de dificuldades e menos ainda um particular ou um banco. A denúncia do Tratado desencadearia uma tal crise na organização prática da Igreja que sua solvência, mesmo a longo prazo, seria aniquilada. Portanto, o acordo financeiro anexado ao Tratado deve ser considerado parte essencial do próprio Tratado, como a garantia de uma quase impossibilidade de denúncia do Tratado, apresentada por razões polêmicas e de pressão política [38].

Trecho de carta de Leão XIII a Francisco José (com data, parece, de junho de 1892, reproduzida na p. 244 e ss. do livro: Francesco Salata, *Per la storia diplomatica della Questione Romana*, I, Treves, 1929):

"E não calaremos que, em meio a tais dificuldades, falta-nos também o modo de prover *com recursos próprios* às incessantes e múltiplas exigências materiais, inerentes ao governo da Igreja. É verdade que nos socorrem as ofertas espontâneas da caridade; mas sempre se nos assoma *com pesar a preocupação de que elas constituem um ônus para nossos filhos*; e por outra parte não se deve pretender que inesgotável seja a caridade pública." *"Com recursos próprios"* significa "arrecadação de impostos" dos cidadãos de um Estado pontifício, por cujos sacrifícios não se experimenta *pesar*, ao que parece: parece natural que as populações italianas paguem as despesas da Igreja universal.

No conflito entre Bismarck e a Santa Sé se podem encontrar os motivos de uma série de questões que poderiam ser levantadas pelo fato de que o Vaticano tem sede na Itália e tem determinadas relações com o Estado italiano: Bismarck "fez seus juristas lançarem (escreve Salata, vol. cit., p. 271) a teoria da responsabilidade do Estado italiano pelas ações políticas do papa, que a Itália havia posto em tal condição de invulnerabilidade e irresponsabilidade por danos e ofensas causados a outros Estados".

§ 12. *Natural, contra a natureza, artificial, etc.* O que significa dizer que uma certa ação, um certo modo de viver, um certo comportamento ou costume são "naturais" ou que eles, ao contrário, são "contra a natureza"? Cada qual, em seu íntimo, acredita saber exatamente o que isso significa; mas, quando se pede uma resposta explícita e argumentada, vê-se que a coisa, afinal, não é assim tão fácil como pode parecer. É preciso desde logo estabelecer que não se pode falar de "natureza" como algo fixo, imutável e objetivo. Percebe-se que quase sempre "natural" significa "justo e normal" segundo nossa consciência histórica atual; mas a maioria não tem consciência dessa atualidade determinada historicamente e considera seu modo de pensar eterno e imutável.

56 | CADERNOS DO CÁRCERE

Observa-se em alguns grupos fanáticos pela "naturalidade" esta opinião: ações que em nossa consciência parecem "contra a natureza" para eles são "naturais" porque realizadas pelos animais; e não serão os animais "os seres mais naturais do mundo"? Frequentemente se ouve em certos ambientes essa opinião, sobretudo a propósito de questões atinentes às relações sexuais. Por exemplo: por que o incesto seria "contra a natureza", se ele está difundido na "natureza"? No entanto, mesmo as afirmações sobre os animais nem sempre são exatas, porque as observações são feitas sobre animais domesticados pelo homem para seu benefício e obrigados a uma forma de vida que, para os próprios animais, não é "natural", mas sim conforme os fins do homem. Mas, ainda que fosse verdade que certos atos se verificam entre os animais, que significado isso teria para o homem? Por que deveria derivar daí uma norma de conduta? A "natureza" do homem é o conjunto das relações sociais, que determina uma consciência historicamente definida; só essa consciência pode indicar o que é "natural" ou "contra a natureza". Além disso, o conjunto das relações sociais é contraditório a cada momento e está em contínuo desenvolvimento, de modo que a "natureza" do homem não é algo homogêneo para todos os homens em todos os tempos.

Muitas vezes se ouve dizer que um certo hábito se tornou uma "segunda natureza"; mas a "primeira natureza" terá sido exatamente a "primeira"? Nesse modo de expressão do senso comum, não está implícita a referência à historicidade da "natureza humana" [39]?

Constatado que, sendo contraditório o conjunto das relações sociais, não pode deixar de ser contraditória a consciência dos homens, põe-se o problema de como se manifesta tal contradição e de como se pode obter progressivamente a unificação: manifesta-se em todo o corpo social, com a existência de consciências históricas de grupo (com a existência de estratificações correspondentes a fases diversas do desenvolvimento histórico da civilização e com antíteses nos grupos que correspondem a um mesmo nível histórico) e se manifesta nos indivíduos particulares como reflexo de uma tal desagregação "vertical e horizontal". Nos grupos subalternos, por causa da ausência de autonomia na iniciativa histórica, a desagregação é mais grave e é mais forte a luta para se libertarem dos princípios impostos e não propostos, para obter uma consciência histórica autônoma: os pontos de referência em tal luta são variados, e um deles, justamente o que consiste na "naturalidade", em propor como exemplar a "natureza", consegue muitos resultados porque parece óbvio e simples. Mas como deve se formar essa consciência histórica proposta autonomamente? Como cada qual deve escolher e combinar os elementos para a constituição de uma tal consciência autônoma? Deve-se repudiar *a priori* todo elemento "imposto"? Deve-se repudiar por ser imposto, mas não em si mesmo, isto é, será preciso dar-lhe uma nova forma que seja própria do grupo dado. Com efeito, o fato de a instrução ser obrigatória não significa que se deva repudiá-la, nem sequer que não se possa justificar, com novos argumentos, uma nova forma de obrigatoriedade: é preciso transformar em "liberdade" aquilo que é "necessário", mas, para tanto, é preciso reconhecer uma necessidade "objetiva", isto é, que seja objetiva precipuamente para o grupo em questão. Por isso, é preciso referir-se às relações técnicas de produção, a um determinado tipo de civilização econômica que, para ser desenvolvido, requer um determinado modo de viver, determinadas regras de conduta, um certo costume. É preciso convencer-se de que não só é "objetivo" e necessário um certo instrumento, mas também um certo modo de comportar-se, uma certa educação, um certo modo de convivência, etc.; nessa objetividade e necessidade histórica (que, aliás, não é óbvia, mas necessita de quem a reconheça criticamente e a sustente de modo completo e quase "capilar") se pode basear a "universalidade" do princípio moral; de resto, jamais existiu outra universalidade além da necessidade objetiva da técnica civil, ainda que interpretada com ideologias transcendentes ou transcendentais e apresentada em cada caso do modo historicamente mais eficaz a fim de alcançar o objetivo pretendido.

Uma concepção como a exposta acima parece conduzir a uma forma de relativismo e, portanto, de ceticismo moral. Observe-se que o mesmo se pode dizer de todas as concepções até aqui elaboradas pela filosofia, cuja imperatividade categórica e objetiva sempre foi passível de ser reduzida, pela "má vontade", a formas de relativismo e de ceticismo. Para que a concepção religiosa pudesse pelo menos parecer absoluta e objetivamente universal, seria necessário que ela se apresentasse monolítica, pelo menos intelectualmente uniforme em todos os fiéis, o que está muito distante da realidade (diferença de escolas, seitas, tendências e diferenças de classe: simples e cultos, etc.): daí a função do papa como mestre infalível.

O mesmo se pode dizer do imperativo categórico de Kant: "Age como queres que ajam todos os homens nas mesmas circunstâncias." É evidente que cada qual pode pensar, *bona fide*, que todos deveriam agir do mesmo modo, ainda quando realiza ações que são repugnantes para consciências mais desenvolvidas ou de outras civilizações. Um marido ciumento que mata a mulher infiel pensa que todos os maridos deveriam matar as mulheres infiéis, etc. Pode-se observar que não existe delinquente que não justifique intimamente o crime cometido, por hediondo que possa ser; e, portanto, não estão destituídos de uma certa convicção de boa-fé os protestos de inocência de tantos condenados; na realidade, cada um deles conhece exatamente as circunstâncias objetivas e subjetivas em que cometeu o crime, e desse conhecimento, que muitas vezes não pode transmitir racionalmente aos outros, retira a convicção de estar "justificado"; só se mudar seu modo de conceber a vida é que chegará a um juízo diferente, coisa que frequentemente acontece e explica muitos suicídios. A fórmula kantiana, analisada com realismo, não supera nenhum ambiente dado, com todas as suas superstições morais e seus costumes bárbaros; é estática, é uma forma vazia que pode ser preenchida por qualquer conteúdo histórico atual e anacrônico (com suas contradições, naturalmente, uma vez que aquilo que é verdade do lado de lá dos Pireneus é mentira do lado de cá). A fórmula kantiana parece superior porque os intelectuais preenchem-na com seu modo particular de viver e de agir e se pode admitir que às vezes certos grupos de intelectuais são mais avançados e civilizados do que seu ambiente.

Portanto, o argumento do perigo de relativismo e ceticismo não é válido. O problema a ser posto é outro: uma dada concepção moral tem em si as características de uma certa permanência? Ou pode mudar todo dia e leva, no mesmo grupo, à formação da teoria da dupla verdade? Mais: com base nela pode se constituir uma elite que guie as multidões, as eduque e seja capaz de ser "exemplar"? Resolvidos esses pontos afirmativamente, a concepção é justificada e válida.

Mas haverá um período de relaxamento e até de libertinagem e de dissolução moral. Isso está longe de se excluir, mas também não constitui argumento válido. Períodos de dissolução moral muitas vezes se verificaram na história, ainda que a mesma concepção moral geral mantivesse seu domínio, e originaram-se de causas reais concretas, não de concepções morais: eles muitas vezes indicam que uma concepção envelheceu, desagregou-se, tornou-se pura hipocrisia formalista, mas tenta se manter em pé coercivamente, forçando a sociedade a uma vida dupla; precisamente à hipocrisia e à duplicidade reagem, de forma exagerada, os períodos de libertinagem e dissolução, que anunciam quase sempre que uma nova concepção está se formando.

O perigo de desfibramento moral, ao contrário, é representado pela teoria fatalista daqueles grupos que compartilham a concepção da "naturalidade" segundo a "natureza" dos animais e para os quais tudo é justificado pelo ambiente social. Embota-se, assim, todo sentido de responsabilidade individual e se dilui toda responsabilidade individual numa responsabilidade social abstrata e inalcançável. Se esse conceito fosse verdadeiro, o mundo e a história seriam sempre

60 | CADERNOS DO CÁRCERE

imutáveis. Com efeito, se o indivíduo, para mudar, tem necessidade de que toda a sociedade mude antes dele, mecanicamente, por meio de sabe-se lá qual força extra-humana, nenhuma mudança jamais aconteceria. Ao contrário, a história é uma contínua luta de indivíduos e de grupos para mudar aquilo que existe em cada momento dado; mas, para que a luta seja eficaz, esses indivíduos e grupos deverão se sentir superiores ao existente, educadores da sociedade, etc. O ambiente, pois, não justifica, mas só "explica" o comportamento dos indivíduos, e especialmente daqueles historicamente mais passivos. A "explicação" servirá às vezes para levar à indulgência em relação aos indivíduos e dará material para a educação, mas não deve nunca se tornar "justificação" sem conduzir necessariamente a uma das formas mais hipócritas e revoltantes de conservadorismo e de "reacionarismo".

Ao conceito de "natural" se contrapõe o de "artificial", de "convencional". Mas o que significa "artificial" e "convencional" quando referido aos fenômenos de massa? Significa simplesmente "histórico", adquirido através do desenvolvimento histórico, e inutilmente se tenta dar um sentido pejorativo à coisa, porque ela penetrou inclusive na consciência comum com a expressão "segunda natureza". Assim se poderá falar de artifício e de convencionalismo com referência a idiossincrasias pessoais, não a fenômenos de massa já em ato. Viajar de trem é "artificial", mas certamente não como usar cosméticos.

Segundo as referências feitas nos parágrafos anteriores, apresenta-se como positividade o problema de quem deverá decidir que uma determinada conduta moral é a mais adequada a uma determinada etapa de desenvolvimento das forças produtivas [40]. Certamente, não se pode falar em criar um "papa" especial ou um competente departamento. As forças dirigentes nascerão pelo fato mesmo de que o modo de pensar será orientado nesse sentido realista e nascerão do próprio choque dos pontos de vista discrepantes, sem "convencionalismos" e "artifícios", mas "naturalmente".

§ 13. *Origem popular do "super-homem"*. Sempre que encontramos algum admirador de Nietzsche, é oportuno perguntar e averiguar se suas concepções "super-humanas", contra a moral convencional, etc., etc., são de genuína origem nietzschiana, vale dizer, são o produto de uma elaboração de pensamento que se deve pôr na esfera da "alta cultura", ou têm origens muito mais modestas, são, por exemplo, vinculadas à literatura de folhetim. (E o próprio Nietzsche não terá sido de algum modo influenciado pelos romances de folhetim franceses? É preciso recordar que essa literatura, hoje relegada a portarias e desvãos, esteve muito difundida entre os intelectuais, pelo menos até 1870, tal como hoje o chamado romance "policial".) De qualquer modo, parece que se pode afirmar que muito da suposta "super--humanidade" nietzschiana tem como origem e modelo doutrinário não Zaratustra, mas *O conde de Monte Cristo*, de A. Dumas. O tipo que Dumas representou mais completamente no Monte Cristo encontra inúmeras réplicas em outros romances do mesmo autor: ele deve ser identificado, por exemplo, no Athos, de *Os três mosqueteiros*, no *Joseph Balsamo* e talvez ainda em outros personagens.

Do mesmo modo, quando se lê que alguém é admirador de Balzac, é preciso estar atento: também em Balzac há muito do romance de folhetim. A seu modo, Vautrin também é um super-homem, e o discurso que faz a Rastignac no *Pai Goriot* tem muito de... nietzschiano em sentido popular; o mesmo deve ser dito de Rastignac e de Rubempré. (Vincenzo Morello se tornou "Rastignac" através de uma tal filiação... popular e defendeu "Corrado Brando" [41].)

A fortuna de Nietzsche foi muito desigual: suas obras completas foram publicadas pelo editor Monanni, e se conhecem as origens ideológico-culturais de Monanni e de sua clientela mais fiel [42].

Vautrin e "o amigo de Vautrin" deixaram ampla marca na literatura de Paolo Valera e de sua *Folla* (lembrar o "amigo de Vautrin" turinense da *Folla*) [43]. Amplo favor popular obteve a ideologia do "mosqueteiro", tomada do romance de Dumas.

62 | CADERNOS DO CÁRCERE

Compreende-se facilmente que se tenha um certo pudor em justificar mentalmente as próprias concepções com os romances de Dumas e de Balzac: por isto, justificam-se tais concepções com Nietzsche e se admira Balzac como artista e não como criador de figuras romanescas do tipo folhetim. Mas, culturalmente, o nexo real parece certo.

O tipo do "super-homem" é Monte Cristo, livre daquela aura particular de "fatalismo" que é própria do baixo romantismo e que é ainda mais acentuada em Athos e em J. Balsamo. Por certo, Monte Cristo levado à política é muito pitoresco: a luta contra os "inimigos pessoais" de Monte Cristo, etc.

Pode-se observar como certos países permaneceram provincianos e atrasados também nessa esfera, em comparação com outros; enquanto Sherlock Holmes já se tornou anacrônico em muitas partes da Europa, em alguns países ainda se está em Monte Cristo e em Fenimore Cooper (cf. os "selvagens", "malha de ferro", etc.).

Cf. o livro de Mario Praz: *La carne, la morte e il diavolo nella letteratura romantica* (Edizione della Cultura): ao lado da investigação de Praz, deve-se fazer esta outra: sobre o "super-homem" na literatura popular e sua influência na vida real e nos costumes (a pequena burguesia e os pequenos intelectuais são particularmente influenciados por tais imagens romanescas, que são como seu "ópio", seu "paraíso artificial", em contraste com a mesquinhez e a estreiteza de sua vida real imediata): daí o sucesso de alguns ditos, como: "é melhor viver um dia como leão do que cem anos como ovelha", sucesso particularmente intenso junto a quem é precisa e irremediavelmente uma ovelha [44]. Quantas dessas "ovelhas" dizem: "Quem me dera ter o poder, mesmo que por só um dia", etc.; ser um "justiceiro" implacável é a aspiração de quem sente a influência de Monte Cristo.

Adolfo Omodeo observou que existe uma espécie de "mão-morta" cultural, constituída pela literatura religiosa, da qual parece que ninguém quer se ocupar, como se não tivesse importância e função na vida nacional e popular. À parte o epigrama da "mão-morta" e a satisfação do clero com o fato de que sua literatura particular não seja submetida a um exame crítico, existe uma outra área da vida cultural nacional e popular de que ninguém se ocupa e se preocupa criticamente, e é justamente a literatura de folhetim propriamente dita e também em sentido amplo (nesse sentido, nela cabem Victor Hugo e Balzac).

No *Monte Cristo* existem dois capítulos em que se disserta explicitamente sobre o "super-homem" de folhetim: o que se chama "Ideologia", quando Monte Cristo se encontra com o procurador Villefort, e o que descreve a refeição com o visconde de Morcerf, na primeira viagem de Monte Cristo a Paris. Deve-se ver se em outros romances de Dumas existem motivos "ideológicos" desse gênero. Em *Os três mosqueteiros*, Athos assemelha-se ao genérico homem fatal do baixo romantismo: nesse romance, os humores individualistas populares são bastante excitados com a atividade aventurosa e extralegal dos mosqueteiros como tais. Em *Joseph Balsamo*, o poder do indivíduo está ligado a forças obscuras de magia e ao apoio da maçonaria europeia; portanto, o exemplo é menos sugestivo para o leitor popular. Em Balzac, as figuras são mais concretamente artísticas, mas cabem na atmosfera do romantismo popular. Rastignac e Vautrin, por certo, não devem ser confundidos com os personagens dumasianos e justamente por isso sua influência é mais "confessável", não só por parte de homens como Paolo Valera e seus colaboradores da *Folla*, mas também de intelectuais medíocres, como V. Morello, que, no entanto, se consideram (ou são considerados por muitos) pertencentes à "alta cultura".

Quem deve ser aproximado de Balzac é Stendhal, com a figura de Julien Sorel e outras de seu repertório romanesco.

Sobre o "super-homem" de Nietzsche, além da influência romântica francesa (e, em geral, do culto de Napoleão), devem-se ver as tendências racistas que culminaram em Gobineau e, logo depois, em Chamberlain e no pangermanismo (Treitschke, a teoria da potência, etc.).

Mas talvez se deva considerar o "super-homem" popular dumasiano exatamente uma reação "democrática" à concepção do racismo de origem feudal, que se deve associar à exaltação do "espírito gaulês" feita nos romances de Eugène Sue.

Como reação a essa tendência do romance popular francês, deve-se lembrar Dostoiévski: Raskolnikov é Monte Cristo "criticado" por um pan-eslavista-cristão. Sobre a influência exercida em Dostoiévski pelo romance francês de folhetim, deve-se verificar o número especial dedicado a Dostoiévski pela *Cultura* [45].

No caráter popular do "super-homem" estão contidos muitos elementos teatrais, exteriores, mais próprios de uma *prima donna* que de um super-homem; muito formalismo "subjetivo e objetivo", ambições pueris de ser o "primeiro da classe", mas especialmente de ser considerado e proclamado como tal.

Sobre as relações entre o baixo romantismo e alguns aspectos da vida moderna (atmosfera típica de *O conde de Monte Cristo*), deve-se ler um artigo de Louis Gillet na *Revue des deux mondes* de 15 de dezembro de 1932 [46].

Esse tipo de "super-homem" tem sua expressão no teatro (especialmente o francês, que continua sob tantos aspectos a literatura folhetinesca de 1848): deve-se ver o repertório "clássico" de Ruggero Ruggeri, como *Il marchese di Priola*, *L'artiglio*, etc., e muitos trabalhos de Henry Bernstein.

§ 14. *Relações entre Estado e Igreja.* (Cf., supra, § 11.) O diretor-geral do Fundo para o Culto, Raffaele Jacuzio, publicou um *Commento della nuova legislazione in materia ecclesiastica*, com prefácio de Alfredo Rocco (Turim, Utet, 1932, in-8º, 693 p., 60 liras), em que recolhe e comenta todos os atos, seja dos órgãos estatais italianos, seja dos órgãos vaticanos, para a implementação da Concordata. Mencionando a questão da Ação Católica, Jacuzio escreve (p. 203):

"Mas, como no conceito de política não cabe apenas a proteção da ordem jurídica do Estado, mas também tudo quanto se refere às providências de ordem econômico-social, é bem difícil [...] *a priori* considerar a Ação Católica excluída de toda ação política, quando [...] em seu âmbito se compreendem a ação social e econômica e a educação espiritual da juventude."

Sobre a Concordata, também se deve ver o livro de Vincenzo Morello: *Il conflitto dopo il Concordato* (Bompiani, 1931) e a resposta de Egilberto Martire: *Ragioni della Conciliazione* (Roma, "Rassegna Romana", 1932). Sobre a polêmica Morello-Martire, deve-se ver o artigo assinado por Novus na *Critica fascista* de 1º de fevereiro de 1933 ("Una polemica sulla Conciliazione"). Morello destaca aqueles pontos da Concordata em que o Estado renuncia a si mesmo, abdica de sua soberania, e não só: destaca também, parece, que em alguns pontos as concessões feitas à Igreja são mais amplas do que aquelas feitas por outros países concordatários. Os pontos controvertidos são principalmente quatro: 1) o matrimônio; segundo o art. 43 da Concordata, o matrimônio é disciplinado pelo direito canônico, isto é, aplica-se no âmbito estatal um direito a ele estranho. Assim, os católicos, com base num direito estranho ao Estado, podem ter o matrimônio anulado, à diferença dos não católicos, quando, ao contrário, "ser ou não ser católico deveria ser irrelevante para efeitos civis"; 2) segundo o art. 5, § 3, alguns cargos públicos são interditados a sacerdotes apóstatas ou submetidos a censura, isto é, aplica-se uma "pena" do Código Penal a pessoas que, perante o Estado, não cometeram nenhuma ação delituosa; e o art. 1º do Código dispõe que nenhum cidadão pode ser punido senão por um fato expressamente previsto pela lei penal como crime; 3) para Morello, não se vê por que cálculo o Estado fez *tabula rasa* das leis de subversão, reconhecendo às entidades eclesiásticas e ordens religiosas a existência jurídica, a faculdade de possuir e administrar os próprios bens; 4) ensino; exclusão total e inequívoca do Estado das escolas religiosas, e não só das que preparam tecnicamente os sacerdotes (ou seja, exclusão de controle estatal sobre o ensino da teologia, etc.), mas das que se dedicam ao ensino geral. Com efeito, o art. 39 da Concordata se refere também às escolas elementares e médias mantidas pelo clero em muitos seminários, internatos e conventos, das quais o clero se serve para atrair meninos e rapazes para o sacerdócio e a vida monástica, mas que em si ainda não são especializadas. Esses alunos deveriam ter direito à proteção do Estado. Parece que, em outras concordatas, foram levadas em conta certas garantias para o Estado a fim de que também o clero não seja formado de modo contrário às leis e à ordem nacional, estabelecendo-se precisamente que, para ocupar muitos cargos eclesiásticos, é necessário um diploma público (o que dá acesso às universidades).

§ 15. *Origem popular do super-homem*. (Cf., supra, § 13.) Sobre esse tema se deve ver a obra de Farinelli, *Il romanticismo nel mondo latino* (3 vols., Bocca, Turim). No vol. 2º, um capítulo em que se fala do tema do "homem fatal" e do "gênio incompreendido" [47].

§ 16. *Os fundadores da filosofia da práxis e a Itália*. Uma coletânea sistemática de todos os escritos (inclusive a correspondência) que se referem à Itália ou consideram problemas italianos. Mas uma coletânea que se limitasse a essa seleção não seria orgânica e completa. Existem escritos dos dois autores que, mesmo não se referindo especificamente à Itália, têm um significado para a Itália, e um significado não genérico, naturalmente, porque senão se poderia dizer que todas as obras dos dois escritores se referem à Itália. O plano da coletânea poderia ser elaborado segundo estes critérios: 1) escritos que especificamente se referem à Itália; 2) escritos que dizem respeito a temas "específicos" de crítica histórica e política, os quais, apesar de não se referirem à Itália, têm relação com problemas italianos. Exemplos: o artigo sobre a Constituição espanhola de 1812 tem relação com a Itália, em virtude da função política que tal Constituição teve nos movimentos italianos até 1848 [48]. Do mesmo modo, tem relação com a Itália a crítica da *Miséria da filosofia* contra a falsificação da dialética hegeliana feita por Proudhon, que tem reflexos em movimentos intelectuais italianos correspondentes (Gioberti; o hegelianismo dos moderados; conceito de revolução passiva; dialética de revolução-restauração). O mesmo se diga do texto de Engels sobre os movimentos libertários espanhóis de 1873 (depois da abdicação de Amedeo de Savoia), que se relaciona com a Itália, etc. [49]

Talvez não seja preciso reunir essa segunda série de escritos, mas seja suficiente uma exposição crítico-analítica. Talvez o plano mais orgânico pudesse ser em três partes: 1) introdução histórico-crítica; 2) escritos sobre a Itália; 3) análise dos escritos referentes indiretamente à Itália, isto é, que se propõem resolver questões que são essenciais e específicas também para a Itália.

§ 17. *A tendência a diminuir o adversário*: por si mesma, é um documento da inferioridade de quem se deixa possuir por ela. Com efeito, tende-se a diminuir raivosamente o adversário para crer que se pode vencê-lo seguramente. Por isso, nessa tendência, é inerente de modo obscuro um juízo sobre a própria incapacidade e fraqueza (que se quer passar por coragem), e nela também se poderia reconhecer um início de autocrítica (que se envergonha de si mesma, que tem medo de se manifestar explicitamente e com coerência sistemática). Crê-se na "vontade de crer" como condição da vitória, o que não seria errado se não fosse concebido mecanicamente e não se tornasse autoengano (quando contém uma confusão indevida entre massa e líderes e reduz a função do líder até o nível do seguidor mais atrasado e confuso: no momento da ação, o líder pode buscar infundir nos seguidores a convicção de que o adversário será certamente vencido, mas ele próprio deve fazer um juízo exato e calcular todas as possibilidades, até as mais pessimistas). Um elemento dessa tendência é de natureza opiácea: com efeito, é próprio dos fracos abandonarem-se às quimeras; sonhar de olhos abertos que os próprios desejos são a realidade, que tudo se desenrola segundo os desejos. Por isso se vê, por uma parte, a incapacidade, a estupidez, a barbárie, a pusilanimidade, etc., e, por outra, os mais altos dotes de caráter e de inteligência: a luta não comporta hesitação e já parece quase vitoriosa, mas permanece sonhada e vencida em sonho. Um outro aspecto dessa tendência é ver as coisas como numa oleografia, nos momentos culminantes de alto caráter épico. Na realidade, seja onde for que se comece a operar, logo surgem, graves, as dificuldades, porque não se havia nunca pensado concretamente nelas; e, como é preciso sempre começar de pequenas coisas (em geral as grandes coisas são um conjunto de pequenas coisas), a "pequena coisa" é desprezada; é melhor continuar a sonhar e adiar a ação para o momento da "grande coisa". A função de sentinela é dura, aborrecida, cansativa; por que "desperdiçar" assim a personalidade humana e não conservá-la para a grande hora do heroísmo? E assim por diante.

Não se reflete que, se o adversário o domina e você o diminui, você reconhece ser dominado por alguém que considera inferior; mas, então, como é que esse alguém conseguiu dominá-lo? Por que o venceu e lhe foi superior justamente naquele instante decisivo que devia dar a medida da inferioridade dele e de sua superioridade? Por certo, aconteceu uma "circunstância imprevista". Pois bem, aprenda a ter a seu favor a circunstância imprevista.

Uma alusão literária: no capítulo XIV da segunda parte de *Dom Quixote*, o Cavaleiro dos Espelhos sustenta ter vencido Dom Quixote: "[...] e ter-lhe feito confessar que a minha Cassildeia é mais formosa do que a sua Dulcineia, e só nesta vitória faço de conta que venci todos os cavaleiros do mundo, porque o tal D. Quixote os venceu a todos, e, tendo-o eu vencido a ele, a sua glória, a sua fama e a sua honra se transferiram e se passaram para a minha pessoa.

> E o vencedor é tanto mais honrado
> quanto mais o vencido é reputado;

de forma que já correm por minha conta e são minhas as façanhas inumeráveis do referido D. Quixote [50]."

§ 18. *"Paridade e paritário".* O significado de "paridade" e "paritário" é dos mais interessantes e "significativos". Significa que um milhão tem os mesmos direitos de dez mil e, às vezes, que um tem os mesmos direitos de cinquenta mil. O que significa paritário nas fábricas Schneider de Le Creusot [51]? O que significa no conselho nacional para a indústria das minas de carvão, na Inglaterra? O que significa no conselho diretor da OIT, de Genebra, etc.? Entre quem se estabelece uma paridade? O curioso é que são os católicos os mais denodados defensores da paridade; para eles, uma pessoa humana (uma alma) deve ser igual a outra, etc.; mas já Rosmini queria que o poder representativo fosse estabelecido não segundo a "alma imortal", cara a Deus em condições de igualdade, mas segundo a propriedade [52]. Nada de espiritualismo!

§ 19. *O médico católico e o doente (moribundo) acatólico.* Cf. na *Civiltà Cattolica* de 19 de novembro de 1932, p. 381, o comentário sobre o livro de Luigi Scremin, *Appunti di morale professionale per i medici* (Roma, Ed. "Studium", 1932, in-12º, 118 p., 5 liras): "[...] assim, na p. 95, mesmo citando Prümmer, está incorreto dizer que 'no caso de um acatólico que deseje e exija um ministro de sua religião, é lícito ao médico, na falta de outros, dar a conhecer ao próprio ministro o desejo do doente, e só está mesmo obrigado (*sic*) a fazê-lo quando considere prejudicial ao doente não satisfazer este desejo'. A sentença do moralista é bem diferente; de fato, Prümmer (I, 526) nos diz que *não se deve chamar um ministro acatólico, o qual não tem nenhuma faculdade de ministrar os sacramentos*: mas, de preferência, ajudar o doente a fazer um ato de contrição. Que, se o doente exige *absolutamente* que se chame o ministro acatólico e *da recusa decorram graves danos*, pode-se (e não *deve-se*) dar a conhecer a tal ministro o desejo do doente. E se deveria discriminar mais — quando o doente

70 | CADERNOS DO CÁRCERE

estiver de boa-fé e pertencer a um rito acatólico no qual os ministros tiverem as insígnias de uma verdadeira ordem sagrada, como entre os gregos separados [53]." A passagem é significativa.

§ 20. *As inovações no direito processual e a filosofia da práxis.* A expressão contida no prefácio à *Crítica da economia política* (1859): "E do mesmo modo que não podemos julgar um indivíduo pelo que ele pensa de si mesmo" pode ser relacionada à transformação acontecida no direito processual e às discussões teóricas a esse propósito, que em 1859 eram relativamente recentes [54]. O velho procedimento, com efeito, exigia a confissão do acusado (especialmente no caso dos crimes capitais) para emitir a sentença de condenação: o *habemus confitentem reum* parecia a culminação de qualquer procedimento judiciário, e daí as induções, as pressões morais e os vários graus de tortura (não como pena, mas como meio de instrução). No procedimento renovado, o interrogatório do acusado se torna só um elemento, às vezes negligenciável, em todo caso útil apenas para dirigir as investigações complementares da instrução e do processo, tanto que o acusado não presta juramento e lhe é reconhecido o direito de não responder, de ser reticente e até de mentir, ao mesmo tempo que se dá o peso máximo às provas materiais objetivas e aos testemunhos desinteressados (tanto que os funcionários do Estado não devem ser considerados testemunhas, mas apenas informantes do Ministério Público).

Deve-se investigar se já foi feita uma tal aproximação entre o método de instrução para reconstruir a responsabilidade penal de cada indivíduo e o método crítico, próprio da filosofia da práxis, para reconstruir a "personalidade" objetiva dos acontecimentos históricos e de seu desenvolvimento, e se já foi examinado o movimento para a renovação do direito processual como um elemento "sugestivo" para a renovação do estudo da história: Sorel poderia ter feito a observação, bem de acordo com seu estilo.

CADERNO 16 | **71**

Deve-se observar que o renovamento do direito processual, que também teve uma importância não secundária na esfera política, determinando um reforço da tendência à divisão dos poderes e à independência da magistratura (logo, à reorganização geral da estrutura do aparelho governamental), enfraqueceu-se em muitos países, trazendo de volta em muitos casos os velhos métodos de instrução e até a tortura: os métodos da polícia americana, com os interrogatórios em que se admite a coação física, são bastante conhecidos. Assim, perdeu muito de suas características a figura do promotor, que deveria representar objetivamente os interesses da lei e da sociedade legal, os quais são atingidos não só quando um culpado permanece sem punição, mas também, e especialmente, quando um inocente é condenado. Parece, ao contrário, ter se formado a convicção de que o promotor é um advogado do diabo que, para zombar de Deus, deseja ver no inferno especialmente os inocentes e, por isso, deve sempre querer sentenças de condenação.

§ 21. *Oratória, conversação, cultura.* Macaulay, em seu ensaio sobre "Oratori attici" (confirmar a citação), atribui a facilidade com que até os gregos mais cultos se deixavam confundir por sofismas quase pueris ao predomínio que na educação e na vida grega tinha o discurso vivo e falado [55]. O hábito da conversação e da oratória gera uma certa capacidade de encontrar com grande rapidez argumentos com uma certa aparência brilhante, que calam momentaneamente a boca do adversário e deixam atordoado o ouvinte. Essa observação também se pode transportar a alguns fenômenos da vida moderna e à instabilidade da base cultural de alguns grupos sociais, como os operários urbanos. Ela explica em parte a desconfiança dos camponeses contra os intelectuais nos comícios: os camponeses, que remoem por longo tempo as afirmações que ouviram declamar e por cujo brilho foram momentaneamente surpreendidos, terminam, com o bom senso que volta a predominar depois da emoção suscitada pelas palavras arrebatadoras, por encontrar nelas deficiências e superficialidades e, portanto, se tornam sistematicamente desconfiados.

Deve-se considerar uma outra observação de Macaulay: ele cita uma sentença de Eugenio de Savoia, o qual dizia que tiveram maior êxito como generais aqueles que foram postos subitamente à frente do exército e se viram, pois, forçados a pensar nas manobras amplas e de conjunto. Ou seja, quem, por profissão, se torna escravo das minúcias se burocratiza: vê a árvore e não mais a floresta, o regulamento e não o plano estratégico. Todavia, os grandes capitães sabiam ajustar uma coisa e outra: o controle do rancho dos soldados e a grande manobra etc.

Pode-se ainda acrescentar que o jornal se aproxima muito da oratória e da conversação. Os artigos de jornal são ordinariamente apressados, improvisados, semelhantes, em grande parte, pela rapidez do esboço e da argumentação, aos discursos de comício. São poucos os jornais que têm redatores especializados e, de resto, mesmo a atividade destes é em grande parte improvisada: a especialização serve para improvisar melhor e mais rapidamente. Faltam, especialmente nos jornais italianos, as análises periódicas mais elaboradas e ponderadas (para o teatro, para a economia, etc.); os colaboradores suprem-nas apenas em parte e, não tendo uma orientação unitária, deixam poucas marcas. Por isso, a solidez de uma cultura pode ser medida em três níveis principais: *a)* o dos leitores unicamente de jornais; *b)* o de quem lê revistas além das de variedades; *c)* o dos leitores de livros, sem considerar uma grande massa (a maioria) que não lê sequer os jornais e forma algumas opiniões assistindo às reuniões periódicas e dos períodos eleitorais, realizadas por oradores de níveis variadíssimos. Observação feita no cárcere de Milão, onde se vendia *Il Sole*: a maioria dos presos, inclusive políticos, lia *La Gazzetta dello Sport*. Entre cerca de 2.500 prisioneiros se vendiam no máximo 80 exemplares do *Sole*; depois da *Gazzetta dello Sport*, as publicações mais lidas eram a *Domenica del Corriere* e o *Corriere dei Piccoli*.

É certo que o processo de civilização intelectual se desenrolou por um período longuíssimo especialmente sob a forma oratória e retórica, ou seja, com nenhum ou muito pouco auxílio de textos: a memória das noções ouvidas de viva voz era a base de qualquer instrução (e assim ainda permanece em alguns países, por exemplo, na Abissínia). Uma nova tradição começa com o Humanismo, que introduz o "dever por escrito" nas escolas e no ensino: mas se pode dizer que já na Idade Média, com a *escolástica*, critica-se implicitamente a tradição da pedagogia baseada na oratória e se busca dar à capacidade mnemônica um esqueleto mais sólido e permanente. Observando-se bem, pode-se ver que a importância dada pela escolástica ao estudo da lógica formal é, de fato, uma reação contra as "fraquezas" demonstrativas dos velhos métodos de cultura. Os erros de lógica formal são especialmente comuns na argumentação falada.

A arte da imprensa, em seguida, revolucionou todo o mundo cultural, dando à memória um subsídio de valor inestimável e permitindo uma extensão inaudita da atividade educacional. Nessa investigação, portanto, está implícita outra, a das modificações qualitativas, além das quantitativas (extensão de massa), trazidas ao modo de pensar pelo desenvolvimento técnico e instrumental da organização cultural.

Também hoje a comunicação falada é um meio de difusão ideológica que tem uma rapidez, uma área de ação e uma simultaneidade emotiva enormemente mais amplas do que a comunicação escrita (o teatro, o cinema e o rádio, com a difusão de alto-falantes nas praças, superam todas as formas de comunicação escrita, desde o livro até a revista, o jornal, o jornal mural), mas na superfície, não em profundidade.

As academias e as universidades como organizações de cultura e meios para difundi-la. Nas universidades, a exposição oral e os trabalhos de seminário e de laboratório experimental, a função do grande professor e a do assistente. A função do assistente profissional

74 | CADERNOS DO CÁRCERE

e a dos "veteranos de Santa Zita" da escola de Basilio Puoti, de que fala De Sanctis, ou seja, a formação na própria classe de assistentes "voluntários" — através de seleção espontânea por parte dos próprios alunos —, que ajudam o professor e continuam suas aulas, ensinando praticamente a estudar [56].

Algumas das observações precedentes foram sugeridas pela leitura do *Manual popular de sociologia*, que se ressente justamente de todas as deficiências da conversação, das fraquezas argumentativas da oratória, da frágil estrutura da lógica formal [57]. Seria curioso fazer a partir desse livro uma exemplificação de todos os erros lógicos indicados pelos escolásticos, recordando a justíssima observação de que também os modos de pensar são elementos adquiridos e não inatos, cujo emprego justo (depois da aquisição) corresponde a uma qualificação profissional [58]. Não possuí-los, não se dar conta de não possuí-los, não se pôr o problema de adquiri-los através de um "aprendizado", tudo isso equivale à pretensão de construir um automóvel empregando e tendo à disposição a oficina e os instrumentos de um ferreiro de aldeia. O estudo da "velha lógica formal" já caiu em descrédito e, em parte, com razão. Mas o problema de promover o aprendizado da lógica formal como controle das fraquezas demonstrativas da oratória se reapresenta tão logo se formula o problema fundamental de criar uma nova cultura a partir de uma base social nova que não tem tradições, como a velha classe dos intelectuais. Um "bloco intelectual tradicional", com a complexidade e a capilaridade de suas articulações, consegue assimilar no desenvolvimento orgânico de cada componente particular o elemento "aprendizado da lógica", mesmo sem a necessidade de uma prática distinta e individualizada (assim como os rapazes de famílias cultas aprendem a falar "de acordo com a gramática", isto é, aprendem o tipo de língua das pessoas cultas, mesmo sem a necessidade de estudos gramaticais cansativos e específicos, à diferença dos rapazes de famílias em que se fala um dialeto e uma língua dialetizada). Mas nem mesmo isso acontece sem dificuldades, atritos e perdas de energia.

O desenvolvimento das escolas técnico-profissionais em todos os graus pós-elementares reapresentou o problema sob outras formas. Deve-se lembrar a afirmação do professor G. Peano segundo a qual até no Politécnico e nas escolas superiores de matemática se mostram mais bem preparados os alunos provenientes do ginásio-liceu em comparação com aqueles dos institutos técnicos. Essa melhor preparação é dada pelo complexo ensino "humanista" (história, literatura, filosofia), como se demonstrou mais amplamente em outras notas (a série sobre os "intelectuais" e o problema escolar) [59]. Por que a matemática (o estudo da matemática) não pode dar os mesmos resultados, se a matemática está tão próxima da lógica formal a ponto de se confundir com ela? Sob o critério do fato pedagógico, embora haja semelhança, há também uma enorme diferença. A matemática se baseia essencialmente na série numérica, ou seja, numa infinita série de igualdades (1 = 1), que podem ser combinadas de modos infinitos. A lógica formal tende a fazer o mesmo, mas só até certo ponto: seu caráter abstrato só se mantém no início da aprendizagem, na imediata formulação nua e crua de seus princípios, mas se efetiva concretamente no próprio discurso em que se faz a formulação abstrata. Os exercícios de língua que se fazem no ginásio--liceu demonstram depois de um certo tempo que, nas traduções latino-italianas, greco-italianas, não há jamais identidade nos termos das línguas confrontadas ou, pelo menos, que tal identidade, que parece existir no início do estudo (*rosa* italiano = *rosa* latino), vai se complicando cada vez mais com o progresso do "aprendizado", ou seja, vai se afastando do esquema matemático até chegar a um juízo histórico e de gosto, em que as nuanças, a expressividade "única e individualizada" predominam. E isso acontece não só na comparação entre duas línguas, mas acontece no estudo da história de uma mesma "língua", que revela como varia semanticamente o mesmo

76 | CADERNOS DO CÁRCERE

som-palavra através do tempo e como varia sua função no período (mudanças morfológicas, sintáticas, semânticas, além de fonéticas). *Nota*. Uma experiência feita para demonstrar quanto é frágil a aprendizagem feita por via "oratória": doze pessoas de um certo grau elevado de cultura repetem-se umas às outras um fato complexo e depois cada uma escreve o que recorda do fato ouvido: as doze versões diferem da narração original (escrita para controle), muitas vezes de modo assombroso. Essa experiência, repetida, pode servir para mostrar como é preciso desconfiar da memória não educada com métodos apropriados.

§ 22. *Sentimento religioso e intelectuais do século XIX (até a guerra mundial)*. Em 1921, o editor Bocca, de Turim, recolheu em três alentados volumes, com prefácio de D. Parodi, uma série de *Confessioni e professioni di fede di Letterati, Filosofi, uomini politici, ecc.*, aparecidas anteriormente na revista *Coenobium*, publicada em Lugano por Bignami, como respostas a um questionário sobre o sentimento religioso e suas variadas relações. A coletânea pode ser interessante para quem quiser estudar as correntes de opinião no final do século passado e no princípio do atual, especialmente entre os intelectuais "democráticos", ainda que seja falha sob muitos aspectos. No 1º volume estão incluídas as respostas dos seguintes literatos, etc., italianos: Angiolo Silvio Novaro, professor. Alfredo Poggi, professor Enrico Catellani, Raffaele Ottolenghi, professor Bernardino Varisco, Augusto Agabiti, professor A. Renda, Vittore Marchi, diretor do jornal *Dio e Popolo*, Ugo Janni, pastor valdense, A. Paolo Nunzio, Pietro Ridolfi Bolognesi, Nicola Toscano Stanziale, diretor da *Rassegna critica*, Dr. Giuseppe Gasco, Luigi Di Mattia, Ugo Perucci, professor primário, professor Casimiro Tosini, diretor de Escola Normal, Adolfo Artioli, professor Giuseppe Morando, diretor da *Rivista Rosminiana*, diretor do Liceu Ginásio de Voghera, professor Alberto Friscia, Vittorio Nardi, Luigi Marrocco, publicista, G. B. Penne, Guido Piccardi, Renato Bruni, professor Giuseppe Rensi.

No 2º volume: Francesco Del Greco, professor diretor de manicômio, Alessandro Bonucci, professor universitário, Francesco Cosentini, professor universitário, Luigi Pera, médico, Filippo Abignente, diretor do *Carattere*, Giampiero Turati, Bruno Franchi, redator-chefe da *Scuola Positiva di Diritto Criminale*, Manfredi Siotto-Pintor, professor universitário, professor Enrico Caporali, Giovanni Lanzalone, diretor da revista *Arte e Morale*, Leonardo Gatto-Roissard, tenente das tropas alpinas, Pietro Raveggi, publicista, Widar Cesarini-Sforza, Leopoldo De Angelis, professor Giovanni Predieri, Orazio Bacci, Giuseppe Benetti, publicista, professor G. Capra-Cordova, Costanza Palazzo, Pietro Romano, Giulio Carvaglio, Leone Luzzatto, Adolfo Faggi, professor universitário, Ercole Quadrelli, Carlo Francesco Gabba, senador, professor universitário, dr. Ernesto Lattes, publicista, Settimio Corti, professor de Filosofia, Bruno Villanova d'Ardenghi (Bruno Brunelli), publicista, Paolo Calvino, pastor evangélico, professor Giuseppe Lipparini, professor Oreste Ferrini, professor Luigi Rossi Casè, professor Antioco Zucca, Vittoria Fabrizi de' Biani, professor Guido Falorsi, professor Benedetto De Luca, publicista, Giacomo Levi Minzi, bibliófilo (!) da Biblioteca de São Marcos, professor Alessandro Arrò, Bice Sacchi, professor Ferdinando Belloni-Filippi, Nella Doria-Cambon, professor Romeo Manzoni.

No 3º volume: Romolo Murri, Giovanni Vidari, professor universitário, Luigi Ambrosi, professor universitário, Salvatore Farina, Angelo Flavio Guidi, publicista, conde Alessandro d'Aquino, Baldassarre Labanca, professor universitário de História do Cristianismo, Giannino Antona-Traversi, autor dramático, professor Mario Pilo, Alessandro Sacchi, professor universitário, Angelo De Gubernatis, professor universitário, Giuseppe Sergi, professor universitário, Adolfo Zerboglio, professor universitário, Vittorio Benini, professor universitário, Paolo Arcari, Andrea Lo Forte Randi, Arnaldo Cervesato, Giuseppe Cimbali, professor universitário, Alfredo Melani, arquiteto, Silvio Adrasto Barbi, professor, professor Massimo Bontempelli, Achille

CADERNOS DO CÁRCERE

Monti, professor universitário, Velleda Benetti, estudante, Achille Loria, professor Francesco Pietropaolo, professor Amilcare Lauria, Eugenio Bermani, escritor, Ugo Fortini del Giglio, Luigi Puccio, advogado, Maria Nono-Villari, escritora, Gian Pietro Lucini, Angelo Valdarmini, professor universitário, Teresina Bontempi, inspetora de escolas maternais no Cantão Ticino, Luigi Antonio Villari, Guido Podrecca, Alfredo Panzini, Amedeo Massari, advogado, professor Giuseppe Barone, Giulio Caprin, Gabriele Morelli, advogado, Riccardo Gradassi Luzi, Torquato Zucchelli, tenente-coronel honorário (*sic*), Ricciotto Canudo, professor Felice Momigliano, Attilio Begey, Antonino Anile, professor universitário, Enrico Morselli, professor universitário, Francesco Di Gennaro, Ezio Maria Gray, Roberto Ardigò, Arturo Graf, Pio Viazzi, Innocenzo Cappa, duque Colonna Di Cesarò, Pasquale Villari, Antonio Cippico, Alessandro Groppali, professor universitário, Angelo Marzorati, Italo Pizzi, Angelo Crespi, E. A. Marescotti, F. Belloni-Filippi, professor universitário, Francesco Porro, astrônomo, professor Fortunato Rizzi.

Um critério de método a ter presente no exame da atitude dos intelectuais italianos em relação à religião (antes da Concordata) é dado pelo fato de que na Itália as relações entre Estado e Igreja eram muito mais complexas do que nos outros países: ser patriota significou ser anticlerical, ainda que se fosse católico, sentir "nacionalmente" significava desconfiar do Vaticano e de suas reivindicações territoriais e políticas. Lembrar que o *Corriere della Sera*, numa eleição parcial em Milão, antes de 1914, combateu a candidatura do marquês Cornaggia, adepto da restauração do poder temporal do papa, preferindo que se elegesse o candidato socialista [60].

§ 23. *Cavaleiros (ou príncipes) encantados, vespas e baratas estercorárias*. Luigi Galleani, por volta de 1910, reuniu um calhamaço desconchavado, intitulado *Faccia a faccia col nemico* (editado por *Cronache sovversive* nos Estados Unidos, em Chicago ou em Pittsburgh), em que recolheu de diferentes jornais, sem método e crítica, o sumário dos processos de uma série de chamados libertários individualistas (Ravachol, Henry, etc.) [61]. Deve-se considerar a coletânea com muita cautela, mas algumas sugestões curiosas podem ser dela tiradas.

1) O deputado Abbo, em seu discurso de Livorno em janeiro de 1921, repetiu literalmente a declaração de "princípios" do individualista Etievant, reproduzida em apêndice ao livro de Galleani; mesmo a frase sobre "linguística", que suscitou hilaridade geral, é repetida literalmente. Certamente, o deputado Abbo sabia de memória o trecho e isso pode servir para indicar qual fosse a cultura de tipos como Abbo e como tal literatura fosse difundida e popular [62].

2) Das declarações dos acusados se infere que um dos motivos fundamentais das ações "individualistas" era o "direito ao bem-estar" concebido como um direito natural (para os franceses, naturalmente, que ocupam a maior parte do livro). Vários acusados repetem a frase: "uma orgia de senhores consome o que seria suficiente para mil famílias operárias"; falta qualquer referência à produção e às relações de produção. A declaração de Etievant, transcrita integralmente, é típica, porque nela se busca construir um sistema ingênuo e pueril para justificar as ações "individualistas". Mas as mesmas justificações são válidas para todos, para os guardas, para os juízes, para os jurados, para o verdugo: todo indivíduo está encerrado numa rede determinista de sensações, como um porco aprisionado num tonel, e daí não pode escapar: o individualista joga a bomba, o guarda prende, o juiz condena, o verdugo corta a cabeça e ninguém pode deixar de agir assim. Não há saída, não pode haver ponto de resolução. Trata-se de um libertarismo e individualismo que, para justificar moralmente a si mesmo, se nega de modo piedosamente cômico. A análise da declaração de Etievant mostra como a onda de ações individualistas que se abateu sobre a França num certo período era a consequência episódica do desconcerto moral e intelectual que

corroeu a sociedade francesa desde 1871 até o dreyfusismo, no qual encontrou um desafogo coletivo.

3) A propósito de Henry, transcreve-se no volume a carta de um certo Galtey (a verificar) a *Le Figaro*. Parece que Henry amava a mulher de Galtey, reprimindo "no próprio peito" esse amor. A mulher, tomando conhecimento de que Henry se apaixonara por ela (parece que não se dera conta), declarou a um jornalista que, se soubesse, talvez tivesse se entregado. Galtey, na carta, frisa nada ter a objetar à mulher e argumenta: se um homem não consegue encarnar a fantasia romântica de sua mulher sobre o cavaleiro (ou príncipe) encantado, pior para ele: deve admitir que outro o substitua. Essa mistura de príncipes encantados, de racionalismo materialista vulgar e de roubo de túmulos à Ravachol, é típica e deve ser destacada.

4) Em sua declaração no processo de Lyon, em 1894 (a verificar), o príncipe Kropotkin anuncia, com um tom de segurança assombroso, que nos dez anos subsequentes aconteceria a sublevação final.

§ 24. *Apólogo* do Cádi, do pequeno saco perdido no mercado, dos dois "fiéis", dos cinco caroços de azeitona. Refazer a breve narrativa das *Mil e uma noites* [63].

§ 25. *O mal menor ou o menos ruim* (a ser associado com a outra fórmula insensata do "quanto pior, melhor"). Poderia ser tratado sob a forma de apólogo (lembrar o dito popular segundo o qual "o pior não morre nunca"). O conceito de "mal menor" ou de "menos ruim" é dos mais relativos. Um mal é sempre menor do que um maior que lhe sucede, e um perigo é sempre menor do que um possível outro, maior, que se siga. Todo mal se torna menor em comparação com outro que se apresenta como maior, e assim ao infinito. Portanto, a fórmula do mal menor, do menos ruim, é tão somente a forma que assume o processo de adaptação a um movimento historicamente regressivo, movimento cujo sentido é dirigido por uma força corajosamente eficiente, enquanto as forças antagônicas (ou melhor, os dirigentes destas) decidiram capitular progressivamente, por pequenas etapas, e não de um só golpe (o que teria um significado inteiramente diverso em razão do efeito psicológico condensado e poderia gerar uma força ativa concorrente daquela que passivamente se adapta à "fatalidade", ou reforçá-la, se já existe). Uma vez que é justo o princípio de método segundo o qual os países mais avançados (no movimento de progresso ou de regresso) são a imagem antecipada dos outros países onde o mesmo movimento está no início, a comparação é correta nesse campo, no que servir (e servirá sempre do ponto de vista educativo) [64].

§ 26. *O movimento e o objetivo final.* É possível manter vivo e eficiente um movimento sem a perspectiva de fins imediatos e mediatos? A afirmação de Bernstein segundo a qual o movimento é tudo e o objetivo final não é nada, sob a aparência de uma interpretação "ortodoxa" da dialética, oculta uma concepção mecanicista da vida e do movimento histórico: as forças humanas são consideradas passivas e não conscientes, como um elemento não distinto das coisas materiais, e o conceito de evolução vulgar, no sentido naturalista, substitui o conceito de processo e desenvolvimento [65]. Isso é ainda mais digno de nota na medida em que Bernstein buscou suas armas no arsenal do revisionismo idealista (esquecendo as teses sobre Feuerbach), que deveria tê-lo levado, ao contrário, a valorizar a intervenção dos homens (ativos, logo capazes de perseguir certos fins imediatos e mediatos) como decisiva no desenrolar da história (naturalmente, sob as condições dadas). Mas, analisando mais a fundo, vê-se que em Bernstein e seus adeptos não se exclui de todo a intervenção humana, pelo menos implicitamente (o que seria estúpido demais), mas se admite só de modo unilateral, porque se admite como "tese" mas se exclui como "antítese"; ela, considerada eficiente como tese, ou seja, no momento da resistência e da conservação, é rejeitada como antítese, ou seja, como iniciativa e impulso progressivo antagonista. Podem existir "fins" para a resistência e a conservação (as próprias "resistência e conservação" são fins que requerem uma específica organização civil e militar, o controle ativo do adversário, a intervenção tempestiva para impedir que o adversário se reforce muito, etc.), não para o progresso e a iniciativa inovadora. Trata-se tão somente de uma teorização sofística da passividade, de um modo "astuto" (no sentido das "astúcias da providência" de Vico) pelo qual a tese intervém para enfraquecer a "antítese", porque precisamente a antítese (que pressupõe o despertar de forças latentes e adormecidas a serem estimuladas com ousadia) tem necessidade de se propor fins, imediatos e mediatos, para reforçar seu movimento de superação. Sem a perspectiva de fins concretos, não pode de modo algum haver movimento.

§ 27. *Max Nordau*. Grande difusão dos livros de Max Nordau, na Itália, nos estratos mais cultos do povo e da pequena burguesia urbana [66]. *Mentiras convencionais da civilização* e *Degeneração* haviam chegado (em 1921-1923), respectivamente, à oitava e à quinta edição, na publicação regular dos Fratelli Bocca, de Turim; mas esses livros passaram no pós-guerra às mãos de editores como Madella e Barion e foram difundidos por vendedores ambulantes a preços baixíssimos e em grande quantidade. Contribuíram assim para introduzir na ideologia popular (senso comum) uma determinada série de crenças e de "cânones críticos" ou de preconceitos que parecem a expressão mais perfeita da intelectualidade refinada e da alta cultura, tal como as concebe o povo, para o qual Max Nordau é um grande pensador e cientista.

§ 28. *"Angherie"*. O termo é ainda empregado na Sicília para indicar certos serviços obrigatórios aos quais está submetido o trabalhador agrícola em suas relações contratuais com o proprietário, arrendatário ou subarrendatário, do qual obteve um pedaço de terra no regime chamado de meação (e que é tão somente um contrato de participação ou de simples arrendamento com pagamento *in natura*,

CADERNO 16 | **83**

fixado na metade ou até mais da metade da colheita, além dos serviços especiais ou *angherie*). O termo é ainda aquele dos tempos feudais, do qual derivou na linguagem comum o significado pejorativo de "vexação", mas que parece ainda não existir na Sicília, onde se considera costume normal.

No que se refere à Toscana, berço da meação (cf. os estudos recentes a propósito, feitos sob estímulo da *Accademia dei Georgofili*), deve-se citar o trecho de um artigo de F. Guicciardini (na *Nuova Antologia* de 16 de abril de 1907, "Le recenti agitazioni agrarie in Toscana e i doveri della proprietà"): "Entre os pactos acessórios do pacto do colono, não menciono os que chamarei de 'angáricos', na medida em que constituem ônus do meeiro e não correspondem a vantagem especial alguma: tais seriam a lavagem gratuita da roupa, a busca da água, o corte da lenha e das achas para as estufas do dono, a contribuição em alimentos em favor do vigia, o fornecimento de palha e feno para a estrebaria da propriedade e, em geral, todos os serviços gratuitos em favor do dono. Não poderia afirmar se esses pactos são os últimos resíduos do regime feudal que sobreviveram à destruição dos castelos e à libertação dos colonos, ou se são incrustações que se formaram no tronco genuíno do contrato por abuso dos proprietários e apatia dos colonos, em tempos mais próximos de nós." Segundo Guicciardini, essas obrigações desapareceram quase por toda parte (em 1907), o que é duvidoso até no caso da Toscana. Mas, além dessas *angherie*, é preciso recordar outras, como o direito do proprietário de fechar os colonos em casa numa certa hora da noite, a obrigação de pedir permissão para o noivado e as relações sexuais, etc., que parecem ter se restabelecido em muitas regiões (Toscana, Úmbria), depois de abolidas com os movimentos agrários da primeira década do século, movimentos dirigidos por sindicalistas.

§ 29. *Discussões prolixas, perder-se em minúcias excessivas, etc.* É pose de intelectual enveredar cansativamente por discussões excessivamente longas, que se perdem analiticamente nas particularidades mais ínfimas e não dão sinal de terminar a não ser quando entre os litigantes se chegou a um acordo perfeito em todo o terreno de atrito ou, pelo menos, as opiniões em contraste se confrontaram totalmente. O intelectual profissional considera suficiente um acordo sumário sobre os princípios gerais, sobre as diretrizes fundamentais, porque pressupõe que o trabalho individual de reflexão levará necessariamente ao acordo sobre as "minúcias"; por isso, nas discussões entre intelectuais, procede-se muitas vezes por rápidas referências: sonda-se, por assim dizer, a formação cultural recíproca, a "linguagem" recíproca e, feita a constatação de que se está num terreno comum, com uma linguagem comum, com modos comuns de raciocinar, segue-se adiante com rapidez. Mas a questão essencial consiste justamente no fato de que as discussões não acontecem entre intelectuais profissionais e, aliás, é preciso criar previamente um terreno cultural comum, uma linguagem comum, modos comuns de raciocínio entre pessoas que não são intelectuais profissionais, que ainda não adquiriram o hábito e a disciplina mental necessários para relacionar rapidamente conceitos aparentemente díspares, assim como, inversamente, para analisar rapidamente, decompor, intuir, descobrir diferenças essenciais entre conceitos aparentemente semelhantes.

Já foram mencionadas noutro parágrafo as fraquezas íntimas da formação oral da cultura e os inconvenientes da conversação ou diálogo, em relação ao texto: no entanto, aquelas observações, em si justas, devem ser complementadas por essas acima expostas, isto é, com a consciência da necessidade, para difundir organicamente uma nova forma cultural, da palavra falada, da discussão minuciosa e "pedante" [67]. Justa combinação da palavra falada e da escrita. E observe-se tudo isso nas relações entre intelectuais profissionais e não intelectuais formados, que afinal é o caso de qualquer nível de ensino, do elementar ao universitário.

O não técnico do trabalho intelectual, em seu trabalho "pessoal" sobre os livros, tropeça em dificuldades que o paralisam e muitas vezes o impedem de ir adiante, porque ele é incapaz de resolvê-las imediatamente, o que, ao contrário, é imediatamente possível nas discussões de viva voz. À parte a má-fé, observe-se como se prolongam as discussões por escrito por esta razão normal: uma incompreensão requer elucidações e, no curso da polêmica, multiplicam-se as dificuldades de compreender e de explicar.

§ 30. *Tempo*. Em muitas línguas estrangeiras a palavra "tempo", trazida do italiano através da linguagem musical, assumiu um significado próprio, geral, mas nem por isso menos determinado, que a palavra italiana "tempo", por seu caráter genérico, não pode expressar (nem se poderia dizer "tempo em sentido musical ou como se entende na linguagem musical", porque implicaria equívocos). É preciso, pois, traduzir em italiano a palavra italiana "tempo": "velocidade do ritmo" parece a tradução mais exata e que, de resto, corresponde ao significado que a palavra tem na música, e somente "ritmo", quando a palavra "tempo" for adjetivada: "ritmo acelerado" (ou tempo acelerado), "ritmo moderado", etc. Outras vezes, usa-se "velocidade do ritmo", em sentido elíptico, em lugar de "medida da velocidade do ritmo".

2. Caderno 26

(1935)

Temas de cultura. 2º

§ 1. *Indicações bibliográficas.* 1) O *Catalogo dei cataloghi del libro italiano*, editado pela "Società generale delle Messagerie italiane", de Bolonha, em 1926 (publicaram-se suplementos em seguida), é uma publicação a ser levada em conta para as pesquisas bibliográficas. Este repertório contém os dados de 65.000 volumes (menos a indicação do editor) classificados em 18 categorias, dois índices alfabéticos, um por autores, organizadores e tradutores, e outro por temas, com as respectivas referências à categoria e ao número de ordem.

2) Outra publicação a considerar é o *Catalogo metodico degli scritti contenuti nelle pubblicazioni periodiche italiane e straniere*, editado pela Câmara dos Deputados.

§ 2. *A "equação pessoal".* Os cálculos dos movimentos das estrelas são perturbados pelo que os cientistas chamam de "equação pessoal", de modo que são necessários controles e retificações. Ver exatamente como se identifica essa causa de erro, com quais critérios e como se procede à retificação. De qualquer maneira, a noção de "equação pessoal" também pode ser empregada utilmente em outros campos além da astronomia.

§ 3. *O nariz de Cleópatra.* Buscar o sentido exato que Pascal dava a essa sua expressão que se tornou tão famosa (contida em *Os pensamentos*) e sua relação com as opiniões gerais do escritor. (Frivolidade da história dos homens; pessimismo jansenista.)

§ 4. *Sobre raciocinar segundo médias estatísticas.* Sobre raciocinar e especialmente "pensar" segundo médias estatísticas. Nesse caso, é útil recordar a anedota segundo a qual, se Fulano faz duas refeições por dia e Beltrano nenhuma, "estatisticamente" Fulano e Beltrano fazem "em média", cada qual, uma refeição por dia. A deformação de pensamento originada pela estatística é muito mais difundida do que se acredita. Generalização abstrata, sem uma retomada contínua de contato com a realidade concreta. Recordar que um partido austríaco, que tinha dois filiados num sindicato, escreveu que sua influência no sindicato havia crescido em 50% porque um terceiro filiado se somou aos dois primeiros. {B}

§ 5. *"Contradições" do historicismo e suas expressões literárias (ironia, sarcasmo).* Ver as publicações de Adriano Tilgher contra o historicismo [1]. De um artigo de Bonaventura Tecchi ("Il Demiurgo di Burzio", *Italia Letteraria*, 20 de outubro de 1929) se extraem algumas sugestões de F. Burzio que parecem mostrar, em Burzio, uma certa profundidade (abstração feita da linguagem artificiosa e das construções de viés literário-paradoxal) no estudo das contradições "psicológicas" que nascem no terreno do historicismo idealista, mas também no do historicismo integral [2].

Deve-se meditar sobre a afirmação: "estar acima das paixões e dos sentimentos, mesmo experimentando-os", que poderia ser rica de consequências. De fato, o nó das questões que surgem a propósito do historicismo, e que Tilgher não consegue desatar, está justamente na constatação de que "se pode ser crítico e homem de ação ao mesmo tempo, de modo não só que um aspecto não enfraqueça o outro, mas até o reforce" [3]. Muito superficial e mecanicamente, Tilgher cinde os dois termos da personalidade humana (dado que não existe nem jamais existiu um homem inteiramente crítico e outro inteiramente passional), quando, ao contrário, deve-se tentar determinar como em diferentes períodos históricos os dois termos se combinam, seja nos indivíduos, seja nos estratos sociais (aspecto da questão da função social dos intelectuais), fazendo prevalecer (aparentemente) um

CADERNO 26 | **91**

aspecto ou o outro (fala-se de épocas de crítica, de épocas de ação, etc.). Mas parece que nem Croce analisou a fundo o problema nos escritos em que pretende determinar o conceito "política = paixão": se o ato concreto político, como diz Croce, se realiza na pessoa do líder político, deve-se observar que a característica do líder como tal não é certamente a passionalidade, mas o cálculo frio, preciso, objetivamente quase impessoal, das forças em luta e de suas relações (isso vale ainda mais se se trata de política em sua forma mais decisiva e determinante, a guerra ou qualquer outra forma de luta armada) [4]. O líder suscita e dirige as paixões, mas ele próprio é "imune" a elas ou as domina para melhor desencadeá-las, refreá-las no momento dado, discipliná-las, etc.; deve antes conhecê-las, como elemento objetivo de fato, como força, do que "senti-las" imediatamente, deve conhecê-las e compreendê-las, ainda que com "grande simpatia" (e então a paixão assume uma forma superior, que é preciso analisar, na trilha da sugestão de Burzio; a questão toda deve ser vista nos "textos" autênticos).

Segundo o artigo de Tecchi, parece que Burzio alude muitas vezes ao elemento "ironia" como característica (ou uma das características) da posição referida e condensada na afirmação: "estar acima das paixões e dos sentimentos, mesmo experimentando-os". Parece evidente que o comportamento "irônico" não pode ser o do líder político ou militar em relação às paixões e sentimentos dos seguidores e dirigidos. "Ironia" pode ser justo como comportamento de intelectuais particulares, individuais, isto é, sem responsabilidade imediata até mesmo na construção de um mundo cultural, ou para indicar o distanciamento do artista ante o conteúdo sentimental de sua criação (ele pode "sentir" mas não "compartilhar", ou pode compartilhar mas numa forma intelectualmente mais refinada); mas, no caso da ação histórica, o elemento "ironia" seria apenas literário ou intelectualista e indicaria uma forma de distanciamento muito

92 | CADERNOS DO CÁRCERE

vinculada ao ceticismo mais ou menos diletante devido à desilusão, ao cansaço, a uma atitude de "super-homem". Ao contrário, no caso da ação histórico-política, o elemento estilístico adequado, a atitude característica do distanciamento-compreensão é o "sarcasmo" e, ainda, numa forma determinada, o "sarcasmo apaixonado". Nos fundadores da filosofia da práxis se encontra a expressão mais alta, ética e esteticamente, do sarcasmo apaixonado. Outras formas. Diante das crenças e ilusões populares (crença na justiça, na igualdade, na fraternidade, isto é, nos elementos ideológicos difundidos pelas tendências democráticas herdeiras da Revolução Francesa), existe um sarcasmo apaixonadamente "positivo", criador, progressista: naturalmente, não se quer ridicularizar o sentimento mais íntimo daquelas ilusões e crenças, mas sua forma imediata, vinculada a um determinado mundo "perecível", o cheiro de cadáver que penetra através do perfume humanitário dos profissionais dos "imortais princípios". Porque também existe um sarcasmo de "direita", que raramente é apaixonado, mas é sempre "negativo", cético e destruidor não só da "forma" contingente, mas do conteúdo "humano" daqueles sentimentos e crenças. (E, a propósito do atributo "humano", pode--se ver em alguns livros, mas especialmente na *Sagrada Família*, qual significado deve-se dar a ele [5].) Trata-se de dar ao núcleo vivo das aspirações contidas naquelas crenças uma nova forma (portanto, de inovar, determinar melhor aquelas aspirações), não de destruí-las. O sarcasmo de direita, ao contrário, tenta destruir justamente o conteúdo das aspirações (não, naturalmente, nas massas populares, uma vez que então se destruiria também o cristianismo popular, mas nos intelectuais), e por isso o ataque à "forma" é tão somente um expediente "didático".

Como sempre ocorre, as primeiras e originais manifestações do sarcasmo tiveram imitadores e papagaios; o estilo se tornou uma "estilística", se tornou uma espécie de mecanismo, um código, um jargão, que poderia produzir observações picantes (por ex., quando a palavra "civilização" se faz *sempre* acompanhar do adjetivo "suposta", é lícito pensar que se crê na existência de uma "civilização" exemplar, abstrata, ou pelo menos se comporta como se se acreditasse nisso, ou seja, da mentalidade crítica e historicista se passa à mentalidade utópica). Na forma original, deve-se considerar o sarcasmo uma expressão que acentua as contradições de um período de transição; tenta-se manter o contato com as expressões humanas subalternas das velhas concepções e, ao mesmo tempo, acentua-se o distanciamento ante as dominantes e dirigentes, à espera de que as novas concepções, com a solidez adquirida através do desenvolvimento histórico, dominem até adquirir a força das "crenças populares". Essas novas concepções estão já solidamente implantadas em quem utiliza o sarcasmo, mas devem ser expressas e divulgadas em atitude "polêmica"; de outro modo, seriam uma "utopia", porque pareceriam "arbítrio" individual ou de grupelho: de resto, por sua própria natureza, o "historicismo" não pode se conceber a si mesmo como passível de expressão sob forma apodítica ou de pregação, e deve criar um gosto estilístico novo, até uma linguagem nova, como meios de luta intelectual. O "sarcasmo" (tal como, no plano literário restrito da educação de pequenos grupos, a "ironia") aparece, portanto, como o componente literário de uma série de exigências teóricas e práticas que superficialmente podem parecer insanavelmente contraditórias; seu elemento essencial é a "passionalidade", que se torna critério da força estilística individual (da sinceridade, da profunda convicção, em oposição à imitação e ao mecanicismo).

Desse ponto de vista é preciso examinar as últimas observações de Croce no prefácio de 1917 ao volume sobre o *Materialismo storico*, no qual se fala da "maga Alcina", e algumas observações sobre o estilo de Loria [6]. Do mesmo modo, deve-se ver o ensaio de Mehring sobre a "alegoria" no texto alemão, etc. [7].

94 | CADERNOS DO CÁRCERE

§ 6. *O Estado "veilleur de nuit"*. Na polêmica (de resto, superficial) sobre as funções do Estado (e entenda-se Estado como organização político-jurídica em sentido estrito), a expressão "Estado-*veilleur de nuit*" ("Estado guarda-noturno") corresponde em italiano a Estado *carabiniere* e quer significar um Estado cujas funções se limitam à tutela da ordem pública e do respeito às leis. Não se insiste no fato de que nessa forma de regime (que, afinal, jamais existiu a não ser no papel, como hipótese-limite) a direção do desenvolvimento histórico cabe às forças privadas, à sociedade civil, que também é "Estado", aliás, é o próprio Estado. Parece que a expressão *veilleur de nuit*, que teria um valor mais sarcástico do que "Estado *carabiniere*" ou "Estado gendarme", é de Lassalle [8]. Seu oposto seria o "Estado ético" ou o "Estado intervencionista" em geral, mas existem diferenças entre uma e outra expressão: o conceito de Estado ético é de origem filosófica e intelectual (própria dos intelectuais: Hegel) e, na verdade, poderia ser associado com o de "Estado-*veilleur de nuit*", uma vez que se refere sobretudo à atividade autônoma, educativa e moral do Estado laico, em contraposição ao cosmopolitismo e à ingerência da organização eclesiástico-religiosa como resíduo medieval; o conceito de Estado intervencionista é de origem econômica e está ligado, por uma parte, às correntes protecionistas ou de nacionalismo econômico e, por outra, à tentativa de fazer com que um pessoal estatal determinado, de origem fundiária e feudal, assuma a "proteção" das classes trabalhadoras contra os excessos do capitalismo (política de Bismarck e de Disraeli). Essas diversas tendências podem se combinar de variados modos e, de fato, se combinaram. Naturalmente, os liberais ("economicistas") defendem o Estado-*veilleur de nuit* e prefeririam que a iniciativa histórica fosse deixada à sociedade civil e às diversas forças que nela brotam, com o "Estado" guardião da "lealdade do jogo" e de suas leis: os intelectuais fazem distinções muito importantes quando são liberais e também quando são intervencionistas (podem ser liberais no campo econômico e intervencionistas no cultural, etc.).

Os católicos prefeririam o Estado intervencionista completamente a seu favor; na falta disso, ou onde são minoria, querem o Estado "indiferente", para que este não sustente seus adversários.

§ 7. *Postulado*. Nas ciências matemáticas, especialmente, entende- -se por "postulado" uma proposição que, embora não tenha a evidência imediata e o caráter indemonstrável dos axiomas, nem possa, por outra parte, ser suficientemente demonstrada como um teorema, possui, com base nos dados da experiência, uma tal verossimilhança que pode ser aceita ou admitida até pelo adversário, e posta, portanto, como base de algumas demonstrações. Nesse sentido, assim, o postulado é uma proposição exigida para fins de demonstração e construção científica.

No uso comum, ao contrário, *postulado* significa um modo de ser e de operar que se deseja realizar (ou conservar, se já realizado; ou, antes, que se quer, e em certos casos *se deve*, realizar ou conservar) ou se afirma ser o resultado de uma investigação científica (história, economia, fisiologia, etc.). Por isso, muitas vezes se faz confusão (ou se produz interferência) entre o significado de "reivindicação", de "pretensão", de "exigência", com o de "postulado" e de "princípio"; os postulados de um partido político ou de um Estado seriam seus "princípios" práticos, dos quais derivam imediatamente as reivindicações de caráter mais concreto e particular (exemplo: a independência da Bélgica é um postulado da política inglesa, etc.).

§ 8. *Classe média*. O significado da expressão "classe média" muda de país a país (como muda o de "povo" ou de "plebe", em relação à presunção de certos estratos sociais) e, por isso, acarreta muitas vezes equívocos muito curiosos (lembrar que Frola, prefeito de Turim, assinou um manifesto em inglês com o título de *Lord Mayor*). O termo veio da literatura política inglesa e expressa a forma particular do desenvolvimento social inglês. Parece que na Inglaterra a burguesia nunca foi concebida como uma parte integrante do povo, mas sempre como uma entidade separada deste: aliás, na história inglesa, não foi a burguesia quem guiou o povo e a ele recorreu para abater os privilégios feudais, mas a nobreza (ou uma fração dela) quem formou, primeiro, o bloco nacional-popular contra a Coroa e, depois, contra a burguesia industrial. Tradição inglesa de um *torismo* popular (Disraeli, etc.). Depois das grandes reformas liberais que moldaram o Estado segundo os interesses e as exigências da classe média, os dois partidos fundamentais da vida política inglesa se diferenciaram em torno de questões internas relativas à mesma classe: a nobreza adquiriu cada vez mais um caráter particular de "aristocracia burguesa" ligada a certas funções da sociedade civil e da sociedade política (Estado) referentes à tradição, à educação da camada dirigente, à conservação de uma dada mentalidade que previne transformações bruscas, etc., à consolidação da estrutura imperial, etc.

Na França, o termo "classe média" gera equívocos, apesar de a aristocracia, de fato, ter conservado muita importância como casta fechada: adota-se o termo seja no sentido inglês, seja no sentido italiano de pequena e média burguesia. Na Itália, onde a aristocracia feudal foi destruída pelas Comunas (fisicamente destruída nas guerras civis, salvo na Itália Meridional e na Sicília), como não existe a classe "alta" tradicional, o termo "classe média" desceu um degrau. Classe média significa "negativamente" não-povo, isto é, "não operários e camponeses"; significa positivamente as camadas intelectuais, os profissionais liberais, os empregados.

Deve-se notar que o termo *signore* está difundido na Itália, há muito tempo, para indicar também os não nobres; o *don* meridional, *galantuomini, civili, borghesi*, etc.; na Sardenha, *signore* jamais é o camponês, mesmo rico, etc.

§ 9. *Oficial.* O termo "oficial", especialmente nas traduções de línguas estrangeiras (em primeiro lugar, o inglês), acarreta equívocos, incompreensões e... perplexidade. Em italiano, o significado de "oficial" se restringiu cada vez mais e agora indica apenas os oficiais do exército: no significado mais amplo, o termo só permanece em algumas expressões que se tornaram idiomáticas e de origem burocrática: *pubblico ufficiale, ufficiale dello stato civile*, etc. [9]. Em inglês, *official* indica qualquer espécie de funcionário (para oficial do exército se usa *officer*, que, no entanto, também indica o funcionário em geral), não só do Estado mas também privado (funcionário sindical). (Mas será útil fazer uma investigação mais precisa, de caráter histórico, jurídico, político.)

§ 10. *Ascari, crumiri, moretti, etc.* [10]. Chamavam-se *ascari* os deputados das maiorias parlamentares sem programa e sem orientação, logo sempre prontos a se bandearem e a abandonar os governos que neles se apoiavam; a expressão estava ligada às primeiras experiências feitas na África com as tropas nativas mercenárias.

A palavra *crumiro* está ligada à ocupação da Tunísia por parte da França sob o pretexto inicial de rechaçar hipotéticas tribos de *Krumiros*, que a partir da Tunísia fariam incursões na Argélia para saquear. Mas como o termo começou a fazer parte do vocabulário específico do sindicalismo operário?

O termo *moretto* deve ser uma derivação de *ascaro*, mas era empregado menos para acentuar a fidelidade precária e a inclinação de desertar do que a posição de servilismo e a predisposição de executar as tarefas mais baixas, com grande desenvoltura. (Também pode ter derivado do hábito de ter negros como serviçais.)

§ 11. *"Rinascimento", "Risorgimento", "Riscossa", etc.* [11]. Na linguagem histórico-política italiana deve-se notar uma série de expressões, ligadas estreitamente ao modo tradicional de conceber a história da nação e da cultura italiana, que é difícil e às vezes impossível traduzir em línguas estrangeiras. Assim, temos o grupo *Rinascimento, Rinascita (Rinascenza*, um francesismo), termos que

98 | CADERNOS DO CÁRCERE

por fim entraram no círculo da cultura europeia e mundial, porque, embora o fenômeno indicado tivesse o máximo esplendor na Itália, não se restringiu à Itália.

Nasce no século XIX o termo *Risorgimento* em sentido mais estritamente nacional e político, acompanhado pelas outras expressões "*riscossa* nacional" e "*riscatto* nacional": todos expressam o conceito de retorno a um estado de coisas já havido no passado, ou de "retomada" ofensiva (*riscossa*) das energias nacionais dispersas em torno de um núcleo militante e concentrado, ou de emancipação de um estado de servidão para retornar à primitiva autonomia (*riscatto*). São difíceis de traduzir, sem dúvida porque estreitamente ligados à tradição literária nacional de uma continuidade essencial da história ocorrida na península italiana, desde Roma até a unidade do Estado moderno, de modo que se concebe a nação italiana como "nascida" ou "surgida" com Roma, pensa-se que a cultura greco-romana tenha "renascido", a nação tenha "ressurgido", etc. A palavra *riscossa* é da linguagem militar francesa, mas em seguida esteve ligada à noção de um organismo vivo que cai em letargia e desperta, embora não se possa negar que tenha permanecido um pouco do primitivo sentido militar [12].

A essa série puramente italiana se podem ligar outras expressões correspondentes: por exemplo, o termo, de origem francesa e indicador de um fato prevalentemente francês, "Restauração".

O par "formar e reformar", porque, segundo o significado assumido historicamente pela palavra, uma coisa "formada" se pode continuamente "reformar" sem que entre a formação e a reforma esteja implícito o conceito de um parêntese catastrófico ou letárgico, coisa que, ao contrário, está implícita para "renascimento" e "restauração". Daí se vê que os católicos sustentam que a Igreja romana foi várias vezes reformada internamente, ao passo que no conceito protestante de "Reforma" está implícita a ideia de renascimento e restauração do cristianismo primitivo, sufocado pelo romanismo.

Na cultura laica, por isso, fala-se de Reforma e Contrarreforma, enquanto os católicos (e especialmente os jesuítas, que são mais cuidadosos e consequentes inclusive na terminologia) não querem admitir que o Concílio de Trento tenha apenas reagido ao luteranismo e a todo o conjunto das tendências protestantes, mas sustentam que se tratou de uma "Reforma católica" autônoma, positiva, que se teria verificado em qualquer caso. A pesquisa da história desses termos tem um significado cultural não desprezível.

3. Dos cadernos miscelâneos

CADERNO 1 (1929-1930)

§ 56. *Apólogo do tronco e dos ramos secos*. Os ramos secos são indispensáveis para atear fogo ao tronco, não em si e por si. Só o tronco, queimando, modifica o ambiente de frio para quente. *Arditi* — artilharia e infantaria [1]. Estas permanecem sempre decisivas.

§ 70. "Impressões do cárcere", de Jacques Rivière, artigo publicado na *Nouvelle Revue Française*, no terceiro aniversário da morte do autor (*La Fiera Letteraria* de 1º de abril de 1928 publica alguns trechos do artigo) [2]. Depois de uma revista na cela: tomaram-lhe fósforos, folhas de papel e um livro: as conversações de Goethe com Eckermann, e provisões de alimento não permitidas. "Penso em tudo que me roubaram: estou humilhado, tomado de vergonha, horrivelmente esbulhado. Conto os dias que me cabe 'arrastar' e, embora toda a minha vontade esteja mobilizada nesse sentido, não mais estou tão seguro de chegar até o fim. Essa miséria lenta desgasta mais do que as grandes provações. [...] Tenho a impressão de que podem se atirar sobre mim de todos os lados, entrar nessa cela, entrar em mim, a qualquer momento, arrancar-me aquilo que ainda me resta e deixar--me num canto, uma vez mais, como uma coisa que não mais serve, arruinada, violada. Não conheço nada mais deprimente do que essa expectativa do mal que se pode sofrer, ligada à total impotência de evitá-lo. [...] Com gradações e nuanças todos conhecem esse aperto no coração, essa profunda falta de segurança interior, esse sentimento de estar incessantemente exposto, sem defesa, a todos os acidentes, do pequeno aborrecimento de alguns dias de prisão até a morte. Não há refúgio: nem salvação nem, sobretudo, trégua. Não resta nada senão dobrar-se, apequenar-se o mais possível. [...] Uma verdadeira timidez geral tomara conta de mim, minha imaginação não mais me apresentava o possível com aquela vivacidade que lhe confere antecipadamente o aspecto de realidade: em mim ressecara a iniciativa. Acredito que teria estado diante das mais belas oportunidades de fuga, sem saber aproveitá-las; teria me faltado aquela coisa indefinível que ajuda a preencher o espaço entre o que se vê e o que se quer fazer, entre as circunstâncias e o ato que nos torna donos delas; não mais teria tido fé em minha boa sorte: o medo me deteria."

O choro no cárcere: os outros percebem se o choro é "mecânico" ou "angustiado". Reação diferente quando alguém grita: "Quero morrer." Raiva e desprezo ou simples vozerio. Sente-se que todos se angustiam quando o choro é sincero. Choro dos mais jovens. A ideia da morte se apresenta pela primeira vez (envelhece-se de uma vez só).

§ 104. *Jean Barois* [3]. Recebe os sacramentos religiosos antes de morrer. Depois, a mulher encontra entre seus papéis o testamento, redigido nos anos da maturidade intelectual. Nele se lê: "Por temor de que a velhice e as doenças me enfraqueçam a ponto de fazer-me temer a morte e induzir-me a buscar o consolo da religião, redijo hoje, na plenitude de minhas faculdades e de meu equilíbrio intelectual, meu testamento. Não creio na alma substancial e imortal. Sei que minha personalidade é um aglomerado de átomos cuja desagregação implica a morte total. Creio no determinismo universal..." O testamento foi lançado no fogo. Pesquisar.

§ 112. *Padre Facchinei*. Na *Rivista d'Itália* de 15 de janeiro de 1927, foi publicado um artigo de Adolfo Zerboglio intitulado "Il ritorno di padre Facchinei", autor de um libelo contra Cesare Beccaria, *Note ed osservazioni sul libro intitolato "Dei delitti e delle pene"*, publicado por volta de 1761 [4]. Dos trechos transcritos por Zerboglio (p. 27 da revista), revela-se que Facchinei já conhecia a palavra "socialistas": "Pergunto aos socialistas mais intransigentes se um homem, encontrando-se em sua primitiva liberdade, e antes de ingressar em qualquer sociedade, pergunto — repito — se um homem livre tem o direito de matar um outro homem que quisesse de alguma maneira tirar-lhe a vida. Estou seguro de que dessa feita todos os socialistas me responderiam afirmativamente." Mas o que significava na época essa palavra? No *Dicionário político* de Maurice Block, se me recordo bem, a palavra *socialisme* aparece em época mais tardia, por volta de 1830.

§ 145. *O talento*. Hofmannsthal dirigiu a Strauss estas palavras, a propósito dos detratores do musicista: "Temos boa vontade, seriedade, coerência, o que vale mais do que o malfadado *talento*, que qualquer patife tem." (Recordado por L. Beltrami, num artigo sobre o escultor Quadrelli no *Marzocco* de 2 de março de 1930 [5].)

§ 147. "Em mil circunstâncias de minha vida fiz saber que era verdadeiramente o prior da Irmandade de São Simplício." *V. Monti* [6].

§ 156. *Passado e presente*. De que modo o presente é uma *crítica* do passado, além de (e porque) uma "superação" dele. Mas, por isso, deve-se jogar fora o passado? Deve-se jogar fora aquilo que o presente criticou "intrinsecamente" e aquela parte de nós mesmos que a isso corresponde. O que significa isso? Que nós devemos ter consciência exata dessa crítica real e dar-lhe uma expressão não só teórica, mas *política*. Ou seja, devemos ser mais presos ao presente, que nós mesmos contribuímos para criar, tendo consciência do passado e de sua continuação (e de seu reviver).

CADERNO 2 (1929-1933)

§ 8. *Um juízo de Manzoni sobre Victor Hugo*. "Manzoni me dizia que Victor Hugo, com aquele seu livro sobre Napoleão, parecia alguém que se julga um grande organista e se põe a tocar, mas falta quem faça funcionar o fole para ele." R. Bonghi, "I fatti miei e i miei pensieri", *Nuova Antologia*, 16 de abril de 1927 [7].

§ 9. *Os filósofos e a Revolução Francesa.* Nas mesmas memórias, Bonghi escreve ter lido um artigo de Charles Louandre na *Revue des deux mondes* em que se fala de um jornal (diário) de Barbier publicado naquela época, que trata da sociedade francesa de 1718 a 1762. Bonghi tira daí a conclusão de que a sociedade francesa de Luís XV era pior, sob todos os aspectos, do que aquela que se seguiu à Revolução. Superstição religiosa em forma patológica, enquanto a incredulidade crescia na sombra. Louandre demonstra que os "filó- sofos" deram a teoria de uma prática já realizada, não a realizaram.

§ 10. Um gondoleiro veneziano fazia grandes barretadas a um patrício e breves saudações às igrejas. Um patrício lhe perguntou por que fazia assim, e o gondoleiro: "Porque com os santos não se brinca." (Bonghi, ibidem [8].)

§ 11. *Manzoni e Rosmini sobre Napoleão III.* "Para ele (Manzoni), esse Luís Napoleão não é um milagre e a presente crise da França é tão somente uma interrupção na Revolução da França. Rosmini, ao contrário, faz dele *um braço da Providência*, um enviado de Deus — o que é um reconhecimento de sua *moralidade* e *Religião*; e espera muito, muito. Eu estou do lado de Manzoni." (Bonghi, ibidem.)

§ 15. *Os albaneses da Itália.* Quando Scutari foi ocupada, depois das guerras balcânicas, a Itália mandou para lá um batalhão e nele se incorporou um certo número de soldados albaneses da Itália. Como falavam albanês, só com uma pronúncia um pouco diferente, foram acolhidos cordialmente. (De um artigo muito tolo de Vico Mantegazza, "Sulle vie dell'Oriente", na *Nuova Antologia* de 1º de maio de 1927.)

§ 58. *Sobre a moda.* Um artigo muito interessante e inteligente na *Nuova Antologia* de 16 de março de 1928: Bruno De Pol, "Formazio-

DOS CADERNOS MISCELÂNEOS | **107**

ne e organizzazione della moda". (Creio que De Pol é um industrial milanês do couro.) Muitas sugestões, explicação da moda em termos de desenvolvimento econômico (luxo não é moda, a moda nasce com o grande desenvolvimento industrial); explicação da hegemonia francesa na moda feminina e inglesa na masculina; situação atual de luta para converter essas hegemonias num "condomínio": ação da América e da Alemanha nesse sentido. Consequências econômicas especialmente para a França, etc.

§ 86. Giuseppe Tucci, "La religiosità nell'India", *Nuova Antologia*, 16 de setembro de 1928 [9]. Artigo interessante. Critica todos os lugares-comuns que se repetem habitualmente sobre a Índia e sobre a "alma" indiana, sobre o misticismo, etc. A Índia atravessa uma crise espiritual; o novo (espírito crítico) não está ainda suficientemente difundido para formar uma "opinião pública" que se contraponha ao velho: superstições nas classes populares, hipocrisias, falta de caráter nas classes superiores chamadas cultas. Na realidade, também na Índia as questões e os interesses práticos absorvem a atenção pública. (É evidente que na Índia, dados o secular entorpecimento social e as estratificações ossificadas da sociedade, e dada também, como ocorre nos grandes países agrários, a grande quantidade de intelectuais médios, especialmente eclesiásticos, a crise durará por um longo tempo e será necessária uma grande revolução para que se tenha o início de uma solução.) Muitas observações feitas por Tucci a propósito da Índia poderiam valer também para muitos outros países e religiões. Ter isso presente.

§ 92. "I problemi dell'automobilismo al Congresso mondiale di Roma", de Ugo Ancona, na *Nuova Antologia* de 1º de novembro de 1928. (Contém algumas indicações interessantes sobre a febre das *autoestradas* dispendiosíssimas desses anos e sobre o *puricellismo*; podem servir para *Passado e presente*: seria preciso estabelecer

108 | CADERNOS DO CÁRCERE

quanto, nas despesas públicas centrais e locais, foi para estradas indispensáveis e quanto para estradas de luxo [10].)

§ 133. *Lenda albanesa das "Zanas" e as "Zanas" sardas.* No artigo "Antichi monasteri benedittini in Albania — Nella tradizione e nelle leggende popolari", do padre jesuíta Fulvio Cordignano, publicado na *Civiltà Cattolica* de 7 de dezembro de 1929, lê-se: "Na concepção do povo, o *vakúf* — ou seja, ruína de igreja ou bem que lhe pertence — tem em si mesmo uma força misteriosa, quase mágica. Ai de quem toca naquela planta ou leva entre aquelas ruínas o rebanho, as cabras devoradoras de toda folha: será subitamente colhido por um mal; ficará estropiado, paralítico, mentecapto, como se tivesse topado, em meio aos ardores meridianos ou durante a noite escura e cheia de perigos, com aquelas *Oras*, ou *Zanas*, fadas invisíveis e em perfeito silêncio sentadas ao redor de uma mesa redonda à beira do caminho ou no meio da trilha." Existem ainda outras referências no corpo do artigo.

CADERNO 3 (1930)

§ 19. *O problema dos jovens.* "Os fascistas viveram tanto a história contemporânea que não têm a obrigação de conhecer a passada com perfeição." Mussolini, prefácio a *Gli Accordi del Laterano. Discorsi al Parlamento*, Libreria del Littorio, Roma, 1929.

§ 20. *Documentos do tempo.* Um documento muito importante e interessante é o relatório da comissão de inquérito sobre a expedição polar da aeronave "Italia", impresso por ordem do Ministério da Marinha em 1930, em Roma, pela *Rivista Marittima*. ("Caporetto" [11].)

§ 32. *Tornar a vida impossível.* "Há duas maneiras de matar: uma, que se designa abertamente com o verbo *matar*; outra, aquela que fica subentendida habitualmente sob este eufemismo delicado: 'tornar a vida impossível'. É a modalidade de assassinato lento e obscuro, que

DOS CADERNOS MISCELÂNEOS | **109**

requer uma multidão de cúmplices invisíveis. É um auto de fé sem *coroza* e sem chamas, perpetrado por uma Inquisição sem juiz nem sentença..." [12]. Eugène D'Ors, *La vie de Goya*, Ed. Gallimard, p. 41. Noutra passagem, ele a chama de "Inquisição difusa".

§ 52. *O pelourinho da virtude*. Poderia tornar-se o título de uma belíssima seção do noticiário (ou mesmo da parte cultural), se feita com graça, inteligência e sutileza. Relacioná-la às doutrinas "criminalistas" expostas por Eugène Sue nos *Mistérios de Paris*, para quem à justiça punitiva e a todas as suas expressões concretas se contrapõe, para completá-la, uma justiça que recompensa. "Logo em frente ao cadafalso se ergue um pedestal em que sobe o grande homem de bem. É o pelourinho da virtude [13]." (Cf. *A Sagrada Família*.)

§ 60. *Passado e presente. Os mortos de fome e a criminalidade profissional. Bohème, scapigliatura*, frivolidade, etc. [14]. No livro *La scapigliatura milanese* (Milão, Ed. "Famiglia Meneghina", 1930, in-16º, 267 p., 15 liras), Pietro Madini tenta uma reconstrução do ambiente geral desse movimento literário (antecedentes e desdobramentos), incluindo os representantes das *scapigliature* populares, como a *compagnia della teppa* (por volta de 1817), considerada uma ramificação um pouco corrompida do Carbonarismo e dissolvida pela Áustria quando esta começou a temer a ação patriótica do *Bichinkommer*. A *teppa* se tornou hoje sinônimo de criminalidade, aliás, de uma criminalidade específica, mas esse desdobramento não é destituído de significado para compreender o comportamento da velha "companhia".

O que Victor Hugo, em *L'homme qui rit*, diz sobre as transgressões cometidas pelos jovens aristocratas ingleses era uma forma de *teppa*; ela deixa marcas por toda parte num certo período histórico (dandismo, Santa Vehme, etc.), mas se conservou por mais tempo na Itália [15]. Recordar o episódio de Terlizzi reproduzido pelo jornal de Rerum Scriptor em 1912 ou 1913 [16]. Também as chamadas "burlas",

110 | CADERNOS DO CÁRCERE

que tanta matéria propiciam aos narradores dos séculos XIV-XVI, cabem neste quadro: os jovens de uma classe desocupada econômica e politicamente se tornam *teppistas*.

§ 114. *Passado e presente*. "Quando os velhacos ricos têm necessidade dos velhacos pobres, estes podem impor aos primeiros o maior preço que quiserem." Shakespeare (no *Tímon de Atenas*) (?).

§ 139. *Passado e presente*. Para reunir as notas desta rubrica, reler antes os *Ricordi politici e civili*, de Francesco Guicciardini [17]. São riquíssimos de indicações morais sarcásticas, mas apropriadas. Ex.: "Roguem a Deus que sempre se encontrem da parte vencedora, porque lhes será dado louvor mesmo por coisas em que não tiveram parte, assim como, ao contrário, quem se encontra da parte perdedora será acusado de infinitas coisas pelas quais não tem a menor culpa."

Recordar uma afirmação de Arturo Labriola (*ait latro...*) sobre como é moralmente revoltante ver as massas censuradas por seus antigos líderes, que mudaram de lado, ao fazer aquilo que esses mesmos líderes haviam ordenado que fizessem [18].

Quanto aos *Ricordi*, de Guicciardini, ver a edição "Rinascimento del libro", 1929, com prefácio de Pietro Pancrazi.

§ 166. *Passado e presente*. Para a ordenação exata das notas desta rubrica, para ter sugestões e auxiliar a memória, será preciso examinar cuidadosamente algumas coleções de revistas: por exemplo, da *Italia che scrive*, de Formiggini, que em determinadas seções dá um quadro do movimento prático da vida intelectual — fundação de novas revistas, concursos, associações culturais, etc. (Coluna das colunas) —; da *Civiltà Cattolica*, para compreender certas posições suas e para as iniciativas e afirmações de entidades religiosas (por exemplo, em 1920, o episcopado lombardo se pronunciou sobre as crises econômicas, afirmando que os capitalistas e não os operários devem ser os primeiros a sofrer suas consequências). A *Civiltà Catto-*

lica publica alguns artigos sobre o marxismo muito interessantes e sintomáticos.

CADERNO 4 (1930-1932)

§ 65. *Passado e presente.* Artigo de Salvatore Di Giacomo sobre a "impraticabilidade" das ruas populares de Nápoles para os "sonhadores" e os "poetas"; das janelas caíam vasos de flores que esmagavam os chapéus-coco e os palhetas dos senhores, e até os respectivos crânios (artigo no *Giornale d'Italia* de 1920). Episódio dos tomates que custam dinheiro e das pedras que não custam. Sensação de distanciamento, de diferenciação, num ambiente primitivo, "quente", que acredita estar a impunidade ao alcance da mão e se revela abertamente. Esse mesmo ambiente primitivo, em tempos "normais", é dissimuladamente adulador e servil. Episódio do homem do povo veneziano, narrado por Manzoni a Bonghi: desfazia-se em reverências e barretadas ante os nobres, inclinava-se sobriamente ante as igrejas; interrogado sobre esse aparente menor respeito pelas coisas sacras, respondeu numa piscadela: "Com os santos não se brinca." Como se manifestava a diferenciação numa cidade moderna? Exemplos e episódios.

CADERNO 5 (1930-1932)

§ 29. *Oriente-Ocidente.* Numa conferência publicada no volume *L'enérgie spirituelle* (Paris, 1920), Bergson busca resolver o problema: o que teria acontecido se a humanidade tivesse voltado o próprio interesse e a própria investigação mais para os problemas da vida interior do que para os do mundo material? O reino do mistério teria sido a matéria e não mais o espírito, diz ele.

Será preciso ler essa conferência. Na realidade, "humanidade" significa Ocidente, porque o Oriente se deteve na fase da investigação voltada apenas para o mundo interior. Com base no estudo da

112 | CADERNOS DO CÁRCERE

conferência de Bergson, a questão a ser formulada seria esta: se não terá sido exatamente o estudo da matéria — isto é, o grande desenvolvimento das ciências, entendidas como teoria e como aplicação industrial — que fez nascer o ponto de vista segundo o qual o espírito é um "mistério", na medida em que imprimiu ao pensamento um ritmo acelerado de movimento, fazendo pensar no que poderá ser "o futuro do espírito" (problema que não se apresenta quando a história está estagnada) e, portanto, fazendo ver o espírito como uma entidade misteriosa que se revela um pouco caprichosamente, etc.

§ 89. Gabriele Gabrielli, "India ribelle", na *Nuova Antologia* de 1º de agosto de 1929. (Este senhor G. G. se especializou em escrever notas e artigos na *Nuova Antologia* e, provavelmente, em alguns jornais diários, contra a atividade do Ispolcom [19]. Serve-se do material que a *Entente contre la T. I.* publica em Genebra, especialmente em seu boletim mensal, e tem simpatias genéricas pelo movimento em defesa do Ocidente de Henri Massis: simpatias genéricas porque, enquanto para Massis a força hegemônica da união latino-católica só pode ser a França, para Gabrielli deve ser a Itália; a propósito de Massis e da defesa do Ocidente, deve-se recordar que o padre Rosa, na resposta a Ugo Ojetti, refere-se a ele de modo muito ríspido; Rosa vê aí um perigo de desvio ou um desvio puro e simples da ortodoxia romana [20].)

4.675.000 km², 319 milhões de habitantes, 247 milhões de habitantes nas quinze enormes províncias administradas diretamente pelo governo inglês, que ocupam metade do território; a outra metade se reparte entre cerca de 700 estados tributários. Cinco religiões principais, uma infinidade de seitas, 150 línguas e dialetos; castas; analfabetismo dominante; 80% da população, camponeses; escravidão da mulher, pauperismo, carestias endêmicas. Durante a guerra, 985.000 indianos mobilizados.

Relações entre Gandhi e Tolstoi no período 1908-1910 (cf. Romain Rolland, "Tolstoi et Gandhi", na revista *Europe*, 1928, no número

DOS CADERNOS MISCELÂNEOS | 113

especial sobre Tolstoi). O artigo todo é interessante, na falta de outras informações.

§ 110. *França e Itália.* Na *Histoire d'un crime*, V. Hugo escreve: "Todo homem de sensibilidade tem duas pátrias neste século. A *Roma do passado* e a *Paris de hoje.*" Essa pátria de outrora associada à de hoje pressupõe que a França seja a herdeira de Roma: eis uma afirmação que não se fazia, e particularmente não se faz, sem desagradar a muitos.

§ 148. *Passado e presente. Pesquisas sobre os jovens.* A pesquisa "sobre a nova geração" publicada na *Fiera Letteraria* entre 2 de dezembro de 1928 e 17 de fevereiro de 1929. Não muito interessante. Os professores da universidade conhecem pouco os jovens estudantes. O refrão mais frequente é este: os jovens não mais se dedicam às investigações e aos estudos desinteressados, mas tendem ao proveito imediato. Agostino Lanzillo responde: "Hoje, *especialmente*, nós não conhecemos a alma dos jovens e seus sentimentos. É difícil conquistar sua alma: eles se calam de muito *bom grado* sobre os problemas culturais, sociais e morais. Será *desconfiança* ou desinteresse?" (*Fiera Letteraria*, 9 de dezembro de 1928.) (A única observação realista da pesquisa é esta de Lanzillo.) Nota ainda Lanzillo: "[...] há uma disciplina férrea e uma situação de paz externa e interna, que se desenvolve no trabalho concreto e produtivo, mas que não permite a liberação de concepções políticas ou morais opostas. Aos jovens falta o ambiente para se agitarem, para manifestar formas exuberantes de paixão ou de tendências. Daí nasce e decorre uma atitude fria e silenciosa que é uma promessa, mas que também contém *incógnitas*." No mesmo número da *Fiera Letteraria* a resposta de Giuseppe Lombardo-Radice: "Existe hoje entre os jovens escassa *paciência* pelos estudos científicos e históricos; pouquíssimos enfrentam um trabalho que requeira longa preparação e ofereça dificuldades de pesquisa. Em geral, querem *desembaraçar-se* dos estudos; tendem sobretudo a buscar um emprego rapidamente e afastam o espírito das investigações desinteressadas, aspirando a *ganhar* e demonstrando aversão às carreiras que lhes pareçam excessivamente lentas. Malgrado tanta 'filosofia' em circulação, é pobre seu interesse especulativo; sua cultura se compõe de fragmentos; pouco discutem, pouco se dividem em grupos e cenáculos cujo emblema seja uma ideia filosófica ou religiosa. O tom diante dos grandes problemas é de ceticismo, ou de respeito inteiramente exterior por aqueles que os consideram a sério, ou *de adoção passiva de um 'verbo' doutrinário.*" "Em geral, os mais bem-dispostos espiritualmente são os estudantes universitários *mais pobres*" e "os mais ricos, em sua maioria, são inquietos, impacientes ante a disciplina dos estudos, apressados. Destes não virá uma classe espiritualmente capaz de dirigir nosso país."

Essas observações de Lanzillo e de Lombardo-Radice são a única coisa séria de toda a pesquisa, da qual participaram, aliás, quase exclusivamente professores de Letras [21]. A maioria respondeu com "atos de fé", não com constatações objetivas, ou confessou não poder responder.

CADERNO 6 (1930-1932)

§ 15. *Noções enciclopédicas.* "Muitas vezes o que as pessoas chamam de inteligência é apenas a faculdade de entender as verdades secundárias, em detrimento das verdades fundamentais." "O que, em maior medida, nos pode fazer desesperar dos homens é a frivolidade." (Dois aforismos de Ugo Bernasconi no *Pègaso* de agosto de 1930: "Parole alla buona gente" [22].)

Essa inteligência também é chamada, genericamente, de "talento" e se evidencia naquela forma de polêmica superficial ditada pela vaidade de parecer independente e de não aceitar a autoridade de ninguém, de modo que se tenta contrapor a uma verdade fundamental, como objeções, toda uma série de verdades parciais e secundárias.

DOS CADERNOS MISCELÂNEOS | 115

Deve-se ver muitas vezes "frivolidade" na tolice pretensamente séria: aliás, chama-se "frivolidade" em certos intelectuais e nas mulheres aquilo que na política, por exemplo, é justamente tolice e provincianismo mesquinho.

§ 30. *Noções enciclopédicas.* A afirmação segundo a qual "não se pode destruir sem criar" é muito difundida. Já antes de 1914 eu a tinha lido na *Idea Nazionale*, que não passava de um bricabraque de banalidades e lugares-comuns. Todo grupo ou grupelho que se acredita portador de novidades históricas (e se trata de velharias encanecidas) se afirma, cheio de dignidade, destruidor-criador. É preciso eliminar a banalidade da afirmação que se tornou banal. Não é verdade que basta querer para "destruir". Destruir é muito difícil, exatamente tão difícil quanto criar. Porque não se trata de destruir coisas materiais, trata-se de destruir "relações" invisíveis, impalpáveis, ainda que se escondam nas coisas materiais. É destruidor-criador quem destrói o velho para trazer à luz, fazer aflorar o novo que se tornou "necessário" e urge implacavelmente no limiar da história. Por isso, pode-se dizer que se destrói na medida em que se cria. Muitos pretensos destruidores nada são além de "promotores de abortos", passíveis de sanção pelo código penal da história.

§ 154. *Os saint-simonianos.* A força expansiva dos saint-simonianos. Recordar a observação de Goethe nas *Memórias* (cf.), escritas em 1828: "Estes senhores do *Globe* [...] estão imbuídos de um mesmo espírito. Na Alemanha, um jornal assim seria impossível. Nós somos apenas indivíduos privados; não se pode pensar num acordo; cada um tem a opinião de sua província, de sua cidade, de seu próprio eu individual, e será necessário muito tempo antes que se criem sentimentos comuns."

§ 156. *Sobre o capitalismo antigo,* ou melhor, sobre o industrialismo antigo, deve-se ler o artigo de G. C. Speziale, "Delle navi di Nemi e dell'archeologia navale", na *Nuova Antologia* de 1º de novembro de

116 | CADERNOS DO CÁRCERE

1930 (polêmica com o professor Giuseppe Lugli, que escreveu no *Pègaso*; artigos em jornais da mesma época). O artigo de Speziale é muito interessante, mas parece que ele exagera na importância dada às possibilidades industriais na antiguidade (cf. a questão sobre o capitalismo antigo discutida na *Nuova Rivista Storica*). Falta a Speziale, me parece, a noção exata do que era a "máquina" no mundo clássico e do que é hoje (esta observação vale especialmente para Barbagallo & Cia.). As "novidades" nas quais insiste Speziale não saem ainda da definição que Vitrúvio dava da máquina, ou seja, engenhos capazes de facilitar o movimento e o transporte de corpos pesados (ver com exatidão a definição de Vitrúvio) e, por isso, são apenas novidades relativas. A máquina moderna é coisa inteiramente diferente: ela não só "ajuda" o trabalhador, mas o "substitui": pode ser, e não surpreende, que mesmo as "máquinas" de Vitrúvio continuem a existir ao lado das "modernas" e que naquela direção os romanos pudessem ter alcançado uma certa perfeição, ainda ignorada, mas nisso nada há de "moderno" no sentido próprio da palavra, que foi estabelecido pela revolução industrial, isso é, pela invenção e difusão de máquinas que "substituem" o trabalho humano precedente.

§ 167. *Noções enciclopédicas. Bog e bogati.* Observou-se em algum lugar que as relações entre *Bog* e *bogati* são uma coincidência fortuita do desenvolvimento linguístico de uma determinada cultura nacional [23]. Mas o fato não é exato. Nas línguas neolatinas apareceu o vocábulo germânico "rico" para obscurecer a relação que em latim existia entre *deus, dives* e *divites, divitiae* (abundância, abundante, etc.) [24]. Num artigo de Alessandro Chiappelli, "Come s'inquadra il pensiero filosofico nell'economia del mondo" (*Nuova Antologia* de 1º de abril de 1931), podem-se buscar elementos para mostrar que em todo o mundo ocidental, à diferença do asiático (Índia), a concepção de Deus liga-se estreitamente à concepção de *propriedade* e *proprietário*: "[...] (o) conceito de propriedade é não só o centro de gravidade e a raiz de todo o nosso sistema jurídico, como também

DOS CADERNOS MISCELÂNEOS | **117**

a trama de toda a nossa estrutura civil e moral. Até nosso conceito teológico frequentemente se forjou com base neste modelo e, às vezes, representa-se Deus como o grande proprietário do mundo. A rebelião contra Deus no *Paraíso perdido* de Milton, como antes no poema de Dante, é figurada como a temerária tentativa de Satanás ou Lúcifer para desapossar o Onipotente e depô-lo de seu altíssimo trono. Um colaborador perspicaz, aliás, o antigo diretor do *Hibbert Journal* (Jacks, "The Universe as Philosopher", *Hibbert Journal*, outubro de 1927, p. 26), narrava ter assistido a uma conferência em que se extraía a prova da existência de Deus da necessidade de postular um proprietário ou possuidor do mundo. Como é que se pode acreditar que uma propriedade tão vasta, tão privilegiada e frutífera não pertença a alguém? Em substância, é a mesma pergunta que faz, falando a si mesmo em sublime monólogo, o *Pastor errante na Ásia*, de Leopardi. Pode persistir a dúvida se houve, ou não, uma causa primeira do mundo. Mas a necessidade de um primeiro possuidor deve-se mostrar evidente e indiscutível." Chiappelli esquece que também no *Credo* se diz que Deus é "criador e senhor (*dominus*: dono, proprietário) do céu e da terra".

§ 191. *América e maçonaria.* Cf. o estudo "La Massoneria americana e la riorganizzazione della Massoneria in Europa", publicado na *Civiltà Cattolica* de 1º de novembro de 1930 e 3 de janeiro de 1931. O estudo é muito interessante e parece bastante objetivo. A atual situação internacional da maçonaria, com suas lutas internas herdadas da guerra (França contra Alemanha), revela-se claramente. Depois da guerra, foi fundada a *Association Maçonnique Internationale*, com sede em Genebra, sob o estímulo da maçonaria franco-belga, cujo objetivo era reorganizar as forças. O primeiro problema era o de reconduzir as maçonarias alemã e anglo-saxônica à liderança da maçonaria franco-belga, sob o patrocínio da maçonaria americana. O padre Pirri (que é o especialista em questões maçônicas da *Civiltà Cattolica*) publicou um opúsculo sobre a AMI formado por separatas da revista. Parece que a AMI fracassou completamente e que os americanos retiraram seu apoio à França. Os alemães responderam a essa iniciativa ampliando as bases de uma *Esperanto Framasona*, que já existia antes da guerra e foi reorganizada como *Universala Framasona Ligo* (*Allgemeine Freimaurerliga*), a qual, com base na difusão do esperanto, pretendeu criar um novo tipo de maçonaria agnóstica nas questões de religião e de política (a maçonaria francesa é iluminista e democrática). Parece que a maçonaria americana ajuda agora os maçons alemães (da Alemanha e da Áustria) contra o Grande Oriente Francês. Ossian Lang, maçom americano, viaja continuamente à Europa para esse trabalho de reorganização. (Recordar que a maçonaria americana é muito rica e pode financiar essas iniciativas.) A *Ligo* está se difundindo em toda a Europa; ela parece mostrar-se mais conciliadora e tolerante em relação ao catolicismo do que a velha maçonaria de tipo francês. A *Civiltà Cattolica* trata amplamente dessa atitude, que deu lugar a um encontro de três representantes da *Ligo* com o jesuíta Padre Gruber, estudioso de questões maçônicas; deve-se recordar esse fato, já que tem um certo valor para a história da cultura. Rito simbólico e rito escocês: parece que o rito simbólico é mais forte nos países latinos e o rito escocês nos países anglo-saxônicos; portanto, toda essa atividade americana poderia reforçar a maçonaria de rito escocês.

§ 198. *Passado e presente. "Forçar os textos"*. Vale dizer, fazer com que os textos digam, por amor à tese, mais do que realmente dizem. Esse erro de método filológico também se verifica fora da filologia, em todas as análises e exames das manifestações de vida. Corresponde, no direito penal, a vender com peso menor e qualidade diferente daqueles estipulados, mas não é considerado crime a não ser que seja evidente a vontade de enganar: mas a negligência e a incompetência não merecem punição, pelo menos uma punição intelectual e moral, se não judiciária?

DOS CADERNOS MISCELÂNEOS | **119**

§ 204. *Passado e presente.* Um dito popular: O amor à dúvida. Recordar também o provérbio inglês: "Com cem lebres não se faz um cavalo, com cem suspeitas não se faz uma prova [25]."

CADERNO 7 (1930-1931)

§ 7. *A metáfora da parteira e a de Michelangelo.* A metáfora da parteira que ajuda, com seus instrumentos, a criança a nascer do ventre materno e o princípio expresso por Michelangelo nos versos: "Não tem o grande artista algum conceito/ que o bloco só em si não circunscreva/ com seu excesso, e só a ele chega/ a mão que obedece ao intelecto." Retirar o excesso de mármore que esconde a figura concebida pelo artista, a golpes vigorosos de martelo sobre o bloco, corresponde à operação da parteira que traz à luz a criança, rasgando o ventre materno.

§ 59. *O saint-simonismo na Itália.* Estudar a difusão do saint--simonismo: existem algumas publicações na Itália. Seria possível pensar que as ideias do saint-simonismo vulgar foram divulgadas através de Sue.

§ 76. *Noções enciclopédicas. Bibliografia.* Recolher os dados biblio-gráficos das publicações enciclopédicas especializadas em política, sociologia, filosofia, economia. Pode-se começar com o *Dicionário filosófico* de Voltaire, em que "filosófico" significa precisamente "enciclopédico", nos termos da ideologia do enciclopedismo ou ilu-minismo. Recordar o *Dicionário político* de Maurice Block, que é o "dicionário filosófico" do liberalismo francês. O *Dictionnaire politique et critique* de Charles Maurras (segundo a *Nouvelles Littéraires* de 14 de novembro de 1931, parece que desse trabalho de Maurras já saíram 20 fascículos de 96 p. cada um; cada fascículo custa 10 francos; Ed. "La Cité des Livres").

§ 86. *Noções enciclopédicas. Bibliografias.* Na bibliografia de um dicionário político e crítico, é preciso considerar: 1) os dicionários e as enciclopédias gerais, na medida em que dão as explicações mais comuns e vulgares (difundidas) da terminologia das ciências morais e políticas; 2) as enciclopédias especiais, ou seja, as enciclopédias publicadas pelas várias correntes intelectuais e políticas, como os católicos, etc.; 3) os dicionários políticos, filosóficos, econômicos, etc., existentes nos vários países; 4) os dicionários etimológicos gerais e especiais, por exemplo, o de Guarnerio, para os termos derivados do grego, publicado por Vallardi (me parece) [26].

Como a terminologia adquire diversos conteúdos segundo as épocas e segundo as diversas correntes culturais, intelectuais e políticas, a bibliografia geral teoricamente é indefinível, porque abrange toda a literatura geral. Trata-se de limites a serem postos: um dicionário político e crítico limitado a um certo nível cultural e de caráter elementar, que deveria se apresentar como uma experiência parcial.

Entre os livros gerais, recordar o de Mario Govi, *Fondazione della metodologia. Logica ed epistemologia*, Bocca, Turim, 1929, 579 p., para as noções históricas sobre a classificação das ciências e outros problemas de método, etc. [27].

§ 106. *Noções enciclopédicas. Bibliografia. A London Bibliography of the social science. Comp. under the direction of B. M. Headicar and C. Fuller, with an introduction by S. Webb.* Saiu o 3º volume, de P a Z, in-8º, XI-1. 232 p. Será em 4 vols., Londres, *School of Economics and Political Science.*

CADERNO 8 (1931-1932)

§ 13. *Passado e presente. Manzoni dialético.* Cap. VIII de *Os noivos*, episódio da tentativa de Renzo e Lucia para surpreender Dom Abbondio e se casarem em casa: "Renzo, que fazia estrépito à noite em casa alheia, na qual se introduzira às escondidas, e mantinha o próprio

DOS CADERNOS MISCELÂNEOS | **121**

dono sitiado num aposento, tem toda a aparência de opressor; no entanto, afinal de contas, era o oprimido. Dom Abbondio, surpreendido, posto em fuga, atemorizado, enquanto cuidava tranquilamente de seus assuntos, pareceria a vítima; no entanto, na realidade, era ele quem cometia um abuso. Assim acontece muitas vezes no mundo... quero dizer, assim acontecia no século XVII."

§ 17. *Passado e presente.* Pode-se julgar uma geração segundo o mesmo juízo que dá da geração anterior, um período histórico segundo seu próprio modo de considerar o período pelo qual foi precedido. Uma geração que menospreza a geração anterior, que não consegue ver-lhe a grandeza e o significado necessário, só pode ser mesquinha e sem confiança em si mesma, ainda que assuma pose de gladiador e mania de grandeza. É a habitual relação entre o grande homem e o criado de quarto. Destruir tudo para emergir e destacar--se. Ao contrário, uma geração vital e forte, que se propõe trabalhar e afirmar-se, tende a superestimar a geração anterior porque sua energia lhe dá a segurança de que irá além; vegetar, simplesmente, já é superação daquilo que é pintado como morto.

Censura-se ao passado não ter realizado a tarefa do presente: como seria mais cômodo se os genitores já tivessem feito o trabalho dos filhos. Na desvalorização do passado está implícita uma justificação da nulidade do presente: quem sabe o que faríamos, se nossos genitores tivessem feito isso e aquilo... mas eles não o fizeram e, portanto, nós não fizemos mais nada. Um sótão sobre um andar térreo será menos sótão do que outro sobre o décimo ou o trigésimo andar? Uma geração que só sabe fazer sótãos lamenta que os antecessores já não tenham construído edifícios de dez ou trinta andares. Diz ser capaz de construir catedrais, mas só é capaz de construir sótãos.

Diferença em relação ao *Manifesto*, que exalta a grandeza da classe que agoniza.

122 | CADERNOS DO CÁRCERE

§ 34. *Passado e presente. Bibliografia.* Provedoria Geral do Estado. Publicações editadas pelo Estado ou com seu apoio: *Spoglio dei periodici e delle opere collettive 1926-1930* (primeira parte: Escritos biográficos e críticos; segunda parte: Divisão por assunto), Ed. Libreria dello Stato, Roma.

§ 50. *Noções enciclopédicas. Epígonos e diádocos.* Há quem empregue o termo "epígono" de modo bastante curioso e elabore em torno dele toda uma teoria sociológica bastante bizarra e inconcludente. Por que os epígonos deveriam ser inferiores aos fundadores? Por que o conceito de degenerado deveria ser ligado ao de epígono? Na tragédia grega, os "epígonos" realmente levam a cabo a tarefa que os "Sete em Tebas" não conseguiram cumprir. O conceito de degeneração, ao contrário, está ligado aos diádocos, os sucessores de Alexandre.

§ 65. *Noções enciclopédicas. Bibliografia.* Um *Dizionario di sociologia* de Fausto Squillace foi publicado pelo ed. Remo Sandron, de Palermo, e o livro teve uma segunda edição inteiramente revista (12 liras). Squillace é um escritor de tendência sindicalista, muito superficial, que nunca conseguiu sobressair entre seus pares.

§ 71. *Passado e presente. Questões e polêmicas pessoais.* A quem servem? Àqueles que pretendem reduzir as questões gerais e de princípio a escaramuças e caprichos pessoais, a casos de ambição individual, a passatempos literários e artísticos (quando são literários e artísticos). O interesse do público é desviado: de parte em causa, o público se torna mero "espectador" de uma luta de gladiadores, que aguarda os "belos golpes" em si e por si: a política, a literatura, a ciência são degradadas a competição "esportiva". Por isso, é preciso conduzir as polêmicas pessoais nesse sentido, ou seja, é preciso levar o público a perceber que *de te fabula narratur.*

§ 103. *Sobre a China.* M. T. Z. Tyan, *Two years of nationalist China*, Kelly and Walsh, Xangai (de 1930 ou 1931). Obra documental (cerca

DOS CADERNOS MISCELÂNEOS | **123**

de 500 páginas), que parece ser muito interessante e bem-feita. História de dois anos. Kuomintang, organização do governo nacionalista, estatísticas sobre a vida chinesa, apêndice de documentos. O autor, um dos jornalistas políticos chineses mais capazes e preparados, é diretor do jornal *The Peking Leader* e da *Chinese Social and Political Review.*

§ 116. *Passado e presente. Phlipot.* A farsa dos *Trois Galants et Phlipot,* contida em *Recueil de farces,* etc., organizada por Le Roux de Lincy e F. Michel (Paris, Techener, 1837, em 4 volumes) (no 4º vol., n. 12). Phlipot, quando escuta o "Qui vive?", responde imediatamente: "Je me rends!", e grita em seguida: "Vive France! Vive Angleterre! Vive Bourgogne!"; até que, ameaçado de todas as partes e não sabendo onde se meter, grita: "Viva os mais fortes!" Farsa francesa do século XV-XVI.

§ 125. *Noções enciclopédicas e temas de cultura.* Pode ser este o título geral da rubrica na qual recolher todas as sugestões e os motivos até agora anotados, às vezes sob variados títulos. Sugestões para um dicionário de política e crítica, noções enciclopédicas propriamente ditas, motivos de vida moral, temas de cultura, apólogos filosóficos, etc.

1) *Ultras.* Diferentes nomes dados na França e na Alemanha aos católicos, favoráveis a uma influência do papado em seus respectivos países, o que afinal significa, em grande medida, que lutavam para aumentar sua força de partido com a ajuda de uma potência estrangeira (não só "espiritual e cultural", mas também temporal — e como! — porque iria pretender arrecadar impostos, dízimos, etc., e dirigir a política internacional). Era uma forma, em determinados momentos, de "partido do estrangeiro" (oposto a "galicano", na França).

2) *Artesão. Artesanato.* De um artigo de Ugo Ojetti ("Arti e artigiani d'Italia", no *Corriere* de 10 de abril de 1932) extraio algumas sugestões: segundo a lei italiana, é artesão quem não emprega mais

de cinco trabalhadores se exerce um ofício artesanal, mais de três se exerce um ofício comum. Definição imprecisa. "A característica do artesão é trabalhar ele mesmo com suas mãos em sua arte ou ofício. O fato de dependerem dele cinco ou dez pessoas não muda seu caráter de artesão, aquilo que o distingue imediatamente do industrial." Mas também essa definição é imprecisa, porque o artesão pode não trabalhar mas dirigir o trabalho de uma oficina: a definição deve ser buscada no modo de produção e de trabalho.

Na Alemanha existe o registro de ofício, que, como o ofício, tem três graus: o aprendiz, "que chamaríamos mais adequadamente de *garzone* ou *novizio*", o "companheiro", que completou o treinamento de aprendiz, e o "mestre".

Ojetti emprega a palavra "companheiro" para indicar o trabalhador artesão já formado profissionalmente, mas como se justifica esta palavra? Não historicamente, porque no italiano não permaneceu o uso, como no francês e no alemão, de uma palavra que antigamente tinha um significado jurídico preciso e hoje não tem significado "profissional", mas só de posição "econômica". Profissionalmente, o "companheiro" é um "mestre", mas não tem a propriedade de uma oficina e deve trabalhar para o outro, que é justamente o proprietário.

§ 138. *Noções enciclopédicas e temas de cultura.* Toda nação tem seu poeta ou escritor no qual sintetiza a glória intelectual da nação e da raça. Homero para a Grécia, Dante para a Itália, Cervantes para a Espanha, Camões para Portugal, Shakespeare para a Inglaterra, Goethe para a Alemanha. Deve-se observar que a França não tem nenhuma grande figura que seja indiscutivelmente representativa, assim como não a têm os Estados Unidos. Para a Rússia se poderia falar de Tolstoi? Para a China, de Confúcio?

O caso francês é notável porque a França tradicionalmente é país unitário por excelência (Victor Hugo?), inclusive no campo da cultura, aliás, especialmente neste. A data em que essas figuras apareceram na história de cada nação é elemento interessante para

DOS CADERNOS MISCELÂNEOS | 125

fixar a contribuição de cada povo à civilização comum e também sua "atualidade cultural". Como "elemento ideológico" atualmente operante, a grandeza de Homero projeta glória sobre a Grécia? Os admiradores de Homero se habituaram a distinguir a Grécia antiga da Grécia moderna.

§ 144. *Noções enciclopédicas. Bibliografia.* Rezasco, *Dizionario del linguaggio italiano storico e amministrativo*, Florença, 1881. (Não o conheço. Ver como está organizado, de que tendência política, etc.; elogiado por Einaudi [28].)

§ 148. *Noções enciclopédicas.* Bibliografia. Robert Michels, *Introduzione alla storia delle dottrine economiche e politiche*, in-16º, XIII-310 p., Bolonha, 1932, 15 liras.

Dicionários: de Guillaumin, *Dictionnaire de l'économie politique*, publicado pela "Librairie de Guillaumin & C.", Paris (4ª ed. de 1873), de Palgrave.

Cossa, *Introduzione allo studio delle dottrine economiche*; Ricca-Salerno, *Storia delle dottrine finanziarie.*

§ 149. *Temas de cultura.* Uma série de "temas" pode ser oferecida pela descrição crítica de alguns grandes empreendimentos editoriais de cultura, como a Coleção dos Economistas Italianos (50 volumes) de Custodi, a Biblioteca dos Economistas (80 volumes) de Ferrara-Boccardo, a Coleção de História Econômica (8 volumes) de Pareto-Ciccotti, e a nova coleção projetada por Bottai (a coleção de escritores políticos de Attilio Brunialti).

§ 150. *Noções enciclopédicas. Demiurgo.* Do significado original de "trabalhador para o povo, para a comunidade" (artesão) até os significados atuais de "criador", etc. (Cf. os escritos de Filippo Burzio [29].)

§ 154. *Passado e presente.* Franz Weiss, articulista dos *Problemi del lavoro*, poderia ser chamado o novo "ruminador de frases feitas" e a coletânea de seus textos, o novo livro das Sete Trombetas [30].

126 | CADERNOS DO CÁRCERE

Um outro articulista, o do *Lavoro* (a estrelinha de Weiss tem seis pontas, a de Ansaldo, cinco pontas: Ansaldo também é identificado como "estrela negra" do *Lavoro*), é mais "aristocrático", quer no estilo, quer no conteúdo dos argumentos [31]. A "popularidade" do estilo de Weiss consiste especialmente no fato de que seus artigos borbulham de provérbios e ditos populares (mais sentencioso do que Sancho Pança: seria possível fazer uma coletânea de "frases profundas"): "tantas vezes vai o cântaro à fonte, velha bandeira de luta, galinha velha, julgar é fácil, dois pesos e duas medidas", etc.; ver também a familiaridade "falsa" e a jovialidade de *cocotte* cansada [32]. Tem-se a impressão de que Weiss possui um estoque de provérbios e ditados para pôr em circulação, assim como o caixeiro-viajante tem seu estoque de anedotas: quando quer escrever um artigo, não lhe importa o conteúdo do artigo, mas a quantidade de provérbios a empregar. O desenvolvimento literário é ditado não pela necessidade íntima da demonstração, mas pela necessidade de enxertar as preciosas gemas da sabedoria dos povos. Comparação com Corso Bovio, que, em lugar dos provérbios, adorna os artigos com grandes nomes; toda colunazinha de jornal é um passeio pelo panteão da Sociedade das Nações: é preciso que apareçam, por coluna, pelo menos cinquenta nomes, de Pitágoras a Paneroni, do *Eclesiastes* a Tom Pouce [33]. Como exemplo de degradação literária se poderia analisar um artigo de Weiss e outro de Corso Bovio. (Mas há um pouco de Bovio em Weiss e um pouco de Weiss em Bovio, e ambos contribuem para que permaneça na ignorância o leitor operário a quem se dirigem.)

§ 157. *Temas de cultura.* Uma frase do general Gazzera no discurso ao Parlamento como ministro da Guerra (22 de abril de 1932; cf. jornais do dia 23): "A audácia nasce da paixão, a sagacidade, do intelecto, o equilíbrio, do saber." Seria possível comentar, buscando ver — o que é particularmente interessante — como a audácia, a sagacidade e o equilíbrio, através da organização do exército, transformam-se de dotes pessoais em qualidades coletivas de um conjunto orgânico

DOS CADERNOS MISCELÂNEOS | **127**

e articulado de oficiais, suboficiais, cabos e soldados, uma vez que na ação todas as quatro gradações têm intensa vida própria e ao mesmo tempo formam uma coletividade orgânica.

§ 164. *Noções enciclopédicas. Bibliografia*. S. Exa., o general Carlo Porro, *Terminologia geográfica*, coletânea de vocábulos de geografia e ciências afins, para uso nos estudos de geografia geral e militar, in-8º, X-794 p., Utet, Turim, 1902, 7,50 liras.

L'avvocato di tutti. Piccola enciclopedia legale, in-8º, VIII-1250 p., 12 liras, Utet, Turim.

CADERNO 9 (1932)

§ 14. *Passado e presente. Franz Weiss e seus provérbios*. Ver *Dom Quixote*, segunda parte, cap. XXXIV: "Maldito sejas, por Deus e por todos os santos, Sancho amaldiçoado — acudiu D. Quixote —, quando virá o dia, como já por muitas vezes tenho dito, em que eu te ouça expender, sem provérbios, razões correntes e concertadas?" (cf., supra, caderno 8, § 154) [34]. Nos conselhos que Dom Quixote dá a Sancho antes de se tornar governador da ilha, um parágrafo está dedicado ao excesso de provérbios: "— Também, Sancho, não metas a cada instante nas tuas falas uma caterva de rifões, como costumas, que, ainda que os rifões sejam sentenças breves, muitas vezes os trazes tanto pelos cabelos, que mais parecem disparates do que sentenças. — A isso é que só Deus pode dar remédio — respondeu Sancho — porque sei mais rifões do que um livro, e acodem-me à boca juntos tantos quando falo, que bulham uns com os outros para sair, e a língua vai deitando para fora os primeiros que encontra, ainda que não venham muito a pelo." No mesmo capítulo XLIII: "Maldito sejas, Sancho — acudiu D. Quixote —, sessenta mil Satanases te levem a ti e aos teus rifões [...] Eu te asseguro que esses rifões ainda te hão de levar à forca..." E Sancho: "Quem diabo se aflige por eu me servir dos meus cabedais, *que não tenho outros senão rifões e mais rifões?*"

[35]. No capítulo L, o pároco do *pueblo* de Dom Quixote diz: "Na verdade, creio que esta linhagem dos Panças nasceu toda com um costal de rifões metidos no corpo, e que os entorna a todas as horas e em todos os lugares", depois de ouvir que também Sanchica, filha de Sancho, desfia provérbios sem parar. Pode-se argumentar, portanto, que Franz Weiss descende da costela dos "Panças" e que, quando quiser latinizar todo o seu nome, deverá mudar o "Franz" mas sem acrescentar "Bianco" e, sim, Pança, ou Pancia, mais à italiana [36].

§ 18. *Passado e presente. Santi Sparacio.* No capítulo XXII da segunda parte de *Dom Quixote*: "o humanista" que acompanha Dom Quixote e Sancho à "cueva de Montesinos". "De caminho perguntou D. Quixote ao Primo quais eram a sua profissão e estudos; ao que ele respondeu que a sua profissão era a de literato, os seus estudos compor livros para dar à estampa, todos de grande proveito e não menor entretenimento; um intitulava-se *Dos Trajes*, em que pintava setecentos e tantos trajes, com as suas cores, divisas e motes, onde podiam os cavaleiros cortesãos, em tempo de festa, procurar os que lhes agradassem, sem os andar pedindo a ninguém, nem quebrar a cabeça para os arranjar conformes com os seus desejos e intenções. — Porque dou ao olvidado, ao amante, ao zeloso, ao desdenhado, os trajes que mais lhes convêm. Tenho outro livro também, que hei de chamar *Metamorfoses*, ou *Ovídio Espanhol*, de invenção nova e rara, porque nele, parodiando Ovídio, pinto quem foram a Giralda de Sevilha e o anjo da Madalena, o cano de Vecinguerra em Córdoba, os touros de Guisando, a Serra Morena, as fontes de Leganitos e de Lavapés em Madri, sem esquecer a do Piolho, a do Cano Dourado, a da Prioresa; isso com as suas alegorias, metáforas e translações, de modo que alegram, suspendem e ensinam ao mesmo tempo. Tenho outro livro, que chamo *Suplemento a Virgílio Polidoro*, que trata da invenção das coisas, e que é de grande erudição e estudo, porque as que deixou de dizer Polidoro, averiguo-as eu e declaro-as em gracioso estilo. Esqueceu-se Virgílio de nos dizer quem foi a primeira pessoa

DOS CADERNOS MISCELÂNEOS | 129

que teve catarro no mundo; e o primeiro que tomou as unções para livrar-se do mal gálico; declaro-o eu ao pé da letra, e fundamento-o com mais de vinte e cinco autores: veja Vossa Mercê se trabalhei ou não trabalhei para ser útil a toda a gente."

Sancho se interessa, como é natural, especialmente por esse último livro, faz perguntas ao "humanista": "[...] quem foi o primeiro homem que coçou a cabeça? [...] quem foi o primeiro volteador do mundo?", e responde, ele próprio, que o primeiro foi Adão, o qual, tendo cabeça e cabelos, certamente, às vezes, tinha de coçar a cabeça; e o segundo, Lúcifer, que, expulso do céu, caiu "às voltas e reviravoltas" até os abismos do inferno.

O tipo mental do humanista retratado por Cervantes se conservou até hoje, assim como se conservaram no povo as "curiosidades" de Sancho, e isso, precisamente, muitas vezes é chamado de "ciência". Esse tipo mental, em comparação com aqueles atormentados, por exemplo, pelo problema do moto-perpétuo, é pouco conhecido e muitíssimo pouco ridicularizado, porque em certas regiões é um verdadeiro flagelo. No cárcere de Palermo, em dezembro de 1926, vi uma dúzia de volumes escritos por sicilianos e impressos na própria Sicília, mas alguns na América por emigrados (certamente doados ao cárcere ou ao capelão). O mais típico deles era um volume de um certo Santi Sparacio, empregado na Casa Florio, o qual parecia autor também de outras publicações. Não me lembro do título principal do livro; mas nos subtítulos se afirmava que se queria demonstrar: I) a existência de Deus; II) a divindade de Jesus Cristo; III) a imortalidade da alma. Nenhuma dessas questões era realmente tratada; ao contrário, as cerca de trezentas páginas do volume continham as questões mais disparatadas sobre todo o conhecimento humano: por exemplo, tratava-se de como fazer para impedir a masturbação nos rapazes, como evitar os choques de bondes, como evitar que nas casas se quebrem tantas vidraças de janela, etc. O problema da "quebra das vidraças" era tratado assim: quebram-se tantas vidraças porque se

130 | CADERNOS DO CÁRCERE

põem as cadeiras com as costas perto demais das vidraças e, quando alguém se senta, o espaldar cede e o vidro quebra. Logo, é preciso ter cuidado, etc.; isso, por páginas e páginas. Pelo tom do livro se deduzia que Sparacio era considerado em seu ambiente um grande sábio e conhecedor e que muitos a ele recorriam para conselhos, etc.

§ 24. *Passado e presente*. Episódio inserido em *Olanda* de De Amicis [37]. Um general espanhol mostra a um camponês holandês uma laranja: "Meu país produz esta fruta duas vezes por ano." O camponês mostra ao general uma barra de manteiga: "E meu país produz duas vezes por dia esta outra fruta."

§ 51. *Passado e presente*. Num artigo de Mario Bonfantini, "L'arte di Carlo Bini", na *Italia Letteraria* de 22 de maio de 1932, foram citados estes dois versos (ou quase): "A prisão é uma lima tão sutil,/ que, temperando o pensamento, faz dele um punhal" [38]. Quem escreveu isso? O próprio Bini? Mas Bini esteve de fato na prisão (talvez não muito tempo). A prisão é uma lima tão sutil que destrói completamente o pensamento; ou, então, faz como aquele mestre artesão ao qual fora entregue uma bela peça de madeira amadurecida para fazer uma estátua de São Pedro, e corta daqui, tira de lá, corrige, esboça, terminou por tirar da madeira um cabo de sovela.

§ 53. *Passado e presente*. Um diálogo. Alguma coisa mudou fundamentalmente. E se pode ver. Mas que coisa? Antes, todos queriam lavrar a história, desempenhar papéis ativos, cada qual desempenhar um papel ativo. Ninguém queria ser o "adubo" da história. Mas pode-se lavrar sem primeiro adubar a terra? Na verdade, deve haver o lavrador e o "adubo". Abstratamente todos o admitiam. E praticamente? "Adubo" por "adubo", era melhor recuar, voltar à obscuridade, ao indistinto. Alguma coisa mudou, porque existe quem se adapta "filosoficamente" a ser adubo, quem sabe que deve sê-lo, e se adapta. Como se diz, é como a questão do homem à beira da morte. Mas existe uma grande diferença, porque à beira da morte se

DOS CADERNOS MISCELÂNEOS | 131

está num ato decisivo que dura uma fração; ao contrário, na questão do adubo a questão dura muito tempo e se reapresenta a cada momento. Como se diz, vive-se só uma vez; a própria personalidade é insubstituível. Para pô-la em jogo, não se apresenta uma escolha espasmódica, de um instante, em que todos os valores são avaliados fulminantemente e se deve decidir sem adiamento. Aqui o adiamento é de cada instante e a decisão deve se repetir a cada instante. Por isso se diz que alguma coisa mudou. Não é sequer a questão de viver um dia como leão ou cem anos como ovelha [39]. Não se vive como leão nem por um minuto, ao contrário: vive-se como subovelha por anos e anos e sabe-se ter de viver assim. A imagem de Prometeu que, em vez de ser agredido pela águia, é devorado pelos parasitas. Os judeus puderam imaginar Jó: Prometeu, só podiam imaginá-lo os gregos; mas os judeus foram mais realistas, mais impiedosos e até deram uma evidência maior a seu herói.

§ 54. *Noções enciclopédicas. Bibliografia. Société française de philosophie. Vocabulaire technique et critique de la philosophie, publié par A. Lalande, IVª édition, augmentée,* Paris, Alcan, 1932, in-8º, 3 vols., 180 francos.

§ 57. *A cultura como expressão da sociedade.* Uma afirmação de Baldensperger, segundo a qual os grupos humanos "criam as glórias segundo as necessidades e não segundo os méritos", é justa e deve ser objeto de meditação. Ela pode se estender inclusive além do campo literário [40].

§ 78. *Bibliografias.* Michel Mitzakis, *Les Grands problèmes italiens,* 1931, 80 francos; Gustave Le Bon, *Bases scientifiques d'une philosophie de l'histoire* (15 francos). (O chefe de governo é um grande admirador de Le Bon; cf. a entrevista de Le Bon a F. Lefèvre nas *Nouvelles Littéraires* [41].)

132 | CADERNOS DO CÁRCERE

§ 80. *Passado e presente.* Quando se publicou a primeira edição de *Chi è?*, dicionário biográfico italiano do editor Formiggini, o chefe de governo observou que faltava um verbete sobre o general Badoglio. Essa meticulosidade do chefe de governo foi mencionada por Formiggini na *Italia che scrive* da época e é um traço psicológico de grande relevo [42].

§ 85. *Passado e presente.* Tendência à intriga, à maledicência, às insinuações pérfidas e caluniosas, em contraposição à possibilidade de discussão livre, etc. A "farmácia do interior" como instituição que tem uma concepção de mundo própria em torno do eixo básico segundo o qual, se as coisas vão mal, isso se deve às artes do diabo, e os acontecimentos são julgados a partir dos homens, que são todos patifes, ladrões, etc. E afinal, quando se descobre que um político é corno, tudo fica claro.

Recordar o costume do chamado "freio da comadre", que era um modo de expor ao ridículo as mulheres intrigantes, fofoqueiras e briguentas. Aplicava-se à mulher um mecanismo, que, fixado na cabeça e no pescoço, impunha-lhe na língua uma plaqueta de metal que a impedia de falar [43].

§ 121. *Temas de cultura. Os grandes gênios nacionais.* Mencionei noutra parte a importância cultural que em cada país tiveram os grandes gênios (como Shakespeare para a Inglaterra, Dante para a Itália, Goethe para a Alemanha) [44]. Entre eles, ativos até hoje ou até antes da guerra, só dois: Shakespeare e Goethe, especialmente este último, em razão da singularidade de sua figura. Afirmou-se que a missão dessas grandes figuras é ensinar, como filósofos, aquilo em que devemos crer; como poetas, aquilo que devemos intuir (sentir); como homens, aquilo que devemos fazer. Mas quantos podem caber nessa definição? Não Dante, em razão de sua distância no tempo e do período que expressa, a passagem da Idade Média à Idade Moderna. Só Goethe é sempre de uma certa atualidade, porque expressa

DOS CADERNOS MISCELÂNEOS | 133

sob forma serena e clássica aquilo que em Leopardi, por exemplo, é ainda conturbado romantismo: a confiança na atividade criadora do homem, numa natureza vista não como inimiga e antagonista, mas como uma força a ser conhecida e dominada, com o abandono sem melancolia e desespero das "fábulas antigas", cujo perfume de poesia, que se conserva, torna-as ainda mais mortas como crença e fé. (Deve-se ver o livro de Emerson, *Homens representativos*, e *Heróis*, de Carlyle.)

§ 131. *Passado e presente*. A geração atual tem uma estranha forma de autoconsciência e exerce sobre si uma estranha forma de autocrítica. Tem a consciência de ser uma geração de transição ou, melhor ainda, acredita ser como uma mulher grávida: acredita estar por dar à luz e espera nascer um grande filho. Muitas vezes se lê que "estamos na expectativa de um Cristóvão Colombo, que descobrirá uma nova América da arte, da civilização, do costume". Também se lê que vivemos numa época pré-Dante: espera-se o novo Dante que sintetize poderosamente o velho e o novo e dê ao novo o impulso vital. Esse modo de pensar, recorrendo a imagens míticas tomadas do desenvolvimento histórico passado, é dos mais curiosos e interessantes para compreender o presente, seu vazio, sua ociosidade intelectual e moral. Trata-se de uma forma de "juízo retrospectivo" das mais espantosas. Na realidade, com todas as profissões de fé espiritualistas e voluntaristas, historicistas e dialéticas, etc., o pensamento que domina é o evolucionista vulgar, fatalista, positivista. Seria possível formular assim a questão: toda "glande" pode pensar em se tornar carvalho. Se as glandes tivessem uma ideologia, esta seria justamente a de se sentirem "grávidas" de carvalhos. Mas, na realidade, de cada mil glandes, 999 servem de pasto aos porcos e, no máximo, contribuem para criar chouriços e mortadelas.

CADERNO 14 (1932-1935)

§ 6. *Passado e presente. Fradices.* Uma oitava de Luigi Pulci (*Morgante*, XXVIII, 42; é preciso conferir): "Sempre os justos vêm primeiro massacrados./ Eu não falo mais de coisas pias,/ Senão termino na boca destes frades/ Em que também acabam as iguarias;/ e certos mandriões de sacristia/ futricam: 'fulano assim, beltrano assado.'/ Daí parece haver tanto alvoroço,/ se bem que em meio à escuridão de um poço [45]."

Hoje, na boca de tais frades há menos iguaria do que o prosaico macarrão, mas os "frades" continuam os mesmos, e mesmo hoje, como no tempo de Pascal, é mais fácil topar com "frades" do que com boas razões.

§ 25. *Passado e presente. A lógica de Dom Ferrante.* Pode-se associar a forma mental de Dom Ferrante à que está contida nas chamadas "teses" de Roma (recordar a discussão sobre o "golpe de Estado", etc.) [46]. Era exatamente como a negação da "peste" e do "contágio" por parte de Dom Ferrante, para assim morrer "estoicamente" (se é que não se deve usar um advérbio mais apropriado). Mas em Dom Ferrante, na realidade, havia pelo menos mais razão "formal", isto é, ele refletia o modo de pensar de sua época (que Manzoni satiriza, personificando-o em Dom Ferrante), ao passo que no caso mais moderno se tratava de anacronismo, como se Dom Ferrante tivesse ressuscitado com toda a sua mentalidade em pleno século XX.

§ 29. *Temas de cultura. O ossinho de Cuvier* [47]. O princípio de Cuvier, da correlação entre as partes orgânicas de um corpo, de modo que de uma pequena parte dele (desde que íntegra) se pode reconstruir todo o corpo (mas é preciso rever bem a doutrina de Cuvier para expor com exatidão seu pensamento), certamente deve ser inserido na tradição do pensamento francês, na "lógica" francesa, e relacionado com o princípio do animal-máquina. Não importa ver se na biologia ainda se pode considerar o princípio inteiramente válido; isso não

DOS CADERNOS MISCELÂNEOS | 135

parece possível (por exemplo, deve-se lembrar o ornitorrinco, em cuja estrutura não há "lógica", etc.); deve-se examinar se o princípio da correlação é útil, exato e fecundo na sociologia, além da metáfora. Parece que se pode responder claramente "sim". Mas é preciso que se entenda: para a história passada, o princípio da correlação (como o da analogia) não pode substituir o documento, isto é, só pode levar a uma história hipotética, verossímil mas hipotética. Mas diferente é o caso da ação política e do princípio de correlação (como o da analogia) aplicado ao previsível, à construção de hipóteses possíveis e de perspectiva. Estamos precisamente no campo da hipótese e se trata de ver que hipótese é mais verossímil e mais fecunda em termos de convicções e de educação. É certo que, quando se aplica o princípio de correlação aos atos de um indivíduo ou mesmo de um grupo, existe sempre o risco de cair no arbítrio: os indivíduos e também os grupos não operam sempre "logicamente", "coerentemente", consequentemente, etc.; mas é sempre útil partir da premissa de que assim operem. Posta a premissa da "irracionalidade" dos motivos da ação, ela não serve para nada; só pode ter um alcance polêmico para que se possa dizer, como os escolásticos: *ex absurdo sequitur quodlibet*. Ao contrário, a premissa da racionalidade e, portanto, da "correlação" ou da analogia tem um alcance educativo na medida em que pode servir para "abrir os olhos dos ingênuos" e até persuadir o "prejulgador", se está de boa-fé e erra por "ignorância", etc.

§ 36. *Critérios metodológicos.* Uma manifestação típica do diletantismo intelectual (e da atividade intelectual dos diletantes) é esta: ao tratar uma questão, tende-se a expor tudo aquilo que se sabe e não apenas o que, nela, é necessário e importante. Aproveita-se qualquer ocasião para ostentar a lição mal aprendida, todos os trapos e farrapos do próprio repertório; um fato mínimo qualquer é elevado a momento mundial para poder dar curso à própria concepção mundial, etc. E ainda sucede que, como se quer ser original e não repetir as coisas já ditas, de cada vez se deve sustentar uma grande

136 | CADERNOS DO CÁRCERE

mudança nos "fatores" fundamentais do quadro e, assim, se incorre em tolices de todo gênero.

§ 43. *Noções enciclopédicas.* *"Riscossa"* [48]. Deve ser de origem militar e francesa. O grito de batalha do exército de Carlos VIII em Fornovo era justamente: "Montoison à la recousse!" Na linguagem militar francesa, *recousse* ou *rescousse* indicava um novo ataque; e se gritava: "À la rescousse!", em batalha, para pedir socorro.

§ 58. *Passado e presente.* Por que os homens são irrequietos? Do que provém a irrequietude? Porque a ação é "cega", porque se faz por fazer. Mas não é verdade que irrequietos sejam só os cegamente "ativos": sucede que a irrequietude leva à imobilidade: quando os estímulos para a ação são muitos e contrastantes, a irrequietude, justamente, se faz "imobilidade". Pode-se dizer que a irrequietude é devida ao fato de que não existe identidade entre teoria e prática, o que significa ainda que existe uma dupla hipocrisia: ou seja, age-se, mas, na ação, há uma teoria ou justificação implícita que não se quer confessar, e "confessa-se", ou seja, afirma-se uma teoria que não tem uma correspondência na prática. Esse contraste entre o que se faz e o que se diz produz irrequietude, isto é, descontentamento, insatisfação. Mas existe uma terceira hipocrisia: para a irrequietude se busca uma causa fictícia, que, não justificando e não explicando, não permite ver quando a própria irrequietude terminará. Mas a questão assim posta está simplificada. Na realidade, as coisas são mais complexas. Desde logo, é preciso levar em conta que na realidade os homens de ação não coincidem com os intelectuais e, além disso, que existem as relações entre gerações velhas e jovens. As responsabilidades maiores nessa situação cabem aos intelectuais e aos intelectuais mais velhos. A hipocrisia maior é dos intelectuais e dos velhos intelectuais. Na luta dos jovens contra os velhos, mesmo que sob as formas caóticas do acaso, existe o reflexo desse juízo de condenação, que só é injusto na forma. Na realidade, os velhos "dirigem" a vida, mas fingem não di-

DOS CADERNOS MISCELÂNEOS | **137**

rigir, fingem deixar aos jovens a direção, mas também o "fingimento" tem importância nessas coisas. Os jovens veem que os resultados de suas ações são contrários a suas expectativas, acreditam "dirigir" (ou fingem acreditar) e se tornam ainda mais irrequietos e descontentes. O que agrava a situação é que se trata de uma crise cujos elementos de resolução são impedidos de se desenvolverem com a celeridade necessária; quem domina não pode resolver a crise, mas tem o poder de impedir que outros a resolvam, isto é, tem só o poder de prolongar a própria crise. Talvez Cândido pudesse dizer que isso é precisamente necessário para que os elementos reais da solução se preparem e se desenvolvam, dado que a crise é de tal modo grave e requer meios tão excepcionais que só quem viu o inferno pode decidir-se a empregá--los sem tremer e hesitar.

§ 59. *Justificação das autobiografias.* Uma das justificações pode ser esta: ajudar outros a se desenvolverem segundo certos modos e em determinadas direções. Muitas vezes, as autobiografias são um ato de orgulho: acredita-se que a própria vida é digna de ser narrada porque "original", diferente das outras, porque a própria persona-lidade é original, diferente das outras, etc. A autobiografia pode ser concebida "politicamente". Sabe-se que a própria vida é semelhante a mil outras vidas, mas que por "acaso" ela tomou uma direção que as outras mil não podiam tomar e de fato não tomaram. Narrando, cria-se essa possibilidade, sugere-se o processo, indica-se a direção. Assim, a autobiografia substitui o "ensaio político" ou "filosófico": descreve-se em ato aquilo que de outro modo se deduz logicamente. É certo que a autobiografia tem um grande valor histórico, na medida em que mostra a vida em ato e não só como deve ser segundo as leis escritas ou os princípios morais dominantes.

§ 63. *Temas de cultura. Como estudar a história?* Li a observação do historiador inglês Seeley, o qual observava que em sua época a história da independência americana atraiu menos atenção do que

138 | CADERNOS DO CÁRCERE

a batalha de Trafalgar, os amores de Nelson, os episódios da vida de Napoleão, etc. [49]. No entanto, daquele fato decorreriam consequências de grande alcance para a história mundial: a existência dos Estados Unidos não é, certamente, coisa insignificante no desenrolar dos acontecimentos dos últimos anos. Como fazer, pois, para estudar a história? Devemos nos limitar aos fatos que são fecundos em termos de consequências? Mas, no momento em que tais fatos nascem, como se faz para saber sua fecundidade futura? A questão é realmente insolúvel. Na afirmação de Seeley se encontra implícita a reivindicação de uma história objetiva, em que a objetividade é concebida como nexo de causa e efeito. Mas quantos fatos, que são objetivamente importantes, não só escapam mas são negligenciados pelos historiadores e pelo interesse dos leitores? A leitura dos livros de Wells sobre a história mundial remete a essa negligência e esquecimento [50]. Na realidade, até agora nos interessou a história europeia, e chamamos de "mundial" a história europeia com seus apêndices não europeus. Porque a história nos interessa por razões "políticas", não objetivas, ainda que no sentido de científicas. Hoje, talvez, esses interesses se tornem mais amplos com a filosofia da práxis, na medida em que nos convencemos de que só o conhecimento de todo um processo histórico pode dar conta do presente e dar uma certa verossimilhança de que nossas previsões políticas são concretas. Mas não se devem ter ilusões nem mesmo sobre esse tema. Se na Rússia há muito interesse pelas questões orientais, esse interesse nasce da posição geopolítica da Rússia e não de influências culturais mais universais e científicas. Devo dizer a verdade: tanta gente não conhece a história da Itália, mesmo na medida em que ela explica o presente, que me parece necessário torná-la conhecida antes de qualquer outra. Mas uma associação de política internacional que estudasse a fundo as questões até da Cochinchina e do Aname não me desagradaria intelectualmente: mas quantos teriam interesse nisso?

DOS CADERNOS MISCELÂNEOS | **139**

§ 64. *Justificação da autobiografia*. A importância das particularidades será tanto maior quanto mais num país a realidade efetiva for diferente das aparências, os fatos das palavras, o povo que faz dos intelectuais que interpretam esses fatos. Observação já feita a respeito de como em certos países as constituições são modificadas pelas leis, as leis pelos regulamentos e o texto dos regulamentos por sua aplicação [51]. Quem executa a "lei" (o regulamento) é recrutado num certo estrato social, de um certo nível de cultura, selecionado através de um certo salário, etc. A lei é esse executor, é o modo como se executa, especialmente porque não existem órgãos de controle e de punição. Ora, só através da autobiografia se vê o mecanismo em ação, em sua função efetiva que muitas vezes não corresponde absolutamente à lei escrita. No entanto, a história, em suas linhas gerais, se faz com base na lei escrita: quando, enfim, nascem fatos novos que alteram a situação, apresentam-se questões vãs ou, pelo menos, falta o documento sobre como se preparou "molecularmente" a mudança, até ela explodir. Certos países são especialmente "hipócritas", isto é, em certos países aquilo que se vê e aquilo que não se vê (porque não se quer ver e porque, em cada circunstância, aquilo que se vê parece exceção ou "pitoresco") estão num contraste especial: justamente nesses países não abundam os memorialistas ou as autobiografias são "estilizadas", estritamente pessoais e individuais.

§ 69. *Temas de cultura. O autodidata*. Não se quer repetir o surrado lugar-comum de que todos os sábios são autodidatas, na medida em que a educação é autonomia e não impulso vindo de fora. Lugar--comum tendencioso que leva a não organizar nenhum aparelho de cultura e a negar aos pobres o tempo a ser dedicado aos estudos, juntando à queda o coice, isto é, a demonstração teórica de que, se não se instruem, a culpa é deles, porque etc., etc. Admitamos, pois, que, salvo no caso de poucos heróis da cultura (e nenhuma política pode se basear no heroísmo), para instruir-se e educar-se é necessário um aparelho de cultura através do qual a geração velha transmite à geração nova toda a experiência do passado (de todas as velhas gerações passadas), faz com que adquira determinadas inclinações e hábitos (até físicos e técnicos, que se assimilam com a repetição) e transmite, enriquecido, o patrimônio do passado. Mas não queremos falar disso. Queremos exatamente falar dos autodidatas em sentido estrito, isto é, aqueles que sacrificam uma parte ou todo o tempo que os outros de sua mesma geração dedicam aos divertimentos ou a outras ocupações, para se instruírem e educarem, e responder à pergunta: além das instituições oficiais, existem atividades que satisfazem as necessidades que nascem dessas inclinações e como as satisfazem? E mais: as instituições políticas existentes se propõem, tanto como deveriam, essa tarefa de satisfazer tais necessidades? Parece-me que esse é um critério de crítica que não se deve jogar fora nem de modo algum negligenciar. Pode-se observar que os autodidatas em sentido estrito surgem mais em certos estratos sociais do que em outros, e se compreende. Falamos daqueles que têm à disposição só boa vontade, mas disponibilidades financeiras limitadíssimas, possibilidades de gastar muito pequenas ou quase nulas. Devem ser desprezados? Não parece, na medida exatamente em que parecem nascer partidos dedicados a esses elementos, os quais, justamente, partem da ideia de estabelecer relações com tais elementos. Pois bem: se esses elementos sociais existem, não existem as forças que buscam satisfazer suas necessidades, elaborar esse material. Ou melhor: tais forças existem em tese, mas não praticamente, como afirmação mas não como atuação. Por outra parte, não é verdade que não existam forças sociais genéricas que se ocupam de tais necessidades e até fazem delas seu único trabalho, sua atividade precípua, com este resultado: elas terminam por contar mais do que deveriam, por ter uma influência maior do que "mereceriam" e, muitas vezes, até por "especular" financeiramente com essas necessidades, porque os autodidatas, em seu impulso, embora gastem pouco individualmente, terminam por gastar consideravelmente como conjunto (consideravelmente, no sen-

DOS CADERNOS MISCELÂNEOS | 141

tido de que com seu gasto sustentam muitas pessoas). O movimento de que se fala (ou se falava) é o libertário, e seu anti-historicismo, seu caráter retrógrado se inferem do caráter do autodidatismo, formando pessoas "anacrônicas" que pensam com modos antiquados e superados e os transmitem "viscosamente". Por conseguinte: 1) um movimento ultrapassado, superado, na medida em que satisfaz certas necessidades prementes, termina por ter uma influência maior do que historicamente lhe caberia; 2) esse movimento, pelas mesmas razões, mantém atrasado o mundo cultural, etc. Deve-se ver toda a série de razões que na Itália, por tanto tempo, permitiu que um movimento atrasado, superado, ocupasse um campo maior do que lhe caberia, provocando muitas vezes confusões e mesmo catástrofes. Por outra parte, é preciso afirmar energicamente que na Itália o movimento para a cultura foi grande, provocou sacrifícios, ou seja, que as condições objetivas eram muito favoráveis. Em nenhum lugar é tão verdadeiro como na Itália o princípio segundo o qual uma força não vale tanto por sua própria "força intrínseca" quanto pela fraqueza dos adversários e das forças entre as quais se acha inserida.

Um outro elemento da força relativa dos libertários é este: eles têm mais espírito de iniciativa individual, mais atividade pessoal. Isso acontece em decorrência de causas complexas: 1) eles obtêm mais satisfação pessoal em seu trabalho; 2) eles são menos embaraçados por obstáculos burocráticos, os quais não deveriam existir nas outras organizações: por que a organização destinada a fortalecer a iniciativa individual se deveria transformar em burocracia, ou seja, em obstáculo às forças individuais?; 3) (e talvez a mais importante) um certo número de pessoas vivem do movimento, mas dele vivem livremente, ou seja, não em função de postos ocupados por nomeação, mas na medida em que sua atividade as torna dignas deles: para manter esse posto, ou seja, para manter seu ganho, fazem esforços que de outro modo não fariam.

142 | CADERNOS DO CÁRCERE

§ 79. *Passado e presente.* Observou-se que é preferível o canalha ao tolo, porque com o canalha se fazem acordos e até se pode levá-lo a agir honestamente por conveniência, mas o tolo... *sequitur quodlibet.* Também é verdade que o canalha é preferível ao semicanalha. Na realidade, na vida não se encontram nunca canalhas declarados, inteiriços, de caráter, por assim dizer, mas só semicanalhas, nem lá nem cá, de ações ambíguas que conseguiriam sempre justificar, arrancando aplausos. Pode-se pensar que o canalha seja uma invenção romântica ou então só seja canalha quando se encontra com a estupidez (mas nesse caso é pouco perigoso, porque se revela por si mesmo). Pode-se observar que o canalha verdadeiro é superior ao homem probo; com efeito: o canalha pode ser também "homem probo" (isto é, pode "passar por" homem de bem), ao passo que o probo não comete canalhices em nenhum caso e por isto, justamente, é um "homem probo". Estúpido, efetivamente, quem espera encontrar canalhas declarados, patentes, indiscutíveis: ao contrário, muito frequentemente nos vemos às voltas com os semicanalhas, que, portanto, são... os verdadeiros e únicos canalhas, aqueles da realidade cotidiana. A propósito da relação "tolo-canalha", deve-se recordar a relação "tolo-inteligente", no sentido de que o inteligente pode se fingir de tolo e conseguir passar por tal, mas o tolo não pode se fingir de inteligente e passar por tal a não ser que encontre gente mais tola do que ele, o que não é difícil.

CADERNO 15 (1933)

§ 9. *Notas autobiográficas.* Como comecei a julgar com maior indulgência as catástrofes do caráter. Por experiência do processo através do qual tais catástrofes acontecem. Nenhuma indulgência para quem realiza um ato contrário a seus princípios "repentinamente", e entendo "repentinamente" neste sentido: por não haver pensado que manter certos princípios teria trazido sofrimentos e por não havê-los previsto. Quem, encontrando-se subitamente diante do sofrimento, antes ainda de sofrê-lo ou no início do sofrimento, muda de comportamento, não merece indulgência. Mas o caso se põe sob formas complexas. É estranho que habitualmente haja menos indulgência com as mudanças "moleculares" do que com as repentinas. Ora, o movimento "molecular" é o mais perigoso, uma vez que, enquanto mostra no sujeito a vontade de resistir, "deixa entrever" (a quem reflete) uma mudança progressiva da personalidade moral, que, num certo ponto, passa de quantitativa a qualitativa: ou seja, não se trata mais, na verdade, da mesma pessoa, mas de duas. (Naturalmente, "indulgência" significa tão somente ausência de estreiteza moral, e não que não se leve em conta a mudança e não se puna; a falta de punição significaria "glorificação" ou pelo menos "indiferença" ante o fato, e isso não permitiria distinguir a necessidade e a não necessidade, a força maior e a covardia.) Formou-se o princípio de que um capitão deve ser o último a abandonar o navio naufragado, depois que todos se salvaram; aliás, alguns chegam a afirmar que, em tais casos, o capitão "deve" se sacrificar. Essas afirmações são menos irracionais do que podem parecer. Certamente, não se exclui que não haja nada errado no fato de um capitão se salvar em primeiro lugar. Mas, se essa constatação se tornasse um princípio, que garantia haveria de que o capitão fez de tudo: 1) para que o naufrágio não acontecesse; 2) para que, acontecido, tudo tenha sido feito para reduzir ao mínimo o dano às pessoas e às coisas? (Dano às coisas significa, afinal, dano futuro às pessoas.) Só o princípio, tornado "absoluto", de que o capitão, em caso de naufrágio, abandona o navio em último lugar e até soçobra com ele, dá essa garantia, sem a qual a vida coletiva é impossível, ou seja, ninguém contrairia compromissos e agiria, abandonando a outros a própria segurança pessoal. A vida moderna é feita em grande parte desses estados de espírito ou "crenças", tão fortes quanto os fatos materiais.

A punição dessas mudanças, para voltar à questão, é um fato político, não moral, decorre não de um juízo moral, mas de um juízo de "necessidade" para o futuro, no sentido de que, se não se fizesse assim, danos maiores poderiam advir: em política, é justa uma "injustiça" pequena para evitar uma outra maior, etc.

Digo que é "moralmente" mais justificável quem se modifica "molecularmente" (por força maior, claro) do que quem se modifica repentinamente, embora por hábito se pense de modo diverso. Ouve-se dizer: "Resistiu por cinco anos, por que não por seis? Podia resistir mais um ano e triunfar." Mas nesse caso se trata de um juízo retrospectivo, porque no quinto ano o sujeito não sabia que "só" mais um ano de sofrimento o esperava. Mas, à parte isso, a verdade é que o homem do quinto ano não é o do quarto, do terceiro, do segundo, do primeiro, etc.; é uma nova personalidade, completamente nova, na qual os anos transcorridos demoliram precisamente os freios morais, as forças de resistência que caracterizavam o homem do primeiro ano. Um exemplo típico é o do canibalismo. Pode-se dizer que, no nível atual da civilização, o canibalismo repugna de tal modo que se deve crer numa pessoa comum quando diz: "Ante a alternativa de ser canibal, eu me mataria." Na realidade, aquela mesma pessoa, se se visse diante da alternativa: "ser canibal ou matar-se", não mais raciocinaria assim, porque teriam acontecido tais modificações em seu eu que "matar-se" não se apresentaria mais como alternativa necessária: ela se tornaria canibal sem pensar absolutamente em suicidar-se. Se Fulano, na plenitude de suas forças físicas e morais, for posto na encruzilhada, haverá uma possibilidade de que se mate (depois de se convencer de que não se trata de uma comédia, mas de coisa real, de alternativa séria); mas essa possibilidade não existe mais (ou pelo menos diminui muito) se Fulano se vir na encruzilhada depois de sofrer um processo molecular em que suas forças físicas e morais tiverem sido destruídas, etc.

Assim, vemos homens normalmente pacíficos incorrer em explosões repentinas de ira e ferocidade. Na realidade, não há nada repentino: houve um processo "invisível" e molecular em que as

DOS CADERNOS MISCELÂNEOS | **145**

forças morais que tornavam "pacífico" aquele homem se dissolveram. Esse fato, próprio do indivíduo, pode ser considerado coletivo (fala-se então da "gota que fez transbordar o copo", etc.). O drama de tais pessoas consiste nisto: Fulano prevê o processo de dissolução, isto é, prevê que se tornará... canibal, e pensa: se isso acontecer, num certo ponto do processo me mato. Mas qual será esse "ponto"? Na realidade, cada qual confia em suas forças e espera novos fatos que o livrem da situação dada. E assim sucede que (salvo exceções) a maior parte se encontra em pleno processo de transformação além daquele ponto em que suas forças ainda eram capazes de reagir, mesmo que segundo a alternativa do suicídio.

Deve-se estudar esse fato em suas manifestações atuais. Não que o fato não tenha acontecido no passado, mas é certo que no presente assumiu uma forma especial e... voluntária. Vale dizer, hoje se sabe que ele acontece e o evento é preparado sistematicamente, o que não ocorria no passado (mas sistematicamente quer dizer "em massa", sem excluir naturalmente a "atenção" particular aos indivíduos). É certo que hoje se infiltrou um elemento "terrorista" que não existia no passado, de terrorismo material e mesmo moral, que não é desprezível. Isso agrava a responsabilidade daqueles que, podendo, não impediram, por imperícia, negligência ou até vontade perversa, que se tivesse de passar por certas provas [52]. Contra esse modo de ver antimoralista existe a concepção falsamente heroica, retórica, fraseológica, contra a qual todo esforço de luta é pouco.

§ 12. *Passado e presente.* A sabedoria dos zulus elaborou esta máxima citada por uma revista inglesa: "É melhor avançar e morrer do que parar e morrer [53]."

§ 19. *Passado e presente.* Extrair desta rubrica uma série de notas que sejam como os *Ricordi politici e civili* de Guicciardini (respeitadas as devidas proporções). Os *Ricordi* são memórias na medida em que recapitulam não tanto acontecimentos autobiográficos em

146 | CADERNOS DO CÁRCERE

sentido estrito (se bem que estes também não faltem) mas também "experiências" civis e morais (morais mais no sentido ético-político) estreitamente ligadas à própria vida e a seus acontecimentos, consideradas em seu valor universal ou nacional. Sob muitos aspectos, uma tal forma de escrita pode ser mais útil que as autobiografias em sentido estrito, especialmente se ela se refere a processos vitais que são caracterizados pela permanente tentativa de superar um modo atrasado de viver e de pensar, como aquele que era próprio de um sardo do princípio do século, para apropriar-se de um modo de viver e de pensar não mais regional e "paroquial", mas nacional, e tanto mais nacional (aliás, justamente por isso nacional) na medida em que buscava se inserir em modos de viver e de pensar europeus ou, pelo menos, comparava o modo nacional com os modos europeus, as necessidades culturais italianas com as necessidades culturais e as correntes europeias (do modo pelo qual isso era possível e factível nas condições pessoais dadas, é verdade, mas pelo menos segundo exigências e demandas fortemente vividas nesse sentido). Se é verdade que uma das necessidades mais fortes da cultura italiana era desprovincianizar-se até mesmo nos centros urbanos mais avançados e modernos, tanto mais evidente deveria se revelar o processo ao ser experimentado por um "provinciano ao quadrado e ao cubo", como decerto era um jovem sardo do princípio do século.

§ 21. *Passado e presente.* Se se pedir a Fulano, que jamais estudou o chinês e só conhece bem o dialeto de sua província, que traduza um trecho de chinês, ele muito razoavelmente se espantará, tomará o pedido como brincadeira; se se insistir, acreditará tratar-se de zombaria, se ofenderá e partirá para as vias de fato. No entanto, o mesmo Fulano, sem que sequer lhe peçam, se acreditará autorizado a falar de toda uma série de questões que conhece tanto quanto o chinês, das quais ignora a linguagem técnica, a posição histórica, a conexão com outras questões, às vezes os próprios elementos fundamentais distintivos. Do chinês, pelo menos, sabe que é uma língua de

DOS CADERNOS MISCELÂNEOS | **147**

um determinado povo que habita um determinado ponto do globo: dessas questões, ignora a topografia ideal e as linhas que as limitam.

§ 23. *Noções enciclopédicas*. Sobre as expressões *Zunftbürger* e *Pfahlbürger* ou *Pfahlbürgerschaft*, empregadas no *Manifesto*, e os termos italianos correspondentes, deve-se ver o livro de Arrigo Solmi, *L'amministrazione finanziaria del regno italico nell'alto Medioevo*, Pavia, 1932, XV-288 p., 20 liras (cf. comentário analítico de Piero Pieri na *Nuova Italia* de 20 de janeiro de 1933) [54]. Em Pavia existiam antes do ano mil "algumas artes ou ofícios, mantidos quase em regime de monopólio, sob o controle da Câmara ou do Palácio Real de Pavia". Eles aparecem constituídos em torno de pessoas com maior experiência e responsabilidade, chamadas *magistri*: estes são de nomeação régia, controlam a administração interna da "Arte e respondem por ela ante o Estado, mas também cuidam de defender os privilégios do ofício e valorizar seus produtos. Nenhum artesão pode exercer a arte se não for inscrito na organização e todos estão submetidos a tributos de caráter geral e especial em relação à Câmara Régia" (*Câmara*: o "ministério das Finanças" de então).

§ 49. *Passado e presente*. De um artigo de Manlio Pompei na *Critica Fascista* de 10 de maio de 1933: "Na genérica afirmação de uma necessária recuperação moral, muitas vezes ouvimos falar da família como instituto em torno do qual se deve articular essa recuperação inderrogável. Nesse ponto não faltam opiniões discrepantes: uma recente polêmica sobre a literatura infantil e sobre a educação de nossos rapazes fez aflorar o conceito de que o vínculo familiar, os afetos que ligam os membros de uma mesma família podem num certo ponto constituir um empecilho para aquela educação guerreira e viril que está entre as finalidades do fascismo. A nosso ver, a família é, e deve permanecer, a célula-mãe da sociedade fascista." O artigo todo é interessante, mesmo que a questão não seja formulada com rigor. Pompei descreve a crise da família em todos os estratos sociais

148 | CADERNOS DO CÁRCERE

e, na verdade, não indica nem como tal crise possa ser contida ou conduzida a uma solução racional, nem como o Estado possa intervir para construir ou estimular a construção de um novo tipo de família. Pompei, aliás, afirma que a crise é necessária, ligada como está a todo um processo de renovação social e cultural, e por isso é ainda mais marcante a efetiva desorientação, apesar das afirmações genéricas construtivas.

§ 51. *Passado e presente*. Na *Civiltà Cattolica* de 20 de maio de 1933 se publica um breve resumo das "Conclusioni all'inchiesta sulla nuova generazione". (Separata do número 28 do *Saggiatore*, Roma, Arti grafiche Zamperini, 1933, in-80, 32 p. [55].) Sabe-se como tais pesquisas são necessariamente unilaterais, truncadas, tendenciosas e como habitualmente dão razão ao modo de pensar de quem as promoveu. É preciso ter tanto mais cuidado quanto mais atualmente parece difícil conhecer o que pensam e querem as novas gerações. Segundo a *Civiltà Cattolica*, eis a substância da pesquisa: "Portanto, a nova geração seria: sem moral e sem princípios imutáveis de moralidade, sem religiosidade ou ateia, com poucas ideias e com muito instinto." "A geração pré-guerra acreditava e se deixava dominar pelas ideias de justiça, de bem, de desinteresse e de religião; a moderna espiritualidade se desembaraçou de tais ideias, as quais, na prática, são imorais. Os pequenos fatos da vida requerem elasticidade e maleabilidade moral, que se começa a obter com a falta de preconceitos da nova geração. Na nova geração perdem valor todos aqueles princípios morais que se impuseram como axiomas às consciências individuais. A moral se tornou absolutamente pragmatista: ela surge da vida prática, das diversas situações nas quais o homem se vê. A nova geração não é espiritualista, positivista ou materialista: ela tende a superar racionalmente tanto as atitudes espiritualistas quanto as obsoletas posições positivistas e materialistas. Sua principal característica é a falta de qualquer forma de reverência por tudo aquilo que encarna o velho mundo. Na massa dos jovens se enfraqueceram o sentimento

DOS CADERNOS MISCELÂNEOS | **149**

religioso bem como todos os diferentes imperativos morais abstratos, que se tornaram inadequados à vida de hoje. Os muito jovens têm menos ideias e mais vida, alcançaram naturalidade e confiança no ato sexual, de modo que o amor não mais é considerado um pecado, uma transgressão, uma coisa proibida. Os jovens, voltados ativamente para a direção que a vida moderna indica, se mostram imunes a qualquer possível retorno a uma religiosidade dogmática em dissolução."

Parece que essa série de afirmações é apenas o próprio programa do *Saggiatore*, e isso parece mais uma curiosidade do que uma coisa séria. No fundo, é uma versão popular do "super-homem", nascida das experiências mais recentes da vida nacional, um "super-homem" ultraprovinciano, à maneira de um círculo dos senhores e de um bricabraque filosófico. Examinando-se bem, significa que a nova geração se deixou tomar, sob o aspecto de um voluntarismo extremo, pela abulia máxima. Não é verdade que não tenha ideais: apenas, estes estão todos capitulados no código penal, que se supõe feito de uma vez para sempre em seu conjunto. Significa também que falta no país qualquer direção cultural além da católica, o que faria supor que pelo menos a hipocrisia religiosa deva acabar aumentando. Mas seria interessante saber de qual nova geração o *Saggiatore* pretende falar.

Parece que a "originalidade" do *Saggiatore* consiste em transportar para a "vida" o conceito de "experiência" próprio não da ciência, mas do operador típico de laboratório científico. As consequências dessa transposição mecânica são pouco brilhantes: elas correspondem ao que era bastante conhecido com o nome de "oportunismo" ou de falta de princípios (recordar certas interpretações jornalísticas do relativismo de Einstein, quando, em 1921, essa teoria caiu na mão dos jornalistas). O sofisma consiste nisto: quando o operador típico de laboratório "experimenta e reexperimenta", sua experiência tem consequências limitadas ao espaço das provetas e retortas: ele "experimenta" fora de si, sem dar de si mesmo à experiência nada além

150 | CADERNOS DO CÁRCERE

de atenção física e intelectual. Mas, nas relações entre os homens, as coisas se passam muito diversamente e as consequências são de alcance inteiramente diferente. O homem transforma o real e não se limita a examiná-lo experimentalmente *in vitro* para reconhecer suas leis de regularidade abstrata. Não se declara uma guerra por "experimento" nem se subverte a economia de um país, etc., para encontrar as leis do melhor arranjo social possível. O fato de que, ao construir os próprios planos de transformação da vida, seja preciso basear-se na experiência, ou seja, na delimitação exata das relações sociais existentes e não em vagas ideologias ou generalidades racionais, não implica que não se devem ter princípios, que são apenas a experiência posta na forma de conceitos ou de normas imperativas. Mas a filosofia do *Saggiatore*, além de uma reação plausível à embriaguez atualista e religiosa, relaciona-se essencialmente com tendências conservadoras e passivas e, na realidade, contém a "reverência" mais alta ante o existente, vale dizer, ante o passado cristalizado. Num artigo de Giorgio Granata (no *Saggiatore*, referido na *Critica Fascista* de 1º de maio de 1933) existem muitas sugestões de tal filosofia: para Granata, a concepção de "partido político", com seu "programa" utópico, "como mundo do dever-ser (!) diante do mundo do ser, da realidade", não mais tem validade, e por isso a França seria "inatual": como se justamente a França não tivesse sempre dado, no século XIX, o exemplo do oportunismo político mais vulgar, ou seja, do servilismo ante o que existe, ante a realidade; noutras palavras, diante dos "programas" em ato de forças bem determinadas e identificáveis. E ser servil aos fatos deliberados e realizados pelos outros é o verdadeiro ponto de vista do *Saggiatore*, vale dizer, indiferença e abulia sob o disfarce de grande atividade à moda das formigas: a filosofia do homem de Guicciardini, que sempre reaparece em certos períodos da vida italiana [56]. Que, para tudo isso, se aludisse a Galileu e retomasse o título de *Saggiatore* é apenas uma total impudência, e pode-se apostar que os senhores Granata & Cia. não terão de temer novas fogueiras e inquisições [57].

DOS CADERNOS MISCELÂNEOS | 151

(A concepção do "partido político" que Granata expressa coincide, de resto, com aquela expressa por Croce no capítulo "Il partito come giudizio e come pregiudizio", do volume *Cultura e vita morale*, e com o programa da *Unità* florentina, problemista, etc. [58].)

Mas esse grupo do *Saggiatore* merece ser estudado e analisado: 1) porque ele tenta expressar, ainda que grosseiramente, tendências que são difundidas e vagamente concebidas pela maioria; 2) porque ele é independente de qualquer "grande filósofo" tradicional e até se opõe a toda tradição cristalizada; 3) porque muitas afirmações do grupo são indiscutivelmente repetições apressadas de posições filosóficas da filosofia da práxis entradas na cultura geral, etc. (Recordar o "experimentar e experimentar de novo" do deputado Giuseppe Canepa, como comissário para o abastecimento durante a guerra: esse Galileu da ciência administrativa tinha necessidade de uma experiência com mortos e feridos para saber que, onde falta pão, corre sangue [59].)

§ 66. *Passado e presente.* Na sequência das gerações (e na medida em que cada geração expressa a mentalidade de uma época histórica), pode acontecer que se tenha uma geração adulta de ideias antiquadas e uma nova geração de ideias infantis, ou seja, que falte o elo histórico intermediário, a geração capaz de educar os jovens.

Naturalmente, tudo isso é relativo. Esse elo intermediário jamais falta inteiramente, mas pode ser muito fraco "quantitativamente" e, portanto, incapaz materialmente de cumprir sua tarefa. Mais ainda: isso pode acontecer com um grupo social e não com outro. Nos grupos subalternos o fenômeno se verifica mais frequentemente e de modo mais grave, em razão da dificuldade, inerente à condição "subalterna", de uma continuidade orgânica das camadas intelectuais dirigentes e do fato de que, para os poucos elementos que pode haver à altura da época histórica, é difícil organizar aquilo que os americanos chamam *trust* de cérebros.

152 | CADERNOS DO CÁRCERE

§ 69. *Passado e presente.* Num texto político-jurídico juvenil de Daniele Manin (cf. o artigo de A. Levi, "Politica di Daniele Manin", na *Nuova Rivista Storica* de maio-agosto de 1933), usa-se a expressão "louco por decreto". Tommaseo, comentando o escrito de Manin, lembra que se dizia de uma senhora, admirada publicamente por Napoleão, ser "bela por decreto". Por decreto é possível tornar-se muitas coisas, e o epigrama está sempre vivo [60].

CADERNO 17 (1933-1935)

§ 2. *Passado e presente.* Uma definição inglesa de civilização: "A civilização foi definida como um sistema de controle e de direção que desenvolve do modo mais vigorosamente econômico a máxima potêncialidade de um povo [61]." A tradução não parece exata: o que significa "vigorosamente econômico"? A definição em seu todo diz pouco, porque é excessivamente genérica. "Civilização" pode ser substituída por "regime político", "governo", com um significado mais preciso.

§ 25. *Temas de cultura. Obras de consulta.* I. E. Würzburger e E. Roesner, *Hübners Geographisch-Statistiche Tabellen*, L.W. Seidel und Sohn, Viena, 1932, in-8º, 564 p. A edição de 1932 é a 71ª. Indispensável não só para os geógrafos e os cultores de estatística, mas para qualquer um que queira ser informado das condições políticas, econômicas, sociais, financeiras, comerciais, demográficas, etc., de todos os países do globo. Na 71ª edição se anexou um apêndice sobre os partidos políticos de cada Estado, além de elaborações mais completas dos dados econômicos, industriais, etc.

II. A. Kriszties, *Bibliographie des sciences sociales.* Em 1933 saiu o volume IV (1927), Paris, Giard, in-8º, 1269 p., 170 francos.

§ 35. *Passado e presente.* "Os lugares-comuns pelo avesso." Para muitos, ser "original" significa apenas inverter os lugares-comuns dominantes numa certa época: para muitos, esse exercício é o máximo da elegância e do esnobismo intelectual e moral. Mas o lugar-comum invertido permanece sempre um lugar-comum, uma banalidade. O lugar-comum invertido talvez seja ainda mais banal do que o simples lugar-comum. O *bohémien* é mais filisteu do que o comerciante interiorano. Daí aquele sentimento de tédio que advém da frequência de certos círculos que se acreditam de exceção, que se apresentam como uma aristocracia distanciada da vida ordinária. O democrata é maçante, mas muito mais o é o autoproclamado reacionário que exalta o carrasco e, quem sabe, as fogueiras. Na ordem intelectual, Giovanni Papini é um grande fabricante de lugares-comuns invertidos: na ordem política o eram os nacionalistas do velho estilo, como Coppola, Forges Davanzati, Maraviglia e, especialmente, Giulio De Frenzi [62]. Na mesma série intelectual deve-se inserir Farinelli com seu lirismo e patetismo, que são mais aborrecidamente pedantes do que os escritos de Zumbini [63]. (A expressão "lugar-comum pelo avesso" é empregada por Turgueniev em *Pais e filhos*. Bazarov enuncia seu princípio assim: "É um lugar-comum dizer que a instrução pública é útil, é um lugar-comum pelo avesso dizer que a instrução pública é danosa", etc.)

II.
AÇÃO CATÓLICA

1. Caderno 20

(1934-1935)

Ação Católica — Católicos integristas —
Jesuítas — Modernistas

§ 1. *A Ação Católica.* A Ação Católica nascida especificamente depois de 1848 era muito diferente da atual, reorganizada por Pio XI [1]. A posição originária da Ação Católica depois de 1848 (e, em parte, também no período de incubação que vai de 1789 a 1848, quando surgem e se desenvolvem o fato e o conceito de nação e de pátria, que se tornam o elemento ordenador — intelectual e moralmente — das grandes massas populares, em concorrência vitoriosa com a Igreja e a religião católica) pode ser caracterizada estendendo-se à religião católica a observação que um historiador francês (conferir) fez a propósito da monarquia "legitimista" e de Luís XVIII: parece que Luís XVIII não conseguia se convencer de que na França, depois de 1815, a monarquia necessitava de um partido político específico para se sustentar.

Todos os raciocínios feitos pelos historiadores católicos (e as afirmações apodíticas dos pontífices nas Encíclicas) para explicar o nascimento da Ação Católica e para vincular essa nova formação a movimentos e atividades que "sempre existiram", desde Cristo, são extremamente falaciosos. Depois de 1848, em toda a Europa (na Itália a crise assume a forma específica e direta do anticlericalismo e da luta, inclusive militar, contra a Igreja), a crise histórico-político-intelectual é superada com a nítida vitória do liberalismo (entendido como concepção do mundo e não só como corrente política particular) sobre a concepção cosmopolita e "papalina" do catolicismo. Antes de 1848, formavam-se partidos mais ou menos efêmeros e personalidades individuais insurgiam-se contra o catolicismo; depois de 1848, o catolicismo e a Igreja "devem" ter um partido próprio para se defender e recuar o menos possível; não podem mais falar (extraoficialmente,

160 | CADERNOS DO CÁRCERE

já que a Igreja jamais confessará a irrevocabilidade de tal estado de coisas) como se acreditassem ser a premissa necessária e universal de todo modo de pensar e de agir. Muitos já não conseguem hoje nem mesmo se convencer de que um dia tenha sido assim. Para dar uma ideia desse fato, pode-se oferecer o seguinte modelo: hoje ninguém pode pensar seriamente em fundar uma associação contra o suicídio (é possível que em algum lugar exista uma sociedade desse tipo, mas trata-se de outra coisa), já que não existe nenhuma corrente de opinião que procure convencer os homens (e tenha êxito, ainda que só parcialmente) de que é necessário suicidar-se em massa (embora tenham existido indivíduos, e até mesmo pequenos grupos, que defenderam essas formas de niilismo radical, ao que parece na Espanha): a "vida", evidentemente, é a premissa necessária para qualquer manifestação de vida. O catolicismo teve uma tal função e disso se conservam inúmeros traços na linguagem e no modo de pensar, sobretudo dos camponeses: cristão e homem são sinônimos, ou melhor, são sinônimos cristão e "homem civilizado" ("Não sou cristão!" — "E então o que você é, um animal?"). Os criminosos ainda dizem: "cristãos e criminosos" (em Ústica, primeiras surpresas quando, à chegada do vapor, ouvíamos os criminosos dizerem: "São todos cristãos, só há cristãos, não há sequer um cristão.") [2]. Quanto aos prisioneiros, ao contrário, é mais comum que digam: "cidadãos e presos", ou, ironicamente, "cidadãos e soldados", embora os sulistas também digam "cristãos e presos". Seria assim interessante estudar toda a série de evoluções histórico-semânticas através das quais, em francês, de "cristão" se chegou a *crétin* (de onde vem o italiano "cretino") e até mesmo a *grédin*; o fenômeno deve ser semelhante àquele pelo qual "vilão", de "homem do campo", terminou por significar "mal-educado" e até "estúpido e patife"; ou seja, a palavra "cristão", empregada pelos camponeses (parece que pelos camponeses de algumas regiões alpinas) para indicar a si mesmos como "homens", separou-se, em alguns casos de dialeto local, de seu significado religioso e teve o mesmo destino de *manant* [3]. Talvez também o russo *krestianin* = "camponês" tenha tido a mesma origem, ao passo que "cristão" em sentido religioso, forma mais culta, manteve a aspiração do "x" grego (dizia-se *murrik* em sentido depreciativo). Talvez também se ligue a essa concepção o fato de que, em alguns países onde os judeus não são conhecidos, acredita-se ou acreditava-se que eles têm cauda e orelhas de porco ou outro atributo animalesco [4].

O exame histórico crítico do movimento da Ação Católica pode dar lugar, analiticamente, a diversas séries de pesquisas e de estudos.

Os Congressos nacionais. Como são preparados pela imprensa central e local. O material oficial preparatório: relatórios oficiais e de oposição.

A Ação Católica sempre foi um organismo complexo, mesmo antes da criação da Confederação branca do Trabalho e do Partido Popular [5]. A Confederação do Trabalho era considerada organicamente parte integrante da Ação Católica; o Partido Popular, ao contrário, não, mas o era de fato. Além de outras razões, a criação do Partido Popular foi determinada pela convicção de que, no após-guerra, seria inevitável um avanço democrático, ao qual seria preciso dar um órgão e um freio, sem pôr em risco a estrutura autoritária da Ação Católica, que oficialmente é dirigida pessoalmente pelo papa e pelos bispos. Sem o Partido Popular e sem as inovações em sentido democrático introduzidas na Confederação Sindical, o impulso popular teria subvertido toda a estrutura da Ação Católica, pondo em questão a autoridade absoluta das hierarquias eclesiásticas. A mesma complexidade verificava-se, e se verifica ainda, no campo internacional; embora o papa represente um centro internacional por excelência, existem de fato alguns organismos que funcionam para coordenar e dirigir o movimento político e sindical católico em todos os países, como o Centro de Malines, que redigiu o *Código Social*, e o Centro de Friburgo para a ação sindical (deve-se verificar a funcionalidade desses centros depois das mudanças ocorridas não apenas na Itália, mas nos países alemães, no campo da organização política e sindical católica) [6].

Realização dos Congressos. Temas colocados na ordem do dia e temas omitidos para evitar conflitos radicais. A ordem do dia deveria resultar dos problemas concretos que chamaram a atenção no lapso de tempo entre um Congresso e outro e das perspectivas futuras, e não só dos pontos doutrinários em torno dos quais se formam as correntes gerais de opinião e se agrupam as frações.

Em que base e com que critérios são escolhidas ou renovadas as direções? Com base numa tendência doutrinária genérica, dando à nova direção uma confiança genérica, ou só depois que o Congresso fixou uma orientação concreta e precisa de ação? A democracia interna de um movimento (isto é, o grau maior ou menor de democracia interna, ou seja, de participação dos elementos de base na decisão e na fixação da linha de ação) pode ser medida e julgada, também e talvez sobretudo, por esse critério.

Outro elemento importante é a composição social dos Congressos, do grupo dos oradores e da direção eleita, em relação com a composição social do movimento em seu conjunto.

Relação entre as gerações adultas e as juvenis. Os Congressos ocupam-se diretamente do movimento juvenil, que deveria ser a principal fonte para o recrutamento e a melhor escola para o movimento, ou deixa os jovens entregues a si mesmos?

Que influência têm (tinham), nos Congressos, as organizações subordinadas e subsidiárias (ou que seriam tais), o grupo parlamentar, os organizadores sindicais, etc.? É dada aos deputados e aos dirigentes sindicais, nos Congressos, uma posição especial, de modo oficial e orgânico, ou, pelo menos, somente de fato?

Além de ver como isso ocorre nas discussões dos Congressos, é necessário estabelecer o desenvolvimento que tiveram, no tempo e no espaço, os problemas concretos mais importantes: a questão sindical, a relação entre o centro político e os sindicatos, a questão agrária, as questões de organização interna, em todas as esferas. Cada questão apresenta dois aspectos: como foi tratada teórica e tecnicamente e como foi enfrentada na prática.

Outra questão é a da imprensa, em seus diversos aspectos: diária, periódica, opúsculos, livros, centralização ou autonomia da imprensa, etc.

A fração parlamentar: ao tratar de toda atividade parlamentar determinada, é preciso levar em conta alguns critérios de pesquisa e de julgamento. Quando o deputado de um movimento popular fala no Parlamento (e um senador no Senado), podem existir três ou mais versões de seu discurso: 1) a versão oficial das *atas parlamentares*, que habitualmente é revista e corrigida e muitas vezes suavizada *post festum*; 2) a versão dos jornais oficiais do movimento ao qual o deputado pertence oficialmente: ela é combinada pelo deputado com o jornalista que cobre o Parlamento, de modo a não chocar certas suscetibilidades, ou da maioria oficial do partido ou dos leitores locais, e a não criar obstáculos prematuros a certas combinações em andamento ou desejadas; 3) a versão dos jornais de outros partidos ou dos chamados órgãos da opinião pública (jornais de grande difusão), que é feita pelo deputado de acordo com os respectivos jornalistas credenciados, de modo a favorecer determinadas combinações em curso: tais jornais podem mudar de um período para outro, de acordo com as mudanças ocorridas nas respectivas direções políticas e nos governos. O mesmo critério pode ser estendido ao campo sindical, a propósito da interpretação a ser dada a determinados acontecimentos ou também à orientação geral de determinada organização sindical. Por exemplo: *La Stampa, Il Resto del Carlino* e *Il Tempo* (de Naldi) foram, em determinados anos, caixas de ressonância e instrumentos de combinações políticas tanto dos católicos quanto dos socialistas [7]. Um discurso parlamentar (ou uma greve, ou certa declaração de um dirigente sindical), socialista ou popular, era apresentado sob um determinado ângulo por esses jornais a seu público, enquanto os órgãos católicos ou socialistas apresentavam-no sob outro ângulo. Os jornais populares e socialistas até mesmo silenciavam a seu público certas afirmações de deputados dos respectivos partidos que tendiam a tornar possível uma combinação parlamentar-governamental das duas tendências, etc. Também é indispensável levar em conta as entrevistas concedidas pelos deputados a outros jornais e os artigos publicados em outros jornais. A homogeneidade doutrinária e política de um partido também pode ser medida com este critério: que diretrizes são privilegiadas pelos elementos desse partido quando colaboram em jornais de outras tendências ou nos chamados jornais de opinião pública: em alguns casos, as divergências internas só se manifestam assim, ou seja, os dissidentes escrevem em outros jornais artigos assinados ou não, dão entrevistas, sugerem assuntos polêmicos, deixam-se provocar para serem "obrigados" a responder, não desmentem certas opiniões que lhes são atribuídas, etc.

§ 2. *A Ação Católica e os terciários franciscanos* [8]. É possível fazer uma comparação qualquer entre a Ação Católica e instituições como os terciários franciscanos? Certamente não, embora seja válido referir-se inicialmente, para melhor definir as características e os limites da própria Ação Católica, não só aos terciários, mas também ao fenômeno mais geral do aparecimento das ordens religiosas no desenvolvimento histórico da Igreja. A criação dos terciários é um fato muito interessante de origem e tendência democrático-popular, que ilumina melhor o caráter do franciscanismo como retorno tendencial aos modos de vida e de crença do cristianismo primitivo, comunidade de fiéis e não apenas do clero, como cada vez mais vinha ocorrendo. Por isso, seria útil estudar adequadamente o êxito dessa iniciativa, que não foi muito grande, já que o franciscanismo não se tornou toda a religião, como era a intenção de Francisco, mas reduziu-se a uma das muitas ordens religiosas existentes [9]. A Ação Católica assinala o início de uma época nova na história da religião católica: de uma época em que ela, de concepção totalitária (no duplo sentido: de que era uma concepção total do mundo de uma sociedade em sua totalidade), torna-se parcial (também no duplo sentido) e deve dispor de um partido próprio. As diversas ordens religiosas representam a reação da Igreja (comunidade dos fiéis ou comunidade do clero), a partir do alto ou a partir de baixo, contra as desagregações parciais da concepção do mundo (heresias, cismas, etc., e também degenerescência das hierarquias); a Ação Católica representa a reação contra a intensa apostasia de amplas massas, isto é, contra a superação de massa da concepção religiosa do mundo. Não é mais a Igreja que estabelece o terreno e os meios da luta; ao contrário, ela deve aceitar o terreno que lhe é imposto pelos adversários ou pela indiferença e servir-se de armas tomadas de empréstimo ao arsenal de seus adversários (a organização política de massa). A Igreja, portanto, está na defensiva, perdeu a autonomia dos movimentos e das iniciativas, não é mais uma força ideológica mundial, mas apenas uma força subalterna.

§ 3. *Sobre a pobreza, o catolicismo e a hierarquia eclesiástica.* Num livrinho sobre *Ouvriers et patrons* (dissertação premiada em 1906 pela Academia de Ciências Morais e Políticas de Paris), menciona-se a resposta dada por um operário católico francês ao autor da objeção que lhe fora apresentada, segundo a qual, de acordo com as palavras de Jesus extraídas de um Evangelho, devem existir sempre ricos e pobres: "Pois bem, deixaremos pelo menos dois pobres para que não digam que Jesus errou [10]." A resposta é epigramática, mas à altura da objeção. A partir do momento em que a questão adquiriu uma importância histórica para a Igreja, ou seja, desde que a Igreja teve de enfrentar o problema de conter a chamada "apostasia" das massas, criando um sindicalismo católico (operário, porque jamais foi imposto aos empresários dar um caráter confessional a suas organizações sindicais), as opiniões mais difundidas sobre a questão da "pobreza", tal como resultam das encíclicas e de outros documentos autorizados, podem ser resumidas nos seguintes pontos: 1) A propriedade privada, sobretudo a fundiária, é um "direito natural", que não pode ser violado nem mesmo através de altos impostos (derivaram desse princípio os programas políticos das tendências democrata--cristãs, no sentido da distribuição da terra aos camponeses mediante indenização, bem como suas doutrinas financeiras); 2) Os pobres devem contentar-se com sua sorte, já que as diferenças de classe e a distribuição da riqueza são disposições de deus e seria ímpio tentar eliminá-las; 3) A esmola é um dever cristão e implica a existência da pobreza; 4) A questão social é antes de mais nada moral e religiosa, não econômica, devendo ser resolvida através da caridade cristã e dos ditames da moral e do juízo da religião. (Cf. o *Código Social* de Malines, em suas sucessivas elaborações.)

§ 4. *Católicos integristas, jesuítas, modernistas*. Os "católicos integristas" tiveram muito êxito durante o papado de Pio X; representaram uma tendência europeia do catolicismo, politicamente de extrema direita, mas naturalmente eram mais fortes em determinados países, como a Itália, a França, a Bélgica, onde, sob diferentes formas, as tendências de esquerda em política e no campo intelectual manifestavam-se com mais força na organização católica [11]. Na Bélgica, durante a guerra, os alemães confiscaram uma grande quantidade de documentos reservados e secretos dos "integristas", publicados em seguida, com o que se teve a mais ampla prova de que os "integristas" haviam constituído uma verdadeira associação secreta para controlar, dirigir, "expurgar" o movimento católico em todos os seus níveis hierárquicos, com códigos cifrados, agentes de confiança, correspondências clandestinas, espiões, etc. O líder dos integristas era o monsenhor Umberto Benigni e uma parte da organização era constituída pelo *Sodalitium Pianum* (*Pianum*, derivado de Pio V). Monsenhor Benigni, morto em 1934, era um homem de grande capacidade teórica e prática e de uma incrível atividade: escreveu, entre outras, uma obra de grande fôlego, *La storia sociale della Chiesa*, da qual foram publicados 4 volumes de mais de 600 páginas cada um, em grande formato, pela Editora Hoepli [12]. Como se depreende da *Civiltà Cattolica*, Benigni jamais interrompeu sua ação conspirativa no interior da Igreja, apesar das dificuldades com que se defrontaram os integristas em decorrência da política adotada por Pio XI, hesitante, titubeante, tímida, mas com orientação popular democrática em função da necessidade de criar fortes massas de Ação Católica. Na França, os integristas apoiavam o movimento da *Action Française*, foram contra o *Sillon*: em todos os lugares são contra qualquer modernismo político e religioso [13].

Diante dos jesuítas, assumiam uma atitude quase jansenista, ou seja, de grande rigor moral e religioso, contra toda forma de relaxamento, de oportunismo, de centrismo [14]. Os jesuítas, naturalmente, acusam os "integristas" de jansenismo (de hipocrisia jansenista) e, mais ainda, de fazerem o jogo dos modernistas (teologizantes): 1) por sua luta contra os jesuítas; 2) porque ampliavam de tal modo a noção de modernismo e, por conseguinte, ampliavam de tal modo o alvo a atingir que ofereciam aos modernistas um campo de manobra bastante cômodo. Com efeito, ocorreu que, em sua luta comum contra os jesuítas, integristas e modernistas encontraram-se objetivamente no mesmo campo e colaboraram entre si (Buonaiuti teria escrito na revista de Benigni) [15].

O que resta hoje dos modernistas e dos integristas? É difícil identificar e calcular a força objetiva de que eles dispõem na organização eclesiástica, sobretudo a dos modernistas (os integristas mantiveram suas forças quase intactas, mesmo depois da campanha contra a *Action Française*): de qualquer modo, eles sempre permanecem como "fermentos" que continuam a atuar, na medida em que representam a luta contra os jesuítas e seu superpoder, luta travada ainda hoje por elementos de direita e de esquerda, em meio à aparente indiferença da massa do clero e com resultados não desprezíveis na massa dos fiéis, que ignora essas lutas e seu significado, mas que precisamente por isso não pode alcançar uma mentalidade unitária e homogênea de base.

168 | CADERNOS DO CÁRCERE

Para essas forças internas, antagonistas e clandestinas, ou quase, da Igreja (para o modernismo, a clandestinidade é indispensável), é conveniente ter "centros" externos públicos, ou com eficácia direta sobre o público, através de periódicos ou de edições de opúsculos e livros. Entre os centros clandestinos e os públicos, existem ligações clandestinas que se tornam o canal dos ódios, das vinganças, das denúncias, das insinuações pérfidas, dos disse me disse que mantêm sempre viva a luta contra os jesuítas (que também possuem uma organização não oficial ou mesmo clandestina, para a qual devem contribuir os chamados "jesuítas laicos", curiosa instituição talvez copiada dos terciários franciscanos e que parece representar numericamente cerca de 1/4 de todas as forças jesuítas: essa organização dos "jesuítas laicos" merece ser estudada com atenção). Tudo isso demonstra que a força coesiva da Igreja é muito menor do que se pensa, não só porque a crescente indiferença da massa dos fiéis pelas questões puramente religiosas e eclesiásticas dá um valor muito relativo à superficial e aparente homogeneidade ideológica, mas pelo fato bem mais grave de que o centro eclesiástico é impotente para aniquilar as forças organizadas que lutam conscientemente no seio da Igreja. Em particular, a luta contra o modernismo desmoralizou o jovem clero, que não hesita em pronunciar o juramento antimodernista mesmo conservando suas opiniões. (Recordar os ambientes turinenses dos jovens eclesiásticos, inclusive dominicanos, antes da guerra, bem como seus desvios, que iam até o acolhimento benevolente das tendências modernizantes do islamismo e do budismo e a conceber a religião como um sincretismo mundial de todas as religiões superiores: deus é como o sol, do qual todas as religiões são os raios e cada raio leva ao único sol, etc.)

De um artigo do padre Rosa ("Risposta ad *Una polemica senza onestà e senza legge*", na *Civiltà Cattolica* de 21 de julho de 1928), são extraídas as seguintes indicações: monsenhor Benigni continua (em 1928) a dispor de uma notável organização: uma coleção intitulada

CADERNO 20 | **169**

Vérités é publicada em Paris e nela aparecem as assinaturas *Rècalde, Luc Verus, Simon; Luc Verus* é o pseudônimo coletivo dos "integristas". Rosa cita o opúsculo *Les découvertes du Jésuite Rosa, successeur de von Gerlach*, Paris, Linotypie G. Dosne, Rue Turgot 20, 1928, que ele atribui a Benigni pelo menos no que se refere ao material. Os jesuítas são acusados de ser "amigos dos maçons e dos judeus" (o que faz lembrar a "doutrina" de Ludendorff sobre a "internacional maçônico-judaico-jesuítica"), são chamados de "demagogos e revolucionários", etc. [16] Em Roma, Benigni serve-se da agência *Urbs* ou *Romana* e assina suas publicações com o nome de seu sobrinho, Mataloni. O boletim romano de Benigni intitulava-se *Veritas* (ainda circula ou até quando circulou?). Benigni (em 1928 ou antes?) publicou um opúsculo, *Di fronte alla calunnia*, de poucas páginas, com documentos que se referem ao *Sodalitium Pianum*, opúsculo que foi reproduzido parcialmente e defendido por dois periódicos católicos: *Fede e Ragione* (de Florença) e *Liguria del Popolo* (de Gênova). Benigni dirigiu o periódico *Miscellanea di storia ecclesiastica*.

O opúsculo *Una polemica senza onestà e senza legge*, contra o padre Rosa, é do professor. E. Buonaiuti. Rosa fala do livro de Buonaiuti, *Le modernisme catholique* (publicado na coleção dirigida por P. L. Couchaud, editada por Rieder), e observa que o autor finalmente admite uma série de fatos que sempre teria negado durante a polêmica modernista (por exemplo, que Buonaiuti foi o autor da campanha modernista do *Giornale d'Italia*, o que Buonaiuti realmente não diz de modo explícito em seu livro, mas que se pode deduzir como verossímil, dada a tortuosidade desses escritores). Benigni organizou o serviço de imprensa contra o modernismo no período da encíclica *Pascendi* [17]. Em suas *Ricerche religiose* (julho de 1928, p. 335), Buonaiuti narra um episódio característico (relatado pelo padre Rosa em tom de censura etc.). Em 1909, o modernista professor Antonino De Stefano (um padre que deixou a batina e é hoje professor de História na Universidade) devia publicar em Genebra uma *Revue Moderniste*

Internationale: Buonaiuti escreveu-lhe uma carta. Poucas semanas depois, é chamado ao Santo Ofício. O responsável da época, o dominicano Pasqualigo, refutou palavra por palavra sua carta a De Stefano. A carta fora furtada em Genebra; um emissário romano "penetrara" na casa de De Stefano, etc. (Naturalmente, para Buonaiuti, Benigni fora um instrumento e um cúmplice dos jesuítas, mas parece que, em 1904, Buonaiuti colaborou na *Miscellanea* de Benigni.)

Sobre esse tema, *Católicos integristas — jesuítas — modernistas*, que representam as três tendências "orgânicas" do catolicismo, ou seja, são as forças que disputam a hegemonia na Igreja romana, é preciso coletar todo o material útil e elaborar uma bibliografia. (A coleção de *Civiltà Cattolica*, das *Ricerche religiose* de Buonaiuti, da *Miscellanea* de Benigni, as coleções de opúsculos polêmicos das três correntes, etc.)

Do que se depreende da *Civiltà Cattolica*, parece que *Fede e Ragione* é hoje a revista mais importante dos católicos "integristas". Ver quais são seus principais colaboradores e em que pontos ela se coloca em contradição com os jesuítas: se em pontos referentes à fé, à moral, à política, etc. Os "integristas" são fortes no conjunto de algumas ordens religiosas rivais dos jesuítas (dominicanos, franciscanos): deve-se recordar que nem mesmo os jesuítas são perfeitamente homogêneos. O cardeal Billot, integrista intransigente a ponto de abandonar o cardinalato, era jesuíta; e jesuítas foram alguns destacados modernistas, como Tyrrell.

O artigo "L'equilibrio della verità fra gli estremi dell'errore", na *Civiltà Cattolica* de 3 de novembro de 1928, parte da publicação de Nicolas Fontaine, *Saint Siège, "Action Française", et "Catholiques intégraux"*, Paris, Gamber, 1928, sobre o qual, em nota, é dado o seguinte juízo: "O autor é dominado por preconceitos políticos e liberais, sobretudo quando vê política na condenação da *Action Française*; mas os fatos e os documentos que ele arrola sobre o famoso 'Sodalício' jamais foram desmentidos." Ora, Fontaine não publicou nada completamente inédito (os documentos de Fontaine sobre os "integristas" haviam sido publicados, em abril de 1924, por *Mouvement*). Por que, então, os jesuítas não se serviram deles mais cedo? A questão é importante e, ao que parece, pode ser resolvida nos seguintes termos: a ação pontifícia contra a *Action Française* é o aspecto mais evidente e resolutivo de uma ação mais ampla com o objetivo de liquidar uma série de consequências da política de Pio X (na França, mas indiretamente também em outros países) [18]. Ou seja: Pio XI pretende limitar a importância dos católicos integristas, abertamente reacionários e que tornam quase impossível a organização na França de uma poderosa Ação Católica e de um partido democrático-popular que possa concorrer com os radicais, mas sem atacá-los de frente. A luta contra o modernismo desequilibrara excessivamente à direita o catolicismo; portanto, é preciso novamente "centralizá-lo" nos jesuítas, isto é, dar-lhe de novo uma forma política dútil, sem enrijecimentos doutrinários, com uma grande liberdade de manobra, etc.; Pio XI é realmente o papa dos jesuítas.

Mas lutar contra os católicos integristas numa frente orgânica é muito mais difícil do que lutar contra os modernistas. A luta contra a *Action Française* oferece um ótimo terreno; os integristas são combatidos não como tais, mas como partidários de Maurras, ou seja, a luta é travada em ordem dispersa contra indivíduos que não obedecem ao papa, que lhe dificultam a defesa da fé e da moral contra um ateu e um pagão confesso, enquanto o conjunto da tendência é oficialmente ignorado. É essa a importância capital do livro de Fontaine, que mostra a ligação orgânica entre Maurras e o "integrismo" e ajuda fortemente a ação do papa e dos jesuítas (deve-se notar que Fontaine insiste muitas vezes, junto aos "laicistas" franceses, sobre o fato de que os integristas, e não os jesuítas, são "antidemocráticos", que os jesuítas, na realidade, ajudam a democracia, etc.; quem é Fontaine? É um especialista em estudos sobre política religiosa? Não poderia ser inspirado pelos próprios jesuítas?).

Esse artigo da *Civiltà Cattolica*, certamente escrito pelo padre Rosa, é muito cauteloso no uso dos documentos republicados por Fontaine, evita analisar aqueles que não só desacreditam os integristas, mas lançam uma sombra de comicidade e de descrédito sobre toda a Igreja (os integristas haviam organizado uma verdadeira sociedade secreta com códigos, nos quais o papa é chamado de "Baronesa Michelina" e outras personalidades recebem nomes igualmente romanescos, o que mostra a mentalidade de Benigni diante de seus "superiores").

Sobre a questão "de mérito" da política de Pio XI, as conclusões não são fáceis, como o demonstra o próprio curso dessa política, um curso incerto, tímido, hesitante, em função das imensas dificuldades contra as quais tem de se chocar continuamente. Afirmou-se muitas vezes que a Igreja Católica possui virtudes inesgotáveis de adaptação e desenvolvimento. Isso não é muito exato. Na vida da Igreja, podem ser fixados alguns pontos decisivos. O primeiro é o que se identifica com o cisma entre Oriente e Ocidente, de caráter territorial, entre duas civilizações históricas contrastantes, com escassos elementos ideológicos e culturais, que tem início com o advento do Império de Carlos Magno, isto é, com uma renovada tentativa de hegemonia política e cultural do Ocidente sobre o Oriente; o cisma surge num período em que as forças eclesiásticas estão pouco organizadas, e tal cisma se aprofunda cada vez mais, automaticamente, pela própria força das coisas, impossíveis de controlar, como ocorre com duas pessoas que durante décadas não têm contato e se afastam uma da outra até falarem duas línguas diferentes. O segundo é o da Reforma, que se verifica em condições bem diversas e que, se tem como resultado uma separação territorial, tem sobretudo um caráter cultural e determina a Contrarreforma e as decisões do Concílio de Trento, que limitam bastante as possibilidades de adaptação da Igreja Católica. O terceiro é o da Revolução Francesa (Reforma liberal-democrática), que obriga ainda mais a Igreja a enrijecer-se e mumificar-se num organismo absolutista e formalista, cujo chefe nominal é o papa, com poderes teoricamente "autocráticos", mas na verdade muito escassos, já que todo o sistema só se sustenta por causa de seu enrijecimento típico de um paralítico. Toda a sociedade na qual a Igreja se movimenta e pode evoluir tende a se enrijecer, deixando à Igreja escassas possibilidades de adaptação, já escassas por causa da natureza atual da própria Igreja. A irrupção de novas formas de nacionalismo, que são de resto o termo final do processo histórico iniciado com Carlos Magno, ou seja, com o primeiro Renascimento, torna não só a adaptação impossível, mas a existência difícil, como se vê na Alemanha hitleriana. Por outro lado, o papa não pode "excomungar" a Alemanha hitleriana; deve até mesmo, por vezes, apoiar-se nela, o que torna impossível qualquer política religiosa retilínea, positiva, com alguma força. Diante de fenômenos como o hitlerismo, até mesmo amplas concessões ao modernismo não teriam mais nenhum significado, mas só aumentariam a confusão e o embaraço. Nem se pode dizer que as coisas na França sejam mais risonhas, já que exatamente na França foi criada a teoria que consiste em contrapor a "religião da pátria" à "religião romana", o que permite supor um aumento do nacionalismo patriótico e não do cosmopolitismo romano.

As observações seguintes são extraídas do artigo da *Civiltà Cattolica* de 3 de novembro de 1928. Afirma-se que, também na Itália, Maurras encontrou defensores entre os católicos: fala-se de "imitadores ou partidários, ostensivos ou *ocultos*, mas que se desviam igualmente da plenitude da fé e da moral católicas, na teoria ou na prática, mesmo proclamando e até iludindo-se de querê-las defender *integralmente* e melhor do que os outros". A *Action Française* "lançou contra quem escreve essas linhas (padre Rosa) um amontoado de infâmias e de calúnias incríveis (*sic*), até as repetidas insinuações de *assassinatos e de impiedosas execuções de confrades*" (deve-se ver como e quando essas acusações foram lançadas contra o padre Rosa; entre os jesuítas, havia uma ala integrista e favorável a Maurras,

174 | CADERNOS DO CÁRCERE

com figuras de primeiro plano, como o cardeal Billot, que foi um dos principais redatores da encíclica *Pascendi* e que renunciou ao cardinalato, coisa raríssima na história da Igreja, o que demonstra a obstinada teimosia de Billot e a resoluta vontade do papa de superar qualquer obstáculo na luta contra Maurras).

A *Revue Internationale des Sociétés Secrètes*, dirigida pelo abade Boulin, é "integrista" e ferozmente antijesuíta; Boulin está ligado a Benigni-Mataloni e utiliza pseudônimos (Roger Duguet). A *Action Française* e os integristas agarram-se desesperadamente a Pio X e pretendem manter-se fiéis a seus ensinamentos (o que, no desenvolvimento da Igreja, seria um belo precedente, já que todo papa, morto, poderia oferecer o terreno para organizar uma seita ligada a uma sua particular atitude; os "integristas" pretendem reconduzir a primeiro plano o *Sillabo* de Pio IX: na proposta da *Action Française* de ter um eclesiástico para a cátedra do *Sillabo* em suas escolas, estava contida uma hábil provocação, mas Pio XI não só não quer dar atualidade ao *Sillabo*, mas busca até mesmo atenuar e edulcorar a encíclica *Pascendi*) [19].

O artigo da *Civiltà Cattolica* é realmente importante e deve ser revisto no caso de um aprofundamento da questão. Será necessário examinar todos os diferentes matizes a propósito da maçonaria, do antissemitismo, do nacionalismo, da democracia, etc. Também em relação aos modernistas faz-se distinção entre iludidos, etc., e toma-se posição contra o antimodernismo de Benigni, etc.: "Tanto mais que se devia temer, e não deixamos de fazê-lo notar desde aqueles anos a quem de direito, que tais métodos fariam o jogo dos verdadeiros modernistas, preparando graves danos para a Igreja no futuro. O que se verificou depois, e ainda se verifica no presente, no mau espírito de reação, não apenas do velho modernismo e do liberalismo, mas também do novo e do próprio integrismo. Este se revelava então disposto a se opor a toda forma ou aparência de modernismo; aliás, presumia-se, como se costuma dizer, mais papal do que o papa; mas hoje, ao contrário, com grande escândalo, ou resiste *hipocritamente* ao papa, ou o combate abertamente, como ocorre entre os barulhentos defensores da *Action Française* na França e entre *seus silenciosos cúmplices na Itália.*"

Os integristas chamam os jesuítas de "modernizantes" e a tendência que eles expressam de "modernizantismo": dividiram os católicos em integristas e não integristas, isto é, "papais" e "episcopais" (ao que parece, a encíclica *Ad beatissimi*, de Bento XV, observou, para condená-la, essa tendência a introduzir tais distinções entre os católicos, que prejudicariam a caridade e a unidade dos fiéis) [20].

A *Sapinière* (de S.P., iniciais do "Sodalício de Pio") era a sociedade secreta que se escondia sob o véu do "Sodalício de Pio" e que organizou a luta contra os jesuítas modernizantes, "em tudo de modo contrário à primeira ideia e ao programa oficial proposto ao Santo Pontífice Pio X, depois aprovado pelo Secretário do Consistório, não certamente para que servisse à expressão de paixões privadas, à denúncia e difamação de integríssimas e até mesmo eminentes personagens, de bispos e de inteiras ordens religiosas, sobretudo da nossa, que jamais até então se vira envolvida em semelhantes calúnias, nem mesmo na época de sua supressão. Finalmente, mais tarde, terminada a guerra, e depois ainda, com a dissolução do Sodalício de Pio — decretada pela Sagrada Congregação do Concílio, não certamente a título de louvor, mas de proibição e censura —, promoveu-se, inteiramente *à custa de um conhecido e riquíssimo financista*, Simon, de Paris, e de sua numerosa camarilha, a publicação e ampla difusão gratuita dos mais ignominiosos e insensatos libelos contra a Companhia de Jesus, seus santos, seus doutores e mestres, suas obras e suas constituições, ainda que tenham sido solenemente aprovadas pela Igreja. É a conhecida coleção dos chamados *Récalde*, que já cresceu para mais de uma dúzia de libelos, alguns com mais de um volume, nos quais se reconhece exageradamente e se retribui em não menor medida o papel dos cúmplices romanos. Ela agora é reforçada pela publicação irmã de folhetos difamatórios, os mais desatinados, sob o título geral e enganoso de *Vérités*, êmulos das publicações gêmeas da Agência *Urbs* ou *Romana*, cujos artigos são transcritos, quase literalmente, em outras publicações 'periódicas'".

Os integristas espalharam "as piores calúnias" contra Bento XV, como se pode ver no artigo publicado, por ocasião da morte desse papa, na *Vieille France* (de Urbain Gohier) e na *Ronda* (fevereiro de 1922), "também esse (periódico) nada católico e moral, mas respeitado por nele colaborar Umberto Benigni, cujo nome é registrado na bela companhia daqueles jovens mais ou menos dissolutos". "O mesmo espírito de difamação, que prossegue sob o atual pontificado, no seio das próprias fileiras dos católicos, dos religiosos e do clero, tem provocado um indizível mal às consciências, um grande escândalo e alienação de almas, sobretudo na França. Com efeito, na França a paixão política induzia a crer mais facilmente nas calúnias, frequentemente enviadas de Roma, sobretudo depois que o rico Simon e outros cúmplices, de espírito galicano e jornalístico (*sic*), financiaram seus autores e proporcionaram a difusão gratuita de seus libelos, notadamente os antijesuíticos acima mencionados, nos seminários, nas residências dos párocos, nas cúrias eclesiásticas, onde quer que houvesse alguma probabilidade ou verossimilhança de que a calúnia pudesse vingar; e também entre os leigos, sobretudo jovens, e nas próprias escolas públicas, com uma prodigalidade sem par." Os autores já suspeitos valem-se do anonimato ou de pseudônimos. "[...] É notório, particularmente entre os jornalistas, quão poucos títulos de honra mereça semelhante grupo, com seu principal inspirador, o mais astuto em dissimular-se, porém o mais culpado e o mais interessado na intriga" (a menção é a Benigni ou a algum outro figurão do Vaticano?).

Segundo o padre Rosa, inicialmente não havia acordo entre a *Action Française* e os "integristas", mas ele se foi formando a partir de 1926; essa afirmação, porém, tem certamente o objetivo explícito

CADERNO 20 | **177**

de excluir qualquer motivação política (luta contra os ultrarreacionários) da luta contra a *Action Française*, bem como de diminuir as responsabilidades de Pio X. Na última nota do artigo, afirma-se: "Todavia, não se deve confundir um partido com o outro, como já se fez; por exemplo, Nicolas Fontaine, na citada obra *Saint-Siège*, "*Action Française*" et "*Catholiques intégraux*". Esse autor, como assinalamos, é mais do que liberal, mas *infelizmente (sic) é informadíssimo* sobre os casos nada edificantes da mencionada sociedade clandestina, dita *Sapinière*, e de seus defensores franceses e italianos, e por isso é ridículo reprovar seu liberalismo: o que se deve fazer é desmentir os fatos, sobre os quais voltaremos a falar no devido tempo." Na realidade, Fontaine mostra exaustivamente o vínculo entre "integristas" e a *Action Française* (embora se possa dizer que são dois partidos distintos, cada um buscando servir-se do outro) e mostra como esse vínculo remonta a Pio X. É curioso aquele "*infelizmente* informadíssimo*", já que Fontaine se valeu de material de domínio público, assim como é "curioso" que padre Rosa, na *Civiltà Cattolica*, não tenha mais "voltado a falar" da *Sapinière* (até a morte de monsenhor Benigni, que não foi lembrado; e é difícil pensar que volte a falar, a não ser que alguma outra forte personalidade suceda Benigni na direção dos integristas): esse silêncio tem seu significado. O artigo conclui: "Mas a verdade não tem nada a temer: e, de nossa parte, estamos decididos a defendê-la sem medo nem vacilação ou hesitação, até mesmo contra os *inimigos internos, ainda que sejam eclesiásticos ricos e poderosos*, que tenham desviado os leigos para pô-los a serviço de seus desígnios e interesses."

Recorda uma viagem de Benigni à América (da qual fala a *Civiltà Cattolica*, 1927, IV, p. 309) para distribuir libelos antijesuíticos; em Roma, haveria um depósito com várias dezenas de milhares de exemplares desses libelos.

A *Action Française* tinha um redator em Roma, Havard de la Montagne, que dirigia um semanário em língua francesa, *Rome*, destinado

178 | CADERNOS DO CÁRCERE

sobretudo aos católicos franceses, religiosos ou leigos, residentes ou de passagem por Roma: era o porta-voz dos integristas e dos maurrasianos, o centro de suas reuniões e do serviço de informações da *Action Française* junto ao Vaticano, não só para as questões religiosas, mas sobretudo para as questões políticas francesas e internacionais de caráter reservado. Não se deve esquecer que o Vaticano dispõe de um serviço de informações que, por vezes e para certos assuntos, é mais preciso, mais amplo e mais rico do que o de qualquer outro governo. Poder servir-se dessa fonte era, para a *Action Française*, um dos não menores motivos de alguns de seus sucessos jornalísticos e de muitas de suas campanhas pessoais e sensacionalistas. Ao que parece, após a ruptura de 1926, *Rome* entrou em decadência e desapareceu depois.

O caso do abade Turmel de Rennes. Na coletânea de escritos sobre *L'Enciclica Pascendi e il Modernismo* (o livro é de 1908-1909), o padre Rosa dedica algumas páginas "saborosíssimas" (não pelo garbo e pelas virtudes estilísticas do autor, que é um escritor muito medíocre, muito mais medíocre, sem graça e vulgar do que seu antagonista Buonaiuti, que também não brinca em serviço) ao "extraordinário" caso do abade Turmel, modernista, que escrevia sob vários pseudônimos livros modernistas e até de caráter inteiramente ateu e depois os refutava com seu verdadeiro nome. De 1908 a 1929, Turmel continuou a jogar com seus pseudônimos, até que, por acaso, a autoridade eclesiástica obteve provas evidentes dessa duplicidade; mas essas provas não foram imediatamente exibidas para liquidar o abade: antes disso, o professor L. Saltet, do Instituto Católico de Toulouse, foi encarregado de fazer uma ampla demonstração filológico-crítico-teológica (no *Bulletin de Littérature Ecclésiastique* de Toulouse) da paternidade turmeliana de toda uma série de escritos publicados com nada menos de 14 pseudônimos, e só depois é que Turmel foi expulso da Igreja. (Sobre esse tema, cf., infra, caderno 6, § 195.) (A questão do anonimato e dos pseudônimos aos quais recorriam os modernistas para escapar das medidas imediatas de repressão é tratada por Buonaiuti em seu livro sobre o *Modernismo cattolico*, de 1927, com alguns sofismas e com uma certa reticência embaraçada. É verdade que essa tática de "politiqueiro" prejudicou muito particularmente Buonaiuti, que foi apresentado pelos "idealistas" da *Voce* como uma personalidade quase desprezível. A figura de Buonaiuti, apesar de tudo, não perde uma certa aura de grandeza moral e de severidade de caráter, quando se pensa que ele é o único que, há mais de trinta anos, manteve-se em sua posição contra a Cúria e os jesuítas, abandonado por defensores e por amigos, os quais ou retornaram ao rebanho, ou passaram decididamente para o campo laico. Nem sua atividade é sem consequências para a Igreja Católica, se levarmos em conta a difusão de seus livros e o fato de que a Igreja já lhe propôs acordos repetidas vezes.)

Cf. o artigo "La lunga crisi dell'*Action Française*", na *Civiltà Cattolica* de 7 de setembro de 1929. Elogia-se o livro *La trop longue crise de l'Action Française*, de monsenhor Sagot du Vauroux, bispo de Agen, Paris, Ed. Bloud, 1929, obra que "é de grande utilidade também para os estrangeiros, que não conseguem compreender as origens e muito menos a persistência, ligada a tanta obstinação, dos aderentes católicos, que os cega a ponto de fazê-los viver e morrer sem sacramentos para não terem de renunciar às odiosas exorbitâncias de seu partido e de seus dirigentes incrédulos". A *Civiltà Cattolica* busca justificar-se pelo fato de não se ocupar com mais frequência da polêmica da *Action Française*, afirmando entre outras coisas: "Além do mais, a prolongada crise não atinge a Itália a não ser por reflexo, ou seja, por uma longínqua (?) concomitância e analogia que ela poderia (!) ter com as tendências gerais paganizantes da idade moderna." (Esse malthusianismo polêmico constitui precisamente a fraqueza principal da posição jesuíta contra a *Action Française* e é a causa maior do furor fanático de Maurras e de seus seguidores: estes estão convencidos, não sem razão, de que o Vaticano faz com eles uma experiência *in corpore vili*, que eles desempenham a função

180 | CADERNOS DO CÁRCERE

do jovem que, antigamente, acompanhava o príncipe herdeiro inglês e tomava uma surra no lugar do patrão real; daí a que os adeptos de Maurras se convençam de que o ataque que sofrem é meramente político, já que só é universal e católico em palavras, falta pouco [21]. Na verdade, o papa evitou com competência, do mesmo modo como o fez a *Civiltà Cattolica*, identificar e "punir" com as mesmas sanções, nos outros países, os indivíduos ou grupos que têm abertamente as mesmas posições de Maurras e não as escondem.)

Outras indicações de "católicos integristas": o *Bloc antirévolutionnaire* de Félix Lacointe, "digno amigo do citado Boulin e de seus sócios" (Boulin dirige a *Revue Internationale des Sociétés secrètes*). Lacointe teria publicado que o cardeal Rampolla estava inscrito na maçonaria ou algo semelhante (Rampolla é criticado pela política do *ralliement* realizada por Leão XIII; lembrar sobre Rampolla que o veto no conclave contra sua eleição para o pontificado foi apresentado pela Áustria, mas a pedido de Zanardelli; sobre Rampolla e sua posição em relação ao Estado italiano, Salata oferece novos elementos no 1º volume, o único publicado, de seus *Documenti diplomatici sulla quistione romana*) [22].

Um elemento ideológico muito significativo do trabalho que os jesuítas realizam na França para criar uma ampla base popular para o movimento católico-democrático é o seguinte juízo histórico-político: Quem é responsável pela "apostasia" do povo francês? Somente os intelectuais democrático-revolucionários que se inspiravam em Rousseau? Não. Os maiores responsáveis são os aristocratas e a grande burguesia que flertavam com Voltaire: "[...] as reivindicações tradicionais (dos monarquistas) de retorno ao antigo são certamente respeitáveis, embora irrealizáveis nas atuais condições. São irrealizáveis *sobretudo* por culpa de grande parte da aristocracia e da burguesia francesas, já que da corrupção e da apostasia dessa classe dirigente até o século XVIII originaram-se a corrupção e a apostasia da massa popular na França, comprovando-se também naquela época que *regis ad exemplum totus componitur orbis*. Voltaire era o ídolo daquela parte da aristocracia corrompida e corruptora de seu povo, a qual, introduzindo escandalosas seduções em sua fé e em seus costumes, cavava seu próprio túmulo. E, embora depois do surgimento de Rousseau, com sua democracia subversiva em oposição à aristocracia voltairiana, tenham entrado em oposição teórica as duas correntes de apostasia — tal como os dois tristes corifeus —, que pareciam se mover a partir de erros contrários, elas confluíram para uma mesma conclusão prática e funesta: ou seja, engrossar a torrente revolucionária, etc., etc."

O mesmo hoje: Maurras & Cia. são adversários da democracia de tipo rousseauniano e dos "exageros democráticos" ("exageros", note-se bem, só "exageros") do *Sillon*, mas são discípulos e admiradores de Voltaire (Jacques Bainville organizou uma edição de luxo dos escritos de Voltaire, fato que os jesuítas não esquecem). Sobre esse nexo histórico-crítico relativo às origens da "apostasia" popular na França, a *Civiltà Cattolica* cita um artigo da *Croix*, de 15-16 de agosto de 1929, "L'apostasie navrante de la masse populaire en France", que se refere ao livro *Pour faire l'avenir*, do padre Croizier, da *Action populaire*, publicado em 1929 pela Editora Spes, de Paris.

Entre os seguidores de Maurras & Cia., além dos *conservadores e monarquistas,* a *Civiltà Cattolica* (na trilha do bispo de Agen) destaca outros quatro grupos: 1) os *esnobes* (atraídos pelos dotes literários, sobretudo de Maurras); 2) os adoradores da violência e do uso da força, "com os exageros da autoridade, levada ao despotismo, *sob o pretexto* de resistência ao espírito de insubordinação ou subversão social, próprio da época contemporânea"; 3) os "falsos místicos", "crédulos diante dos vaticínios de extraordinárias restaurações, de conversões maravilhosas ou de missões providenciais", atribuídas precisamente a Maurras & Cia. Estes, desde o tempo de Pio X, "imperturbáveis", perdoam a incredulidade de Maurras, atribuindo-a ao "déficit da graça", "quase como se não fosse dada a todos a graça suficiente para

182 | CADERNOS DO CÁRCERE

a conversão, nem fosse imputável a quem a ela resiste a queda ou a persistência na culpa" (estes seriam, portanto, semi-heréticos, já que, para justificar Maurras, repetem as posições jansenistas ou calvinistas. Sobre isso, cabe explicar a obstinação de Maurras em não querer "se converter", fato que não pode ser atribuído apenas à "integridade e lealdade ética e intelectual", e que precisamente por isso faz tremer os jesuítas: eles compreendem que, se o grupo de Maurras tomasse o poder de Estado, a situação de fato do catolicismo na França seria mais difícil do que é hoje. Por isso, é surpreendente a atitude do Vaticano em relação ao hitlerismo, embora Rosenberg tivesse escrito seu *Mito* antes da tomada do poder: é verdade que Rosenberg não tem a estatura intelectual de Maurras, mas todo o movimento hitleriano é intelectualmente baixo e vulgar e era previsível tudo o que aconteceu depois em relação ao catolicismo e ao cristianismo) [23].

O quarto grupo (o mais perigoso para a *Civiltà Cattolica*) seria composto de "integristas". A *Civiltà Cattolica* observa que o bispo de Agen chama-os também de "integralistas", "mas é notório que eles não devem ser confundidos com o partido político, chamado dos 'integralistas', na Espanha"). Esses "integristas", escreve a *Civiltà*, "também na Itália não deixaram de favorecer os positivistas e incrédulos da *Action Française* só por combaterem violentamente o liberalismo e outras formas de erros modernos, sem advertir que eles se colocavam em extremos opostos, igualmente errôneos e perniciosos, etc." "Vimos assim, também na Itália, algumas de suas publicações mal mencionarem, e só de passagem, a condenação da *Action Française*, mas publicando seus documentos e explicando-lhes o sentido e a razão, ao mesmo tempo que se compraziam em republicar e comentar a condenação do *Sillon*, quase como se os dois movimentos, opostos entre si mas igualmente contrários à doutrina católica, não pudessem ser e não fossem igualmente condenáveis. Isso é digno de nota porque, enquanto em quase todos os números de tais publicações não faltam acusações ou excessos contra autores católicos, parece não existir nem espaço nem ânimo para uma franca e enérgica condenação dos representantes da *Action Française*; aliás, repetem-se com frequência as calúnias, como a de uma suposta virada à esquerda, ou seja, no sentido do liberalismo, do popularismo, da falsa democracia, contra os que não seguiam seu modo de proceder."

(Na corrente dos "católicos integristas", é necessário incluir também Henri Massis e o grupo dos "defensores do Ocidente": recordar as estocadas do padre Rosa contra Massis na resposta à carta aberta de Ugo Ojetti.)

2. Dos cadernos miscelâneos

CADERNO 1 (1929-1930)

§ 51. *Clero como intelectuais.* Pesquisa sobre as diversas atitudes do clero no *Risorgimento*, em função das novas correntes eclesiástico--religiosas. Giobertismo, rosminianismo [1]. Episódio mais característico do jansenismo. A propósito da doutrina da graça e de sua conversão em motivo de energia industrial, e da objeção de Jemolo à tese justa de Anzilotti (de onde Anzilotti a teria tomado?), ver Kurt Kaser, *Riforma e Controriforma*, sobre a doutrina da graça no calvinismo, bem como o livro de Philip, no qual são citados documentos atuais sobre essa conversão [2]. Nesses fatos está contida a documentação do processo de dissolução da religiosidade americana: o calvinismo torna-se uma religião laica, a do Rotary Club, do mesmo modo como o teísmo dos iluministas era a religião da maçonaria europeia, mas sem o aparato simbólico e cômico da maçonaria e com a diferença de que a religião do Rotary não pode tornar-se universal: ela é própria de uma aristocracia eleita (povo eleito, classe eleita) que teve e continua a ter êxitos; um princípio de seleção, não de generalização, de um misticismo ingênuo e primitivo, próprio de quem não pensa, mas atua, como é o caso dos industriais americanos, princípio que pode ter em si os germes de uma dissolução até mesmo muito rápida (a história da doutrina da graça pode ser interessante para ver o diferente modo de acomodação do catolicismo e do cristianismo às diferentes épocas históricas e aos diferentes países).

Fatos americanos relacionados por Philip, dos quais se infere que o clero de todas as Igrejas, em determinadas ocasiões, funcionou

188 | CADERNOS DO CÁRCERE

como opinião pública, na ausência de um partido e de uma imprensa de tal partido.

§ 52. *Origem social do clero*. A origem social do clero é importante para avaliar sua influência política: no Norte, o clero é de origem popular (artesãos e camponeses); no Sul, está mais ligado aos "senhores" e à classe alta. No Sul e nas ilhas, o clero, ou individualmente ou como representante da Igreja, possui muitas propriedades fundiárias e pratica a agiotagem. O camponês o vê, com frequência, não só como guia espiritual, mas como proprietário que impõe pesados arrendamentos ("os juros da Igreja") e como usurário que tem à sua disposição, além das armas espirituais, também as temporais. Por isso, os camponeses meridionais preferem padres de suas vilas (porque são conhecidos, menos severos, e porque a família deles, sendo vulnerável, entra como elemento de conciliação) e, em alguns casos, reivindicam os direitos eleitorais dos paroquianos. Manifestações na Sardenha de tais reivindicações. (Recordar o artigo de Gennaro Avolio no número especial da *Voce* sobre o clero meridional, em que se menciona o fato de que os padres meridionais têm vida conjugal aberta e reivindicaram o direito de se casar.) A distribuição territorial do Partido Popular mostra a maior ou menor influência do clero, bem como sua atividade social. No Sul (deve-se também ter presente o peso das diversas partes: no sul de Nápoles, etc.), predominava a direita, ou seja, o velho clericalismo conservador. Recordar o episódio das eleições em Oristano, em 1913 [3].

§ 66. *Colônias italianas*. No *Diritto Ecclesiastico*, revista editada entre outros pelo professor Cesare Badii, da Universidade de Roma, e por Amedeo Giannini, conselheiro de Estado, publica-se, no número de março-abril de 1929, um artigo do advogado e professor Arnaldo Cicchitti, "La S. Sede nelle colonie italiane dopo il Concordato con il Regno", no qual duas vezes, nas p. 138 e 139, põe-se a Albânia entre as colônias italianas. O autor remete (sobre a questão se é ou não aplicável à religião católica apostólica romana o tratamento concedido nas colônias aos outros cultos) a seus estudos publicados na *Rivista di Diritto Pubblico*, 1928 (p. 126-131) e 1929 (p. 141-157), e na *Rivista delle Colonie Italiane*, 1929: seria interessante ver se também nesses artigos a Albânia é considerada colônia.

§ 67. *Sobre o casamento religioso com validade civil*, é interessante notar que, de algumas passagens da revista acima mencionada, parece-me decorrer que o direito canônico e o Tribunal da Rota Romana concedem a dissolução do casamento (se não houver filhos) com bastante liberalidade, desde que haja amigos complacentes que testemunhem e que os dois cônjuges estejam de acordo (além de terem dinheiro para gastar) [4]. Disso resultará uma situação que favorece os católicos.

§ 68. *A questão sexual e a Igreja Católica. Elementos doutrinários.* O cânone 1013 diz: "A primeira finalidade do matrimônio é a procriação e a educação da prole; a segunda é a ajuda mútua e o remédio para a concupiscência." Os juristas discutem sobre a "essência" do casamento católico, distinguindo entre finalidade primária e objeto (primário?): finalidade é a procriação, objeto é a cópula. O casamento torna a cópula "moral" através do consentimento mútuo dos cônjuges; consentimento mútuo expresso sem condições limitativas. A comparação com outros contratos (por exemplo, de compra e venda) não se sustenta, já que a finalidade do casamento reside no próprio casamento: a comparação só teria sentido se o marido ou a mulher adquirissem direitos de escravidão sobre o outro, ou seja, se pudessem dispor do outro como de um bem (o que ocorre, em parte, por causa do não reconhecimento da igualdade jurídica entre o homem e a mulher; de qualquer modo, isso não se aplica à pessoa física). O cânone 1015 indica o que "consuma" o contrato matrimonial: é o ato

190 | CADERNOS DO CÁRCERE

"pelo qual os cônjuges se fundem numa só carne": "O matrimônio válido dos batizados é considerado *ratificado* quando não houver consumação plena; é *ratificado e consumado* se, entre os cônjuges, houver o ato conjugal, para o qual, por natureza, é ordenado o contrato matrimonial e pelo qual os cônjuges formam uma só carne." O significado de "uma só carne" deriva de uma frase de Cristo, que a repetiu do *Gênese*: "Vocês nunca leram que o Criador, desde o início, os fez homem e mulher? E que ele disse: 'Por isso, o homem deixará seu pai e sua mãe, e se unirá a sua mulher, e os dois serão uma só carne?' Portanto, eles já não são dois, mas uma só carne. Portanto, o que Deus uniu, o homem não deve separar" (Mateus, XIX, 4-7). Ou seja, trata-se da cópula e não do filho (que não pode ser separado, já que materialmente é um). O *Gênese* (II, 21-24) diz: "Disse Adão: ela será chamada mulher, porque foi tirada do homem. Por isso, um homem deixa seu pai e sua mãe, e se une a sua mulher, e eles dois se tornam uma só carne." (Deve-se ver se esses elementos podem ser interpretados como justificação da indissolubilidade do casamento, o que os fez serem usados como contribuição da religião cristã à introdução da monogamia; ou se não significavam originariamente apenas a união sexual, isto é, algo que se contrapunha às tendências "pessimistas" à "pureza", até mesmo com a abstenção sexual. Em suma, remeteriam apenas aos sexos em geral, que são indissolúveis, e não a Pedro, Paulo, João, unidos a Catarina, Maria, Serafina.) Cânone 1081, § 2º: "O consenso matrimonial é um ato de vontade pelo qual cada uma das partes cede e aceita o *direito* sobre o *corpo*, perpétuo e exclusivo, em vista do ato que os habilita à procriação da prole." O § 1º do mesmo cânone diz: "Para que possa haver consenso matrimonial, é necessário que os contraentes possam pelo menos não ignorar que o matrimônio é uma sociedade permanente entre o homem e a mulher para procriar filhos" (deveria justificar e até mesmo impor a educação sexual, já que presumir que se aprende

DOS CADERNOS MISCELÂNEOS | 191

na prática significa apenas a certeza de que o ambiente fornece essa educação: ou seja, é uma simples hipocrisia e se termina por preferir as noções casuais e "doentias" às noções "metódicas" e educativas). Em alguns lugares existe (existia) a convivência sexual experimental e só depois da fecundação ocorre (ocorria) o casamento (por exemplo, em pequenas vilas como Zuri, Soddí, etc., da antiga província de Oristano): era um costume considerado moralíssimo e que não despertava objeções, nem por parte das famílias nem do clero, já que não produzira abusos. Em tais lugares, há casamentos muito precoces, fato ligado ao regime da propriedade muito dividida, que exige mais de um trabalhador, mas não permite trabalho assalariado. Cânone 1013, § 2º: "As propriedades essenciais do matrimônio são a unidade e a indissolubilidade, as quais, no matrimônio cristão, ganham firmeza por causa do sacramento." *Gênese* (I, 27-28): "E Deus criou homem e mulher. E Deus os abençou e lhes disse: sejam fecundos, multipliquem-se, encham e submetam a terra" [5].

§ 77. *Clero e intelectuais.* Número de *Vita e Pensiero* comemorativo do 25º aniversário da morte de Leão XIII. Útil o artigo de padre Gemelli sobre "Leone XIII e il movimento intellettuale" [6]. O papa Leão vincula-se, no campo intelectual, à renovação da filosofia cristã, à orientação para os estudos sociais, ao impulso dado aos estudos bíblicos. Tomista, a ideia inspiradora de Leão XIII foi a seguinte: "Reconduzir o mundo a uma doutrina fundamental graças à qual a inteligência torne-se novamente capaz de indicar ao homem a verdade que ele deve reconhecer, e isso não só preparando o caminho para a fé, mas dando ao homem o meio de orientar-se de modo seguro sobre todos os problemas da vida. Desse modo, Leão XIII apresentava ao povo cristão uma filosofia, a doutrina escolástica, não como um quadro do saber, estreito, imóvel e exclusivo, mas como um organismo de pensamento vivo, suscetível de enriquecer-se com o pensamento de todos os doutores e de todos os pais, capaz

192 | CADERNOS DO CÁRCERE

de harmonizar a especulação da teologia racional com os dados da ciência positiva, condição para estimular e harmonizar a razão e a fé, a ciência profana e a sagrada, a filosofia e a teologia, o real e o ideal, o passado e as descobertas do futuro, a oração e a ação, a vida interior e a vida social, os deveres do indivíduo e da sociedade, os deveres para com Deus e para com o homem."

Leão XIII renovou completamente a Ação Católica. Recordar que a encíclica *Rerum Novarum* é quase simultânea ao Congresso de Gênova, isto é, à passagem do movimento operário italiano do primitivismo a uma fase realista e concreta, embora ainda confusa e incerta. A neoescolástica permitiu a aliança do catolicismo com o positivismo (Comte, donde Maurras). Na Ação Católica, saiu-se do puro abstencionismo mecânico do período posterior a 1870 e deu-se início a uma atividade efetiva, que levou à dissolução de 1898 [7].

§ 107. Filippo Meda, *Statisti cattolici*, Alberto Morano, Nápoles. São seis biografias: de Daniel O'Connell, García Moreno, Ludwig Windthorst, Augusto Bernaert, Giorgio Hertling, Antonio Maura [8]. Expoentes do conservadorismo clerical (clérico-moderados italianos), ou seja, da pré-história do popularismo católico moderno. É indispensável para reconstruir o desenvolvimento histórico da Ação Católica. A biografia de García Moreno (venezuelano, me parece) também é interessante para compreender alguns aspectos das lutas ideológicas na ex-América espanhola e portuguesa, onde ainda se atravessa um período de *Kulturkampf* primitivo, no qual o Estado moderno ainda deve lutar contra o passado clerical e feudal [9]. É interessante notar essa contradição que existe na América do Sul entre o mundo moderno das grandes cidades comerciais da costa e o primitivismo do interior, contradição que se amplia em função da existência de grandes massas de indígenas, por um lado, e de imigrantes europeus, por outro, cuja assimilação é mais difícil do que na América do Norte: o jesuitismo é um progresso em relação à

DOS CADERNOS MISCELÂNEOS | 193

idolatria, mas é um estorvo para o desenvolvimento da civilização moderna, representada pelas grandes cidades costeiras: ele serve como meio de governo para manter no poder as pequenas oligarquias tradicionais, que, por isso, travam apenas uma luta branda e débil. A maçonaria e a Igreja positivista são as ideologias e as religiões laicas da pequena burguesia urbana, às quais adere em grande parte o sindicalismo anarquista, que faz do cientificismo anticlerical seu alimento intelectual. (Problema do despertar para a vida política e nacional das massas nativas: ocorreu algo similar no México, em função da influência de Obregón e Calles [10]?)

§ 128. *Religião como princípio e clero como classe-ordem feudal.* Quando se exalta a função que teve a Igreja na Idade Média em favor das classes inferiores, esquece-se simplesmente uma coisa: que essa função não estava ligada à Igreja como expoente de um princípio religioso-moral, mas à Igreja como organização de interesses econômicos bastante concretos, que devia lutar contra outras ordens que pretendiam diminuir sua importância. Portanto, essa função foi subordinada e incidental: mas os camponeses não eram menos extorquidos pela Igreja do que pelos senhores feudais. Talvez se possa dizer o seguinte: que a "Igreja" como comunidade dos fiéis conservou e desenvolveu determinados princípios político-morais em oposição à Igreja como organização clerical, até a Revolução Francesa, cujos princípios são próprios da comunidade dos fiéis contra o clero, ordem feudal aliada ao rei e aos nobres: por isso, muitos católicos consideram a Revolução Francesa um cisma e uma heresia, isto é, uma ruptura entre pastor e rebanho, do mesmo tipo que a Reforma, porém historicamente mais madura por ter ocorrido no terreno do laicismo: não padres contra padres, mas fiéis-infiéis contra padres. (O verdadeiro ponto de ruptura entre democracia e Igreja, porém, deve ser situado na Contrarreforma, quando a Igreja necessitou, em grande estilo, do braço secular contra os luteranos e abdicou de sua função democrática.)

194 | CADERNOS DO CÁRCERE

CADERNO 2 (1929-1933)

§ 35. Francesco Orestano, "La Chiesa cattolica nello Stato italiano e nel mondo", *Nuova Antologia*, 16 de julho de 1927. Artigo importante no período das negociações para a Concordata. (Confrontar com polêmicas entre *Popolo d'Italia*, Gentile, *Osservatore Romano*, reproduzidas em opúsculo pela *Civiltà Cattolica* [11].) (A Lei das Garantias, na medida em que possuía valor estatutário, ab-rogava o artigo 1º do Estatuto [12]?)

O artigo de Orestano parece escrito por um jesuíta. É favorável à concessão de um território ao papa dentro dos limites do plebiscito de 2 de outubro de 1870 (isto é, toda a cidade leonina, que me parece precisamente ter sido excluída do plebiscito oficial) [13]. (Orestano escreveu, em 1924, um estudo, *Lo Stato e la Chiesa in Italia*, Roma, Casa Editrice Optima, e, em 1915, uma *Quistione Romana*, republicada em *Verso la nuova Europa*, Casa Editrice Optima, 1917.)

§ 62. *Joseph De Maistre*. Em 1927, foi publicado em Florença, pela Libreria Editrice Fiorentina, o livro de De Maistre sobre o papa (*Il papa*, tradução de Tito Casini). Num artigo da *Nuova Antologia* de 16 de abril de 1928 ("Guelfismo e nazionalismo di Giuseppe de Maistre"), Niccolò Rodolico recorda como De Maistre, em 1820, numa época de antigas monarquias restauradas e de renovada autoridade da Santa Sé, amargurou-se em seu último ano de vida por causa dos obstáculos e das dificuldades que se opuseram à dedicatória e à publicação da segunda edição desse livro (que foi publicada postumamente em Lyon, em 1822) [14]. De Maistre desejava dedicar o livro a Pio VII, que tinha por ele grande estima, e queria publicá-lo no Piemonte, a cujo rei servira fielmente durante a revolução, mas não o conseguiu. Segundo Rodolico, a conduta desses catolicíssimos governantes se explica pela situação do espírito público em 1819 e 1820 na Europa, quando liberais, jansenistas e sectários anticlericais se agitavam, e pelo temor de provocar novas e mais intensas polêmicas. "Depois

DOS CADERNOS MISCELÂNEOS | 195

de mais de um século — acrescenta Rodolico —, aparece na Itália, e *sem provocar polêmicas*, uma boa tradução do livro *Du Pape*, que pode agora ser examinado serenamente sob um aspecto político, ligando-o a outras manifestações do pensamento político da época."

O problema, contudo, é que essa publicação, como outras do gênero, não foi feita "serenamente", para dar aos estudiosos um documento, mas foi feita como "polêmica atual". Trata-se de um sinal dos tempos. A mesma Libreria Editrice Fiorentina publica uma coleção inteira desse tipo, na qual apareceu o *Sillabo* e outros fósseis do gênero, precedidos de introduções "atuais" escritas por neocatólicos do tipo Papini, Manacorda, etc.

Deve-se ao mesmo clima de exaltação a reedição do *Memorandum* de Solaro della Margarita, lançado no comércio como "atualidade". (Sobre isso, é preciso recordar a discussão no Senado entre Ruffini e o chefe do governo a respeito do Estatuto e a espirituosíssima comparação de Ruffini com Solaro della Margarita [15].)

Tomar nota dessas publicações, que são típicas, embora sua importância seja ou possa ser negligenciável, distinguindo-as daquelas puramente "clericais". Mas se põe um problema: por que os próprios clericais não as publicaram antes e preferiram eles mesmos que não se falasse delas? É interessante verificar quantas reedições teve o *Sillabo* nos últimos tempos: creio que o próprio Vaticano preferiria deixá-lo cair no ostracismo e que, depois de Pio X, sentia-se "incomodado" com a Cátedra do *Sillabo* criada pelos monarquistas franceses em suas escolas de partido. (Esse tema de De Maistre, Solaro, *Sillabo*, etc., deve ser levado em conta para um parágrafo da rubrica "Passado e presente".)

O artigo de Rodolico é interessante pelo que diz sobre as opiniões antiaustríacas de De Maistre, sobre sua convicção de que o Piemonte deveria desenvolver uma política nacional e não estreitamente piemontesa, etc. Do andamento do artigo infere-se que não se permitiu que o livro sobre o papa fosse editado no Piemonte porque estavam no governo os "piemontistas" absolutistas e De Maistre expõe em seu livro opiniões sobre a função nacional italiana do papado, que seriam depois retomadas por Gioberti no *Primato* [16].

Sobre De Maistre, livro de Mandoul, *Joseph de Maistre et la politique de la Maison de Savoie*, Paris, Alcan. (Essa oposição a De Maistre, um homem moderadíssimo, deve ser estudada em seu contexto político, para que se possa compreender exatamente os nexos históricos do período 1848-49 e para explicar Novara: rever esse artigo de Rodolico, se for o caso, e procurar novos materiais documentais [17].)

§ 73. *A Action Française e o Vaticano*. Bibliografia do *Mercure de France* de 1º de maio de 1928:

F. Gay, *Comment j'ai défendu le Pape*, "La Vie Catholique".

(Reprodução dos artigos contra a *Action Française* publicados na *Vie Catholique*, de 6 de novembro de 1926 a 13 de agosto de 1927.)

Mermeix, *Le Ralliement et l'Action Française*, A. Fayard.

(História minuciosíssima e documentadíssima, mas bastante tendenciosa, da adesão dos católicos à República e das vicissitudes da *Action Française*, 1871-1927.)

A. Lugan, *L'Action Française, de son origine à nos jours* ("Études sur les doctrines de l'Action Française", n. 4).

(Critica a *Action Française* por ter perseguido com seu ódio e suas injúrias Pion e a *Action liberale*, Marc Sangnier e o *Sillon*, e por ter se associado a todos aqueles que, com meios por vezes muito pouco honestos, como a delação, iam à caça do modernismo e do radicalismo até entre os cardeais e os papas. Entre esses ateus e seus aliados, a política contava mais do que a preocupação com a integridade doutrinária; pede que a religião seja separada de certas aventuras que a comprometeram até demasiadamente; é uma notável exposição histórica.)

L'Équivoque du laïcisme et les élections de 1928, par un Polytechnicien, Librairie du Petit Démocrate.

DOS CADERNOS MISCELÂNEOS | 197

(Pede a formação de um grande partido que englobe os "clericais" e uma fração do velho partido radical. Os católicos repudiaram definitivamente todo espírito de predomínio e pedem apenas o direito de se sacrificarem, como o fizeram durante a guerra; para tal fim, é preciso fazer certas distinções entre as chamadas "leis laicas".)

5) Paul Rémond (bispo de Clisma), *L'heure d'obéir*, "La Vie Catholique".

("A Santa Sé pedia aos católicos que se colocassem no quadro da Constituição, para melhor realizarem a unanimidade no terreno puramente católico. [...] A *Action Française* declara que, nesse terreno, não pode receber ordens de Roma...")

§ 119. *A tentativa de reforma religiosa franciscana.* Quanto tenha decaído rapidamente o espírito de São Francisco é algo revelado pela *Cronaca* de frei Salimbene de Parma. Cf. *Nuova Antologia* de 16 de fevereiro de 1919: Vittorio Marvasi, "Frate Salimbene da Parma e la sua Cronaca". A *Cronaca* foi traduzida, em 1928, por F. Bernini e editada por um certo Carabba di Lanciano. Ver em que medida a tentativa "laica" de Frederico II coincidiu com o franciscanismo: certamente existiram relações e o próprio Salimbene é admirador de Frederico, embora excomungado [18].

§ 123. "La riforma fondiaria cecoslovacca", do padre Veriano Ovecka, na *Civiltà Cattolica* de 16 de fevereiro e 16 de março de 1929, logo depois publicado em separata. É um estudo muito cuidadoso e bem-feito do ponto de vista dos interesses da Igreja. A reforma é aceita e justificada como devida a força maior. (Numa pesquisa geral sobre a questão agrária, esse opúsculo sintético deve ser examinado para fazer comparações com os outros tipos de reforma agrária, como, por exemplo, a romena, e para extrair algumas indicações gerais de método. Questões de programa.)

§ 128. *Ação Católica. Sindicalismo católico.* Cf., na *Civiltà Cattolica* de 6 de julho de 1929, o artigo "La dottrina sociale cristiana e l'organizzazione internazionale del lavoro" (do padre Brucculeri). Trata da parte relativa ao pensamento social da Igreja no relatório apresentado por Albert Thomas à XII Sessão da Conferência Internacional do Trabalho, publicado em Genebra em 1929. O padre Brucculeri está extremamente satisfeito com Thomas e resume seus trechos mais importantes, reexpondo assim o programa social católico [19].

§ 131. *Ação Católica. O conflito em Lille.* A *Civiltà Cattolica* de 7 de setembro de 1929 publica o texto integral do juízo pronunciado pela Sagrada Congregação do Concílio sobre o conflito entre industriais e operários católicos da região Roubaix-Tourcoing. O parecer está contido numa carta, datada de 5 de junho de 1929, enviada pelo cardeal Sbarretti, prefeito da Congregação do Concílio, a monsenhor Aquiles Liénart, bispo de Lille.

O documento é importante, já que em parte complementa e em parte amplia o quadro do *Código Social,* como, por exemplo, quando reconhece aos operários e aos sindicatos católicos o direito de formar uma frente única também com os operários e os sindicatos socialistas nas questões econômicas. Deve-se levar em conta que, se o *Código Social* é um texto católico, é, porém, privado ou somente oficioso e poderia ser total ou parcialmente desautorizado pelo Vaticano. Esse documento, ao contrário, é oficial.

Tal documento está certamente ligado ao empenho do Vaticano para criar na França uma democracia política católica; e a admissão da "frente única", ainda que passível de interpretações capciosas e restritivas, é um "desafio" à *Action Française* e um sinal de *détente* com os radicais socialistas e a CGT.

No mesmo número da *Civiltà Cattolica,* há um longo e interessante comentário sobre o parecer do Vaticano. Esse parecer tem duas partes orgânicas: na primeira, composta de sete breves teses, cada uma das quais acompanhada por amplas citações extraídas de documentos pontifícios, sobretudo de Leão XIII, dá-se um claro resumo da

DOS CADERNOS MISCELÂNEOS | 199

doutrina sindical católica; na segunda, trata-se do conflito específico em exame, isto é, as teses são interpretadas e aplicadas aos fatos reais.

§ 132. *A Action Française e o Vaticano.* Cf. "La Crisi dell'*Action Française* e gli scritti del suo 'maestro'", na *Civiltà Cattolica* de 21 de setembro de 1929. (É um artigo de padre Rosa contra Maurras e sua "filosofia".)

§ 134. *Católicos, neomalthusianismo, eugenia.* Ao que parece, já não existe concordância sobre o problema do neomalthusianismo e da eugenia nem mesmo entre os católicos. Da *Civiltà Cattolica* de 21 de dezembro de 1929 ("Il pensiero sociale cristiano. La decima sessione dell'Unione di Malines"), ficamos sabendo que, em final de setembro de 1929, teve lugar a assembleia anual da "União Internacional de Estudos Sociais", sediada em Malines, cujo trabalho concentrou-se sobretudo nestas três questões: o Estado e as famílias numerosas; o problema da população; o trabalho forçado. Sobre o problema demográfico, manifestaram-se fortes diferenças: o advogado Cretinon, "embora seguindo uma política populacional que respeita a Providência, sublinha não ser necessário apresentar a eugenia como simplesmente materialista, já que tem objetivos também intelectuais, estéticos e morais". As conclusões adotadas foram negociadas, não sem dificuldades, pelo padre Desbuquois e pelo professor Aznar: os dois redatores tinham profundas divergências. "Enquanto o primeiro defendia o progresso demográfico, o outro se inclinava sobretudo no sentido de aconselhar a continência, temeroso de que as famílias católicas se condenassem à decadência econômica por causa da prole excessiva."

§ 135. *Pancristianismo e propaganda do protestantismo na América do Sul.* Cf. o artigo "Il protestantesimo negli Stati Uniti e nell'America latina", na *Civiltà Cattolica* de 1º de março, 15 de março e 5 de abril de 1930. Estudo muito interessante sobre as tendências expansionistas

200 | CADERNOS DO CÁRCERE

dos protestantes norte-americanos, sobre os métodos de organização dessa expansão e sobre a reação católica.

É interessante notar que os católicos têm nos protestantes americanos seus únicos concorrentes, frequentemente vitoriosos, no campo da propaganda mundial, embora a religiosidade seja muito escassa nos Estados Unidos (a maioria dos recenseados afirma não ter religião): as Igrejas protestantes europeias não têm poder de expansão, ou apenas mínimo. Outro fato a destacar é o seguinte: depois que as Igrejas protestantes se fragmentaram, assiste-se agora a tentativas de unificação no seio do movimento pancristão. (Não esquecer, porém, o Exército da Salvação, de origem e organização inglesas.)

CADERNO 3 (1930)

§ 25. *A função dos católicos na Itália (Ação Católica).* Na *Nuova Antologia* de 1º de novembro de 1927, G. Suardi publica uma nota, "Quando e come i cattolici poterono partecipare alle elezioni politiche", muito interessante e que deve ser lembrada como documento da atividade e da função da Ação Católica na Itália. No final de setembro de 1904, depois da greve geral, Suardi foi chamado por telegrama a Milão por Tommaso Tittoni, ministro do Exterior do Gabinete Giolitti (Tittoni encontrava-se em sua vila de Désio no momento da greve e, ao que parece, dado o perigo de Milão ficar isolada pela falta de comunicações, ele tinha de assumir responsabilidades pessoais e específicas; essa observação de Suardi leva-me a crer que os reacionários locais já haviam pensado em alguma iniciativa em acordo com Tittoni) [20]. Tittoni comunicou-lhe que o Conselho de Ministros decidira convocar eleições imediatas e que era necessário unir todas as forças liberais e conservadoras no esforço de impedir o avanço dos partidos extremistas. Suardi, um expoente liberal de Bérgamo, conseguira nessa cidade fazer um acordo com os católicos tendo em vista as administrações locais: era preciso conseguir o mesmo para as eleições políticas, convencendo os católicos de que o *non expedit* de nada serve ao partido deles, prejudica a religião e causa grave dano à pátria, deixando o caminho livre para o socialismo [21]. Suardi aceitou a tarefa. Em Bérgamo, falou sobre o assunto com o advogado Paolo Bonomi e conseguiu convencê-lo a ir a Roma, apresentar-se ao papa e acrescentar o apelo dos católicos de Bérgamo ao de Bonomelli e de outras prestigiosas personalidades no sentido de cancelar o *non expedit* [22]. Inicialmente, Pio X recusou-se a cancelar o *non expedit*, mas, aterrorizado por Bonomi, que lhe traçou um quadro catastrófico das consequências que teria em Bérgamo o rompimento entre católicos e o grupo Suardi, "exclamou com voz lenta e grave: 'Façam, façam aquilo que lhes dita sua consciência.' (Bonomi:) 'Compreendemos bem, Santidade? Podemos interpretar que é um *sim*?' (papa:) 'Façam aquilo que lhes dita sua consciência, repito.'" Imediatamente depois, Suardi teve uma conversa com o cardeal Agliardi (de tendências liberais), que o colocou a par do que ocorrera no Vaticano depois da audiência concedida pelo papa a Bonomi. (Agliardi estava de acordo com Bonomelli no sentido de que o *non expedit* fosse cancelado.) No dia seguinte a essa audiência, um jornal oficioso do Vaticano publica um artigo desmentindo os rumores que corriam em torno da audiência e da novidade sobre o *non expedit*, afirmando categoricamente que nada mudara a esse respeito. Agliardi, imediatamente, solicitou uma audiência e, diante de suas perguntas, o papa repetiu sua fórmula: "Eu disse (aos bergamascos) que fizessem o que lhes ditava sua consciência." Agliardi fez publicar um artigo num jornal romano, onde se afirmava que, nas próximas eleições políticas, os depositários do pensamento do papa eram o advogado Bonomi e o professor Rezzara, e que era a eles que as organizações católicas deveriam dirigir-se. Foi assim que se apresentaram candidaturas católicas (Cornaggia em Milão, Cameroni em Treviglio, etc.); e, em Bérgamo, apareceram, em apoio a candidaturas nas eleições políticas, manifestos assinados por cidadãos até então abstencionistas.

202 | CADERNOS DO CÁRCERE

Para Suardi, esse acontecimento assinala o fim do *non expedit* e representa a conquista da unidade moral da Itália: mas ele exagera um pouco, embora o fato em si seja importante [23].

§ 50. *Concordata.* O padre L. Taparelli, em seu livro *Esame critico degli ordini rappresentativi nella società moderna*, assim define as concordatas: "[...] são convenções entre duas autoridades que governam uma mesma nação católica." Quando se estabelece uma convenção, as interpretações que cada uma das partes dá à própria convenção têm, pelo menos, igual importância jurídica.

§ 77. *O clero, a propriedade eclesiástica e as formas afins de propriedade fundiária ou mobiliária.* O clero como tipo de estratificação social deve sempre ser levado em conta quando se analisa a composição das classes possuidoras e dirigentes. Numa série de países, o liberalismo nacional destruiu a propriedade eclesiástica, mas foi impotente para impedir que se reformassem tipos afins e ainda mais parasitários, já que seus representantes não desempenhavam nem desempenham sequer aquelas funções sociais que o clero desempenhava: beneficência, cultura popular, assistência pública, etc. O custo desses serviços era certamente enorme, mas eles não eram totalmente passivos. As novas estratificações são ainda mais passivas, já que não se pode dizer que seja normal uma função desse gênero: para efetuar uma poupança anual de 1.000 liras, uma família de "produtores de poupança" consome 10.000, forçando à desnutrição uma dezena de famílias camponesas, das quais extorque a renda fundiária e outros lucros decorrentes da usura. É preciso ver se essas 11.000 liras, se investidas na terra, não permitiriam uma acumulação maior de poupança, além de um elevado nível de vida dos camponeses e, em consequência, seu desenvolvimento intelectual e técnico-produtivo. Em que medida está se formando nos Estados Unidos uma propriedade eclesiástica propriamente dita, além da formação de

DOS CADERNOS MISCELÂNEOS | **203**

propriedades do tipo eclesiástico? E isso apesar das novas formas de poupança e de acumulação possibilitadas pela nova estrutura industrial.

§ 97. *A Concordata.* Anexado à Lei das Garantias, havia um dispositivo no qual se estabelecia que, se nos primeiros cinco anos posteriores à promulgação da própria lei, o Vaticano se recusasse a aceitar a indenização estabelecida, o direito de indenização caducaria [24]. O que se constata, ao contrário, é que nos orçamentos até 1928 sempre esteve presente a rubrica da indenização ao papa. Como é possível? Será que foi modificado o dispositivo de 1871 anexado às Garantias? Quando e por quê? A questão é muito importante.

§ 140. *Catolicismo e laicismo. Religião e ciência*, etc. Ler o livrinho de Edmondo Cione, *Il dramma religioso dello spirito moderno e la Rinascenza*, Nápoles, Mazzoni, 1929, 132 p. [25]. Desenvolve o seguinte conceito: "A Igreja, com a força de sua autoridade, mas privada de ciência e filosofia, sentia o vazio pairar sobre sua cabeça; o Pensamento, com a força de seu poder, mas ansiando em vão por popularidade e pela autoridade da tradição." Por que "em vão"? De resto, não é exata a contraposição entre Igreja e Pensamento; ou, pelo menos, na imprecisão da linguagem, oculta-se todo um modo errado de pensar e, sobretudo, de agir. O Pensamento pode ser contraposto à Religião, cuja organização militante é a Igreja. Nossos idealistas, laicistas, imanentistas, etc. fizeram do Pensamento uma pura abstração, que a Igreja tranquilamente ignorou, assegurando para si as leis do Estado e o controle da educação. Para que o "Pensamento" seja uma força (e só assim poderá criar para si uma tradição), deve criar uma organização, que não pode ser o Estado, já que o Estado renunciou de um modo ou de outro a essa função ética, embora a proclame em altíssima voz; por isso, essa organização deve nascer na sociedade civil. Esta gente, que foi antimaçônica, terminará por reconhecer a necessidade da maçonaria. Problema "Reforma e Renascimento", já mencionado outras vezes [26]. Posição de Croce (Cione é um crociano), que não sabe (e não pode) popularizar-se; isto é, "novo Renascimento", etc.

§ 161. *Leão XIII*. Sobre sua personalidade, bastante limitada e mesquinha, cf. Piero Misciatelli, "Un libro di ricordi e di preghiere del papa Leone XIII", *Nuova Antologia*, 1º de março de 1929.

§ 164. *Notas sobre o movimento religioso. A redação da "Civiltà Cattolica"*. Os artigos da *Civiltà Cattolica* são todos escritos por padres da Companhia de Jesus e normalmente não são assinados. Em alguns casos, pode-se saber quem são os autores, já que seus nomes aparecem nas separatas (mas nem sempre). Assim, por exemplo, a rubrica sobre as questões operárias é redigida pelo padre Angelo Brucculeri, que deve ser também o representante italiano no Centro Internacional de Malines, que redigiu o *Codice Sociale*.

Seria necessário obter o catálogo das publicações postas à venda por *Civiltà Cattolica* para saber de que questões tratam as separatas disponíveis: é um indicador da importância dada às próprias questões. Recordar que, em 1929 (ou no início de 1930), o *Amico delle Famiglie* noticiou que o padre Rosa deixara a direção da *Civiltà Cattolica* e fora enviado pelo papa a uma missão na Espanha, depois de lhe ter sido concedida uma medalha de ouro em reconhecimento pelos serviços prestados ao Vaticano. O *Amico delle Famiglie* é um semanário católico de Gênova e deve ter reproduzido a notícia a partir da imprensa diária católica e não católica. Por quê? Com efeito, o padre Rosa foi à Espanha e recebeu a medalha, mas continuou a dirigir a *Civiltà Cattolica*. É evidente que havia quem desejasse o afastamento do padre Rosa, por causa da atitude que ele tomou a respeito da aplicação da Concordata, por vezes bastante áspera: mas o papa não deu ouvidos a esse piedoso desejo porque a linha

DOS CADERNOS MISCELÂNEOS | 205

do padre Rosa era a linha do Vaticano e o papa fazia questão de deixar isso claro [27].

A *Civiltà Cattolica* publica de vez em quando índices analíticos de seus números ano a ano: o último refere-se aos anos de 1911 a 1925, compilado pelo Cav. Giuseppe Del Chiaro, secretário de redação. É preciso examinar esse índice para todas as questões importantes, já que as publicações e os comentários dos jesuítas têm certa importância e podem fornecer temas para a pesquisa: em particular sobre as questões de história do *Risorgimento*. Recordar a questão dos depoimentos de Federico Confalonieri. O mesmo vale para a questão do banditismo entre 1860 e 1870: recordar a questão dos irmãos La Gala, embarcados em Civitavecchia num navio francês e aprisionados em Gênova pelos piemonteses, com consequente protesto diplomático do papa e da França, restituição dos La Gala e sua extradição, etc. [28]. São importantes os artigos históricos da *Civiltà Cattolica* sobre os movimentos católico-liberais e o ódio dos jesuítas contra Gioberti, que ainda hoje é vulgarmente atacado em qualquer ocasião.

Movimentos pancristãos. Nathan Söderblom, arcebispo luterano de Upsala, na Suécia, prega um *catolicismo evangélico*, que consiste numa adesão direta a Cristo (professor Frederico Heiler, ex-católico romano, autor do livro *Der Katholizismus, seine Idee und seine Erscheinung*, Munique, 1923, da mesma tendência, o que significa que os pancristãos tiveram algum sucesso) [29].

Catolicismo na Índia. Upadhyaya Brahmabandhav, célebre *Sannyasi* (?) católico, que pretendia converter a Índia ao catolicismo através dos próprios hindus, cristianizando as partes do hinduísmo passíveis de serem absorvidas; foi desaprovado pelo Vaticano por *excesso* de nacionalismo. (Quando ocorreu essa pregação de Upadhyaya? Parece-me que hoje o Vaticano seria mais tolerante.) Para a questão do cristianismo na Índia, ver o fenômeno do Sadhu Sundar Sing: cf. *Civiltà Cattolica*, 7 e 21 de julho de 1928 [30].

206 | CADERNOS DO CÁRCERE

CADERNO 4 (1930-1932)

§ 90. *Católicos integristas, jesuítas, modernistas*. Monsenhor Ugo Mioni, escritor de novelões de aventura em série para jovenzinhos, foi jesuíta durante algum tempo e hoje não é mais. Agora certamente faz parte dos "integristas", como se pode ver na resenha, publicada na *Civiltà Cattolica* de 20 de agosto de 1932, sobre seu *Manuale di sociologia* (Turim, Marietti, 1932, in-16º, 392 p., 12 liras) [31]. Na resenha se observa que, no *Manuale*, "transparece aqui e ali uma forte desconfiança em face do novo, real ou presumido. Na p. 121, invectiva contra a difusão da cultura: 'Por que não poderiam existir analfabetos? Existiram muitíssimos nos séculos passados: e viveram tranquilos, serenos e felizes!... E, de resto, será mesmo tão necessária a cultura intelectual e científica para os cidadãos? Para alguns, para vários, sim... Para todos? Não'". "Na p. 135, lê-se que 'a sociologia cristã é *hostil* a qualquer forma de participação da mulher na vida pública'." A *Civiltà Cattolica* nega essa afirmação peremptória e lembra que "uma das escolas mais renomadas da sociologia cristã na atualidade (as Semanas Sociais francesas) não é de nenhum modo hostil à participação que tanto horroriza nosso autor" [32]. Cita também o *Précis de la doctrine sociale catholique* (Editions Spes, p. 129) do jesuíta Ferdinando Cavallera, professor do Instituto de Toulouse, onde está escrito: "A participação da mulher na vida pública não desperta nenhuma objeção do ponto de vista católico." A *Civiltà Cattolica* critica Mioni por ter ignorado em seu tratado a vida internacional, que "tem hoje tão decisiva importância também nas questões sociais", e por não ter feito nenhuma menção, ao falar do tráfico de mulheres, ao que se fez recentemente em Genebra numa comissão especial da Sociedade das Nações.

Portanto, a oposição ao tratado de Mioni é radical. Esse tratado de Mioni pode ser considerado um dos mais importantes documentos ideológicos do catolicismo integrista e ultrarreacionário.

CADERNO 5 (1930-1932)

§ 3. *Owen, Saint-Simon e as escolas infantis de Ferrante Aporti* [33]. O artigo "La quistione delle scuole infantili e dell'abate Aporti secondo nuovi documenti" (*Civiltà Cattolica* de 4 de agosto de 1928) mostra que os jesuítas e o Vaticano, em 1836, eram contrários à abertura, em Bolonha, de escolas maternais do tipo defendido por F. Aporti porque, entre os defensores, havia um "certo Dr. Rossi", "conhecido como adepto do saint-simonismo, então muito rumoroso na França e bastante temido também na Itália, talvez até mais do que merecesse" (p. 221). O arcebispo de Bolonha, chamando a atenção da Santa Sé para a propaganda e distribuição de opúsculos em favor dessas escolas, escrevia: "em si mesma, a obra poderia ser boa, mas causa bastante temor a presença de certas pessoas à frente do empreendimento e o grande empenho que demonstram [...] o criador destas escolas é um tal Robert Owen, protestante, conforme está mencionado na *Guida dell'educatore* do professor Lambruschini, que se publica em Florença, no nº 2, fevereiro de 1836, p. 66" (p. 224).

O consultor do Santo Ofício, padre Cornelio Everboeck, jesuíta, deu, em fevereiro de 1837, seu parecer sobre as escolas ao assessor do Santo Ofício, monsenhor Cattani: é um estudo de 48 grandes e densas páginas, que começa examinando a doutrina e o método dos saint-simonianos e conclui que o método das novas escolas está infectado — ou, pelo menos, há grandes suspeitas de que o esteja — pela doutrina e pelos princípios do panteísmo e do saint-simonismo, aconselhando sua condenação e propondo a publicação de uma encíclica contra a seita e a doutrina dos saint-simonianos (p. 227). O articulista da *Civiltà Cattolica* reconhece que, enquanto a primeira parte do parecer, contra o saint-simonismo em geral como doutrina, mostra "o estudo e a erudição do consultor", a segunda parte, ao contrário, que deveria demonstrar a infiltração do saint-simonismo na nova forma de escola, é muito mais breve e mais fraca, "manifestamente inspirada e em parte deturpada pela informação e pela persuasão" dos informantes de Bolonha, que haviam visto e denunciado nessa nova forma de escola os métodos, o espírito e o perigo do saint-simonismo francês. A Congregação do Santo Ofício não insistiu no perigo do saint-simonismo, mas proibiu os opúsculos e as escolas com aquele método. Outros quatro consultores aconselharam a encíclica contra o saint-simonismo.

§ 5. *Ação social católica.* No relatório apresentado por Albert Thomas à Conferência Internacional do Trabalho (a décima primeira) de 1928, está contida uma exposição das manifestações do episcopado e de outras autoridades católicas sobre a questão operária. Deve ser interessante como breve sumário histórico dessa específica atividade católica. A *Civiltà Cattolica* (4 de agosto de 1928), no artigo "La conferenza internazionale del lavoro" (de Brucculeri), é entusiasta de Thomas.

§ 7. *Sobre o "pensamento social" dos católicos,* parece-me possível fazer a seguinte observação crítica preliminar: não se trata de um programa político *obrigatório* para todos os católicos, para cuja realização estejam voltadas as forças organizadas que os católicos possuem, mas se trata pura e simplesmente de um "conjunto de argumentações polêmicas" positivas e negativas, sem caráter político concreto. Isso deve ser dito sem entrar nas questões de mérito, ou seja, no exame do valor intrínseco das medidas de caráter econômico-social que os católicos colocam na base de tais argumentações.

Na realidade, a Igreja não quer comprometer-se na vida prática econômica e não se empenha a fundo, nem para aplicar os princípios sociais que defende e que não são aplicados, nem para defender, manter ou restaurar aquelas situações nas quais uma parte desses princípios já fora aplicada e que foram destruídas. Para compreender bem a posição da Igreja na sociedade moderna, é preciso compreen-

DOS CADERNOS MISCELÂNEOS | 209

der que ela está disposta a lutar apenas para defender suas particulares liberdades corporativas (de Igreja como Igreja, organização eclesiástica), ou seja, os privilégios que proclama ligados à própria essência divina: para tal defesa, a Igreja não exclui nenhum meio, nem a insurreição armada, nem o atentado individual, nem o apelo à invasão estrangeira. Todo o resto pode ser relativamente negligenciado, a não ser que esteja ligado a suas próprias condições de existência. A Igreja entende por "despotismo" a intervenção da autoridade estatal laica no sentido de limitar ou suprimir seus privilégios, não muito mais: ela reconhece todo poder de fato e, desde que este não toque em seus privilégios, legitima-o. Se, além disso, tal poder ampliar os privilégios da Igreja, ela o exalta e o proclama como providencial.

Dadas essas premissas, o "pensamento social" católico tem um puro valor acadêmico: é preciso estudá-lo e analisá-lo como elemento de ópio ideológico, tendente a conservar certos estados de espírito de expectativa passiva de tipo religioso, mas não como elemento diretamente ativo de vida política e histórica. Decerto, ele é um elemento político e histórico, mas de caráter absolutamente particular: é um elemento de *reserva*, não de primeira linha, e por isso pode ser a qualquer momento "esquecido" na prática e "silenciado", mesmo sem que a ele se renuncie completamente, já que pode se reapresentar a ocasião para voltar a usá-lo. Os católicos são muito astutos, mas me parece que, nesse caso, sejam astutos *demais*.

Sobre o "pensamento social" católico, deve-se ter presente o livro do padre jesuíta Albert Muller, professor da escola superior comercial de Santo Inácio, em Antuérpia — *Notes d'économie politique*, 1ª série, Éditions Spes, Paris, 1927, 428 p., 8 francos —, sobre o qual deve-se ver a resenha na *Civiltà Cattolica* de 1º de setembro de 1928, "Pensiero e attività sociali" (de A. Brucculeri); parece-me que Muller expõe o ponto de vista mais radical a que podem chegar os jesuítas nesta matéria (salário-família, coparticipação, controle, cogestão, etc.).

210 | CADERNOS DO CÁRCERE

§ 9. *Lucien Romier e a Ação Católica francesa* [34]. Romier foi relator na *Semana Social* de Nancy de 1927. Lá falou da "desproletarização das multidões", tema que só indiretamente se relacionava com o assunto tratado pela *Semana Social*, que era dedicada à "Mulher na Sociedade". Padre Danset, por exemplo, falou da *Racionalização*, sob o aspecto social e moral.

Mas Romier é elemento ativo da Ação Católica francesa, ou só incidentalmente participou dessa reunião?

A *Semana Social* de Nancy de 1927 é muito importante para a história da doutrina político-social da Ação Católica. Suas conclusões, favoráveis a uma maior participação feminina na vida política, foram aprovadas pelo cardeal Gasparri em nome de Pio XI. Suas atas foram publicadas em 1928 (Semaines sociales de France, *La femme dans la société*, Paris, Gabalda, 564 p., in-8º). É indispensável para o estudo da vida política francesa.

§ 10. *A Ação Católica na Bélgica*. Cf. o opúsculo do jesuíta E. de Moreau, *Le catholicisme en Belgique*, Ed. La pensée catholique, Liège, 1928. Alguns números: a *Association catholique de la jeunesse belge* reuniu, no Congresso de Liège, 60.000 jovens (para os jovens de língua francesa). Está dividida em seções: operários, estudantes secundários, estudantes universitários, agricultores, etc. A *Jeunesse Ouvrière Chrétienne* tem 18.000 filiados, divididos em 374 seções locais e 16 federações regionais. A *Confédération des syndicates ouvriers chrétiens de Belgique* tem 110.000 membros. *Les ligues féminines ouvrières* têm 70.000 filiadas. A *Alliance nationale des fédérations mutualistes chrétiennes de Belgique* tem 250.000 membros e, se incluirmos as famílias, serve a 650.000 pessoas. A *Coopérative Belge Bien-Être* dispõe de 300 armazéns cooperativos. O *Banque centrale ouvrière*, etc. O *Boerenbond* (liga de camponeses flamengos) tem 1.175 guildas com 112.686 membros, todos chefes de família (em 1926). Movimento feminino à parte, etc.

DOS CADERNOS MISCELÂNEOS | 211

§ 13. *Ação Católica*. *La dottrina sociale cattolica nei documenti di papa Leone XIII*, Roma, Via della Scrofa 70, 1928, in-16º, 348 p., 7,50 liras.

§ 15. *Lucien Romier e a Ação Católica francesa*. Lembrar que, em 1925, Romier aceitara fazer parte do Gabinete de unidade nacional de Herriot: também aceitara colaborar com Herriot o chefe do grupo católico parlamentar francês, formado pouco antes. Romier não era nem deputado nem senador; era redator político do *Figaro*. Depois de ter aceito ingressar num Gabinete Herriot, teve de deixar o *Figaro*. Romier fizera nome com suas publicações de caráter industrial-social. Acho que Romier foi redator do órgão técnico dos industriais franceses, *La Journée industrielle*.

§ 17. *Movimento pancristão*. A XV semana social de Milão (setembro de 1928) tratou da seguinte questão: "A verdadeira unidade religiosa"; e o volume das atas foi publicado com esse título pela editora Vita e Pensiero (Milão, 1928, 15 liras). O tema foi tratado do ponto de vista do Vaticano, de acordo com as diretrizes dadas pela encíclica *Mortalium animos*, de janeiro de 1928, e contra o movimento pancristão dos protestantes, que tinham a intenção de criar uma espécie de federação das diversas seitas cristãs, com igualdade de direitos.

Trata-se de uma ofensiva protestante contra o catolicismo, que apresenta dois momentos essenciais: 1) as Igrejas protestantes tendem a frear o movimento desagregador em suas fileiras (que dá lugar continuamente a novas seitas); 2) aliam-se entre si e, obtendo um certo consenso por parte dos ortodoxos, pressionam o catolicismo para levá-lo a renunciar a seu primado e buscam apresentar na luta uma imponente frente única protestante, no lugar de uma multidão de Igrejas, seitas, tendências de importância diversa, as quais, isoladamente, teriam menores possibilidades de resistir à tenaz e unificada iniciativa missionária católica. A questão da unidade das

Igrejas cristãs é um formidável fenômeno do após-guerra e é digna da máxima atenção e de um cuidadoso estudo.

§ 18. *O pensamento social dos católicos*. Um artigo a ser lembrado para compreender a atitude da Igreja diante dos diferentes regimes político-estatais é "Autorità e 'oportunismo politico'", na *Civiltà Cattolica* de 1º de dezembro de 1928. Deve ser confrontado com os pontos correspondentes do *Código Social*.

A questão se apresentou na época de Leão XIII e do *ralliement* de uma parte dos católicos à república francesa, e foi resolvida pelo papa com os seguintes pontos essenciais: 1) aceitação, ou seja, reconhecimento do poder constituído; 2) respeito a este como a representação de uma autoridade oriunda de Deus; 3) obediência a todas as leis justas promulgadas por tal autoridade, mas resistência às leis injustas, com o esforço consensual no sentido de emendar a legislação e cristianizar a sociedade.

Para a *Civiltà Cattolica*, isto não seria "oportunismo", já que este seria apenas a atitude servil e laudatória, em bloco, diante de autoridades que são tais de fato e não de direito (a expressão "direito" tem um valor especial para os católicos).

Os católicos devem distinguir entre "função da autoridade", que é direito inalienável da sociedade, a qual não pode viver sem uma ordem, e "pessoa" que exerce tal função e que pode ser um tirano, um déspota, um usurpador, etc. Os católicos submetem-se à "função", não à pessoa. Mas Napoleão III foi chamado de homem providencial depois do golpe de Estado de 2 de dezembro, o que significa que o vocabulário político dos católicos é diferente do comum.

§ 19. *Ação Católica italiana*. Para a história da Ação Católica italiana, é indispensável o artigo "Precisazioni", publicado pelo *Osservatore Romano* de 17 de novembro de 1928 e resumido pela *Civiltà Cattolica* de 1º de dezembro seguinte, na p. 468.

DOS CADERNOS MISCELÂNEOS | **213**

§ 22. *Ação Católica na Alemanha. Die Katholische Aktion. Materialen und Akten*, von Dr. Erhard Schlund, O.P.M. — Verlag Josef Kosel & Friedrich Pustet, Munique, 1928.

Trata-se de uma resenha da Ação Católica nos principais países e uma exposição das doutrinas papais a respeito. Na Alemanha, não existe a Ação Católica do tipo comum, mas é considerado como tal o conjunto da organização católica. (Isso significa que, na Alemanha, o catolicismo é dominado pelo protestantismo e não ousa atacá-lo com uma propaganda intensa.) Com base nisso, dever-se-ia estudar como se explica a base política do "Centro" [35]. (Cf. também o livro de monsenhor Kaller, *Unser Laienapostolat* [Nosso apostolado leigo], 2ª ed., vol. I, 320 p., Leusterdorf am Rhein, Verlag des Johannesbund, 1927.)

O livro de Schlund visa a introduzir e popularizar a Ação Católica de tipo italiano na Alemanha, uma orientação que deve certamente ser estimulada por Pio XI (mas talvez com cautela, já que uma atividade intensa poderia redespertar velhos rancores e velhas lutas).

§ 47. *Ação Católica.* Gianforte Suardi, na *Nuova Antologia* de 1º de maio de 1929 ("Costantino Nigra e il 20 settembre del 1870"), acrescenta um detalhe a sua narrativa de 1º de novembro de 1927 sobre a participação dos católicos nas eleições de 1904 com o consentimento de Pio X, detalhe que omitira por discrição antes da Conciliação. Pio X, saudando os bergamascos (Paolo Bonomi, etc.), teria aduzido: "Digam a Rezzara — (que não havia participado da audiência e que, como se sabe, era um dos mais prestigiosos líderes da organização católica) — qual foi a resposta que dei aos senhores e *digam-lhe que o papa silenciará*" [36]. O trecho destacado é precisamente o detalhe antes omitido. Uma belíssima coisa, como se pode ver, e de altíssimo alcance moral!

§ 56. *Ação Católica.* "La pace industriale" (de A. Brucculeri), na *Civiltà Cattolica* de 5 de janeiro de 1929. (Registra as tentativas feitas

214 | CADERNOS DO CÁRCERE

na Inglaterra para a paz industrial, as tendências colaboracionistas da Organização Internacional do Trabalho, os comitês paritários de fábrica, a legislação trabalhista, os altos salários na América, etc.) Essa série de artigos de Brucculeri sobre as questões industriais foi depois reunida em volume. Brucculeri faz parte (ou já fez) do Centro de Malines, que redigiu o *Código Social*.

§ 57. *A Ação Católica nos Estados Unidos*. Artigo da *Civiltà Cattolica*, de 3 de janeiro de 1929, sobre "La campagna elettorale degli Stati Uniti e le sue lezioni". Trata da candidatura Smith à presidência da República.

A *Civiltà Cattolica* registra a ferrenha resistência das Igrejas protestantes contra Smith e fala de "guerra de religião". Não há referência à posição assumida por Smith em relação ao papa em sua famosa carta (cf. o livro de Fontaine sobre a *Santa Sé*, etc.), que é um elemento de "americanismo" católico. (Posição dos católicos contra o proibicionismo e a favor dos *farmers* [37].) Pode-se ver que qualquer ação concentrada dos católicos provoca uma tal reação que os resultados são inferiores à força que os católicos dizem possuir; portanto, perigos de ação em escala nacional concentrada. Foi um erro para os católicos se basearem num partido tradicional como o Partido Democrata? Fazer aparecer a religião como ligada a um determinado partido? De resto, poderiam, no atual sistema americano, fundar um partido próprio? A América é um terreno interessante para estudar a fase atual do catolicismo, seja como elemento cultural, seja como elemento político.

§ 58. *A Ação Católica*. Uma das medidas mais importantes imaginadas pela Igreja para reforçar suas fileiras nos tempos modernos é a *obrigação* imposta às famílias de promover a primeira comunhão aos *sete anos*. Compreende-se o efeito psicológico que deve ter sobre crianças de sete anos o aparato cerimonial da primeira comunhão,

DOS CADERNOS MISCELÂNEOS | 215

seja como evento familiar individual, seja como evento coletivo: e que fonte de terror isso se torne e, portanto, de apego à Igreja. Trata-se de "comprometer" o espírito infantil tão logo ele começa a refletir. Compreende-se por isso a resistência que a medida suscitou entre as famílias, preocupadas com os efeitos deletérios sobre o espírito infantil desse misticismo precoce, bem como a luta da Igreja para vencer essa oposição. (Recordar, no *Piccolo Mondo Antico* de Fogazzaro, a disputa entre Franco Maironi e sua mulher quando se trata de levar a filhinha no barco, numa noite tempestuosa, para assistir à missa de Natal: Franco Maironi quer criar na criança "recordações" inesquecíveis, "impressões" decisivas; a mulher não quer perturbar o desenvolvimento normal do espírito da filha, etc. [38].) A medida foi decretada por Pio X em 1910. Em 1928, o editor Pustet, de Roma, republicou esse decreto com um prefácio do cardeal Gasparri e um comentário de monsenhor Jorio, dando lugar a uma nova campanha de imprensa.

§ 59. *A Ação Católica na Alemanha*. Por iniciativa do episcopado, os católicos alemães fundaram, já em 1919, uma "Liga de Paz dos Católicos Alemães". Sobre essa Liga, sobre as posteriores iniciativas para ampliá-la e sobre seu programa, cf. a *Civiltà Cattolica* de 19 de janeiro de 1929.

Neste mesmo número, ver a carta de Pio XI ao cardeal Bertram, arcebispo de Breslau, sobre a Ação Católica na Alemanha, e que deve ser considerada uma intervenção pessoal do papa para dar um maior impulso ao movimento da Ação Católica, o qual, na Alemanha, não parece encontrar calorosos organizadores; a carta do papa é um verdadeiro programa teórico-prático e é interessante em geral, não só para a Alemanha. A *Civiltà Cattolica* comenta longamente a carta e compreende-se que o comentário sirva também para outros países.

216 | CADERNOS DO CÁRCERE

§ 62. *Redação da "Civiltà Cattolica".* Os artigos sobre a maçonaria são escritos pelo padre Pietro Pirri (é provável que Pirri tenha escrito também os artigos sobre o Rotary). Os artigos sobre arte são do padre Carlo Bricarelli (que normalmente os assina). Os artigos sobre a unidade das Igrejas são do padre Celi; sobre a ciência natural (questões do evolucionismo e do transformismo), do padre Gaya; sobre literatura (especialmente sobre Dante), de Busnelli, etc. O padre Brucculeri escreve sobre as questões econômicas e industriais. Sob o título *Problemi odierni del lavoro,* ele reuniu (num livro de 145 p., in-8º, 8 liras) os seguintes artigos já publicados anonimamente na *Civiltà Cattolica*: 1) "L'organizzazione internazionale"; 2) "L'organizzazione scientifica"; 3) "L'organizzazione professionale"; 4) "Verso la pace industriale"; 5) "La schiavitù del lavoro indigeno". Do padre Brucculeri, a editora da *Civiltà Cattolica* já publicara os seguintes trabalhos (certamente separatas da revista): 1) *Salariato e compartecipazione,* in-16º, 70 p., 2,50 liras; 2) *Il problema della terra,* 2ª ed., in-16º, 162 p., 3,50 liras; 3) *Lo sciopero nella storia, nella morale, nell'economia,* 2ª ed., in-16º, 136 p., 5 liras; 4) *La limitazione della giornata di lavoro e il principio delle otto ore,* 2ª ed., in-16º, 50 p., 5 liras; 5) *Sul problema di Malthus. Rilievi,* 7,50 liras.

§ 64. *Igreja e Estado na Itália antes da Conciliação* [39]. Deve-se rever, sobre isso, o artigo "La Conciliazione fra lo Stato italiano e la Chiesa (Cenni cronistorici)", na *Civiltà Cattolica* de 2 de março de 1929 (a rubrica continua nos números seguintes e deve ser consultada), por algumas referências interessantes (interessantes também porque a referência a determinados fatos indica que, quando estes se verificaram, dava-se a eles uma certa importância). É assim que se faz uma menção especial à "Semana Social" de Veneza de 1912, presidida pelo marquês Sassoli de Bianchi, e à "Semana Social" de Milão de 1913, que tratou das "liberdades civis dos católicos". Por que precisamente em 1912 e 1913 os católicos como organização de massa trataram da Questão Romana e determinaram quais seriam

DOS CADERNOS MISCELÂNEOS | **217**

os pontos fundamentais a ser superados para que se chegasse a uma solução? Basta pensar na guerra da Líbia e no fato de que, em todo período de guerra, o Estado tem necessidade da maior paz e unidade moral e civil possíveis.

Nesse artigo, são transcritos trechos de artigos de ocasião publicados no momento da Conciliação. Assim, o senador Petrillo (no *Popolo d'Italia* de 17 de fevereiro de 1929) recorda o que ocorreu nos círculos governamentais e parlamentares italianos quando da morte de Bento XV. (O governo Bonomi queria evitar uma sessão em homenagem a Bento XV no Parlamento, o que teria obrigado o governo a intervir, e este não queria fazer nenhuma manifestação política, nem num nem noutro sentido. Bonomi era apoiado pelo Partido Popular e tinha ministros desse partido em seu gabinete. Recordo-me que estava em Roma naqueles dias e, com Bombacci, procurei Bevione — subsecretário do primeiro-ministro — para conseguir um passaporte: Bevione estava impaciente e queria assegurar-se de que nenhum grupo tomaria uma iniciativa que pudesse arrastar outros grupos e colocar o governo diante da necessidade de intervir. Na realidade, ninguém falou, mas Petrillo evita explicar por que ninguém, precisamente ninguém falou. Teria sido bom, de certo ponto de vista, pode-se até admitir, que Salandra tivesse falado. Mas por que, tendo Salandra se recusado a falar, ninguém mais falou? E por que só Salandra deve ser recriminado [40]?)

§ 67. *Ação Católica*. Recordar, para um estudo da estrutura mundial do catolicismo, o *Annuario Pontificio*, publicado em grossos volumes com cerca de 1.000 páginas, em Roma, pela Tipografia Poliglota Vaticana.

Para a Ação Católica italiana em sentido estrito (laico), ver os Almanaques Católicos publicados atualmente por Vita e Pensiero: o mais interessante e de maior valor histórico é o Almanaque Católico de 1922, que registra a situação católica no primeiro período do após-guerra.

218 | CADERNOS DO CÁRCERE

§ 70. *Estado é Igreja*. Em seu livrinho *Stato fascista, Chiesa e Scuola* (Libreria del Littorio, Roma, 1929), "Ignotus" insiste numa circular ministerial, dizendo que "muitos não a julgam um monumento de prudência política, na medida em que se expressaria com excessivo zelo, com aquele zelo que Napoleão (talvez queira dizer Talleyrand) não desejava de modo algum, com um zelo que poderia parecer excessivo, mesmo se o documento, em vez de ser da responsabilidade de um ministério civil, tivesse origem na própria administração eclesiástica". Essa circular está assinada pelo ministro Belluzzo e foi enviada em 28 de março de 1929 aos administradores escolares locais (Circular nº 54, publicada no *Bolletino Ufficiale* do Ministério da Educação Nacional em 16 de abril de 1929, transcrita na íntegra na *Civiltà Cattolica* de 18 de maio do mesmo ano). Segundo "Ignotus", essa circular teria facilitado aos católicos uma interpretação ampla do artigo 36 da Concordata. Mas será verdade? "Ignotus" escreve que a Itália, com o artigo 36 da Concordata, não *reconheceria*, mas quando muito (?!) *consideraria* "fundamento e coroamento da instrução pública o ensino da doutrina cristã de acordo com a forma recebida da tradição católica". Mas será lógica essa restrição de "Ignotus" e essa interpretação cavilosa do verbo "considerar"? A questão é certamente grave e, provavelmente, os redatores dos documentos não pensaram a tempo no alcance de suas concessões, daí esse brusco recuo. (Pode-se pensar que a mudança de nome do ministério, de "Instrução Pública" para "Educação Nacional", está ligada a essa necessidade de interpretação restritiva do artigo 36 da Concordata, com a intenção de afirmar que uma coisa é "instrução", momento "informativo", ainda elementar e preparatório, e outra é "educação", momento "formativo", coroamento do processo educativo, de acordo com a pedagogia de Gentile [41].)

As palavras "fundamento e coroamento" presentes na Concordata repetem a expressão do Decreto Real nº 2185, de 1º de outubro de

DOS CADERNOS MISCELÂNEOS | **219**

1923, sobre o "Ordenamento dos graus escolares e dos programas didáticos da instrução elementar": "Como fundamento e coroamento da instrução elementar em todos os seus graus, *fica estabelecido* o ensino da doutrina cristã, de acordo com a forma recebida da tradição católica." Em 21 de março de 1929, a *Tribuna*, num artigo intitulado "L'insegnamento religioso nelle scuole medie", considerado de caráter oficioso, escreve: "O Estado fascista *decidiu* que a religião católica, base da unidade intelectual e moral do nosso povo, fosse ensinada não somente nas escolas para crianças, mas também naquelas para os jovens."

Os católicos, naturalmente, relacionam tudo isso com o artigo 1º do Estatuto, reconfirmado no artigo 1º do Tratado com a Santa Sé, interpretando que o Estado, como tal, *professa a religião católica*, e não apenas que o Estado, na medida em que tem necessidade de cerimônias religiosas em sua atividade, estabelece que elas devem ser "católicas". Sobre o ponto de vista católico a respeito da escola pública, cf. o artigo (do padre M. Barbera) "Religione e filosofia nelle scuole medie", na *Civiltà Cattolica* de 1º de junho de 1929.

§ 71. *Natureza das concordatas.* Em sua carta ao cardeal Gasparri, de 30 de maio de 1929, Pio XI escreve: "Também na Concordata estão presentes, *se não dois Estados*, certissimamente duas soberanias plenas, ou seja, plenamente perfeitas, cada uma em sua esfera, esfera necessariamente determinada pelo respectivo fim, onde cabe apenas aduzir que a objetiva dignidade dos fins determina, de modo não menos objetivo e necessário, a absoluta superioridade da Igreja."

Esse é o terreno da Igreja: tendo aceito dois instrumentos distintos para estabelecer as relações entre Estado e Igreja, o Tratado e a Concordata, aceitou-se necessariamente esse terreno: o Tratado determina essa relação entre dois Estados, enquanto a Concordata determina as relações entre duas soberanias no "mesmo Estado", ou seja, admite-se que, no mesmo Estado, existem duas soberanias

220 | CADERNOS DO CÁRCERE

iguais, já que elas negociam em igualdade de condições (cada uma em sua esfera). Naturalmente, também a Igreja afirma que não há confusão de soberanias, mas porque afirma que ao Estado *não compete* soberania no terreno do "espiritual", e, se o Estado se arroga tal soberania, comete usurpação. Além disso, a Igreja também afirma que não pode haver dupla soberania na mesma esfera de objetivos, mas precisamente porque afirma a distinção dos fins e declara-se a única soberana no terreno do espiritual.

§ 72. *Passado e presente.* Artigo do *Osservatore Romano* de 11-12 de março, transcrito (alguns trechos) pela *Civiltà Cattolica* de 6 de abril de 1929: "De modo análogo, a palavra 'revolução' não mais desperta a impressão funesta, que parece induzir em outros, quando ela quer indicar um programa e um movimento que se processam no âmbito das instituições fundamentais do Estado, deixando em seu posto o monarca e a monarquia, ou seja, os expoentes maiores e mais sintéticos da autoridade política do país; isto é, sem sedição nem insurreição, das quais, até agora, pareciam não poder prescindir o sentido e os meios de uma revolução."

§ 120. *Nacionalismo cultural católico.* É a tendência que mais causa espanto quando se lê, por exemplo, a *Civiltà Cattolica*: porque, se ela realmente se convertesse numa regra de conduta, o próprio catolicismo se tornaria impossível. O incitamento aos filósofos italianos para que adotem o tomismo, porque Santo Tomás nasceu na Itália e não porque nele se pode encontrar um caminho melhor para chegar à verdade, como isso poderia servir aos franceses ou aos alemães? Isso não poderá se transformar, ao contrário, por consequência lógica, num incitamento a que cada nação busque, em sua própria tradição, um arquétipo intelectual, um "mestre" de filosofia religiosa nacional, ou seja, num incitamento a desagregar o catolicismo em várias Igrejas nacionais? Aceito o princípio, por que então estabelecer Santo Tomás como expressão nacional e não Gioberti e Socini, etc.?

O fato de que os católicos, ou melhor, os jesuítas da *Civiltà Cattolica* tenham sido e sejam obrigados a recorrer a tal propaganda é um sinal dos tempos. Houve um tempo em que Carlo Pisacane (mais ainda do que Giuseppe Mazzini) era proclamado, nos altares, como o elemento nacional a ser contraposto aos nebulosos filósofos alemães. Na filosofia do atualismo, reivindica-se Gioberti como o Hegel italiano, ou quase. O catolicismo religioso incita (ou deu o exemplo para?) os catolicismos filosófico e político-social [42].

§ 129. *Passado e presente. Os católicos e o Estado.* Verificar o artigo muito significativo, "Tra 'ratifiche' e 'rettifiche'" (do padre rosa), na *Civiltà Cattolica* de 20 de julho de 1929, relativo também ao plebiscito de 1929. Sobre esse artigo, verificar também o número seguinte da mesma *Civiltà Cattolica* (de 3 de agosto). A propósito da *Concordata*, deve-se observar que o art. 1º diz textualmente: "A Itália, nos termos do art. 1º do Tratado, assegura à Igreja Católica o livre exercício do *poder espiritual*", etc. Por que se fala de *poder*, que tem um preciso significado jurídico, e não, por exemplo, de "atividade", ou outro termo menos facilmente interpretável em sentido político? Seria útil fazer uma pesquisa, inclusive de nomenclatura, nas outras concordatas estipuladas pela Igreja e na literatura de hermenêutica das concordatas feita pelos agentes do Vaticano.

§ 132. *Passado e presente.* Na *Civiltà Cattolica* de 20 de julho de 1929 aparece o noticiário da primeira audiência, para a apresentação de credenciais, concedida por Pio XI a De Vecchi, embaixador na Cidade do Vaticano. No segundo parágrafo das palavras dirigidas por Pio XI a De Vecchi, diz-se: "Ao discorrer sobre as novas relações tão afortunadamente iniciadas, nós o fazemos, sr. conde, com particular respeito a sua pessoa, felizes de que estas novas coisas se iniciem e tomem rumo a partir daquilo que V. Exa. representa, pessoalmente e por obras, a partir daquilo que V. Exa. já tem feito pelo bem não só do país, mas também de nossas Missões."

222 | CADERNOS DO CÁRCERE

§ 133. *Ação Católica. Os "Retiros operários".* Cf. a *Civiltà Cattolica* de 20 de julho de 1929: "Come il popolo torna a Dio. L'opera del 'Ritiri operai'."

Os "Retiros" ou "Exercícios Espirituais fechados" foram fundados por Santo Inácio de Loyola (cuja obra mais difundida são os *Esercizi Spirituali*, editada em 1929 por G. Papini); daí derivam os "retiros operários" iniciados em 1882 no norte da França. A Obra dos Retiros Operários iniciou sua atividade na Itália em 1907, com o primeiro retiro para operários realizado em Chieri (cf. *Civiltà Cattolica*, 1908, vol. IV, p. 61: "I 'Ritiri Operai' in Italia"). Em 1929, foi publicado o livro *Come il popolo ritorna a Dio, 1909-1929. L'Opera dei Ritiri e le Leghe di Perseveranza in Roma in 20 anni di vita*, in-8º, 136 p., com ilustrações, 10 liras. (É vendido em benefício da Obra, na *Direzione dei Ritiri Operai*, Roma, Via degli Astalli, 16-17.) O livro diz que, de 1909 a 1929, a Obra recolheu nas Ligas de Perseverança de Roma e do Lácio mais de 20.000 operários, muitos dos quais recém-convertidos. Nos anos 1928-1929, obteve-se no Lácio e nas províncias vizinhas um sucesso maior do que o ocorrido em Roma nos dezoito anos anteriores.

Foram realizados até agora, em Roma, 115 Retiros fechados, com a participação de cerca de 2.200 operários. "Em cada retiro — escreve a *Civiltà Cattolica* —, há sempre um núcleo de bons operários, que serve de fermento e de exemplo; os outros são recolhidos de diferentes formas entre gente do povo, ou fria ou indiferente, e até mesmo hostil, que adere em parte por curiosidade e em parte para atender ao convite de amigos, e não raramente também para desfrutar a comodidade de três dias de repouso e de bom tratamento gratuito."

O artigo dá outros detalhes sobre vários municípios do Lácio: a Liga de Perseverança de Roma tem 8.000 inscritos, com 34 centros; no Lácio, há 25 seções da Liga, com 12.000 inscritos. (Comunhão mensal, enquanto a Igreja se contenta com uma comunhão por ano.) A Obra é dirigida pelos jesuítas. (Poder-se-ia fazer um parágrafo para a rubrica "Passado e presente".)

As Ligas de Perseverança tendem a manter os resultados obtidos nos retiros e a ampliá-los entre as massas. Elas criam uma "opinião pública" ativa em favor da prática religiosa, invertendo a situação anterior, na qual a opinião pública era negativa, ou, pelo menos, passiva, cética e indiferente.

§ 134. *Movimentos religiosos*. Deve-se estudar o *movimento pancristão* e a organização que dele depende, ou seja, a "Aliança mundial para promover a amizade internacional por meio das Igrejas". O movimento pancristão é significativo pelas seguintes razões: 1) porque as Igrejas protestantes visam não só a se unir entre si, mas a adquirir, através da união, uma força de proselitismo; 2) entre as Igrejas protestantes, só as americanas e, em menor medida, as inglesas tinham uma força expansiva de proselitismo: essa força passa para o movimento pancristão, embora ele seja dirigido por elementos europeus continentais, sobretudo noruegueses e alemães; 3) a união pode paralisar a tendência das Igrejas protestantes a se dividirem cada vez mais; 4) as Igrejas ortodoxas participam, como centros dirigentes com liderança própria, do movimento pancristão.

Esse movimento perturbou muito a Igreja Católica. Sua organização de massa e sua centralização e unicidade de comando punham-na em condições de vantagem na obra lenta mas segura de absorção de heréticos e cismáticos. A união pancristã abala o monopólio e põe Roma diante de uma frente única. De resto, a Igreja romana não pode aceitar ingressar no movimento como igual às outras Igrejas e isso favorece a propaganda pancristã, que pode assim criticar Roma por não querer a união de todos os cristãos por causa de seus interesses particulares, etc.

224 | CADERNOS DO CÁRCERE

§ 138. *O culto dos imperadores.* Na *Civiltà Cattolica* de 17 de agosto e 21 de setembro de 1929, publica-se um artigo do padre jesuíta G. Messina, "L'apoteosi dell'uomo vivente e il cristianesimo". Na primeira parte, Messina examina a origem do culto do imperador até Alexandre da Macedônia; na segunda parte, examina a introdução em Roma do culto imperial e a resistência dos primeiros cristãos até o Edito de Constantino.

Escreve Messina: "Na primavera de 323, foram enviados (de Atenas e Esparta) delegados a Alexandre, na Babilônia, e estes se apresentaram diante dele coroados com grinaldas, como era costume apresentar-se diante dos deuses, reconhecendo-o assim como deus. A ambição de Alexandre estava satisfeita: era ele o único dono do mundo e deus; sua vontade era a única lei. Tendo partido como representante dos gregos em sua campanha contra os persas, sentia agora que sua missão fora cumprida: não era mais representante de ninguém: diante de sua pessoa elevada à divindade, gregos e macedônios, persas e egípcios eram igualmente súditos e dependentes. Diferenças de nacionalidade e de hábitos, preconceitos de casta, tradições particulares deviam desaparecer, e todos os povos deviam ser levados a se sentir uma só coisa na obediência a um só monarca e no culto a sua pessoa." Ou seja: o culto do imperador liga-se ao império universal e ao cosmopolitismo, cuja expressão necessária é o império.

Seria interessante ver se se tentou encontrar um vínculo entre o culto do imperador e a posição do papa como vigário de Deus na Terra. Decerto, tributam-se honrarias divinas ao papa e ele é chamado de "pai comum", como Deus. O papado teria feito uma mistura entre os atributos do Sumo Pontífice e os do imperador divinizado (atributos que, para as populações do primeiro período, não deviam ser sentidos como distintos nos próprios imperadores). Assim, através do papado, deve ter nascido também o direito divino das monarquias, reflexo do culto imperial. A mesma necessidade levou no Japão ao

DOS CADERNOS MISCELÂNEOS | **225**

culto do *Micado*, que se transformou depois em solenidade civil e não mais religiosa.

Teria se verificado no cristianismo o que se verifica nos períodos de restauração em relação aos períodos revolucionários: a aceitação mitigada e camuflada dos princípios contra os quais se lutara.

§ 145. *Passado e presente. Cristianismo primitivo e não primitivo.* Na *Civiltà Cattolica* de 21 de dezembro de 1929, cf. o artigo "I novelli B.B. Martiri Inglesi difensori del primato romano". Durante a perseguição de Henrique VIII, "o bem-aventurado Fischer foi o líder da resistência, embora mais tarde o clero, *em sua maioria*, tivesse demonstrado uma recriminável e ilegítima submissão, prometendo num ato, conhecido como a 'rendição do clero', submeter ao rei a aprovação de qualquer lei eclesiástica" (15 de maio de 1532).

Quando Henrique impôs o "juramento de fidelidade" e quis ser reconhecido como chefe da Igreja, "muitos membros do clero, *diante da ameaça da perda dos bens* e da vida, infelizmente cederam, pelo menos aparentemente, mas com grave escândalo dos fiéis".

CADERNO 6 (1930-1932)

§ 23. *Passado e presente. Os católicos depois da Concordata.* É muito importante a resposta do papa aos votos de feliz Natal do S. Colégio dos Cardeais, publicada na *Civiltà Cattolica* de 4 de janeiro de 1930. Na *Civiltà Cattolica* de 18 de janeiro, publica-se a encíclica papal *Quinquagesimo ante anno* (pelos cinquenta anos de sacerdócio de Pio XI), na qual se repete que Tratado e Concordata são incindíveis e inseparáveis, "ou todos os dois se mantêm, ou ambos são necessariamente cancelados". Essa afirmação, reiterada pelo papa, tem um grande valor: talvez ela seja feita e reafirmada não apenas diante do governo italiano com o qual os dois atos foram estabelecidos, mas sobretudo como salvaguarda em caso de mudança de governo.

226 | CADERNOS DO CÁRCERE

A dificuldade está no fato de que, se o Tratado cair, o papa deveria restituir a soma que, nesse meio-tempo, foi transferida pelo Estado italiano em função do Tratado: nem teria valor o possível sofisma com base na Lei das Garantias. Será preciso examinar de que modo era incluída no orçamento do Estado a soma alocada para o Vaticano depois das Garantias, já que existia uma cláusula segundo a qual essa obrigação desapareceria se, cinco anos depois da lei, o Vaticano se recusasse a recebê-la.

§ 41. *Religião*. "Viajando, poderás encontrar cidades sem muros e sem inscrições, sem rei e sem casas (!), sem riquezas e sem o uso da moeda, privadas de teatros e ginásios (palestras). Mas uma cidade sem templos e sem deuses, que não pratique nem orações, nem juramentos, nem profecias, nem os sacrifícios para atrair o bem e afastar o mal, ninguém jamais a viu nem jamais a verá." Plutarco, adv. Col., 31.

Definição da religião em Turchi (*Manuale di storia delle religioni*, Bocca, 1922): "A palavra religião, em seu significado mais amplo, denota um vínculo de dependência que religa o homem a uma ou mais potências superiores, das quais ele se sente dependente e às quais tributa atos de culto, ora individuais, ora coletivos." No conceito de religião, portanto, estão pressupostos os seguintes elementos: 1º) a crença de que existam uma ou mais divindades pessoais que transcendem as condições terrestres temporais; 2º) o sentimento dos homens de que dependem destes seres superiores que governam totalmente a vida do cosmo; 3º) a existência de um sistema de relações (culto) entre os homens e os deuses. Salomão Reinach, no *Orpheus*, define a religião sem pressupor a crença em poderes superiores: "Um conjunto de escrúpulos (tabus) que obstaculizam o livre exercício de nossas faculdades." Essa definição é excessivamente ampla e pode compreender não só as religiões, mas também qualquer ideologia social que vise a tornar possível a convivência e, por isso, obstaculize

DOS CADERNOS MISCELÂNEOS | **227**

(através de escrúpulos) o livre (ou arbitrário) exercício de nossas faculdades.

Caberia também examinar se é possível chamar de "religião" uma fé que não tenha por objeto um deus pessoal, mas só forças impessoais e indeterminadas. No mundo moderno, abusa-se das palavras "religião" e "religioso", atribuindo-as a sentimentos que nada têm a ver com as religiões positivas. Também o puro "teísmo" não deve ser considerado uma religião; falta-lhe o culto, isto é, uma relação determinada entre o homem e a divindade.

§ 140. *Passado e presente*. O catolicismo italiano. Sobre a questão de uma possível reforma protestante na Itália, deve-se notar a "descoberta", feita em julho-agosto de 1931 (depois da encíclica sobre a Ação Católica), do que é realmente o catolicismo por parte de algumas revistas italianas (particularmente notável é o editorial de *Critica fascista* sobre a encíclica) [43]. Esses católicos descobriram, com grande espanto e sentimento de escândalo, que catolicismo é igual a "papismo". Essa descoberta não deve ter agradado muito ao Vaticano: ela é um protestantismo potencial e, como tal, é a aversão a qualquer ingerência do papa na vida interna nacional e a consideração e a proclamação do papado como um "poder estrangeiro". Essas consequências da Concordata devem ter sido surpreendentes para os "grandes" políticos do Vaticano.

§ 151. *Ação católica*. Santificação de Roberto Bellarmino, sinal dos tempos e do suposto impulso de nova potência da Igreja Católica; fortalecimento dos jesuítas, etc. Bellarmino dirigiu o processo contra Galileu e redigiu os oito motivos que levaram Giordano Bruno à fogueira. Santificado em 29 de junho de 1930; mas tem importância não esta data, e sim a data em que foi iniciado o processo de santificação. Cf. a *Vita di Galileo*, de Banfi (Ed. La Cultura), e a resenha de G. De Ruggiero na *Crítica*, onde estão documentadas as armadilhas que os jesuítas armaram e nas quais caiu Galileu. Bellarmino é autor da fórmula do *poder indireto* da Igreja sobre todas as soberanias civis. A festa de Cristo Rei (instituída em 1925 ou em 1926?), para o último domingo de outubro de todos os anos.

§ 163. *Passado e presente. As encíclicas papais.* Um exame crítico--literário das encíclicas papais. Elas são, em 90%, uma colcha de retalhos de citações genéricas e vagas, cuja finalidade parece ser a de afirmar, em qualquer ocasião, a continuidade da doutrina eclesiástica, dos Evangelhos até hoje. No Vaticano, devem ter um formidável fichário de citações para qualquer assunto: quando é preciso redigir uma encíclica, começa-se por estabelecer previamente as fichas que contêm a dose necessária de citações: tantas do Evangelho, tantas dos pais da Igreja, tantas das anteriores encíclicas. A impressão que resulta é de grande frieza. Fala-se da caridade não porque exista um tal sentimento em face dos homens reais, mas porque assim disse Mateus, e Agostinho, e "nosso predecessor de feliz memória", etc. Só quando o papa escreve (ou fala) sobre política imediata é que se sente um certo calor.

§ 164. *Católicos integristas, jesuítas, modernistas.* Ver o efeito que, no equilíbrio das forças católicas, teve a crise religiosa na Espanha. Na Espanha, a luta anticlerical teve como alvo principal os jesuítas, mas me parece que, precisamente na Espanha, os integristas seriam fortes e os jesuítas deviam ser um contrapeso a essa força: a tentativa de acordo entre o Vaticano e Alcalà Zamora, impedida pela Constituinte, devia precisamente visar a valorizar a política dos jesuítas, eliminando ou sacrificando os integristas (Segura, etc.) [44]. Mas a situação espanhola complicava-se pelo fato de que os jesuítas desempenhavam uma significativa atividade capitalista: eles dominavam algumas importantes empresas de transporte urbano e de outro tipo (verificar a exatidão dessas referências). Na Espanha, os jesuítas

DOS CADERNOS MISCELÂNEOS | **229**

tinham uma tradição particular, ou seja, a luta que travaram contra a Inquisição e os dominicanos (ver que significado teve essa luta; cf. o livro de Lea sobre a Inquisição na Espanha) [45].

§ 173. *Ação Católica.* Cf. a *Civiltà Cattolica* de 19 de abril de 1930: "Azione Cattolica e associazioni religiose." Transcreve uma carta do cardeal Pacelli e o resumo de um discurso do papa. Em março do mesmo ano, o secretário do Partido Nacional Fascista havia divulgado uma circular sobre a não incompatibilidade da participação simultânea na Ação Católica e no PNF.

§ 174. *Igreja católica. Atlas Hierarchicus. Descriptio geographica et statistica Sanctae Romanae, Ecclesiae tum Orientis, tum Occidentis juxta statum praesentem. Consilio et hortatu Sanctae Sedis Apostalicae, elaboravit P. Carulus Streit*, Paderbornae, 1929 (Ed. S. Bonifacio, Paderborn). Sobre a segunda edição, cf. *Civiltà Cattolica*, 7 de junho de 1930; sobre a primeira, *Civiltà Cattolica*, 1914, vol. III, p. 69. Contém todos os dados sobre a estrutura mundial da Igreja Católica. Entre a primeira e a segunda edição, podem ser interessantes as variações provocadas pela guerra no número dos clérigos. (Na Espanha, por exemplo, o número de padres aumentou nesse período; na Itália, ao contrário, parece que diminuiu, para voltar a crescer provavelmente depois da Concordata e dos aumentos das prebendas, etc.)

§ 175. *Ação Católica.* Para a atividade na França, cf. *Les nouvelles conditions de la vie industrielle*, Semaines Sociales de France, XXI Session, 1929, Paris, in-8º, 1930, 574 p. Seria interessante ver que assuntos foram tratados pelas Semanas Sociais nos vários países e por que certas questões jamais foram tratadas em certos países, etc.

§ 178. *Noções enciclopédicas. Teopanismo.* Termo usado pelos jesuítas, por exemplo, para indicar uma característica da religião hinduísta (mas teopanismo não significa panteísmo? Ou é empre-

230 | CADERNOS DO CÁRCERE

gado para indicar uma particular concepção religioso-mitológica, para distingui-la do "panteísmo" filosófico-superior?). Cf. *Civiltà Cattolica*, 5 de julho de 1930 (artigo "L'Induismo", p. 17-18): "Para o hinduísmo, não há diferença substancial entre Deus, homem, animal e planta: tudo é Deus, não só na crença das classes inferiores, entre as quais esse panteísmo é concebido de modo animista, mas também entre as classes altas e as pessoas cultas, em cuja maneira de pensar a essência divina se revela, em sentido teopanístico, como mundo das almas e das coisas visíveis. Embora se trate substancialmente do mesmo erro, pelo menos na maneira de concebê-lo e expressá-lo há uma distinção entre o *panteísmo* (que imagina o mundo como um ser absoluto, objeto de culto religioso: 'o todo é Deus') e o *teopanismo* (que concebe Deus como a realidade espiritual-real, da qual emanam todas as coisas: 'Deus torna-se tudo', necessariamente, incessantemente, sem princípio nem fim). Ao lado de poucos sistemas dualistas, o teopanismo é a maneira mais comum da filosofia hinduísta conceber Deus e o mundo."

§ 181. *Igreja católica. Santos e beatos.* A Congregação dos Ritos publicou (cf. o *Corriere della Sera* de 2 de dezembro de 1931) o catálogo oficial dos processos de beatificação e canonização atualmente em curso. O catálogo anterior foi publicado há dez anos e continha 328 processos; o atual registra 551. No elenco, a Itália figura com 271 processos, a França com 116, etc. Seria interessante examinar, tendo em vista uma estatística político-social, os catálogos de um período razoavelmente longo e distribuir os processos por nações, por condições sociais, etc. Caberia levar em conta várias condições: quem propõe os processos, como, etc. Seria assim possível deduzir os critérios da política que o Vaticano utiliza nessas questões e as mudanças que tal política sofreu ao longo do tempo.

§ 182. *Católicos integristas, jesuítas e modernistas. Giovanni Papini.* Da resenha do livro *Sant'Agostino* de Giovanni Papini, publicada na *Civiltà Cattolica* de 19 de julho de 1930 (p. 155), deduz-se que os católicos integristas alinharam-se contra Papini: "As invectivas de Tilgher, de resto, eram superadas pelas de um escritor anônimo e de uma notória 'Agência' clandestina, que as fornecia aos jornais de várias tendências, como sabemos: e, embora se cobrisse com o manto de catolicismo 'integrista', ela certamente não tinha nem a fé nem o interesse das almas entre suas primeiras preocupações; muito menos podia ou pode representar, com aqueles seus métodos de crítica, uma parcela qualquer dos *verdadeiros e genuínos católicos*. Com o fervor daquele zelo crítico e com a sinceridade de tais invectivas, portanto, as pessoas sábias não tinham por que se ocupar; e muito menos havia algo com que se edificar. E Papini fez muito bem em não lhes prestar atenção; e também seus amigos em não lhes dar importância" [46].

A resenha deve ser do padre Rosa, como se revela pela gramática um tanto ou quanto contorcida e por preciosidades como a de uma "Agência" que é notória mas também clandestina. Papini, defendido assim pelos jesuítas e atacado pelos integristas, e não sendo modernista, deve ser indiscutivelmente catalogado entre os jesuítas.

§ 183. *Ação Católica*. Para a pré-história da Ação Católica, cf., na *Civiltà Cattolica* de 2 de agosto de 1930, o artigo "Cesare d'Azeglio e gli albori della stampa cattolica in Italia". Por "imprensa católica", entende-se "imprensa dos católicos militantes" entre o laicato, diversa da "imprensa" católica em sentido estrito, ou seja, expressão da organização eclesiástica.

No *Corriere d'Italia* de 8 de julho de 1926 foi publicada uma carta de Filippo Crispolti, que deve ser muito interessante, no sentido de que Crispolti "observou que quem quisesse localizar os *primeiros* impulsos daquele movimento de onde surgiu, também na Itália, o agrupamento dos católicos militantes, isto é, a *inovação* que em nosso campo produziu todas as outras, deveria partir daquelas singulares sociedades piemontesas, denominadas 'Amizades', fundadas ou animadas pelo Abade Pio Brunone Lanteri" [47]. Ou seja: Crispolti reconhece que a Ação Católica é uma *inovação*, e não, como dizem as encíclicas papais, uma atividade que sempre existiu desde os Apóstolos. É uma atividade estreitamente ligada, como reação, ao Iluminismo francês, ao liberalismo, etc., à atividade dos Estados modernos no sentido de separar-se da Igreja, isto é, à reforma intelectual e moral laica bem mais radical (para as classes dirigentes) do que a Reforma protestante; atividade católica que se configura sobretudo depois de 1848, ou seja, com o fim da Restauração e da Santa Aliança.

O movimento em favor da imprensa católica do qual fala a *Civiltà Cattolica*, ligado ao nome de Cesare d'Azeglio, é interessante também por causa da atitude de Manzoni a respeito: pode-se dizer que Manzoni compreendeu o caráter reacionário da iniciativa de d'Azeglio e recusou-se elegantemente a colaborar, frustrando as expectativas de d'Azeglio com o envio da famosa carta sobre o *Romantismo*, a qual, escreve a *Civiltà Cattolica*, "dado o motivo que a provocou, pode ser considerada uma declaração de princípios. Evidentemente, a bandeira literária não passava de um véu para encobrir outras ideias, outros sentimentos que os dividiam", ou seja, a diversa posição de ambos em face do problema da defesa da religião [48].

O artigo da *Civiltà Cattolica* é essencial para o estudo da preparação da Ação Católica.

§ 186. *Ação Católica. Na Espanha.* Cf. M. De Burgos y Mazo, *El problema social y la democracia cristiana.* Em 1929, foi publicada a Primeira Parte, Tomo V (?), com 790 p., em Barcelona, Ed. L. Gili. Deve ser uma obra mastodôntica. Esse Tomo V da Primeira Parte custa 18,70 pesetas.

§ 187. *Ação Católica. Estados Unidos.* É interessante o noticiário sobre os Estados Unidos publicado na *Civiltà Cattolica* de 20 de setembro de 1930. Os católicos frequentemente recorrem ao exemplo

DOS CADERNOS MISCELÂNEOS | **233**

dos Estados Unidos para recordar sua solidez e seu fervor religioso em contraste com os protestantes, divididos entre muitas seitas e continuamente desgastados pela tendência a cair no indiferentismo ou na irreligiosidade, do que resulta o grande número de cidadãos que, nos censos, declaram não ter religião. Mas, por esse noticiário, parece que também entre os católicos o indiferentismo não é tão escasso. Citam-se os dados contidos numa série de artigos da "renomada" *Ecclesiastical Review* de Filadélfia, publicados nos meses anteriores: um pároco afirma que 44% de seus fiéis permaneceram, por muitíssimos anos, inteiramente desconhecidos, apesar dos repetidos esforços feitos, por ele e por seus assistentes eclesiásticos, para chegar a um censo exato. Com toda a sinceridade, ele admite que cerca de metade do rebanho permaneceu inteiramente alheio a seus cuidados, não tendo outro contato além daquele proporcionado por uma frequência irregular à missa e aos sacramentos. São fatos, no dizer dos próprios párocos, que têm lugar em quase todas as paróquias dos Estados Unidos.

Os católicos mantêm, a suas expensas, 7.664 escolas paroquiais, frequentadas por 2.201.942 alunos, sob a direção de religiosos de ambos os sexos. Restam outros 2.750.000 alunos (isto é, mais de 50%) que, "ou por desídia dos pais ou por residirem em locais distantes, são obrigados a frequentar as escolas do governo, arreligiosas, nas quais jamais se ouve uma palavra sobre Deus, sobre os deveres em face do Criador nem sequer sobre a existência de uma alma imortal".

Um elemento de indiferentismo é dado pelos casamentos mistos: "20% das famílias legitimamente unidas em matrimônio misto não vão à missa, se o pai não professar a fé católica; mas, quando a mãe não é católica, a estatística registra 40%. Além do mais, esses genitores negligenciam totalmente a educação cristã da prole." Tentou-se restringir esses casamentos mistos e até proibi-los; mas as condições "pioraram", já que, nesses casos, os "recalcitrantes" abandonaram a

234 | CADERNOS DO CÁRCERE

Igreja (com a prole), contraindo uniões "ilegítimas"; tais casos são de 61% se o pai é "herege", e de 94% se a "herege" for a mãe. Por isso, houve uma liberalização: negando-se a autorização de casamento misto a mulheres católicas, tem-se uma perda de 58%; se a autorização for concedida, a perda é só de 16%.

Revela-se assim que o número dos católicos nos Estados Unidos é só um número estatístico, de recenseamento, ou seja, é mais difícil que uma pessoa de origem católica declare não ter religião, em comparação com as de origem protestante. Em suma, mais hipocrisia. Disto se pode julgar a exatidão e a sinceridade das estatísticas nos países de maioria católica.

§ 188. *Ação Católica*. Sobre as origens da Ação Católica, cf. o artigo "La fortuna del La Mennais e le prime manifestazioni d'Azione Cattolica in Italia" (*Civiltà Cattolica* de 4 de outubro de 1930: é a primeira parte do artigo; a continuação aparece muito mais tarde, como se observará), o qual remete ao artigo anterior sobre Cesare d'Azeglio, etc. [49] A *Civiltà Cattolica* fala "daquele amplo movimento de ação e de ideias que se manifestou, tanto na Itália como nos outros países católicos da Europa, durante o período situado entre a primeira e a segunda revolução (1821-1831), quando foram semeados alguns daqueles germes (não diremos se eram bons ou maus) que dariam seus frutos mais tarde, em tempos mais maduros". Isso significa que o primeiro movimento de Ação Católica surgiu por ter sido impossível que a Restauração fosse realmente tal, ou seja, por ter sido impossível repor as coisas nos quadros do *Ancien Régime*. Tanto o legitimismo quanto o catolicismo se tornaram, depois de ocuparem posições globais e totalitárias no campo da cultura e da política, partidos em oposição a outros partidos e, mais que isso, partidos em posição defensiva e conservadora, obrigados assim a fazer muitas concessões aos adversários para melhor se defenderem. De resto, é esse o significado de toda a Restauração como fenômeno global europeu, e nisso consiste seu caráter fundamentalmente "liberal". O artigo da *Civiltà Cattolica* coloca um problema essencial: se Lamennais está na origem da Ação Católica, será que essa origem não contém o germe do posterior catolicismo liberal, o germe que, desenvolvendo-se em seguida, dará lugar ao Lamennais de novo tipo? Deve-se notar que todas as inovações no seio da Igreja, quando não são devidas à iniciativa do centro, têm em si algo de herético e terminam por assumir explicitamente esse caráter, até que o centro reaja energicamente, desbaratando as forças inovadoras, reabsorvendo os vacilantes e excluindo os refratários. É significativo que a Igreja jamais tenha desenvolvido amplamente o sentido da autocrítica como função central, apesar de sua tão elogiada adesão às grandes massas de fiéis. Por isso, as inovações sempre foram impostas e não propostas, e acolhidas somente *obtorto collo*. O desenvolvimento histórico da Igreja ocorreu por fracionamento (as diversas companhias religiosas são, na realidade, frações absorvidas e disciplinadas como "ordens religiosas"). Outro fato da Restauração: os governos fazem concessões às correntes liberais à custa da Igreja e de seus privilégios, e esse é um elemento que cria a necessidade de um partido da Igreja, ou seja, a Ação Católica.

O estudo das origens da Ação Católica leva assim a um estudo do lamennaisismo e de sua diferente fortuna e difusão.

§ 193. *Ação Católica. Espanha.* Cf. N. Noguer S. J., *La acción católica en la teoría y en la práctica en España y en el extranjero*, Madri, Razón y Fe, in-16º, 240-272 p., 8 pesetas.

§ 195. *Católicos integristas, jesuítas, modernistas. O caso Turmel.* Cf. o artigo "La catastrofe del caso Turmel e i metodi del modernismo critico", na *Civiltà Cattolica* de 6 de dezembro de 1930. O escrito é muito importante e o caso Turmel é de sumo interesse para a questão. Esse Turmel, mesmo continuando a ser padre, escreveu, durante mais de vinte anos, sob os mais diversos pseudônimos, artigos e livros

236 | CADERNOS DO CÁRCERE

de caráter heterodoxo, até chegar abertamente ao ateísmo [50]. Em 1930, os jesuítas conseguiram desmascará-lo e excomungá-lo como execrável: o decreto do Santo Ofício contém a lista de suas publicações e de seus pseudônimos. Sua atividade tem algo de romanesco. Resulta assim que, depois da crise modernista, constituíram-se na organização eclesiástica formações secretas: além daquela dos jesuítas (que, de resto, não são homogêneos e coesos, mas tiveram uma ala modernista — Tyrrell era jesuíta — e uma integrista —, o cardeal Billot era integrista), existiam e existem ainda uma formação secreta integrista e uma modernista. A identificação de Turmel e seus pseudônimos tem também algo de romanesco: indubitavelmente, o centro jesuíta estendera em torno dele uma vasta rede, que foi progressivamente se estreitando até aprisioná-lo. Parece que Turmel tinha protetores nas Congregações romanas, o que demonstra que os modernistas não foram todos identificados, apesar do juramento, mas ainda continuam a atuar secretamente. Turmel escreveu livros e artigos com quinze pseudônimos: Louis Colange, Henri Delafosse, Armand Dulac, Antoine Dupin, Hippolyte Gallerand, Guillaume Herzog, André Lagard, Robert Lawson, Denys Lenain, Paul Letourneur, Goulven Lézurec, Alphonse Michel, Edmond Perrin, Alexis Vanbeck, Siouville. Era frequente que Turmel, com um determinado pseudônimo, refutasse ou elogiasse artigos e livros escritos com outro pseudônimo, etc. Colaborava na *Revue d'histoire des religions* e na coleção *Christianisme*, dirigida por Couchaud para o editor Rieder.

Deve-se também levar em conta outro artigo publicado na *Civiltà Cattolica* de 20 de dezembro de 1930: "Lo spirito dell'*Action Française* a proposito di 'intelligenza' e di 'mistica'", no qual se fala do livro de Jean Héritier, *Intelligence et Mystique* (Paris, Librairie de France, 1930, in-8º, 230 p.), na coleção *Les Cahiers d'Occident,* que se propõe difundir os princípios da *defesa do Ocidente* segundo o espírito do conhecido livro de Henri Massis. Para os jesuítas, Massis e suas teorias são suspeitos; de resto, é bem conhecido o contato entre Massis e Maurras. O movimento de Massis deve ser incluído entre os do "catolicismo integrista" ou do reacionarismo católico. (Também o movimento da *Action Française* deve ser incluído entre os movimentos apoiados pelo integrismo.) Na França, o nascimento do integrismo deve ser vinculado ao movimento do *Ralliement* defendido por Leão XIII: são integristas os que desobedecem a Leão XIII e sabotam sua iniciativa. A luta de Pio X contra o "combismo" parece dar-lhes razão: e Pio X é seu papa, assim como é o papa de Maurras [51]. Em apêndice ao livro de Héritier, são publicados artigos de outros escritores que tratam do *Ralliement* e defendem, até mesmo no terreno da história religiosa, a tese de Maurras sobre o anarquismo dissolutor do cristianismo judaico e sobre a romanização do cristianismo.

§ 196. *Política do Vaticano. Malta.* Cf., na *Civiltà Cattolica* de 20 de dezembro de 1930, "Nel decimo anno della diarchia maltese". A *Civiltà Cattolica* chama de diarquia ou duplo governo a situação política criada em Malta em 1921, com a concessão de uma Constituição pela qual, mesmo permanecendo a soberania com a Inglaterra, o governo era confiado aos cidadãos. Interpretação evidentemente tendenciosa, mas útil aos católicos para propor suas agitações contra a Inglaterra protestante e impedir que os católicos percam a supremacia em Malta.

§ 202. *A Concordata.* Quando começaram as negociações para a Concordata? O discurso de 1º de janeiro de 1926 referia-se à Concordata [52]? As negociações devem ter tido várias fases, de caráter mais ou menos oficioso, antes de entrar na fase oficial, diplomática: por isso, o início das negociações pode ser situado em qualquer momento, sendo natural a tendência a aproximá-lo no tempo para fazer parecer que seu decurso foi mais rápido. Na *Civiltà Cattolica* de 19 de dezembro de 1931, na p. 548 (nota bibliográfica sobre o livro de Wilfred Parsons, *The Pope and Italy*, Washington, The America

238 | CADERNOS DO CÁRCERE

Press, 1929, in-16º, 134 p.: Parsons é diretor da revista *America*), afirma-se: "no final, rememora *fielmente* a história das negociações, que se prolongaram de 1926 a 1929".

CADERNO 7 (1930-1931)

§ 69. *Ação Católica*. Para o significado real e de política imediata e mediata da encíclica *Quadragesimo anno*, de Pio XI (comemorativa do 40º aniversário da encíclica *Rerum Novarum*), no que se refere às relações entre catolicismo e social-democracia, deve-se levar em conta a atitude do cardeal inglês Bourne e seu discurso em Edimburgo (na primeira quinzena de junho de 1931) sobre o Partido Trabalhista. Cf. os jornais católicos ingleses da época [53].

§ 73. *Ação Católica*. Além do *Annuario pontificio*, que tem caráter oficial, e de outras publicações de Almanaques etc., cf. a publicação *Annali dell'Italia Cattolica*, que, em 1930, foi editada por "Pro Familia", Milão (in-16º, 416 p., 8 liras).

§ 74. *Passado e presente. Os industriais e as missões católicas*. Sabe--se que os industriais italianos formaram um organismo para ajudar *diretamente* e de modo orgânico as missões católicas em sua obra de penetração cultural e econômica nos países atrasados. Publica-se um boletim especial para essa atividade, *Bollettino ufficiale del Comitato nazionale industriali e commercianti per le Missione Cattoliche*, Roma, in-8º. Contribuirão industriais e comerciantes, até mesmo judeus e descrentes, naturalmente, bem como a Fiat, que, nos anos do pós--guerra, ajudava a YMCA e os metodistas em Turim [54].

§ 78. *Ação Católica*. Sobre as medidas adotadas em 1931 contra a Ação Católica italiana, é interessante o artigo "Una grave questione di educazione cristiana. A proposito del Primo Congresso Internazionale dell'Insegnamento medio libero di Bruxelles (28-31 luglio 1930)", publicado na *Civiltà Cattolica* de 20 de setembro de 1930.

DOS CADERNOS MISCELÂNEOS | **239**

O *Código Social* de Malines, como se sabe, não exclui a possibilidade de insurreição armada por parte dos católicos: restringe, naturalmente, os casos em que isso é possível, mas deixa num terreno vago e incerto as condições positivas para essa possibilidade, as quais, porém, supõe-se que se refiram a certos casos extremos de supressão e limitação dos privilégios eclesiásticos e do Vaticano. Nesse artigo da *Civiltà Cattolica*, precisamente na primeira página e sem nenhuma outra observação, é reproduzido um trecho do livro de Ch. Terlinden, *Guillaume I, roi des Pays Bas, et l'Église Catholique en Belgique (1814-1830)*, Bruxelas, Dewit, 1906, tomo 2, p. 545: "Se Guilherme I não tivesse violado as liberdades e os direitos dos católicos, estes, fiéis a uma religião que determina o respeito à autoridade, jamais teriam pensado em sublevar-se nem em unir-se com os liberais, seus irreconciliáveis inimigos. Nem os liberais, que então eram poucos e tinham uma pequena influência sobre o povo, teriam podido sozinhos libertar-se do jugo estrangeiro. Sem o concurso dos católicos, a revolução belga teria sido um levante estéril, sem êxito." A citação toda é impressionante, em cada uma de suas três pequenas frases, assim como é interessante todo o pequeno artigo, no qual a Bélgica representa uma referência polêmica de atualidade.

§ 88. *Católicos integristas, jesuítas, modernistas. Roberto Bellarmino*. Pio XI, em 13 de maio de 1923, concedeu a Bellarmino o título de Beato; mais tarde (no 50º aniversário de seu sacerdócio e, portanto, numa data especialmente significativa), inscreveu-o no elenco dos Santos, com os jesuítas missionários mortos na América do Norte; em setembro de 1931, finalmente, declarou-o Doutor da Igreja Universal. Essas atenções particulares concedidas à máxima autoridade dos jesuítas depois de Inácio de Loyola permitem dizer que Pio XI, que foi chamado de papa das Missões e papa da Ação Católica, deve ser chamado sobretudo de papa dos jesuítas (de resto, as Missões e a Ação Católica são as duas meninas dos olhos da Companhia de

240 | CADERNOS DO CÁRCERE

Jesus). Deve-se observar que, na carta apostólica (traduzida) que declara Bellarmino Doutor (cf. *Civiltà Cattolica* de 7 de novembro de 1931), falando-se da Companhia em geral, Bellarmino é chamado de "verdadeiro companheiro de Jesus": por que "companheiro" e não "soldado", como se deveria dizer mais precisamente? O nome "Companhia" é apenas a tradução de *Societas* ou tem um significado militar? A palavra latina *Societas* não pode ter significado militar (pelo menos me parece), mas qual foi a intenção de Inácio de Loyola? (Recordar a ligação de Bellarmino com o processo contra Galileu.) No comentário da *Civiltà Cattolica* à *Carta apostólica*, menciona--se o fato de que o "processo" (de beatificação e de santificação) de Bellarmino foi paralisado pelas "manobras e pelas ameaças (!) dos políticos irrefletidos e adversários do pontificado, uns amigos do absolutismo real ('os integristas'), outros da subversão demagógica ('os modernistas')". A *Civiltà Cattolica* refere-se a fatos do século XVIII, mas fala depois de "seus infelizes sucessores e imitadores ho- diernos". (Parece que a beatificação de Bellarmino, no século XVIII, foi um dos elementos da luta que levou à supressão da Companhia por imposição dos Bourbons.)

Os jesuítas veem hoje na santificação e no "doutorado" uma desforra (embora o último ato papal coincida com a supressão dos jesuítas na Espanha), mas são cautelosos: "Decerto, ninguém pretende exagerar este acontecimento além da conta, ou ampliar demasiadamente sua importância, seu significado, sua oportunidade ou 'atualidade', com relação à hora presente, e muito menos com relação à insólita tempestade que devia ser não só imprevista, mas imprevisível, quando foi primeiro deliberado e depois discutido, etc., o decreto sobre a concessão do título de Doutor."

§ 94. *Trabalhismo inglês. O arcebispo de Canterbury, primaz da Igreja Anglicana, e o trabalhismo.* Durante as eleições inglesas de 1931, o candidato trabalhista W. T. Collyer afirmou numa reunião que o arcebispo de Canterbury era um dos contribuintes para o fundo do

Labour Party. Perguntou-se ao arcebispo se a afirmação era exata e seu secretário respondeu: "O arcebispo me encarrega de dizer que ele foi membro contribuinte do *Labour Party* de 1919 até 1925 ou 1926, quando julgou que um crescente mal-estar com o movimento e com o espírito e o ânimo do partido tornava impossível a continuidade de uma tal filiação (*membership*)." (Cf. o *Manchester Guardian Weekly* de 30 de outubro de 1931, p. 357.)

§ 98. *Ação Católica.* Cf., num outro caderno, o comentário de dois estudos publicados na *Civiltà Cattolica* de agosto de 1930 sobre "Cesare d'Azeglio e gli albori della stampa cattolica in Italia" e "La fortuna del La Mennais e le prime manifestazioni di Azione Cattolica in Italia" [55]. Esses estudos se referem particularmente ao floresci-mento de periódicos católicos em várias cidades italianas durante a Restauração, que visavam a combater as ideias da Enciclopédia e da Revolução Francesa que ainda perduravam, etc. Nesse movimento intelectual-político, situa-se o início do neoguelfismo italiano, que não pode, portanto, ser separado da Sociedade dos Sanfedistas (*pars magna* dessas revistas foi o Príncipe de Canossa, que residia em Mó-dena, onde era publicada uma das mais importantes revistas do gru-po) [56]. Havia no catolicismo italiano duas tendências principais: 1) a nitidamente pró-Áustria, que via a salvação do papado e da religião no gendarme imperial que garantia o *status quo* político italiano; 2) a sanfedista em sentido estrito, que afirmava a supremacia político--religiosa do papa antes de mais nada na Itália e que, por isso, era adversária dissimulada da hegemonia austríaca na Itália e favorável a um certo movimento de independência nacional (se for possível falar de nacional nesse caso). É a esse movimento que se refere a *Civiltà Cattolica* quando polemiza com os liberais do *Risorgimento* e defende o "patriotismo (e unitarismo)" dos católicos da época: mas qual foi a atitude dos jesuítas? Parece que eles foram mais pró-austríacos do que sanfedistas "independentistas".

242 | CADERNOS DO CÁRCERE

Pode-se dizer, por isso, que esse período preparatório da Ação Católica teve sua máxima expressão no neoguelfismo, isto é, num movimento de retorno totalitário à posição política da Igreja na Idade Média, à supremacia papal, etc. A catástrofe do neoguelfismo em 1848 reduz a Ação Católica à função que será doravante sua no mundo moderno: função essencialmente defensiva, apesar das profecias apocalípticas dos católicos sobre a catástrofe do liberalismo e o retorno triunfal do domínio da Igreja sobre as ruínas do Estado liberal e de seu antagonista histórico, o socialismo (portanto, abstencionismo clerical e criação do exército de reserva católico).

Nesse período da Restauração, o catolicismo militante se comporta de modo diverso segundo os Estados: a posição mais interessante é a dos sanfedistas piemonteses (De Maistre, etc.), que defendem a hegemonia do Piemonte e a função italiana da monarquia e da dinastia dos Savoia.

§ 107. *Católicos integristas, jesuítas, modernistas.* Em outra nota, cita-se o periódico *Fede e Ragione* como de caráter "integrista" (a *Civiltà Cattolica* cita-o precisamente numa sua polêmica com os integristas) [57]. *Fede e Ragione* é um semanário católico publicado em Fiésole, há cerca de 14 anos. É dirigido pelo sacerdote Paolo De Toth (pelo menos era dirigido por De Toth em 1925) e, em 1925, sua assinatura custava 15 liras, o que significa que deve se tratar de uma semirrevista.

CADERNO 8 (1931-1932)

§ 8. *Ação Católica. Publicações periódicas católicas.* (Cifras extraídas dos *Annali dell'Italia Cattolica* de 1926 e que se referem à situação existente até setembro de 1925.) Os católicos publicavam 627 periódicos, assim classificados pelos *Annali*: 1) 18 *diários*, dos quais 13 na Itália Setentrional, 3 na Central, 1 em Nápoles e 1 na Sardenha; 2) 121 *periódicos de formação e propaganda católica*, dos quais 83 no Norte,

DOS CADERNOS MISCELÂNEOS | **243**

22 no Centro, 12 no Sul, 1 na Sardenha, 4 na Sicília; 3) 17 *boletins oficiais da Ação Católica* (Junta Central e Organizações Nacionais), dos quais 1 em Bolonha, 5 em Milão, 11 em Roma; 4) 71 *publicações da Ação Católica nas dioceses*, das quais 46 no Norte, 15 no Centro, 5 no Sul, 1 na Sardenha e 3 na Sicília; 5) 42 *periódicos oficiais de obras e organizações diversas*, dos quais 26 no Norte, 15 no Centro (todos em Roma), 1 no Sul; 6) 134 *boletins diocesanos*, dos quais 44 no Norte, 33 no Centro, 43 no Sul, 2 na Sardenha, 9 na Sicília; 7) 177 *periódicos religiosos*, dos quais 89 no Norte, 53 no Centro, 25 no Sul, 3 na Sardenha, 6 na Sicília; 8) 41 *periódicos de cultura* (arte, ciências e letras), dos quais 17 no Norte, 16 no Centro, 5 no Sul, 3 na Sicília; 9) 16 *periódicos juvenis*, dos quais 10 no Norte, 2 no Centro, 2 no Sul, 2 na Sicília.

Das 627 publicações, 328 saem no Norte, 161 no Centro, 94 no Sul, 8 na Sardenha e 27 na Sicília. São essas as cifras estatísticas, mas, levando-se em conta a importância de cada publicação, o peso do Norte aumenta e muito. Para 1925, devem-se calcular cerca de 280 dioceses e 220 juntas diocesanas da Ação Católica. Seria preciso fazer uma comparação com o período 1919-1920 e com o período posterior à Concordata. A composição dos periódicos deve ter mudado muito: diários e periódicos de formação e propaganda em número muito menor, já que mais estreitamente ligados à sorte do Partido Popular e à atividade política. Recordar episódios como o da proibição, em algumas províncias, de que semanários publicassem anúncios e horários de bondes e trens, etc.

§ 14. *Temas de cultura.* I) *Sobre o pregador católico.* A Contrarreforma elaborou um tipo de pregador que é descrito no *De Predicatore Verbi Dei*, Paris, 1585. Alguns cânones: 1º) a pregação deve ser adequada ao público: portanto, deve ser diferente para um público de camponeses ou de citadinos, para nobres ou plebeus, etc.; 2º) o pregador não deve entregar-se à eloquência exterior, ao excessivo refinamento formal, etc.; 3º) não deve entrar em questões muito sutis e não deve fazer ostentação de doutrina; 4º) não deve se referir aos argumentos dos heréticos diante da multidão desinformada, etc. O tipo de pregador elaborado pela Contrarreforma pode ser encontrado modernamente no jornalista católico, já que os jornalistas, na realidade, são uma variedade cultural do pregador e do orador. O ponto 4º é particularmente interessante e serve para compreender por que, na maioria dos casos, as polêmicas com jornais católicos têm resultados estéreis: eles não só não apresentam os "argumentos dos heréticos", mas também, ao combatê-los indiretamente, os distorcem e desfiguram, já que não querem que os leitores desinformados consigam reconstruí-los a partir da própria polêmica. É frequente até que a "heresia" não seja objetada, pois se considera um mal menor deixá-la circular num dado ambiente, em vez de combatê-la e, desse modo, torná-la conhecida em ambientes ainda não contaminados.

II) *Apóstatas e seus sistemas desleais de polêmica*. Os católicos frequentemente se lamentam, e com razão, de que os apóstatas do catolicismo se servem dos argumentos dos heréticos ocultando as refutações que tais argumentos sofreram, apresentando-os assim aos desinformados como novidades originais não refutadas. Nos seminários, esses argumentos são expostos, analisados, refutados nos cursos de apologética: o padre que abandonou a batina, com enorme deslealdade intelectual, reapresenta ao público esses argumentos como se fossem uma sua criação original, como irrefutados e irrefutáveis, etc.

§ 15. *Testemunhos católicos*. "Corrompe-se e subverte-se lentamente a unidade religiosa da pátria; ensina-se a rebelião contra a Igreja, apresentando-a como simples sociedade humana, que se arrogaria direitos que não tem, e, de modo indireto, golpeia-se também a sociedade civil, preparando-se os homens para a intolerância com qualquer jugo. Pois, abalado o jugo de Deus e da Igreja, que outro existirá que possa deter o homem e obrigá-lo ao duro dever da vida cotidiana?": *Civiltà Cattolica*, 2 de janeiro de 1932, último trecho do artigo "Il Regno di Dio secondo alcuni filosofi moderni". Expressões desse tipo tornaram-se cada vez mais frequentes na *Civiltà Cattolica* (ao lado das expressões que propõem a filosofia de Santo Tomás como "filosofia nacional" italiana, como "produto nacional" que deve ser preferido aos produtos estrangeiros); e isso é pelo menos estranho, já que constitui a teorização explícita da religião como instrumento de ação política.

§ 63. *Ação Católica.* Sobre os literatos católicos, cf. *Il Ragguaglio dell'attività culturale e letteraria dei cattolici in Italia. 1932*, Florença, Ed. "Ragguaglio", 1932, 490 p., 10 liras. Sai desde 1930. (Prefácio de G. Papini.)

§ 95. *Católicos integristas — jesuítas — modernistas.* Nas memórias de Alfred Loisy, podem ser encontrados elementos para esta rubrica: Alfred Loisy, *Mémoires pour servir à l'histoire ecclésiastique de notre temps*, publicado em 1930 ou 1931 (cerca de 2.000 p., in-8º) [58].

§ 97. *Passado e presente.* Uma reflexão que se lê frequentemente é a de que o cristianismo se difundiu no mundo sem necessidade da ajuda das armas. Não me parece justo. Pode-se dizer isso até o momento em que o cristianismo se tornou religião de Estado (ou seja, até Constantino); mas, a partir do momento em que se tornou o modo exterior de pensar de um grupo dominante, sua fortuna e sua difusão não se podem distinguir da história geral e, portanto, das guerras; toda guerra foi também, sempre, guerra de religião.

§ 111. *Religião.* A contradição criada pelos intelectuais que não creem, que chegaram ao ateísmo e a "viver sem religião" através da ciência ou da filosofia, mas que afirmam ser a religião necessária para a organização social: a ciência seria contra a vida, haveria contradição

246 | CADERNOS DO CÁRCERE

entre ciência e vida. Mas como pode o povo amar esses intelectuais, considerá-los elementos da própria personalidade nacional?

A situação se reproduz em Croce, embora de modo menos escandaloso do que ocorre com alguns intelectuais franceses (nisso, Taine é clássico e criou os Maurras do nacionalismo integral). Parece-me que Croce se refira com desprezo, em algum lugar, ao *Disciple* de Bourget; mas não será exatamente esse o assunto tratado por Bourget, embora com aquele "dedutivismo" racionalista que é próprio da cultura francesa [59]?

Posição de Kant, entre a *Crítica da razão pura* e a *Crítica da razão prática*, no que se refere a Deus e à religião.

§ 129. *Ação Católica*. A debilidade de toda organização nacional da Ação Católica consiste no fato de que sua ação é limitada e continuamente perturbada pelas necessidades de política internacional e interna da Santa Sé em cada Estado. À medida que cada Ação Católica nacional se amplia e se transforma em organismo de massa, tende a se tornar um verdadeiro partido, cujas diretrizes são impostas pelas necessidades internas da organização; mas este processo jamais pode se tornar orgânico, precisamente por causa da intervenção da Santa Sé. Talvez se deva buscar nesse fato a razão pela qual a Ação Católica jamais foi bem aceita na Alemanha: o Centro já evoluíra de tal modo como força político-parlamentar, empenhada nas lutas internas alemãs, que qualquer formação ampla da Ação Católica, controlada rigorosamente pelo episcopado, comprometeria o poder efetivo e as possibilidades de desenvolvimento desse partido. Deve-se recordar o conflito ocorrido entre o Centro e o Vaticano, quando o Vaticano quis que o Centro aprovasse as leis militares de Bismarck, às quais o Centro se opusera vigorosamente.

Desenvolvimento semelhante na Áustria, onde o clericalismo sempre foi forte politicamente como partido e não necessitava de uma ampla organização permanente como a da Ação Católica, mas

DOS CADERNOS MISCELÂNEOS | **247**

só de rebanhos eleitorais inorgânicos, sob o tradicional controle dos párocos.

§ 155. *Passado e presente. Apólogos. Observações sobre a religião.* A opinião corrente é a seguinte: não se deve destruir a religião se não se tem algo com que substituí-la na alma dos homens [60]. Mas como se faz para saber quando uma substituição ocorreu e o velho pode ser destruído?

Outro modo de pensar ligado ao primeiro: a religião é necessária para o povo, ou melhor, como se diz nesses casos, para o "vulgo". Naturalmente, cada um acredita que não é mais "vulgo", mas que vulgo são todos os seus próximos; e, por isso, diz que também para ele é necessário fingir que é religioso, a fim de não perturbar o espírito dos outros e lançá-los na dúvida. Ocorre, assim, que são muitos os que não mais creem, cada qual convencido de que é superior aos outros porque não tem necessidade de superstições para ser honesto, mas convencido também de que deve mostrar que "crê" por respeito aos outros.

CADERNO 9 (1932)

§ 29. *Ação Católica. França.* Nos volumes que reúnem as atas das várias sessões das *Semanas Sociais*, publica-se o índice alfabético e analítico das matérias tratadas em todas as Semanas Sociais precedentes. A XXIII sessão, de 1931, realizada em Mulhouse, tratou de *La Morale Chrétienne et les Affaires* (Lyon, J. Gabalda, 1931, in-8º, 610 p., 30 francos). Esse volume não contém os índices mencionados, que são publicados à parte.

§ 30. *Católicos integristas, jesuítas, modernistas.* Em 6 de abril de 1932, foi inscrita no *Índice* a obra de Felix Sartiaux, *Joseph Turmel, prêtre, historien des dogmes*, Paris, Ed. Rieder. Trata-se de uma defesa de Turmel, depois dos últimos mirabolantes episódios ocorridos com esse excepcional exemplar do mundo clerical francês.

248 | CADERNOS DO CÁRCERE

§ 31. *Ação Católica. Luta em torno da filosofia neoescolástica.*
Polêmicas recentes de católicos como Gorgerino e Siro Contri (são
a mesma pessoa?) contra o padre Gemelli [61]. Gemelli escreveu,
em 1932, *Il mio contributo alla filosofia neoscolastica*, Milão, Vita
e Pensiero, in-8º, 106 p., 5 liras. Siro Contri escreve que a filosofia
da Universidade Católica deve ser doravante chamada de "arqueo-
escolástica", pois parece que — depois das tentativas de conciliar
o tomismo, primeiro com o positivismo, depois com o idealismo,
a fim de pôr o pensamento católico em sintonia com as exigências da vida moderna — Gemelli (ajudado pelos jesuítas, que o
defenderam na *Civiltà Cattolica* contra os ataques de Gorgerino)
quer retornar ao "tomismo" puro das origens. Deve-se ver se essa
"conversão" de Gemelli não está ligada à Concordata e à excepcional
posição de monopólio que os católicos, dadas suas possibilidades de
concentração das forças intelectuais, podem conquistar no mundo
da alta cultura oficial e educacional italiana. Para isso, é certamente
necessário romper todos os laços e renunciar a todas as formas de
combinação com filosofias acatólicas (ao contrário do que antes
era preciso fazer) e apresentar-se como filosofia intransigente e
exclusivista. Das publicações de Contri deduz-se que Gemelli, no
fundo, não tem o menor interesse por nenhuma filosofia: para ele,
a filosofia é uma "mentira". Seus interesses são puramente práticos, de conquista do mercado cultural por parte do catolicismo;
e sua atividade tem como objetivo assegurar ao Vaticano aquele
poder indireto sobre a sociedade e sobre o Estado que é o objetivo
estratégico essencial dos jesuítas e que foi teorizado por Roberto
Bellarmino, seu atual santo.

(Contri iniciou, ou está para iniciar, a publicação de uma nova
revista, *Criterion*, de "verdadeira" neoescolástica, e publicou uma
Piccola enciclopedia filosofica, Ed. Galleri, Bolonha, 12 liras.)

DOS CADERNOS MISCELÂNEOS | **249**

CADERNO 14 (1932-1935)

§ 20. *Católicos integristas, jesuítas, modernistas.* A primeira encíclica papal contra as manifestações políticas e filosóficas da época moderna (liberalismo, etc.) teria sido de 1832, a *Mirari Vos* de Gregório XVI, à qual se teria seguido a encíclica *Quanta cura* de Pio IX, de 8 de setembro de 1864, acompanhada do *Sillabo*; a terceira seria a encíclica *Pascendi* de Pio X, contra o modernismo. Essas são as três encíclicas "orgânicas" contra o pensamento moderno, mas não me parece que sejam os únicos documentos do gênero. Para o período anterior a 1864, pode-se encontrar no *Sillabo* o elenco das outras encíclicas e dos diversos documentos papais contra o pensamento moderno. Para o período de 1864 a 1907 (8 de setembro, como no caso do *Sillabo*), não me lembro se existem referências na encíclica *Pascendi*, a qual, de resto, tem um caráter particular, não tanto porque combate o pensamento moderno como tal, mas pelo fato de ter conseguido penetrar na organização eclesiástica e na atividade científica propriamente católica. Mas, na literatura polêmica, não será difícil encontrar as indicações bibliográficas (na *Civiltà Cattolica*, podem-se encontrar as manifestações posteriores a 1908, que são ainda mais interessantes na medida em que se referem a atividades estatais). De qualquer modo, essas três encíclicas de 1832, 1864 e 1907 são as mais orgânicas e compreensivas teoricamente; é a elas que se deve recorrer para fixar as lutas internas entre integristas, jesuítas e modernistas.

Além dessas, não se podem ignorar as outras encíclicas "construtivas", das quais são típicas a *Rerum Novarum* e a *Quadragesimo anno*, que complementam as grandes encíclicas teóricas contra o pensamento moderno e buscam resolver a seu modo alguns dos problemas ligados e correlatos a tal pensamento. (Não se deve esquecer que algumas pesquisas para esta rubrica estão ligadas àquelas para a rubrica sobre a "História da Ação Católica"; ou seja, os dois estudos são inseparáveis, em certo sentido, e assim devem ser elaborados [62].)

250 | CADERNOS DO CÁRCERE

§ 52. *Católicos integristas, jesuítas, modernistas.* Na *Cultura* de outubro-dezembro de 1932 (p. 846 e ss.), Luigi Salvatorelli escreve sobre Joseph Turmel, resenhando estes dois livros: 1) Félix Sartiaux, *Joseph Turmel, prêtre historien des dogmes*, Paris, Rieder, 1931, 295 p.; 2) J. Turmel, *Histoire des dogmes. I. Le péché originel — La rédemption*, Paris, Rieder, 1931. O livro de Sartiaux é indispensável para a avaliação do caso Turmel. Segundo Salvatorelli, Turmel jamais teria sido um modernista, na medida em que nunca "concebeu a ideia de uma transformação da Igreja e do dogma". E aqui se coloca o problema, para a exata redação dessa rubrica, do que se deve entender por "modernista". É evidente que não existe um modelo fixo e facilmente identificável do "modernista" e do "modernismo", assim como não existe modelo para qualquer "-ista" e "-ismo". Tratou-se de um movimento complexo e múltiplo, com várias acepções: 1) a que os modernistas davam de si mesmos; 2) a que os adversários davam do modernismo. E as duas certamente não coincidiam. Pode-se dizer que existiam diversas manifestações do modernismo: 1) a político-social, que tendia a reaproximar a Igreja das classes populares e, portanto, era favorável ao socialismo reformista e à democracia (essa manifestação talvez seja a que mais contribuiu para provocar a luta dos católicos integristas, estreitamente ligados às classes mais reacionárias e, sobretudo, à nobreza rural e aos latifundiários em geral, como o demonstram o exemplo francês da *Action Française* e o exemplo italiano do "Centro católico"), ou seja, era genericamente favorável às correntes liberais; 2) a "científico-religiosa", ou seja, que defende uma nova atitude diante do "dogma" e da "crítica histórica" da tradição eclesiástica, e, portanto, tende a uma reforma intelectual da Igreja. Nesse terreno, a luta entre modernistas e católicos integristas foi menos áspera; aliás, segundo os jesuítas, houve muitas vezes aliança e convergência entre as duas forças, isto é, as revistas católicas integristas publicaram escritos dos modernistas (segundo a *Civiltà*

Cattolica, a revista de monsenhor Benigni frequentemente publicou trabalhos de Buonaiuti contra os jesuítas). Isso, naturalmente, nos bastidores, já que, em cena aberta, a luta devia se apresentar de modo especial, aliás de modo único, como religiosa; o que não impediu que os católicos integristas apoiassem um ateu declarado como Maurras e que, para Maurras, a questão não pudesse deixar de ser tão somente política e social. Para os jesuítas, Turmel era e é um modernista no sentido "científico" (embora Turmel seja realmente ateu, ou seja, alguém que se situa no plano da consciência completamente fora do campo religioso, ainda que continue a ser "padre" por motivos subalternos, o que parece ser um caso bastante comum entre o clero, como se depreende do livro de Sartiaux ou das *Memórias* de Loisy). O que importa observar aqui é que modernismo, jesuitismo e integrismo, todos eles têm significados mais amplos do que os estritamente religiosos: são "partidos" no "império absoluto internacional" que é a Igreja romana. E não podem deixar de pôr sob forma religiosa problemas que muitas vezes são puramente mundanos, de "domínio".

§ 55. *Ação Católica.* Dom Ernesto Vercesi iniciou a publicação de uma obra, *I Papi del secolo XIX*, da qual saiu o primeiro volume sobre Pio VII (340 p., Turim, Società Editrice Internazionale, 12 liras). Para um estudo da Ação Católica, é preciso estudar a história geral do papado e de sua influência na vida política e cultural do século XIX (talvez até mesmo a partir da época das monarquias esclarecidas, do "josefismo", etc., que é o "prefácio" para a limitação da Igreja na sociedade civil e política) [63]. O livro de Vercesi é também escrito contra Croce e sua *Storia d'Europa*. O essencial do livro de Vercesi parece estar sintetizado nas seguintes palavras: "O século XIX atacou o cristianismo em seus mais diferentes aspectos, nos terrenos político, religioso, social, cultural, histórico, filosófico, etc. O resultado definitivo foi que, no crepúsculo do século XIX, o cristianismo em geral, especialmente o catolicismo romano, era mais forte, mais ro-

252 | CADERNOS DO CÁRCERE

busto do que no alvorecer desse mesmo século. Esse é um fato que não pode ser contestado pelos historiadores imparciais." Até mesmo um único fato demonstra que isso pode ser "contestado", ou seja, o fato de que o catolicismo tornou-se um partido entre os outros, passou do gozo incontestado de certos direitos à defesa destes e à reivindicação deles como direitos perdidos. Decerto, é incontestável que, sob determinados aspectos, a Igreja reforçou algumas de suas organizações, tornou-se mais concentrada, estreitou suas fileiras, fixou melhor determinados princípios e certas diretrizes; mas isso significa precisamente uma sua menor influência na sociedade e, portanto, a necessidade da luta e de uma mais intensa militância. Também é verdade que muitos Estados não lutam mais contra a Igreja, mas isso porque querem se servir dela e subordiná-la a seus próprios fins. Seria possível fazer uma relação de atividades específicas nas quais a Igreja conta muito pouco e se refugiou em posições secundárias; de resto, sob alguns aspectos, ou seja, do ponto de vista da crença religiosa, é verdade que o catolicismo reduziu-se em grande parte a uma superstição de camponeses, de doentes, de velhos e de mulheres. Na filosofia, que influência tem hoje a Igreja? Em que Estado o tomismo é a filosofia predominante entre os intelectuais? E, socialmente, onde é que a Igreja dirige e modela com sua autoridade as atividades sociais? Precisamente o impulso cada vez maior dado à Ação Católica demonstra que a Igreja perde terreno, embora ocorra que, ao recuar, ela se concentre e oponha maior resistência, "parecendo" assim (relativamente) mais forte.

CADERNO 15 (1933)

§ 40. *Ação Católica*. Importância especial da Ação Católica francesa. É evidente que, na França, a Ação Católica dispõe de um pessoal muito mais selecionado e preparado do que nos outros países. As *Semanas sociais* trazem à discussão temas de interesse mais amplo

DOS CADERNOS MISCELÂNEOS | **253**

e atual que nos outros países. Seria interessante uma comparação entre as *Semanas* francesas e as italianas. Além disso, os católicos exercem uma influência intelectual na França que não exercem em outros locais, e essa influência é mais bem centralizada e organizada (isso para o setor católico, entenda-se, que na França, em alguns aspectos, é limitado pela existência de uma forte centralização da cultura laica). Na França, de resto, foi constituída a *Union Catholique d'Etudes Internationales*, entre cujas iniciativas está a realização de uma especial *Semana Católica Internacional*. Enquanto se reúne a Assembleia anual da Sociedade das Nações, personalidades católicas de cada país se reúnem na França durante uma semana e discutem os problemas internacionais, contribuindo para criar uma unidade concreta de pensamento entre os católicos de todo o mundo. Sob o véu da cultura, trata-se evidentemente de uma Internacional laica católica, distinta do Vaticano e alinhada com a atividade política parlamentar dos partidos populares. Na *Civiltà Cattolica* de 6 de maio de 1933, resenha-se o volume que recolhe as conferências pronunciadas na terceira dessas Semanas Internacionais (*Les grandes activités de la Société des Nations devant la pensée chrétienne. Conférences de la troisìeme Semaine catholique internationale 14-20 septembre 1931*, Éditions Spes, Paris, 1932, in-16º, 267 p., 15 francos). Merece referência a resposta que dá a essa pergunta, em sua conferência, o professor Halecki, da Universidade de Varsóvia: "Por que a Igreja, depois de dois mil anos de propagação da paz, ainda não nos pôde proporcioná-la?" A resposta é a seguinte: "O ensinamento de Cristo e de sua Igreja dirige-se individualmente à pessoa humana, a cada alma em particular. É esta verdade que nos explica por que o cristianismo só pode atuar muito lentamente sobre as instituições e sobre as atividades práticas coletivas, tendo de conquistar uma alma após a outra e de recomeçar este esforço a cada nova geração." Para a *Civiltà Cattolica*, trata-se de uma "boa resposta, que pode ser reforçada com

254 | CADERNOS DO CÁRCERE

a consideração bastante simples de que a ação pacificadora da Igreja é contrastada e continuamente suprimida por aquele resíduo irredutível (*sic*) de paganismo que sobrevive até hoje e inflama as paixões da violência. A Igreja é um bom médico e oferece remédios salutares à sociedade enferma; mas esta última recusa total ou parcialmente tais remédios". Resposta muito sofística e de fácil refutação: de resto, ela entra em contradição com outras pretensões clericais. Quando convém, os clericais pretendem que um país é 99% católico, para deduzir disso uma particular posição de direito da Igreja em relação ao Estado, etc. Quando convém, tornam-se muitíssimo pequenos, etc. Se fosse verdade o que diz o professor Halecki, a atividade da Igreja em dois mil anos teria sido um trabalho de Sísifo e assim deveria continuar a ser. Mas que valor se deveria dar a uma instituição que jamais construiu algo capaz de se prolongar de geração em geração por força própria, que em nada modifica a cultura e a concepção do mundo de nenhuma geração, tanto que é sempre necessário recomeçar tudo do início? O sofisma é claro: quando convém, a Igreja identifica-se com a própria sociedade (ou pelo menos com 99% dela); quando não convém, a Igreja é apenas a organização eclesiástica ou até mesmo a pessoa do papa. Nesse caso, a Igreja é um "médico" que prescreve os remédios à sociedade, etc. Assim, é muito curioso que os jesuítas falem de "resíduo irredutível" de paganismo: se é irredutível, não desaparecerá jamais, a Igreja jamais triunfará, etc.

CADERNO 17 (1933-1935)

§ 26. *A Ação Católica*. No outono de 1892, realizou-se em Gênova um Congresso católico italiano dos estudiosos das ciências sociais; nele se observou que "a necessidade do momento presente, não certamente a única necessidade, mas tão urgente como outra qualquer, é a reivindicação científica da ideia cristã. A ciência não pode dar a fé, mas pode impor o respeito aos adversários e pode levar as inteligências a reconhecer a necessidade social e o dever individual (!) da fé". Em

DOS CADERNOS MISCELÂNEOS | **255**

1893, sob o impulso desse Congresso, patrocinado por Leão XIII (a encíclica *Rerum Novarum* é de 1891), foi criada a *Rivista Internazionale Di scienze Sociali e Discipline ausiliarie,* que ainda se publica. No número da revista de janeiro de 1903, são resumidas as atividades da década.

A atividade dessa revista, que nunca foi muito "barulhenta", deve ser estudada também em relação com a da *Critica Sociale*, da qual deveria ser o contraponto [64].

III.

AMERICANISMO E FORDISMO

1. Caderno 22

(1934)

Americanismo e fordismo

§ 1. Série de problemas que devem ser examinados nesta rubrica geral e um pouco convencional, "Americanismo e fordismo", depois de ter sido levado em conta o fato fundamental de que as soluções desses problemas são necessariamente formuladas e tentadas nas condições contraditórias da sociedade moderna, o que determina complicações, posições absurdas, crises econômicas e morais de tendência frequentemente catastrófica, etc. Pode-se dizer, de modo genérico, que o americanismo e o fordismo resultam da necessidade imanente de chegar à organização de uma economia programática e que os diversos problemas examinados deveriam ser os elos da cadeia que marcam precisamente a passagem do velho individualismo econômico para a economia programática: esses problemas nascem das várias formas de resistência que o processo de desenvolvimento encontra em sua evolução, formas que provêm das dificuldades presentes na *societas rerum* e na *societas hominum* [1]. Que uma tentativa progressista seja iniciada por uma ou por outra força social não é algo sem consequências fundamentais: as forças subalternas, que teriam de ser "manipuladas" e racionalizadas de acordo com as novas metas, necessariamente resistem. Mas resistem também alguns setores das forças dominantes, ou, pelo menos, aliados das forças dominantes. O proibicionismo, que era nos Estados Unidos uma condição necessária para desenvolver o novo tipo de trabalhador adequado a uma indústria "fordizada", foi derrubado pela oposição de forças marginais, ainda atrasadas, e não certamente pela oposição dos industriais ou dos operários. Etc. [2]

Registro de alguns dos problemas mais importantes ou interessantes no essencial, embora à primeira vista pareçam não ser de primeiro

262 | CADERNOS DO CÁRCERE

plano: 1) substituição da atual camada plutocrática por um novo mecanismo de acumulação e distribuição do capital financeiro, baseado imediatamente na produção industrial; 2) questão sexual; 3) questão de saber se o americanismo pode constituir uma "época" histórica, ou seja, se pode determinar um desenvolvimento gradual do tipo (examinado em outros locais) das "revoluções passivas" próprias do século passado, ou se, ao contrário, representa apenas a acumulação molecular de elementos destinados a produzir uma "explosão", ou seja, uma revolução de tipo francês [3]; 4) questão da "racionalização" da composição demográfica europeia; 5) questão de saber se o desenvolvimento deve ter seu ponto de partida no interior do mundo industrial e produtivo ou se pode ocorrer a partir de fora, através da construção cautelosa e maciça de uma estrutura jurídica formal que guie a partir de fora os desenvolvimentos necessários do aparelho produtivo; 6) questão dos chamados "altos salários" pagos pela indústria "fordizada" e racionalizada; 7) o fordismo como ponto extremo do processo de sucessivas tentativas da indústria no sentido de superar a lei tendencial da queda da taxa de lucro; 8) a psicanálise (sua enorme difusão no após-guerra) como expressão do aumento da coerção moral exercida pelo aparelho estatal e social sobre os indivíduos e das crises mórbidas que essa coerção determina; 9) o Rotary Club e a Maçonaria; 10) (...) [4]. {B}

§ 2. *Racionalização da composição demográfica europeia.* Na Europa, as diversas tentativas de introduzir alguns aspectos do americanismo e do fordismo são devidas à velha camada plutocrática, que gostaria de conciliar o que, até prova em contrário, parece inconciliável: a velha e anacrônica estrutura social-demográfica europeia com uma forma moderníssima de produção e de modo de trabalhar, como aquela oferecida pelo tipo americano mais aperfeiçoado, a indústria de Henry Ford [5]. É por isso que a introdução do fordismo encontra tantas resistências "intelectuais" e "morais" e ocorre sob formas particularmente brutais e insidiosas, através da mais extre-

CADERNO 22 | **263**

mada coerção. Para dizê-lo em palavras pobres, a Europa quer fazer a omelete sem quebrar os ovos, ou seja, quer todos os benefícios que o fordismo produz no poder de concorrência, mas conservando seu exército de parasitas que, ao devorar enormes quantidades de mais-valia, agrava os custos iniciais e debilita o poder de concorrência no mercado internacional. Portanto, a reação europeia ao americanismo deve ser examinada com atenção: dessa análise resultarão vários elementos necessários para compreender a atual situação de uma série de Estados do Velho Continente e os acontecimentos políticos do após-guerra.

O americanismo, em sua forma mais completa, exige uma condição preliminar, da qual não se ocuparam os americanos que trataram desses problemas, já que na América ela existe "naturalmente": essa condição pode ser chamada de "uma composição demográfica racional", que consiste no fato de que não existem classes numerosas sem uma função essencial no mundo produtivo, isto é, classes absolutamente parasitárias. A "tradição", a "civilização" europeia, ao contrário, caracteriza-se pela existência de tais classes, criadas pela "riqueza" e pela "complexidade" da história passada, que deixou um grande número de sedimentações passivas através dos fenômenos de saturação e fossilização do pessoal estatal e dos intelectuais, do clero e da propriedade fundiária, do comércio de rapina e do exército, o qual foi inicialmente profissional e depois passou a basear-se no recrutamento, mas é ainda profissional no nível do oficialato. Aliás, pode-se dizer que, quanto mais antiga é a história de um país, tanto mais numerosas e gravosas são essas sedimentações de massas ociosas e inúteis que vivem do "patrimônio" dos "avós", desses pensionistas da história econômica. Uma estatística desses elementos economicamente passivos (em sentido social) é dificílima, já que é impossível encontrar a "rubrica" capaz de defini-los tendo em vista uma pesquisa direta; indicações esclarecedoras podem ser obtidas indiretamente, como, por exemplo, pela existência de determinadas formas de vida nacional.

O número relevante de grandes e médios (e também pequenos) aglomerados de tipo urbano sem indústria (fábricas) é um desses indícios, e dos mais significativos.

O chamado "mistério de Nápoles". Cabe recordar as observações de Goethe sobre Nápoles e as "consoladoras" conclusões "morais" que delas extraiu Giustino Fortunato (o opúsculo de Fortunato sobre Goethe e seu juízo sobre os napolitanos foi reeditado pela Bibliotheca Editrice de Rieti na coleção "Quaderni Critici", dirigida por Domenico Petrini; sobre o opúsculo de Fortunato, deve-se ler a resenha de Luigi Einaudi na *Riforma Sociale*, talvez de 1912) [6]. Goethe tinha razão ao demolir a lenda do '*lazzaronismo*' orgânico dos napolitanos e ao sublinhar que, pelo contrário, eles são muito ativos e laboriosos. Mas a questão consiste em ver qual é o resultado efetivo dessa laboriosidade: ela não é produtiva e não se destina a satisfazer as necessidades e as exigências de classes produtivas. Nápoles é a cidade onde a maior parte dos proprietários rurais do Sul (nobres e plebeus) gasta a renda da terra. É em torno de algumas dezenas de milhares dessas famílias de proprietários, de maior ou menor importância econômica, com suas cortes de servos e lacaios diretos, que se organiza a vida prática de uma significativa parcela da cidade, com suas indústrias artesanais, com suas profissões ambulantes, com a enorme pulverização da oferta imediata de mercadorias e serviços aos desocupados que circulam pelas ruas. Uma outra importante parcela da cidade se organiza em torno da circulação de mercadorias e do comércio por atacado. A indústria "produtiva" (no sentido de que cria e acumula novos bens) é relativamente pequena, embora Nápoles seja incluída nas estatísticas oficiais como a quarta cidade industrial da Itália, depois de Milão, Turim e Gênova.

Essa estrutura econômico-social de Nápoles (sobre a qual hoje é possível, através da atividade dos Conselhos Provinciais da Economia Corporativa, ter informações bastante exatas) explica grande parte da história da cidade, tão plena de contradições aparentes e de espinhosos problemas políticos.

A situação de Nápoles se repete ampliadamente em Palermo e em Roma, bem como em toda uma numerosa série (as famosas "cem cidades") de cidades não só da Itália Meridional e das Ilhas, mas também da Itália Central e até mesmo Setentrional (Bolonha em boa parte, Parma, Ferrara, etc.). Pode-se repetir, para parcela significativa da população desse tipo de cidade, o provérbio popular: quando um cavalo caga, cem pássaros almoçam.

O fato que ainda não foi convenientemente estudado é o seguinte: a média e a pequena propriedade rural não estão em mãos de camponeses produtivos, mas de burgueses da cidadezinha ou da aldeia, e essa terra é concedida em meação primitiva (ou seja, com o aluguel pago *in natura* e em serviços) ou em enfiteuse; existe assim um volume enorme (em relação à renda bruta) de pequena e média burguesia de "pensionistas" e "rentistas", o que criou, numa certa literatura econômica digna do *Cândido*, a monstruosa figura do chamado "produtor de poupança", isto é, de um setor de população economicamente passiva, que não apenas extrai do trabalho primitivo de um certo número de camponeses o próprio sustento, mas que ainda consegue poupar: modo de acumulação de capital dos mais monstruosos e malsãos, já que fundado na iníqua exploração usurária de camponeses mantidos no limite da fome e que custa enormemente; e já que, ao pequeno capital poupado, corresponde uma enorme despesa, como é aquela necessária para manter o nível de vida muitas vezes elevado de uma importante massa de absolutos parasitas. (O fenômeno histórico pelo qual se formou na península italiana, em sucessivas ondas, depois da queda das Comunas medievais e da decadência do espírito de iniciativa capitalista da burguesia urbana, essa situação anormal, geradora de estagnação histórica, é

266 | CADERNOS DO CÁRCERE

chamado pelo historiador Niccolò Rodolico de "volta à terra"; e foi assumido até mesmo como índice de benéfico progresso nacional, demonstrando assim como as frases feitas podem entorpecer o senso crítico [7].)

Uma outra fonte de parasitismo absoluto foi sempre a administração do Estado. Renato Spaventa calculou que, na Itália, um décimo da população (cerca de quatro milhões de habitantes) vive à custa do orçamento estatal [8]. Ocorre ainda hoje que homens relativamente jovens (com pouco mais de 40 anos), de ótima saúde, no pleno vigor das forças físicas e intelectuais, depois de vinte e cinco anos de serviço público, não se dediquem mais a nenhuma atividade produtiva, mas vegetem com aposentadorias mais ou menos elevadas, ao passo que um operário só pode desfrutar de uma aposentadoria depois de 65 anos e um camponês não tem limite de idade para o trabalho (por isso, o italiano médio se surpreende quando ouve dizer que um americano multimilionário continua ativo até o último dia de sua vida consciente). Se numa família um padre se torna cônego, imediatamente o "trabalho manual" se torna "uma vergonha" para toda a parentela; no máximo, é possível dedicar-se ao comércio.

A composição da população italiana já se tornara "malsã" por causa da emigração a longo prazo e da escassa ocupação das mulheres nos trabalhos que produzem novos bens; a relação entre população "potencialmente" ativa e população passiva era uma das mais desfavoráveis da Europa (cf. as pesquisas sobre isso do professor Mortara, por exemplo, nas *Prospettive economiche* de 1922). Tal relação é ainda mais desfavorável se se leva em conta: 1) as doenças endêmicas (malária, etc.), que diminuem a média individual do potencial de força do trabalho; 2) o estado crônico de desnutrição de muitos estratos inferiores do campesinato (como se depreende das pesquisas do professor Mário Camis, publicadas na *Riforma Sociale* de 1926, cujas médias nacionais deveriam ser desagregadas por médias de classe: se a média nacional mal alcança o padrão fixado pela ciência como indispensável, é óbvio concluir pela desnutrição crônica de um estrato não indiferente da população. Quando foi discutida no Senado a proposta orçamentária para o ano 1929-1930, o deputado Mussolini afirmou que, em algumas regiões, durante períodos inteiros, vive-se apenas de hortaliças: cf. as *Atas parlamentares* da sessão, bem como o discurso do senador Ugo Ancona, cujas veleidades reacionárias foram prontamente rebatidas pelo chefe do governo) [9]; 3) o desemprego endêmico existente em algumas regiões agrícolas, que não aparece nas pesquisas oficiais; 4) a massa de população absolutamente parasitária, que é enorme e põe a seu serviço o trabalho de outra enorme massa indiretamente parasitária, bem como a "semiparasitária", que é tal porque multiplica de modo anormal e malsão atividades econômicas subordinadas, como o comércio e as atividades intermediárias em geral.

Essa situação não se verifica apenas na Itália; em maior ou menor escala, existe em todos os países da velha Europa e, de modo ainda pior, existe na Índia e na China, o que explica a estagnação da história nesses países e sua impotência político-militar. (No exame desse problema, não está imediatamente em questão a forma de organização econômico-social, mas a racionalidade das proporções entre os diversos setores da população no sistema social existente: cada sistema tem uma lei das proporções definidas na composição demográfica, um equilíbrio "ótimo" e desequilíbrios que, se não forem oportunamente corrigidos através da legislação, podem se tornar em si mesmos catastróficos, já que fazem secar as fontes da vida econômica nacional, para não falar de todos os outros elementos de dissolução [10].)

A América não tem grandes "tradições históricas e culturais", mas tampouco está sufocada por essa camada de chumbo: é essa uma das principais razões — certamente mais importante do que a chamada riqueza natural — de sua formidável acumulação de capitais, malgrado o nível de vida de suas classes populares ser superior ao europeu.

268 | CADERNOS DO CÁRCERE

A inexistência dessas sedimentações viscosamente parasitárias, legadas pelas fases históricas passadas, permitiu uma base sadia para a indústria e, em especial, para o comércio, possibilitando a redução cada vez maior da função econômica representada pelos transportes e pelo comércio a uma real atividade subordinada à produção, ou melhor, a tentativa de incorporar essas atividades à própria atividade produtiva (cf. os experimentos feitos por Ford e as economias obtidas por sua fábrica através da gestão direta do transporte e do comércio da mercadoria produzida, economias que influíram sobre os custos de produção, ou seja, que permitiram melhores salários e menores preços de venda). Dado que existiam essas condições preliminares, já racionalizadas pelo desenvolvimento histórico, foi relativamente fácil racionalizar a produção e o trabalho, combinando habilmente a força (destruição do sindicalismo operário de base territorial) com a persuasão (altos salários, diversos benefícios sociais, habilíssima propaganda ideológica e política) e conseguindo centrar toda a vida do país na produção. A hegemonia nasce da fábrica e necessita apenas, para ser exercida, de uma quantidade mínima de intermediários profissionais da política e da ideologia.

O fenômeno das "massas", que tanto impressionou Romier, não é mais do que a forma desse tipo de sociedade "racionalizada", na qual a "estrutura" domina mais imediatamente as superestruturas e estas são "racionalizadas" (simplificadas e reduzidas em número).

Rotary Club e Maçonaria (o Rotary é uma maçonaria sem os pequenos burgueses e sem a mentalidade pequeno-burguesa). A América tem o Rotary e a YMCA; a Europa tem a maçonaria e os jesuítas. Tentativas de introduzir a YMCA na Itália; ajuda da indústria italiana a essas tentativas (financiamento de Agnelli e reação violenta dos católicos). Tentativas de Agnelli para absorver o grupo de *L'Ordine Nuovo*, que defendia uma forma própria de "americanismo" aceitável pelas massas operárias [11].

Na América, a racionalização determinou a necessidade de elaborar um novo tipo humano, adequado ao novo tipo de trabalho e de processo produtivo: essa elaboração está até agora na fase inicial e, por isso, (aparentemente) idílica. É ainda a fase da adaptação psicofísica à nova estrutura industrial, buscada através dos altos salários; ainda não se verificou (antes da crise de 1929), salvo talvez de modo esporádico, nenhum florescimento "superestrutural", ou seja, ainda não foi posta a questão fundamental da hegemonia. A luta se dá com armas tomadas do velho arsenal europeu e ainda abastardadas, que são portanto "anacrônicas" em relação ao desenvolvimento das "coisas". A luta que se desenvolve na América (descrita por Philip) é ainda pelos direitos profissionais, contra a "liberdade industrial", isto é, uma luta semelhante àquela que se travou na Europa no século XVIII, embora em outras condições: o sindicato operário americano é mais a expressão corporativa dos direitos das profissões qualificadas do que outra coisa, e, por isso, sua destruição, exigida pelos industriais, tem um aspecto "progressista". A ausência da fase histórica europeia assinalada, também no campo econômico, pela Revolução Francesa deixou as massas populares americanas em estado bruto: a isso cabe acrescentar a ausência de homogeneidade nacional, a mistura das culturas-raças, a questão dos negros.

Verificou-se na Itália um início de fanfarra fordista (exaltação da grande cidade, planos urbanísticos para a grande Milão, etc., a afirmação de que o capitalismo ainda está em seus inícios e que é preciso preparar-lhe os quadros de um grandioso desenvolvimento, etc.: sobre isso, cf. alguns artigos de Schiavi na *Riforma Sociale*); depois, teve lugar a conversão ao ruralismo e à desvalorização iluminista da cidade, a exaltação do artesanato e do patriarcalismo idílico, menções aos "direitos profissionais" e a uma luta contra a liberdade industrial [12]. Todavia, embora o desenvolvimento seja lento e pleno de compreensíveis cautelas, não se pode dizer que a parte conservadora,

270 | CADERNOS DO CÁRCERE

a parte que representa a velha cultura europeia com todas as suas sequelas parasitárias, não tenha antagonistas (desse ponto de vista, é interessante a tendência representada por *Nuovi Studi*, pela *Critica Fascista* e pelo centro intelectual de estudos corporativos organizados na Universidade de Pisa) [13].

Também o livro de De Man é, a seu modo, uma expressão desses problemas que abalam a velha ossatura europeia, uma expressão sem grandeza e sem adesão a nenhuma das principais forças históricas que disputam entre si o mundo [14].

§ 3. *Alguns aspectos da questão sexual.* Obsessão pela questão sexual e perigos de uma tal obsessão. Todos os "projetistas" colocam em primeiro plano a questão sexual e a resolvem "candidamente". Deve-se observar como, nas "utopias", a questão sexual tenha um amplíssimo papel, muitas vezes predominante (a observação de Croce, segundo a qual as soluções de Campanella na *Cidade do Sol* não podem ser explicadas através das necessidades sexuais dos camponeses da Calábria, é inepta) [15]. Foram os instintos sexuais os que sofreram a maior repressão por parte da sociedade em desenvolvimento; a "regulamentação" desses instintos, pelas contradições que gera e pelas perversões que lhes são atribuídas, parece a mais "contrária à natureza" e, portanto, são mais frequentes nesse campo os apelos à "natureza". Também a literatura "psicanalítica" é um modo de criticar a regulamentação dos instintos sexuais de forma por vezes "iluminista", com a criação de um novo mito do "selvagem" com base sexual (incluídas as relações entre pais e filhos).

Separação, nesse terreno, entre cidade e campo, mas não num sentido idílico favorável ao campo, onde ocorrem os crimes sexuais mais monstruosos e numerosos, e são muito difundidos o bestialismo e a pederastia. No inquérito parlamentar de 1911 sobre o Sul, afirma-se que em Abruzo e na Basilicata (onde o fanatismo religioso e o patriarcalismo são maiores e é menor a influência das ideias urbanas, tanto que no período 1919-1920, segundo Serpieri, não teve lugar nenhuma agitação camponesa) ocorre o incesto em 30% das famílias e não parece que a situação tenha se modificado até recentemente.

A sexualidade como função reprodutora e como "esporte": o ideal "estético" da mulher oscila entre a concepção de "reprodutora" e de "brinquedo". Mas não é só na cidade que a sexualidade tornou-se um "esporte"; provérbios populares como "o homem caça, a mulher provoca", "quem não tem coisa melhor vai para a cama com a esposa", etc., mostram a difusão da concepção esportiva também no campo e nas relações sexuais entre elementos da mesma classe.

A função econômica da reprodução: ela não é apenas um fato geral, que interessa à sociedade em seu conjunto, para a qual é necessária uma determinada proporção entre as diversas idades tendo em vista a produção e a manutenção da parte passiva da população (passiva em sentido normal, por idade, por invalidez, etc.), mas é também um fato "molecular", interior aos menores aglomerados econômicos, como a família. A expressão "arrimo da velhice" mostra a consciência instintiva da necessidade econômica de que exista uma certa relação entre jovens e velhos em toda a área social. A percepção de como são maltratados, nas aldeias, os velhos e as velhas sem prole leva os casais a desejar filhos (o provérbio "uma mãe cria cem filhos e cem filhos não sustentam uma mãe" mostra um outro aspecto da questão): os velhos das classes populares que não têm filhos são tratados como "bastardos".

Os progressos da higiene, que elevaram a vida humana média, colocam cada vez mais a questão sexual como um aspecto fundamental e específico da questão econômica, aspecto capaz de colocar, por seu turno, complexos problemas do tipo "superestrutural". O aumento da vida média na França, com o baixo índice de natalidade e com as necessidades de pôr em funcionamento um aparelho de produção muito rico e complexo, apresentam já hoje alguns problemas ligados ao problema nacional: as velhas gerações vão estabelecendo uma relação cada vez mais anormal com as jovens gerações da mesma cultura nacional, e as massas trabalhadoras inflam-se com imigrantes estrangeiros que modificam a base: já se verifica, como na América, uma certa divisão do trabalho (profissões qualificadas para os nativos, além das funções de direção e organização; profissões não qualificadas para os imigrados).

Uma relação semelhante, mas com consequências antieconômicas de maior relevo, tem lugar, em toda uma série de Estados, entre as cidades industriais de baixa natalidade e o campo prolífico: a vida na indústria exige um aprendizado geral, um processo de adaptação psicofísica a determinadas condições de trabalho, de nutrição, de habitação, de costumes, etc., que não é algo inato, "natural", mas exige ser adquirido, ao passo que as características urbanas adquiridas são transferidas por herança ou absorvidas no decorrer da infância e da adolescência. Assim, a baixa natalidade urbana exige um contínuo e relevante gasto com o aprendizado dos novos urbanizados e traz consigo uma permanente modificação da composição sociopolítica da cidade, colocando continuamente em novas bases o problema da hegemonia.

A mais importante questão ético-civil ligada à questão sexual é a da formação de uma nova personalidade feminina: enquanto a mulher não tiver alcançado não apenas uma real independência em face do homem, mas também um novo modo de conceber a si mesma e a seu papel nas relações sexuais, a questão sexual continuará repleta de aspectos mórbidos e será preciso ter cautela em qualquer inovação legislativa. Toda crise de coerção unilateral no campo sexual traz consigo um desregramento "romântico", que pode ser agravado pela abolição da prostituição legal e organizada. Todos esses elementos complicam e tornam dificílima qualquer regulamentação do fato sexual e qualquer tentativa de criar uma nova ética sexual adequada aos novos métodos de produção e de trabalho. Por outro lado, é necessário encaminhar essa regulamentação e a criação de uma nova ética. Deve-se observar como os industriais (especialmente Ford) se interessaram pelas relações sexuais de seus empregados e, em geral, pela organização de suas famílias; a aparência de "puritanismo" assumida por esse interesse (como no caso do proibicionismo) não deve levar a avaliações erradas; a verdade é que não se pode desenvolver o novo tipo de homem exigido pela racionalização da produção e do trabalho enquanto o instinto sexual não for adequadamente regulamentado, não for também ele racionalizado.

§ 4. *Algumas afirmações sobre a questão do "super-regionalismo e supercosmopolitismo"* [16]. Trechos citados pela *Fiera Letteraria* de 15 de janeiro de 1928. De Giovanni Papini: "A cidade não cria, mas consome. Já que é o empório para onde afluem os bens arrancados dos campos e das minas, para ela acorrem os espíritos mais vivos da província e as ideias dos grandes solitários. A cidade é como uma fogueira que ilumina porque queima o que foi criado longe dela e por vezes contra ela. Todas as cidades são estéreis. Nelas nasce proporcionalmente pouca gente e quase nunca alguém de gênio. Nas cidades, goza-se, mas não se cria; ama-se, mas não se gera; consome-se, mas não se produz." (À parte as inúmeras tolices "absolutas", deve-se observar como Papini tem diante de si o modelo "relativo" da cidade não cidade, da cidade Coblença dos consumidores de renda agrária e das casas de tolerância [17].)

No mesmo número da *Fiera Letteraria*, lê-se o seguinte trecho: "Nosso assado super-regionalista apresenta-se com as seguintes características: aversão decidida a todas as formas de civilização que não sejam adequadas à nossa ou que arruínem, por não serem digeríveis, os dotes clássicos dos italianos; além disso, defesa do sentido universal da *aldeia*, que é, para dizê-lo em poucas palavras, a relação natural e imanente entre o indivíduo e sua terra; finalmente, a exaltação de nossas características próprias, isto é, fundamento católico, sentido religioso do mundo, simplicidade e sobriedade fundamentais, aderência à realidade, domínio da fantasia, equilíbrio entre espírito e matéria." (Cabe observar: como teria podido existir a Itália de hoje, a nação italiana, se não se houvessem formado e desenvolvido as cidades e sem o influxo unificador das cidades? "Super-regionalismo", no passado, teria significado — como significou — municipalismo, desagregação popular e domínio estrangeiro. E o próprio catolicismo teria se desenvolvido se o papa, em vez de residir em Roma, residisse no cafundó de judas?)

E a seguinte opinião de Francesco Meriano (publicada no *Assalto*, de Bolonha): "Mas, no campo filosófico, penso encontrar uma verdadeira antítese: a antítese, mais do que centenária e sempre revestida de novos aspectos, entre o voluntarismo, o pragmatismo, o ativismo identificáveis no supercosmopolitismo, por um lado, e, por outro, o iluminismo, o racionalismo, o historicismo identificáveis no super-regionalismo." (Ou seja: os princípios imortais teriam se refugiado no super-regionalismo.) De qualquer modo, deve-se notar como a polêmica "literária" entre super-regionalismo e supercosmopolitismo foi tão somente um indício fugaz da polêmica entre o conservadorismo parasitário e as tendências inovadoras da sociedade italiana.

Na *Stampa* de 4 de maio de 1929, Mino Maccari escreve: "Quando o super-regionalismo se opõe às importações modernistas, sua oposição quer salvar o direito de selecioná-las a fim de impedir que os contatos nocivos, confundindo-se com os que podem ser benéficos, corrompam a integridade da natureza e do caráter próprios da civilização italiana, depurada ao longo dos séculos e hoje ansiosa (!) por uma síntese unificadora." (Já "depurada", mas não "sintetizada" e "unificada" [18]!!)

§ 5. *Eugenio Giovannetti* escreveu, no *Pègaso* de maio de 1929, um artigo sobre "Federico Taylor e l'americanismo", no qual afirma: "Em suma, a energia literária, abstrata, nutrida de retórica generalizante, já não é mais hoje capaz de compreender a energia técnica, cada vez mais individual e aguda, tecido originalíssimo de vontade singular e de educação especializada. A literatura enérgica está ainda na fase do Prometeu sem cadeias, uma imagem demasiadamente cômoda. O herói da civilização técnica não é um ser sem cadeias: é um ser silencioso que sabe levar suas cadeias de ferro até os céus. Não é um ignorante ocioso: é um estudioso no mais belo sentido clássico, já que *studium* significava 'aplicação zelosa'. Enquanto a civilização técnica ou mecânica, como queiram chamá-la, elabora em silêncio esse seu tipo de herói afirmativo, o culto literário da energia cria apenas um nefelibata relapso, um sonhador excitado."

Deve-se observar como não se tentou aplicar ao americanismo a pequena fórmula de Gentile sobre a "filosofia que não se enuncia através de fórmulas, mas se afirma na ação"; trata-se de algo significativo e instrutivo porque, se a fórmula tem algum valor, é precisamente o americanismo que pode reivindicá-lo [19]. Ao contrário, quando se fala do americanismo, considera-se que ele é "mecanicista", grosseiro, brutal, isto é, "pura ação", contrapondo-se a ele a tradição, etc. Mas essa tradição, etc., por que não é assumida também como base filosófica, como a filosofia enunciada em fórmulas daqueles movimentos para os quais, ao contrário, a "filosofia se afirma na ação"? Essa contradição pode explicar muitas coisas: por exemplo, a diferença entre a ação real, que modifica essencialmente tanto o homem como a realidade exterior (isto é, a cultura real), que é o americanismo, e o ridículo espírito de gladiador que se autoproclama ação e que só modifica as palavras e não as coisas, o gesto exterior e não o interior do homem. A primeira está criando um futuro que é intrínseco à sua atividade objetiva e sobre o qual se prefere não falar. O segundo cria apenas fantoches aperfeiçoados, recortados segundo um figurino retoricamente prefixado, e que se reduzirão a pó quando forem cortados os fios externos que lhe dão a aparência de movimento e de vida.

276 | CADERNOS DO CÁRCERE

§ 6. *Autarquia financeira da indústria*. Um notável artigo de Carlo Pagni, "A proposito di un tentativo di teoria pura del corporativismo" (na *Riforma Sociale*, setembro-outubro de 1929), examina o livro de N. Massimo Fovel, *Economia e corporativismo* (Ferrara, S.A.T.E., 1929) e menciona um outro texto do mesmo Fovel, *Rendita e salario nello Stato sindacale* (Roma, 1928), mas não percebe, ou não destaca expressamente, que Fovel, em seus escritos, concebe o "corporativismo" como a premissa para a introdução na Itália dos mais avançados sistemas americanos do modo de produzir e de trabalhar [20].

Seria interessante saber se Fovel "tira da própria cabeça" o que escreve ou se tem atrás de si (praticamente e não apenas "em geral") determinadas forças econômicas que o sustentam e o estimulam. Fovel jamais foi um "cientista" puro, que expresse determinadas tendências da mesma forma que os intelectuais, também "puros", sempre expressam. Sob muitos aspectos, ele se integra à galeria de tipos como Ciccotti, Naldi, Bazzi, Preziosi, etc., porém é mais complexo, em função de seu inegável valor intelectual. Fovel sempre teve a aspiração de se tornar um grande líder político, mas não conseguiu porque lhe faltam algumas qualidades fundamentais: a força de vontade dirigida a um único objetivo e a não volubilidade intelectual à maneira de Missiroli; de resto, ele frequentemente se vinculou abertamente a pequenos interesses mesquinhos. Começou como "jovem radical", antes da guerra: pretendia fazer rejuvenescer, dando-lhe um conteúdo mais concreto e moderno, o movimento democrático tradicional, flertando um pouco com os republicanos, sobretudo os federalistas e regionalistas (*Critica Politica* de Oliviero Zuccarini). Durante a guerra, defendeu o neutralismo de Giolitti. Em 1919, ingressou no Partido Socialista em Bolonha, mas jamais escreveu no *Avanti!* Antes do armistício, deu algumas escapadas em Turim. Os industriais turinenses haviam comprado a velha e mal-afamada *Gazzeta di Torino* para transformá-la e dela fazer um seu órgão direto. Fovel tinha a intenção de tornar-se o diretor da nova publicação e certamente estava em contato com os ambientes industriais. Mas foi escolhido como diretor Tommaso Borelli, "jovem liberal", logo depois substituído por Italo Minunni da *Idea Nazionale* (mas a *Gazzeta di Torino*, mesmo sob o título *Paese* e apesar do investimento feito para que se desenvolvesse, não vingou e foi fechada por seus patrocinadores). Uma "curiosa" carta de Fovel em 1919: ele escreve dizendo que "sente o dever" de colaborar com *L'Ordine Nuovo* semanal; houve uma resposta na qual eram fixados os limites de uma sua possível colaboração, depois do que a "voz do dever" calou-se subitamente. Fovel juntou-se ao bando de Passigli, Martelli, Gardenghi, que transformara o *Lavoratore* de Trieste num centro de negócios bastante lucrativos e que devia ter contatos com o ambiente industrial de Turim: tentativa de Passigli para transportar *L'Ordine Nuovo* para Trieste com gestão "comercialmente" rentável (ver, para a data, a subscrição de 100 liras feita por Passigli, que viera a Turim para falar pessoalmente); questão de saber se uma "pessoa de bem" poderia colaborar no *Lavoratore*. Em 1921, foram encontrados nos escritórios do *Lavoratore* papéis pertencentes a Fovel e Gardenghi, os quais revelavam que os dois parceiros jogavam na bolsa com as ações têxteis durante a greve organizada pelos sindicalistas de Nicola Vecchi e que dirigiam o jornal segundo os interesses de sua especulação. Depois de Livorno, Fovel não deu sinal de vida durante algum tempo [21]. Reapareceu em 1925, colaborador do *Avanti!* de Nenni e de Gardenghi e promoveu uma campanha favorável ao enfeudamento da indústria italiana à finança americana, campanha imediatamente explorada (mas já devia haver um acordo prévio) pela *Gazzeta del Popolo*, ligada ao engenheiro Ponti, da Sociedade Hidrelétrica do Piemonte. Em 1925-1926, Fovel colaborou frequentemente na *Voce Republicana*. Hoje (1929), defende o corporativismo como premissa para uma forma italiana de americanização, colabora no *Corriere Padano* de Ferrara, em *Nuovi Studi, Nuovi Problemi, Problemi del Lavoro* e ensina (ao que parece) na Universidade de Ferrara.

278 | CADERNOS DO CÁRCERE

O que parece significativo na tese de Fovel, resumida por Pagni, é sua concepção da corporação como um bloco industrial-produtivo autônomo, destinado a resolver em sentido moderno e acentuadamente capitalista o problema de um ulterior desenvolvimento do aparelho econômico italiano, contra os elementos semifeudais e parasitários da sociedade que se apropriam de uma parcela excessivamente vultosa da mais-valia, contra os chamados "produtores de poupança". A produção da poupança deveria se tornar uma função interna (mais barata) do próprio bloco produtivo, através de um desenvolvimento da produção a custos decrescentes, capaz de permitir, além de uma massa maior de mais-valia, salários mais altos, com a consequência de um mercado interno mais amplo, de uma certa poupança operária e de lucros mais elevados. Seria assim possível conseguir um ritmo mais acelerado de acumulação de capitais no próprio seio da empresa e não através da intermediação dos "produtores de poupança", que são na realidade devoradores de mais-valia. No bloco industrial-produtivo, o elemento técnico — direção e operários — deveria predominar sobre o elemento "capitalista" no sentido mais "mesquinho" da palavra, ou seja, a aliança entre capitães da indústria e pequenos burgueses poupadores deveria ser substituída por um bloco de todos os elementos diretamente eficazes na produção, que são os únicos capazes de se reunirem em sindicato e, portanto, de constituir a corporação produtiva (do que resulta a consequência extrema, a que chegou Spirito, da corporação proprietária) [22]. Pagni objeta a Fovel que sua análise não é uma nova economia política, mas somente uma nova política econômica, objeção formal, que pode ser importante sob certo aspecto, mas que não envolve o tema principal; as outras objeções, concretamente, não passam de constatações de alguns aspectos atrasados do ambiente italiano com relação a uma transformação "organizativa" do aparelho econômico. As maiores deficiências de Fovel consistem em negligenciar a função econômica que o Estado sempre teve na

Itália por causa da desconfiança dos poupadores em relação aos industriais, bem como em negligenciar o fato de que a orientação corporativa não surgiu das exigências de uma transformação das condições técnicas da indústria nem mesmo daquelas de uma nova política econômica, mas, ao contrário, das exigências de uma polícia econômica, exigências agravadas pela crise de 1929 e que ainda estão em curso. Na realidade, os trabalhadores qualificados italianos, nem como indivíduos nem como sindicatos, nem ativa nem passivamente, jamais se opuseram às inovações tendentes a uma diminuição dos custos, à racionalização do trabalho, à introdução de automatismos mais perfeitos e de mais perfeitas organizações técnicas do conjunto da empresa. Muito pelo contrário. Isso ocorreu na América e determinou a semiliquidação dos sindicatos livres e sua substituição por um sistema de organizações operárias por empresa isoladas entre si. Na Itália, ao contrário, toda tentativa, até mesmo mínima e tímida, de fazer da fábrica um centro de organização sindical (recordar a questão dos comissários de empresa) foi vigorosamente combatida e resolutamente derrotada [23]. Uma cuidadosa análise da história italiana antes de 1922 e mesmo antes de 1926, que não se deixe levar pelas estrepitosas aparências exteriores, mas saiba captar os motivos profundos do movimento operário, deve levar à conclusão objetiva de que precisamente os operários foram os portadores das novas e mais modernas exigências industriais e que, a seu modo, defenderam-nas implacavelmente; pode-se mesmo dizer que alguns industriais compreenderam esse movimento e procuraram se apropriar dele (é desse modo que se pode explicar a tentativa feita por Agnelli para absorver *L'Ordine Nuovo* e sua escola no complexo da Fiat, bem como de instituir assim uma escola de operários e técnicos especializados tendo em vista uma radical mudança industrial e do trabalho através de sistemas "racionalizados": a YMCA tentou criar cursos de "americanismo" abstrato, mas, apesar das importantes somas investidas, os cursos fracassaram).

Além dessas considerações, apresenta-se uma outra série de questões: o movimento corporativo existe e, sob alguns aspectos, as realizações jurídicas já ocorridas criaram as condições formais nas quais a transformação técnico-econômica pode se verificar em larga escala, já que os operários não podem se opor a tal transformação nem podem lutar para se tornarem eles mesmos seus porta-bandeiras. A organização corporativa pode se tornar a forma dessa transformação, mas pode-se perguntar: teremos ocasião de ver uma daquelas "astúcias da providência" mencionadas por Vico, que fazem com que os homens, sem propô-lo ou desejá-lo, obedeçam aos imperativos da história? Por enquanto, temos razão para duvidar. O elemento negativo da "polícia econômica" predominou até agora sobre o elemento positivo da exigência de uma nova política econômica que renove, modernizando-a, a estrutura econômico-social da nação, mesmo nos quadros do velho industrialismo. A forma jurídica possível é uma das condições, não a única condição nem mesmo a mais importante: é apenas a mais importante das condições imediatas. A americanização exige um determinado ambiente, uma determinada estrutura social (ou a decidida vontade de criá-la) e um determinado tipo de Estado. O Estado é o Estado liberal, não no sentido do livre-cambismo ou da efetiva liberdade política, mas no sentido mais fundamental da livre iniciativa e do individualismo econômico que chega com meios próprios, como "sociedade civil", através do próprio desenvolvimento histórico, ao regime da concentração industrial e do monopólio. O desaparecimento do tipo semifeudal do rentista é, na Itália, uma das principais condições para a transformação industrial (é, em parte, essa própria transformação), não uma consequência. A política econômico-financeira do Estado é o instrumento desse desaparecimento: amortização da dívida pública, títulos nominais, maior peso da taxação direta sobre a indireta na formação da receita orçamentária. Não parece que essa seja ou esteja para se tornar a orientação da política financeira. Ao contrário. O Estado cria novos rentistas, ou seja, promove as velhas formas de acumulação parasitária da poupança e tende a criar quadros sociais fechados. Na realidade, até agora, a orientação corporativa funcionou para defender posições ameaçadas de classes médias, não para eliminá-las, e está se tornando cada vez mais, em função dos interesses constituídos que surgem sobre a velha base, uma máquina de conservação do que existe tal como existe e não uma mola propulsora. Por quê? Porque a orientação corporativa depende também do desemprego: defende para os que estão empregados um certo nível mínimo de vida que, se houvesse livre concorrência, entraria também em colapso, provocando graves convulsões sociais; e cria empregos de novo tipo, organizativo e não produtivo, para os desempregados das classes médias. Continua sempre a existir uma saída: a orientação corporativa, que se origina de uma situação tão delicada, cujo equilíbrio social é preciso manter a todo custo para evitar uma enorme catástrofe, poderia avançar através de lentíssimas etapas, quase imperceptíveis, que modifiquem a estrutura social sem abalos repentinos: até mesmo a criança melhor e mais solidamente enfaixada se desenvolve, apesar disso, e cresce. E é por isso que seria interessante saber se Fovel é a voz de si mesmo ou se é o expoente de forças econômicas que buscam, a todo custo, seu próprio caminho. De qualquer modo, o processo seria tão longo e encontraria tantas dificuldades que, nesse meio-tempo, novos interesses podem se constituir e fazer uma nova oposição tenaz ao desenvolvimento de tal processo a ponto de truncá-lo.

§ 7. *Mino Maccari e o americanismo*. Do *Trastullo di Strapaese*, de Mino Maccari (Florença, Vallecchi, 1928):

"Por nenhum falso brilhante / Teu país não vás trocar: / O estrangeiro é um tratante, / Quem vai nele confiar? / Olho vivo, bem matreiro, / Toda mistura te arrasa. / A ganância do estrangeiro / Quer roubar a tua casa. / Do teu pároco o arroto / Vence a América em glória:/ O italiano mais roto / Traz mil anos de história. [...] Charleston é uma esparrela, / Te faz girar feito tolo; / Volta então à tarantela, / Foge logo

282 | CADERNOS DO CÁRCERE

desse logro. / Fica quieto em teu rincão, / Nada de modas da França. / Come só cebola e pão / E terás bem cheia a pança."

Maccari, porém, foi ser redator-chefe do *Stampa* de Turim e comer cebola e pão no centro mais supercosmopolita e industrial da Itália.

§ 8. *Quantidade e qualidade*. No mundo da produção, significa apenas "barato" e "caro", ou seja, satisfação ou não das necessidades elementares das classes populares e tendência a elevar ou baixar seu nível de vida: tudo o mais não passa de romance ideológico de folhetim, cujo primeiro capítulo Guglielmo Ferrero escreveu [24]. Numa empresa-nação, que dispõe de muita mão de obra e de pouca matéria-prima (o que é discutível, pois cada nação-empresa "cria" sua própria matéria-prima), o mote "qualidade!" significa apenas a vontade de empregar muito trabalho em pouca matéria, aperfeiçoando o produto ao extremo, ou seja, a vontade de especializar-se para um mercado de luxo. Mas será isso possível para uma nação inteira com grande população?

Onde existe muita matéria-prima, são possíveis as duas orientações, qualitativa e quantitativa, mas o mesmo não se aplica aos chamados países pobres. A produção quantitativa também pode ser qualitativa, isto é, fazer concorrência à indústria puramente qualitativa entre setores da classe consumidora de objetos "diferentes", que não é tradicionalista por ser de nova formação. Tais observações são válidas se se aceita o critério da "qualidade" tal como é comumente apresentado e que não é um critério racional: na realidade, pode-se falar de "qualidade" só para as obras de arte individuais e não reprodutíveis; tudo o que é reprodutível entra no domínio da "quantidade" e pode ser fabricado em série.

Por outro lado, pode-se observar o seguinte: se uma nação se especializa na produção "qualitativa", que indústria fornecerá os objetos de consumo das classes pobres? Será criada uma situação de divisão internacional do trabalho? Trata-se apenas de uma fórmula típica de literatos desocupados e de políticos cuja demagogia consiste em construir castelos no ar. A qualidade deveria ser atribuída aos homens e não às coisas: e a qualidade humana eleva-se e se refina na medida em que o homem satisfaz um número maior de necessidades e, portanto, torna-se independente delas. O alto preço do pão, devido ao fato de se pretender manter um número maior de pessoas ligado a uma determinada atividade, leva à desnutrição. A política da qualidade determina quase sempre seu oposto: uma quantidade desqualificada.

§ 9. Lê-se na resenha que A. De Pietri Tonelli publicou, na *Rivista di Politica Economica* (fevereiro de 1930), sobre o livro de Anthony M. Ludovici, *Woman. A vindication* (2ª ed., 1929, Londres), o seguinte: "Quando as coisas vão mal na estrutura social de uma nação, por causa da decadência da capacidade fundamental de seus homens — afirma Ludovici —, duas tendências distintas parecem sempre tornar-se evidentes: a primeira é a de interpretar mudanças, que são pura e simplesmente sinais da decadência e da ruína de velhas e sadias (!) instituições, como sintomas de progresso; a segunda, resultante da justificada perda de confiança na classe dirigente, é a de dar a cada um, tenha ou não as devidas qualidades, a segurança de ser indicado para fazer um esforço no sentido de ajustar as coisas." (A tradução é evidentemente duvidosa e inexata.) O autor faz do feminismo uma expressão dessa segunda tendência e pede um renascimento do "machismo".

Para além de qualquer outra consideração de mérito — difícil de ser feita porque o mencionado texto de De Pietri Tonelli é duvidoso —, deve-se destacar a tendência antifeminista e "machista". Deve-se estudar a origem da legislação anglo-saxã, muito favorável às mulheres em toda uma série de conflitos "sentimentais" ou pseudossentimentais. Trata-se de uma tentativa de regulamentar a questão sexual, de transformá-la em coisa séria, mas não parece ter alcançado sua finalidade: deu lugar a desvios mórbidos, "feministas" no sentido

284 | CADERNOS DO CÁRCERE

pejorativo da palavra, e criou para a mulher (das classes altas) uma posição social paradoxal.

§ 10. *"Animalidade" e industrialismo.* A história do industrialismo foi sempre (e se torna hoje de modo ainda mais acentuado e rigoroso) uma luta contínua contra o elemento "animalidade" do homem, um processo ininterrupto, frequentemente doloroso e sangrento, de sujeição dos instintos (naturais, isto é, animalescos e primitivos) a normas e hábitos de ordem, de exatidão, de precisão sempre novos, mais complexos e rígidos, que tornam possíveis as formas cada vez mais complexas de vida coletiva, que são a consequência necessária do desenvolvimento do industrialismo. Essa luta é imposta a partir de fora e os resultados obtidos até agora, embora de grande valor prático imediato, são em grande parte puramente mecânicos, não se transformaram numa "segunda natureza". Mas todo novo modo de viver, no período em que se impõe a luta contra o velho, não foi sempre, durante um certo tempo, o resultado de uma coerção mecânica? Até mesmo os instintos que hoje devem ser superados como ainda demasiadamente "animalescos" foram, na realidade, um notável progresso em relação aos anteriores, ainda mais primitivos: quem poderia descrever o "custo", em vidas humanas e em dolorosas repressões dos instintos, da passagem do nomadismo à vida sedentária e agrícola? Aqui se inserem as primeiras formas de servidão da gleba e das profissões, etc. Até agora, todas as mudanças do modo de ser e viver tiveram lugar através da coerção brutal, ou seja, através do domínio de um grupo social sobre todas as forças produtivas da sociedade: a seleção ou "educação" do homem adequado aos novos tipos de civilização, isto é, às novas formas de produção e de trabalho, ocorreu com o emprego de inauditas brutalidades, lançando no inferno das subclasses os débeis e os refratários, ou eliminando-os inteiramente. Em todo advento de novos tipos de civilização, ou no decurso do processo de desenvolvimento, houve crises. Mas quem foi envolvido nessas crises? Não as massas trabalhadoras, mas as classes médias e uma parte da própria classe dominante, que também sentiram a pressão coercitiva, exercida necessariamente sobre toda a área social. As crises de *libertinismo* foram numerosas: toda época histórica teve a sua. Quando a pressão coercitiva é exercida sobre todo o complexo social (e isso ocorre sobretudo depois da queda da escravidão e do advento do cristianismo), desenvolvem-se ideologias puritanas, que dão a forma exterior da persuasão e do consenso ao uso intrínseco da força: mas, uma vez obtido o resultado, pelo menos em certa medida, a pressão se quebra (essa fratura se apresenta historicamente de diferentíssimos modos, como é natural, já que a pressão sempre assumiu formas originais, frequentemente pessoais; identificou-se com um movimento religioso, criou um aparelho próprio que foi personificado em determinadas camadas ou castas, adotou o nome de Cromwell ou de Luís XV, etc.) e surge a crise de libertinismo (a crise francesa depois da morte de Luís XV, por exemplo, não pode ser comparada com a crise americana depois do advento de Roosevelt, nem o proibicionismo, com seu cortejo de banditismo, tem um correspondente em épocas precedentes, etc.), a qual, porém, só atinge superficialmente as massas trabalhadoras, ou as atinge indiretamente, já que deprava suas mulheres: com efeito, essas massas trabalhadoras ou já adquiriram os hábitos e costumes necessários aos novos sistemas de vida e de trabalho, ou continuam a sentir a pressão coercitiva sobre as necessidades elementares de sua existência (também o antiproibicionismo não foi desejado pelos operários, e a corrupção que o contrabando e o banditismo trouxeram consigo era difundida nas classes superiores).

No após-guerra, teve lugar uma crise dos costumes de extensão e profundidade inauditas, mas teve lugar contra uma forma de coerção que não fora imposta para criar os hábitos adequados a uma nova forma de trabalho, mas por causa das necessidades, então concebidas como transitórias, da vida na guerra e na trincheira. Essa pressão reprimiu particularmente os instintos sexuais, até mesmo os normais,

286 | CADERNOS DO CÁRCERE

em grandes massas de jovens, e a crise que se desencadeou no momento do retorno à vida normal tornou-se ainda mais violenta por causa do desaparecimento de muitos homens e de um desequilíbrio permanente na relação numérica entre os indivíduos dos dois sexos. As instituições ligadas à vida sexual sofreram um forte abalo e se desenvolveram, na questão sexual, novas formas de utopia iluminista. A crise foi (e ainda é) mais violenta por ter atingido todas as camadas da população e por ter entrado em conflito com as necessidades dos novos métodos de trabalho que foram se impondo nesse meio-tempo (taylorismo e racionalização em geral). Esses novos métodos exigem uma rígida disciplina dos instintos sexuais (do sistema nervoso), ou seja, um fortalecimento da "família" em sentido amplo (não desta ou daquela forma do sistema familiar), da regulamentação e da estabilidade das relações sexuais.

É preciso insistir no fato de que, no terreno sexual, o fator ideológico mais depravante e "regressivo" é a concepção iluminista e libertária própria das classes não ligadas estritamente ao trabalho produtivo, concepção que, a partir dessas classes, contagia as classes trabalhadoras. Esse elemento torna-se ainda mais grave se, num determinado Estado, as massas trabalhadoras não mais sofrerem a pressão coercitiva de uma classe superior, se os novos hábitos e aptidões psicofísicos ligados aos novos métodos de produção e de trabalho tiverem de ser absorvidos pela via da persuasão recíproca ou da convicção individualmente proposta e aceita. Pode-se ir criando uma situação de duplicidade, um conflito íntimo entre a ideologia "verbal", que reconhece as novas necessidades, e a prática real "animalesca", que impede aos corpos físicos a absorção efetiva das novas aptidões. Forma-se nesse caso o que pode ser chamado de uma situação de hipocrisia social totalitária. Por que totalitária? Nas outras situações, as camadas populares são obrigadas a observar a "virtude"; os que a pregam não a observam, mesmo prestando-lhe homenagem verbal, e, portanto, a hipocrisia é de determinadas camadas, não total; isso certamente não pode durar e levará a uma crise de libertinismo, mas quando as massas já tiverem assimilado a "virtude" em hábitos permanentes ou quase, isto é, com oscilações cada vez menores. Ao contrário, no caso em que não exista a pressão coercitiva de uma classe superior, a "virtude" é afirmada de modo genérico mas não observada, nem por convicção nem por coerção, e, portanto, não ocorrerá a absorção das aptidões psicofísicas necessárias aos novos métodos de trabalho. A crise pode se tornar "permanente", ou seja, de perspectiva catastrófica, já que só a coerção poderá defini-la, uma coerção de novo tipo, na medida em que exercida pela elite de uma classe sobre a própria classe; só pode ser uma autocoerção, ou seja, uma autodisciplina. (Alfieri que se faz amarrar na cadeira [25].) De qualquer modo, o que se pode opor a essa função das elites é a mentalidade iluminista e libertária na esfera das relações sexuais; de resto, lutar contra essa concepção significa precisamente criar as elites necessárias à tarefa histórica, ou, pelo menos, desenvolvê-las para que a função delas se estenda a todas as esferas da atividade humana.

§ 11. *Racionalização da produção e do trabalho*. A tendência de Leão Davidovi estava estreitamente ligada a essa série de problemas, o que não me parece ter sido devidamente esclarecido. Seu conteúdo essencial, desse ponto de vista, consistia na vontade "demasiadamente" resoluta (portanto não racionalizada) de dar supremacia, na vida nacional, à indústria e aos métodos industriais, de acelerar, com meios coercitivos externos, a disciplina e a ordem na produção, de adequar os costumes às necessidades do trabalho. Dada a formulação geral de todos os problemas ligados à tendência, esta devia desembocar necessariamente numa forma de bonapartismo, do que resulta, portanto, a necessidade inexorável de derrotá-la. Suas preocupações eram justas, mas as soluções práticas eram profundamente erradas; nesse desequilíbrio entre teoria e prática consistia o perigo, o qual, de resto, já se manifestara anteriormente, em 1921. O princípio da coerção, direta e indireta, na organização da produção e do trabalho é

288 | CADERNOS DO CÁRCERE

justo (cf. o discurso pronunciado contra Martov e incluído no volume sobre o *Terrorismo*), mas a forma que ele assumiu era errada: o modelo militar tornara-se um preconceito funesto e os exércitos do trabalho fracassaram. Interesse de Leão Davidovi pelo americanismo; seus artigos, suas pesquisas sobre o *byt* e sobre a literatura, tais atividades estavam menos desconectadas entre si do que poderia parecer, já que os novos métodos de trabalho são indissociáveis de um determinado modo de viver, de pensar e de sentir a vida; não é possível obter êxito num campo sem obter resultados tangíveis no outro [26].

Na América, a racionalização do trabalho e o proibicionismo estão indubitavelmente ligados: as investigações dos industriais sobre a vida íntima dos operários, os serviços de inspeção criados por algumas empresas para controlar a "moralidade" dos operários são necessidades do novo método de trabalho. Quem ironizasse essas iniciativas (mesmo fracassadas) e visse nelas apenas uma manifestação hipócrita de "puritanismo" estaria se negando qualquer possibilidade de compreender a importância, o significado e o *alcance objetivo* do fenômeno americano, que é *também* o maior esforço coletivo até agora realizado para criar, com rapidez inaudita e com uma consciência do objetivo jamais vista na história, um tipo novo de trabalhador e de homem. A expressão "consciência do objetivo" pode parecer pelo menos espirituosa a quem recordar a frase de Taylor sobre o "gorila amestrado". Com efeito, Taylor expressa com brutal cinismo o objetivo da sociedade americana: desenvolver em seu grau máximo, no trabalhador, os comportamentos maquinais e automáticos, quebrar a velha conexão psicofísica do trabalho profissional qualificado, que exigia uma certa participação ativa da inteligência, da fantasia, da iniciativa do trabalhador, e reduzir as operações produtivas apenas ao aspecto físico maquinal. Mas, na realidade, não se trata de novidades originais: trata-se apenas da fase mais recente de um longo processo que começou com o próprio nascimento do industrialismo, uma fase que é apenas mais intensa do que as anteriores e se manifesta sob formas mais brutais, mas que também será superada através da criação de um novo nexo psicofísico de um tipo diferente dos anteriores e, certamente, de um tipo *superior*. Ocorrerá inelutavelmente uma seleção forçada: uma parte da velha classe trabalhadora será impiedosamente eliminada do mundo do trabalho e talvez do mundo *tout court*.

É desse ponto de vista que se devem estudar as iniciativas "puritanas" dos industriais americanos do tipo Ford. É certo que eles não se preocupam com a "humanidade", com a "espiritualidade" do trabalhador, que, no nível imediato, são esmagadas. Essa "humanidade e espiritualidade" só pode se realizar no mundo da produção e do trabalho, na "criação" produtiva; ela era máxima no artesão, no "demiurgo", quando a personalidade do trabalhador se refletia inteiramente no objeto criado, quando era ainda muito forte a ligação entre arte e trabalho. Mas é precisamente contra este "humanismo" que luta o novo industrialismo. As iniciativas "puritanas" têm apenas o objetivo de conservar, fora do trabalho, um certo equilíbrio psicofísico, capaz de impedir o colapso fisiológico do trabalhador, coagido pelo novo método de produção. Esse equilíbrio só pode ser puramente externo e mecânico, mas poderá se tornar interno se for proposto pelo próprio trabalhador e não imposto de fora, por uma nova forma de sociedade, com meios apropriados e originais. O industrial americano se preocupa em manter a continuidade da eficiência física do trabalhador, de sua eficiência muscular-nervosa: é de seu interesse ter um quadro estável de trabalhadores qualificados, um conjunto permanentemente harmonizado, já que também o complexo humano (o trabalhador coletivo) de uma empresa é uma máquina que não deve ser excessivamente desmontada com frequência ou ter suas peças individuais renovadas constantemente sem que isso provoque grandes perdas. O chamado alto salário é um elemento dependente dessa necessidade: trata-se do instrumento para selecionar os trabalhadores qualificados adaptados ao sistema de produção e de trabalho e para mantê-los de modo estável. Mas o alto salário é uma arma de dois gumes: é preciso que o trabalhador gaste "racionalmente" o máximo de dinheiro para conservar, renovar e, se possível, aumentar sua eficiência muscular-nervosa, e não para destruí-la ou danificá-la. E é por isso que a luta contra o álcool, o mais perigoso agente de destruição das forças de trabalho, torna-se função do Estado. É possível que também outras lutas "puritanas" se tornem funções do Estado, caso a iniciativa privada dos industriais se revele insuficiente ou caso se desencadeie uma crise de moralidade excessivamente profunda ou extensa entre as massas trabalhadoras, o que poderia ocorrer em consequência de uma longa e ampla crise de desemprego. Uma questão ligada àquela do álcool é a questão sexual: o abuso e a irregularidade das funções sexuais são, depois do alcoolismo, os inimigos mais perigosos das energias nervosas e é observação comum que o trabalho "obsessivo" provoca depravação alcoólica e sexual. As tentativas feitas por Ford para intervir, com um corpo de inspetores, na vida privada de seus empregados e para controlar como eles gastavam os salários e como viviam são um indício dessas tendências ainda "privadas" ou latentes, que podem se tornar, num certo ponto, ideologia estatal, articulando-se com o puritanismo tradicional, ou seja, apresentando-se como um renascimento da moral dos pioneiros, do "verdadeiro" americanismo, etc. O fato mais notável do fenômeno americano com relação a essas manifestações é a separação que se formou, e que se acentuará cada vez mais, entre a moralidade-costume dos trabalhadores e aquela de outras camadas da população. O proibicionismo já forneceu um exemplo dessa separação. Quem consumia o álcool introduzido de contrabando nos Estados Unidos? O álcool tornara-se uma mercadoria de grande luxo e nem mesmo os mais altos salários podiam permitir que fosse consumido pelos mais amplos estratos das massas trabalhadoras: quem trabalha por salário, com um horário fixo, não tem tempo para dedicar à procura do álcool, não tem tempo para dedicar ao esporte de eludir as leis. A mesma observação pode ser feita para a sexualidade. A "caça à mulher" exige bastante "ócio"; no operário de tipo novo se repetirá, sob outras formas, o que ocorre nas aldeias camponesas. A relativa solidez das uniões sexuais camponesas liga-se estreitamente ao sistema de trabalho rural. O camponês que volta para casa à noite, depois de uma longa jornada de trabalho, deseja a *Venerem facilem parabilemque* de Horácio: não tem o hábito de correr atrás de prostitutas; ama sua mulher, segura, sempre presente, que não fará dengo nem pretenderá a comédia da sedução e do estupro para ser possuída [27]. Aparentemente, isso faz com que a função sexual se torne mecânica; mas, na realidade, trata-se de uma nova forma de união sexual, sem as cores "fascinantes" da fantasia romântica própria do pequeno-burguês e do boêmio vadio. Revela-se claramente que o novo industrialismo quer a monogamia, quer que o homem-trabalhador não desperdice suas energias nervosas na busca desordenada e excitante da satisfação sexual ocasional: o operário que vai para o trabalho depois de uma noite de "orgias" não é um bom trabalhador; a exaltação passional não pode se adequar aos movimentos cronometrados dos gestos produtivos ligados aos mais perfeitos automatismos. Esse conjunto de constrangimentos e coerções diretos e indiretos exercidos sobre a massa produzirá certamente resultados; e surgirá assim uma nova forma de união sexual, cujo traço característico e fundamental parece dever ser a monogamia e a estabilidade relativa. Seria interessante conhecer os resultados estatísticos dos fenômenos de desvio dos costumes sexuais oficialmente propagandeados nos Estados Unidos, analisados por grupos sociais: de modo geral, será possível verificar que os divórcios são particularmente numerosos nas classes superiores.

Essa defasagem de moralidade, nos Estados Unidos, entre as massas trabalhadoras e elementos cada vez mais numerosos das classes dirigentes parece ser um dos fenômenos mais interessantes e ricos de consequências. Até pouco tempo atrás o povo americano era um povo de trabalhadores: a "vocação laboriosa" não era um traço inerente apenas às classes operárias, mas era uma qualidade específica também das classes dirigentes. O fato de que um milionário continue a ser ativo até que a doença ou a velhice o obriguem ao repouso e de que sua atividade ocupe uma parte bastante significativa de sua jornada: eis um dos fenômenos tipicamente americanos, um dos traços americanos que mais surpreendem o europeu médio. Observamos anteriormente que essa diferença entre americanos e europeus é dada pela falta de "tradição" nos Estados Unidos, na medida em que tradição significa também resíduo passivo de todas as formas sociais legadas pela história: nos Estados Unidos, ao contrário, ainda é recente a "tradição" dos pioneiros, ou seja, de fortes individualidades nas quais a "vocação laboriosa" atingira grande intensidade e vigor, de homens que diretamente (e não através de um exército de escravos ou de servos) entravam em enérgico contato com as forças naturais para dominá-las e explorá-las vitoriosamente. São esses resíduos passivos que na Europa resistem ao americanismo, "representam a qualidade, etc.", já que sentem instintivamente que as novas formas de produção e de trabalho os expulsariam implacavelmente.

Mas, se é verdade que na Europa, desse modo, a velharia ainda insepulta seria definitivamente destruída, o que começa a ocorrer na própria América? A defasagem de moralidade acima mencionada mostra que estão se criando margens de passividade social cada vez mais amplas. Parece que as mulheres têm uma função predominante nesse fenômeno. O homem-industrial continua a trabalhar, mesmo se milionário, mas sua mulher e suas filhas tornam-se cada vez mais "mamíferos de luxo". Os concursos de beleza, os concursos para escolher atores cinematográficos (lembrar as 30.000 jovens italianas que, em 1926, enviaram fotos em trajes de banho para a Fox), o teatro, etc., selecionando a beleza feminina mundial e colocando-a em leilão, geram uma mentalidade de prostituição; e o "tráfico de mulheres" é feito legalmente para as classes altas. As mulheres, ociosas, viajam, cruzam continuamente o oceano para vir à Europa, fogem ao proibicionismo da pátria e contraem "matrimônios" por temporada (deve-se lembrar que foi tirado dos comandantes de navios norte--americanos o direito de realizar casamentos a bordo, já que muitos casais se esposavam quando partiam da Europa e se divorciavam antes de desembarcar na América): a prostituição real prolifera, mal disfarçada por frágeis formalidades jurídicas.

Esses fenômenos, característicos das classes altas, tornarão mais difícil a coerção sobre as massas trabalhadoras para adequá-las às necessidades da grande indústria; de qualquer modo, determinam uma fratura psicológica e aceleram a cristalização e a saturação dos grupos sociais, tornando evidente sua transformação em castas, tal como ocorreu na Europa.

§ 12. *Taylorismo e mecanização do trabalhador.* Sobre a separação que o taylorismo determinaria entre o trabalho manual e o "conteúdo humano" do trabalho, podem-se fazer observações úteis sobre o passado, precisamente sobre aquelas profissões que são consideradas entre as mais "intelectuais", ou seja, as profissões ligadas à reprodução dos escritos para publicação ou para outra forma de difusão e transmissão: os copistas de antes da invenção da imprensa, os compositores a mão, os linotipistas, os estenógrafos e os datilógrafos. Se refletirmos bem, veremos que nessas profissões o processo de adaptação à mecanização é mais difícil que nas outras. Por quê? Porque é difícil atingir o grau mais elevado de qualificação profissional, que exige do operário que "esqueça" ou não reflita sobre o conteúdo intelectual do texto que reproduz, para poder fixar a atenção apenas na forma caligráfica das letras, se copista; para decompor a frase em palavras "abstratas" e estas em letras-caracteres e escolher rapidamente os pedaços de chumbo nas caixas; para decompor não mais apenas as palavras singulares, mas grupos de palavras, no contexto de um discurso, agrupando-as mecanicamente em siglas estenográficas; para obter rapidez na máquina de escrever, etc. O interesse do tra-

294 | CADERNOS DO CÁRCERE

balhador pelo conteúdo intelectual do texto mede-se por seus erros, ou seja, é uma deficiência profissional: sua qualificação é avaliada precisamente por seu desinteresse intelectual, isto é, por sua "mecanização". O copista medieval que se interessava pelo texto modificava a ortografia, a morfologia, a sintaxe do texto copiado, omitia períodos inteiros que não compreendia por causa de sua pouca cultura; o decurso dos pensamentos nele suscitado pelo interesse preso ao texto levava-o a interpolar glosas e advertências; se seu dialeto ou sua língua eram diferentes daqueles do texto, introduzia matizes de sua própria língua; era um "mau" copista porque, na realidade, "refazia" o texto. A lentidão da arte medieval de escrever explica muitas dessas deficiências: havia demasiado tempo para refletir e, portanto, a "mecanização" era mais difícil. O tipógrafo deve ser muito rápido, deve ter as mãos e os olhos em contínuo movimento, o que torna mais fácil sua mecanização. Mas, se pensarmos bem, o esforço que esses trabalhadores devem fazer para isolar do conteúdo intelectual do texto, por vezes muito apaixonante (e então, de fato, trabalha-se menos e pior), sua simbolização gráfica, e para dedicar-se somente a esta, talvez seja o maior esforço que se requer de uma profissão. Mas ele é feito e não destrói espiritualmente o homem. Quando o processo de adaptação se completou, verifica-se na realidade que o cérebro do operário, em vez de mumificar-se, alcançou um estado de completa liberdade. Mecanizou-se completamente apenas o gesto físico; a memória do ofício, reduzido a gestos simples repetidos com ritmo intenso, "aninhou-se" nos feixes musculares e nervosos e deixou o cérebro livre e desimpedido para outras ocupações. Do mesmo modo como caminhamos sem necessidade de refletir sobre todos os movimentos necessários para mover sincronizadamente todas as partes do corpo, de acordo com aquele determinado modo que é necessário para caminhar, assim também ocorreu e continuará a ocorrer na indústria com relação aos gestos fundamentais do ofício; caminhamos automaticamente e, ao mesmo tempo, podemos pensar em tudo o que quisermos. Os industriais norte-americanos compreenderam muito bem essa dialética presente nos novos métodos industriais. Compreenderam que "gorila amestrado" é uma frase, que o operário "infelizmente" continua homem e até mesmo que, durante o trabalho, pensa mais ou, pelo menos, tem muito mais possibilidade de pensar, pelo menos quando superou a crise de adaptação e não foi eliminado: e não só pensa, mas o fato de que o trabalho não lhe dá satisfações imediatas, e que ele compreenda que se quer reduzi-lo a gorila amestrado, pode levá-lo a um curso de pensamentos pouco conformistas. Que uma tal preocupação exista entre os industriais é algo que se deduz de toda uma série de cautelas e iniciativas "educacionais", que podem ser encontradas nos livros de Ford e na obra de Philip [28].

§ 13. *Os altos salários.* É óbvio pensar que os chamados altos salários são uma forma transitória de retribuição. A adaptação aos novos métodos de produção e de trabalho não pode ocorrer apenas através da coação social: esse é um "preconceito" muito difundido na Europa (e especialmente no Japão), onde não tardará a provocar consequências graves para a saúde física e psíquica dos trabalhadores, "preconceito" que, de resto, tem sua base tão somente no desemprego endêmico surgido no após-guerra. Se a situação fosse "normal", o aparelho de coerção necessário para obter o resultado desejado custaria mais do que os altos salários. Por isso, a coerção deve ser sabiamente combinada com a persuasão e o consenso, e isso pode ser obtido, nas formas próprias de uma determinada sociedade, por meio de uma maior retribuição, que permita um determinado padrão de vida, capaz de manter e reintegrar as forças desgastadas pelo novo tipo de esforço. Mas, tão logo os novos métodos de trabalho e de produção se generalizarem e difundirem, tão logo o novo tipo de operário for criado universalmente e o aparelho de produção material se aperfeiçoar ainda mais, o *turnover* excessivo será automaticamente limitado pelo desemprego em larga escala e os altos salários desaparecerão. Na realidade, a indústria americana que paga altos salários desfruta ainda de um monopólio que resulta do fato de ter a iniciativa dos novos métodos; aos lucros de monopólio correspondem salários de monopólio. Mas o monopólio será necessariamente limitado, num primeiro momento, e depois destruído pela difusão dos novos métodos, tanto nos Estados Unidos quanto no exterior (cf. o fenômeno japonês do baixo preço das mercadorias); e assim, com os grandes lucros, também desaparecerão os altos salários. De resto, sabe-se que os altos salários ligam-se necessariamente a uma aristocracia operária e não são pagos a todos os trabalhadores americanos.

Toda a ideologia fordista dos altos salários é um fenômeno derivado de uma necessidade objetiva da indústria moderna que atingiu determinado grau de desenvolvimento e não um fenômeno primário (o que, porém, não dispensa o estudo da importância e das repercussões que a ideologia pode provocar). De resto, o que significa "alto salário"? O salário pago por Ford é alto somente em comparação com a média dos salários americanos, ou é alto como preço da força de trabalho que os empregados da Ford consomem na produção e com os métodos de trabalho de Ford? Não parece que uma tal pesquisa tenha sido feita de modo sistemático, embora somente ela pudesse dar uma resposta conclusiva. A pesquisa é difícil, mas as próprias causas dessa dificuldade são uma resposta indireta. A resposta é difícil porque o quadro de operários qualificados da Ford é muito instável e, por isso, não é possível estabelecer uma média "racional" de demissões entre os operários da Ford para comparar com a média das outras indústrias. Mas por que essa instabilidade? Como é possível que um operário possa preferir um salário "mais baixo" àquele pago pela Ford? Não significará isso que os chamados "altos salários" são menos convenientes para reconstituir a força de trabalho consumida do que os salários mais baixos das outras empresas? A instabilidade do quadro de trabalhadores qualificados demonstra que as condições normais de concorrência entre os operários (diferença de salário) só atuam, no que se refere à indústria Ford, dentro de certos limites: não atua o di-

CADERNO 22 | **297**

ferente nível entre as médias salariais e não atua a pressão do exército de reserva dos desempregados. Isso significa que se deve procurar, na indústria Ford, algum elemento novo, que será a origem real tanto dos "altos salários" como dos outros fenômenos referidos (instabilidade, etc.). Esse elemento só pode ser buscado nisto: que a indústria Ford exige uma especialização, uma qualificação para seus operários que as outras indústrias ainda não exigem, ou seja, uma qualificação de novo tipo, uma forma de consumo da força de trabalho e uma quantidade de força consumida no mesmo tempo médio que são mais gravosas e extenuantes do que em outros locais, forma e quantidade que o salário não consegue compensar em todos os casos, não consegue reconstituir nas condições dadas pela sociedade tal como é. Postas essas questões, apresenta-se o seguinte problema: se o tipo de indústria e de organização do trabalho e da produção próprio da Ford é "racional", isto é, se pode e deve generalizar-se, ou se, ao contrário, trata-se de um fenômeno mórbido a ser combatido com a força dos sindicatos e com a legislação. Ou seja: se é possível, com a pressão material e moral da sociedade e do Estado, fazer com que os operários como massa sofram todo o processo de transformação psicofísica capaz de transformar o tipo médio do operário Ford no tipo médio do operário moderno, ou se isso é impossível, já que levaria à degeneração física e à deterioração da espécie, destruindo toda força de trabalho. Parece ser possível responder que o método Ford é "racional", isto é, deve se generalizar; mas, para isso, é necessário um longo processo, no qual ocorra uma mudança das condições sociais e dos costumes e hábitos individuais, o que não pode ocorrer apenas através da "coerção", mas somente por meio de uma combinação entre coação (autodisciplina) e persuasão, sob a forma também de altos salários, isto é, da possibilidade de um melhor padrão de vida, ou talvez, mais exatamente, da possibilidade de realizar o padrão de vida adequado aos novos modos de produção e de trabalho, que exigem um particular dispêndio de energias musculares e nervosas.

298 | CADERNOS DO CÁRCERE

Em medida limitada, mas ainda assim relevante, verificavam-se e verificam-se fenômenos semelhantes àqueles determinados em larga escala pelo fordismo em certos ramos da indústria ou em estabelecimentos não "fordizados". Constituir um quadro orgânico e bem articulado de operários fabris qualificados ou uma equipe de trabalho especializada jamais foi tarefa simples: ora, uma vez constituídos esse quadro e essa equipe, seus componentes, ou parte deles, acabam por vezes não só se beneficiando com um salário de monopólio, mas também não são demitidos no caso de uma redução temporária da produção; seria antieconômico dispersar os elementos de um todo orgânico constituído com esforço, já que seria quase impossível voltar a agrupá-los, na medida em que a reconstrução desse todo com elementos novos, aleatórios, custaria tentativas e gastos não indiferentes. É esse um limite posto à lei da concorrência gerada pelo exército de reserva e pelo desemprego, limite que sempre esteve na origem da formação de aristocracias privilegiadas. Dado que jamais funcionou e não funciona uma lei de equiparação perfeita dos sistemas e dos métodos de produção e trabalho para todas as empresas de um determinado ramo da indústria, disso resulta que toda empresa, numa determinada medida mais ou menos ampla, é "única", formando para si um quadro de trabalhadores qualificados com competências adequadas a essa particular empresa: pequenos "segredos" de fabricação e de trabalho, "truques" que em si parecem negligenciáveis, mas que, repetidos infinitas vezes, podem adquirir uma grande importância econômica. Um caso particular pode ser estudado na organização do trabalho nos portos, particularmente naqueles onde há desequilíbrio entre embarque e desembarque de mercadorias e onde se verificam períodos de congestionamento do trabalho e períodos em que praticamente cessam as atividades. É necessário dispor de um grupo de estivadores qualificados sempre disponível (que não se afaste do posto de trabalho), capaz de realizar o mínimo de trabalho no período da baixa estação ou de outro tipo;

daí, a formação de grupos fechados, com altos salários e outros privilégios, em contraposição à massa dos "trabalhadores temporários", etc. Isso se verifica também na agricultura, na relação entre colonos fixos e assalariados, bem como em muitas indústrias onde existem os "períodos mortos", por razões inerentes à própria indústria, como a do vestuário, ou devidos à má organização do comércio atacadista, que faz suas compras segundo ciclos próprios, não sincronizados com o ciclo da produção, etc.

§ 14. *Ações, obrigações, títulos de Estado.* Que mudança radical produzirá na orientação da pequena e média poupança a atual depressão econômica se, como parece provável, ela se prolongar ainda por algum tempo? Pode-se observar que a queda do mercado de ações provocou um imenso deslocamento de riqueza e um fenômeno de expropriação "simultânea" da poupança de amplíssimas massas da população, um pouco por toda parte, mas sobretudo na América: assim, os processos mórbidos que se haviam verificado por causa da inflação, no após-guerra, renovaram-se em toda uma série de países e operaram nos países que não haviam conhecido a inflação no período anterior.

O sistema que o governo italiano intensificou nestes anos (prosseguindo uma tradição já existente, ainda que em menor escala) parece ser o mais racional e orgânico, pelo menos para um grupo de países: mas que consequências poderá ter? Diferença entre ações ordinárias e ações preferenciais, entre estas e as obrigações, e entre ações e obrigações do mercado livre e obrigações ou títulos do Estado. A massa dos poupadores busca se desfazer completamente das ações de todo tipo, altamente desvalorizadas; prefere as obrigações às ações, mas prefere os títulos do Estado a qualquer outra forma de investimento. Pode-se dizer que a massa dos poupadores quer romper toda ligação direta com o conjunto do sistema capitalista privado, mas não recusa sua confiança ao Estado: quer participar da atividade econômica, mas através do Estado, que garanta um juro

300 | CADERNOS DO CÁRCERE

módico mas seguro. O Estado é assim investido de uma função de primeiro plano no sistema capitalista, como empresa (*holding* estatal) que concentra a poupança a ser posta à disposição da indústria e da atividade privada, como investidor de médio e longo prazo (criação italiana dos vários institutos, de crédito mobiliário, de reconstrução industrial, etc.; transformação do Banco Comercial, consolidação das Caixas Econômicas, criação de novas formas na poupança postal, etc.). Porém, uma vez assumida essa função, por causa de necessidades econômicas imprescindíveis, pode o Estado se desinteressar da organização da produção e da troca? Deixá-la, tal como antes, à iniciativa da concorrência e à iniciativa privada? Se isso ocorresse, a desconfiança que hoje atinge a indústria e o comércio privados envolveria também o Estado; o surgimento de uma situação que obrigasse o Estado a desvalorizar seus títulos (através da inflação ou por outro meio), tal como se desvalorizaram as ações privadas, seria uma catástrofe para o conjunto da organização econômico--social. O Estado é assim necessariamente levado a intervir para controlar se os investimentos realizados por seu intermédio estão sendo bem administrados e, desse modo, compreende-se pelo menos um aspecto das discussões teóricas sobre o regime corporativo. Mas o simples controle não é suficiente. Com efeito, não se trata apenas de conservar o aparelho produtivo tal como este existe num determinado momento; trata-se de reorganizá-lo a fim de desenvolvê-lo paralelamente ao aumento da população e das necessidades coletivas. Precisamente nesses desenvolvimentos necessários é que reside o maior risco da iniciativa privada e deveria ser maior a intervenção do Estado, que também não está livre de riscos, muito ao contrário. (Esses elementos são mencionados como os mais orgânicos e essenciais, mas também outros elementos levam à intervenção estatal ou a justificam teoricamente: o agravamento dos regimes de proteção alfandegária e das tendências autárquicas, os subsídios, o *dumping*, as operações de salvamento das grandes empresas à beira da falência

CADERNO 22 | **301**

ou em perigo; ou seja, como já foi dito, a "nacionalização das perdas e dos déficits industriais", etc. [29].)

Se o Estado se propusesse impor uma direção econômica por meio da qual a produção da poupança, de "função" de uma classe parasitária, passasse a ser função do próprio organismo produtivo, esses desenvolvimentos hipotéticos seriam progressistas, poderiam fazer parte de um vasto projeto de racionalização integral: para isso, seria necessário promover uma reforma agrária (com a abolição da renda da terra como renda de uma classe não trabalhadora e sua incorporação ao organismo produtivo, como poupança coletiva destinada à reconstrução e a ulteriores progressos) e uma reforma industrial que fizesse todas as rendas decorrerem de necessidades funcionais técnico-industriais e não mais serem consequências jurídicas do puro direito de propriedade.

Desse conjunto de exigências, nem sempre confessadas, nasce a justificação histórica das chamadas tendências corporativas, que se manifestam predominantemente como exaltação do Estado em geral, concebido como algo absoluto, e como desconfiança e aversão em face das formas tradicionais do capitalismo. Daí se segue que, teoricamente, o Estado parece ter sua base político-social na "gente miúda" e nos intelectuais; mas, na realidade, sua estrutura permanece plutocrática e torna-se impossível romper as ligações com o grande capital financeiro: de resto, é o próprio Estado que se torna o maior organismo plutocrático, a *holding* das grandes massas de poupança dos pequenos capitalistas. (O Estado jesuíta do Paraguai poderia ser utilmente mencionado como modelo de muitas tendências contemporâneas [30].)

Que possa existir um Estado que se baseie politicamente, ao mesmo tempo, na plutocracia e na gente miúda não é, de resto, algo inteiramente contraditório, como o demonstra um país exemplar, a França, onde precisamente não se compreenderia o domínio do capital financeiro sem a base política de uma democracia de pequenos-

302 | CADERNOS DO CÁRCERE

-burgueses e de camponeses que vivem de renda. A França, contudo, por motivos complexos, tem ainda uma composição social bastante sadia, já que nela existe uma ampla base de pequena e média propriedade agrícola. Em outros países, ao contrário, os poupadores se separaram do mundo da produção e do trabalho; neles, a poupança é "socialmente" muito cara, já que obtida à custa de um nível de vida excessivamente baixo dos trabalhadores industriais e, sobretudo, agrícolas. Se a nova estrutura do crédito consolidasse essa situação, ocorreria na realidade uma deterioração: se a poupança parasitária, graças à garantia estatal, não tivesse nem mesmo de passar pelos caminhos gerais do mercado normal, a propriedade agrícola parasitária se reforçaria, por um lado, e, por outro, as obrigações industriais que geram dividendos legais certamente pesariam sobre o trabalho de modo ainda mais esmagador.

§ 15. *Civilização americana e europeia*. Numa entrevista a Corrado Alvaro (*L'Italia Letteraria*, 14 de abril de 1929), Luigi Pirandello afirma: "O americanismo nos arrasta. Creio que lá se acendeu um novo farol de civilização." "O dinheiro que corre o mundo é americano (!?); e, por trás do dinheiro, corre o modo de vida e a cultura (isso é verdade apenas para a escória da sociedade, e parece que Pirandello, e com ele muitos outros, acredita que o 'mundo' inteiro é constituído por essa escória). A América tem uma cultura? (seria preciso dizer: tem uma cultura unitária e centralizada, ou seja, a América é uma nação do tipo francês, alemão ou inglês?) Tem livros e costumes. Os costumes são sua nova literatura, aquela que penetra através das portas mais protegidas e defendidas. Em Berlim, não se sente a diferença entre a velha e a nova Europa porque a própria estrutura da cidade não oferece resistências (Pirandello hoje não poderia dizer o mesmo e, portanto, deve-se entender que ele se referia à Berlim dos cafés noturnos). Em Paris, onde existe uma estrutura histórica e artística, onde os testemunhos de uma civilização autóctone estão

CADERNO 22 | **303**

presentes, o americanismo desafina tanto como a maquiagem no velho rosto de uma mundana [31]."

Mas o problema não é saber se na América existe uma nova civilização, uma nova cultura, mesmo que ainda no estado de "farol", e se elas estão invadindo ou já invadiram a Europa: se o problema tivesse de ser posto assim, a resposta seria fácil: não, não existe, etc., e, de resto, o que se faz na América é apenas remoer a velha cultura europeia. O problema é este: se a América, com o peso implacável de sua produção econômica (isto é, indiretamente), obrigará ou está obrigando a Europa a uma transformação radical de sua estrutura econômico-social demasiadamente antiquada, o que ocorreria de qualquer modo, ainda que em ritmo lento, mas que, ao contrário, se apresenta desde já como uma consequência imediata da "prepotência" americana; ou seja, se está ocorrendo uma transformação das bases materiais da civilização europeia, o que a longo prazo (e não muito longo, já que atualmente tudo é mais rápido do que no passado) levará a uma transformação da forma de civilização existente e ao nascimento forçado de uma nova civilização.

Os elementos de "nova cultura" e de "novo modo de vida" que hoje se difundem sob a etiqueta americana não passam das primeiras tentativas feitas às cegas, devidas não tanto a uma "ordem" que nasce de uma nova estrutura, que ainda não se formou, mas à iniciativa superficial e macaqueadora dos elementos que começam a se sentir socialmente deslocados pela ação (ainda destrutiva e dissolutora) da nova estrutura em formação. O que hoje é chamado de "americanismo" é em grande parte a crítica antecipada feita pelas velhas camadas que serão esmagadas pela possível nova ordem e que já são vítimas de uma onda de pânico social, de dissolução, de desespero; é uma tentativa de reação inconsciente de quem é impotente para reconstruir e toma como ponto de apoio os aspectos negativos da transformação. Não é dos grupos sociais "condenados" pela nova ordem que se pode esperar a reconstrução, mas sim daqueles que

304 | CADERNOS DO CÁRCERE

estão criando, por imposição e através do próprio sofrimento, as bases materiais dessa nova ordem: estes últimos "devem" encontrar o sistema de vida "original" e não de marca americana, a fim de transformarem em "liberdade" o que hoje é "necessidade".

Esse critério — o de que tanto as reações intelectuais e morais ao estabelecimento de um novo método produtivo quanto as exaltações superficiais do americanismo se devem aos detritos das velhas camadas em decomposição e não aos grupos cujo destino está ligado a um ulterior desenvolvimento do novo método — é extremamente importante e explica por que alguns elementos responsáveis da política moderna, que baseiam sua sorte na organização do conjunto da camada média, não desejam tomar posição, mas se mantêm "teoricamente" neutros, resolvendo os problemas práticos com o tradicional método do empirismo e do oportunismo (cf. as diversas interpretações do ruralismo, desde a de U. Spirito, que pretende "urbanizar" o campo, até as que tocam a flauta de Pã) [32].

Que não se trate, no caso do americanismo (entendido não só como vida de bar, mas também como ideologia do Rotary Club), de um novo tipo de civilização, é algo que pode ser deduzido do fato de que nada mudou no caráter e nas relações dos grupos fundamentais: trata-se de um prolongamento orgânico e de uma intensificação da civilização europeia, que apenas assumiu uma nova epiderme no clima americano. A observação de Pirandello sobre a oposição que o americanismo encontra em Paris (mas no Creusot?) e sobre a acolhida imediata que teria tido em Berlim prova, de qualquer modo, a diferença não de natureza, mas apenas de grau, em relação ao "europeísmo". Em Berlim, as classes médias já haviam sido arruinadas pela guerra e pela inflação, e a indústria berlinense, em seu conjunto, tem características diferentes da parisiense: as classes médias francesas não sofreram as crises ocasionais, como a inflação alemã, nem a crise orgânica de 1929 e ss., com o mesmo ritmo acelerado registrado na

Alemanha. Por isso, é verdade que em Paris o americanismo aparece como um cosmético, como uma superficial moda estrangeira.

§ 16. *Variedades*. Devem ser lembrados alguns livros de Guglielmo Ferrero sobre a América: quantos dos lugares-comuns criados por Ferrero entraram em circulação e continuam a ser usados sem que se leve em conta sua origem? (Quantidade contra qualidade, por exemplo, é de origem ferreriana, que é, portanto, o pai espiritual de toda a tola ideologia sobre o retorno ao artesanato, etc. O livro de Ferrero *Fra i due mondi* deve ser revisto como a bíblia de uma série de banalidades das mais gastas e vulgares.)

Sobre o americanismo, deve-se ver o artigo "L'America nella letteratura francese del 1927", de Étienne Fournol, na *Nuova Antologia* de 1º de abril de 1928, útil como repertório das banalidades mais extravagantes sobre a questão. Fala do livro de Siegfried e daquele de Romier (*Qui sera le maître?*); menciona um livro de André Tardieu (*Devant l'obstacle: l'Amérique et nous,* Paris, Librairie Emil Paul) e dois livros de Luc Durtain, um romance, *Hollywood dépassé*, e uma coletânea de novelas, *Quarantième étage*, ambos editados pela N.R.F. e que parecem interessantes [33].

Sobre o professor Siegfried, deve-se notar a seguinte contradição: na p. 350 de seu livro *Les États-Unis d'Aujourd' hui*, ele reconhece, na vida americana, "o aspecto de uma sociedade realmente (!) coletivista, desejado pelas classes eleitas e aceito alegremente (*sic*) pela multidão"; mas, depois, Siegfried escreve o prefácio para o livro de Philip sobre o movimento operário americano e o elogia, embora tal livro não demonstre precisamente nem essa "alegria" nem a inexistência da luta de classes na América, mas, ao contrário, demonstre a existência da mais desenfreada e feroz luta de uma parte contra a outra. A mesma comparação poderia ser feita entre o livro de Romier e o de Philip. Deve-se sublinhar como na Europa foi aceito com muita facilidade (e difundido com muita habilidade) o róseo quadro de uma América sem lutas internas (atualmente as coisas se esclareceram), etc.,

etc. Foi assim que, ao mesmo tempo, combateu-se o americanismo como subversor da estagnada sociedade europeia, mas apresentou-se a América como exemplo de homogeneidade social para fins de propaganda e como premissa ideológica para leis de exceção.

2. Dos cadernos miscelâneos

CADERNO 1 (1929-1930)

§ 98: Lello Cangemi, *Il problema della durata del lavoro*, Florença, Vallecchi, 1929, 25 liras. (Da breve resenha de Luigi Perla na *Italia Letteraria* de 18 de agosto de 1929, deduz-se: o problema da jornada de trabalho, deslocado para segundo plano depois do melhoramento das condições econômicas que se seguiu ao período de depressão iniciado em 1921, voltou agora à discussão, por causa da crise econômica atual. Exame da legislação vigente sobre o assunto nos vários países, trazendo à luz a dificuldade de uma regulamentação uniforme. O problema e a convenção de Washington. Do ponto de vista da organização científica do trabalho. As pretensões teóricas e sociais, que dominaram o problema, mostraram-se inaplicáveis na ação legislativa prática. Contra as ideologias que pretenderiam abolir as injustiças sociais e terminam sempre, ao contrário, por multiplicá-las e torná-las mais perigosas, a prática confirmou que a simples redução da jornada de trabalho não pode, por si só (!), alcançar o objetivo de uma maior produtividade e de maiores vantagens (!) para o trabalhador. Em vez disso, foi demonstrada a utilidade de estabelecer um limite para o esforço laborativo; esse limite não deve ser imposto com base em ideologias abstratas, mas deve resultar da coordenação racional de conceitos (!) fisiológicos, econômicos e éticos.)

§ 105. *A filosofia americana.* Estudar a posição de Josiah Royce no quadro da concepção americana da vida. Que importância e que função teve o hegelianismo nessa concepção? Pode o pensamento

310 | CADERNOS DO CÁRCERE

moderno difundir-se na América, superando o empirismo-pragmatismo, sem uma fase hegeliana [1]?

CADERNO 2 (1929-1933)

§ 45. *América e Europa.* Madison Grant (cientista e escritor muito famoso), presidente da Sociedade Biológica de Nova York, escreveu um livro, *Uma grande raça em perigo,* no qual "denuncia" o perigo de uma invasão "física e moral" da América pelos europeus, mas restringe tal perigo à invasão dos "mediterrâneos", ou seja, dos povos que habitam os países mediterrâneos. Madison Grant afirma que, desde o tempo de Atenas e de Roma, a aristocracia grega e romana era formada por homens que vinham do Norte e somente as classes plebeias eram formadas por mediterrâneos. Portanto, o progresso moral e intelectual da humanidade deveu-se aos "nórdicos". Para Grant, os "mediterrâneos" são uma raça inferior e sua imigração é um perigo; ela é pior do que uma conquista armada e está transformando Nova York e grande parte dos Estados Unidos numa *cloaca gentium.* Esse modo de pensar não é individual: reflete uma notável e predominante corrente de opinião pública norte-americana, a qual pensa que a influência exercida pelo novo ambiente sobre a massa dos emigrantes é sempre menos importante do que a influência que a massa dos emigrantes exerce sobre o novo ambiente, bem como que o caráter essencial da "mistura das raças" é, nas primeiras gerações, uma perda de harmonia (unidade) física e moral nos povos e, nas gerações seguintes, um lento mas fatal retorno ao tipo dos variados ancestrais.

Sobre essa questão das "raças" e das "estirpes" e de sua presunção, alguns povos europeus são tratados na medida de suas próprias pretensões. Se fosse verdade que existem raças biologicamente superiores, o raciocínio de Madison Grant seria bastante verossímil. Historicamente, dada a separação de classe-casta, quantos romanos-

DOS CADERNOS MISCELÂNEOS | **311**

-arianos sobreviveram às guerras e às invasões? Recordar a carta de Sorel a Michels, *Nuovi Studi di Diritto, Economia e Politica*, setembro-outubro de 1929: "Recebi seu artigo sobre a 'esfera histórica de Roma', cujas teses são quase todas contrárias ao que longos estudos me mostraram ser a verdade mais provável. Não existe país menos romano do que a Itália; a Itália foi conquistada pelos romanos porque ela era tão anárquica quanto os países berberes; ela permaneceu anárquica por toda a Idade Média e sua própria civilização morreu quando os espanhóis lhe impuseram seu regime administrativo; os piemonteses completaram a obra nefasta dos espanhóis. O único país de língua latina que pode reivindicar a herança romana é a França, onde a monarquia esforçou-se por manter o poder imperial. Quanto à capacidade de assimilação dos romanos, trata-se de uma piada. Os romanos destruíram a nacionalidade ao suprimir as aristocracias." Todas essas questões são absurdas, se se pretende fazer delas elementos de uma ciência e de uma sociologia política. Resta apenas o material para observações de caráter secundário, que explica fenômenos de segundo plano [2].

§ 57. *Tendências contra as cidades.* Recordar no livro de Gerbi sobre a *Politica del 700* a referência às opiniões de Engels sobre a nova disposição que deve ser dada aos aglomerados urbanos industriais, mal interpretadas por Gerbi (que também interpreta mal as opiniões de Ford). Esses modos de ver não devem ser confundidos com as tendências "iluministas" contra a cidade. Cf. as opiniões de Spengler sobre as grandes cidades, definidas como "monstruosos crematórios da força do povo, cujas melhores energias absorvem e destroem". Ruralismo, etc. [3]

§ 84. G. E. di Palma Castiglione, "L'organizzazione internazionale del lavoro e la XI sessione della Conferenza internazionale del lavoro", *Nuova Antologia* de 16 de agosto de 1928.

§ 93. *Sobre o americanismo*. Roberto Michels, "Cenni sulla vita universitaria negli Stati Uniti", *Nuova Antologia*, 1º de novembro de 1928. Algumas observações interessantes.

§ 105. *"Mente et Malleo."* Órgão oficial do Instituto "M. Fossati", publicado pela Associazione Nazionale Esperti nell'Ordinamento della Produzione, Turim, Via Rossini, 18, ano I, nº 1, 10 de abril de 1929, in-4º, 44-XVI p.

Boletim técnico quinzenal, propõe-se contribuir para a organização científica do trabalho ou ordenação racional da produção em qualquer campo da indústria, da agricultura, do comércio.

§ 127. Alfonso de Pietri-Tonelli, "Wall Street", *Nuova Antologia* de 1º de dezembro de 1929 (comenta, em termos muito gerais, a crise da bolsa americana do final de 1929: será preciso revê-lo para estudar a organização financeira americana).

§ 136. *Ação Católica*. Cf. o artigo "La durata del lavoro", na *Civiltà Cattolica* de 15 de março de 1930 (do padre Brucculeri). Defende o princípio e a legislação internacional sobre as oito horas contra Lello Cangemi e seu livro *Il problema della durata del lavoro*, Vallecchi, Florença, 526 p. O artigo é interessante; o livro de Cangemi é muito bem criticado. É interessante que um jesuíta seja mais "progressista" do que Cangemi, que é bastante conhecido na política econômica italiana atual como discípulo de De Stefani e de sua particular tendência no campo da política econômica [4].

§ 137. *Cidade e campo*. Giuseppe De Michelis, "Premesse e contributo allo studio dell'esodo rurale", *Nuova Antologia*, 16 de janeiro de 1930. Artigo interessante de muitos pontos de vista. De Michelis formula o problema de modo muito realista [5]. O que é o êxodo rural? Fala-se dele há duzentos anos e a questão jamais foi formulada em termos econômicos precisos.

DOS CADERNOS MISCELÂNEOS | **313**

(Também De Michelis esquece dois elementos fundamentais da questão: 1) as lamentações em face do êxodo rural têm uma de suas razões nos interesses dos proprietários, que veem os salários se elevarem por causa da concorrência das indústrias urbanas e por causa da vida mais "legal", menos exposta aos arbítrios e abusos que são a trama cotidiana da vida rural; 2) para a Itália, não menciona a emigração dos camponeses, que é a forma internacional do êxodo rural para países industriais e é uma crítica real do regime agrário italiano, na medida em que o camponês vai ser camponês em outro lugar, melhorando seu próprio padrão de vida.)

É justa a observação de De Michelis de que a agricultura não sofreu com o êxodo: 1) porque a população agrária, em *escala internacional*, não diminuiu; 2) porque a produção não diminuiu, mas, ao contrário, há superprodução, como o demonstra a crise dos preços dos produtos agrícolas. (Na crise passada, ou seja, quando eles correspondiam a fases de prosperidade industrial, isso era verdade; mas hoje, quando a crise agrária acompanha a crise industrial, não se pode falar de superprodução, mas de subconsumo.) No artigo, são citadas estatísticas que demonstram a progressiva extensão da superfície usada para o cultivo de cereais e, mais ainda, daquela usada para o cultivo de produtos para as indústrias (cânhamo, algodão, etc.), bem como o aumento da produção. O problema é observado de um ponto de vista internacional (para um grupo de 21 países), ou seja, de divisão internacional do trabalho. (Do ponto de vista de cada nação em particular, o problema pode mudar e consiste nisto a crise atual: ela é uma resistência reacionária às novas relações mundiais, à intensificação da importância do mercado mundial.)

O artigo cita algumas fontes bibliográficas: seria necessário revê-lo. Termina com um erro colossal: segundo De Michelis, "a formação das cidades nos tempos remotos consistiu tão somente na lenta e progressiva separação entre o artesanato e a atividade agrícola, com a qual era inicialmente confundido, para depois tornar-se uma

314 | CADERNOS DO CÁRCERE

atividade distinta. O progresso das próximas décadas consistirá, graças sobretudo ao incremento da força elétrica, em trazer de volta o artesanato para o campo a fim de reconectá-lo, com formas modificadas e com procedimentos aperfeiçoados, ao trabalho propriamente agrícola. Nessa obra redentora do artesanato rural, a Itália se prepara para ser, mais uma vez, precursora e mestra". De Michelis confunde muitas coisas: 1) a rearticulação da cidade com o campo não pode ocorrer com base no artesanato, mas somente com base na grande indústria racionalizada e estandardizada. A utopia "artesanal" baseou-se na indústria têxtil: supunha-se que, com a possibilidade (que se verificou) de distribuir energia elétrica à distância, tornar--se-ia possível dar à família camponesa o tear mecânico moderno movido eletricamente; mas hoje um único operário, ao que parece, é capaz de pôr em movimento 24 teares, o que coloca novos problemas de concorrência e a necessidade de grandes capitais, bem como de organização geral, que a família camponesa não pode resolver; 2) a utilização industrial do tempo que o camponês deve permanecer desocupado (esse é o problema fundamental da agricultura moderna, que coloca o camponês em condições de inferioridade econômica em relação à cidade, que "pode" trabalhar o ano inteiro) só pode ocorrer numa economia planificada, muito desenvolvida, capaz de se libertar das flutuações temporais da venda, que já se verificam e que levam também a indústria a conhecer períodos de ociosidade; 3) a grande concentração da indústria e a produção em série de peças intercambiáveis permitem transportar partes da fábrica para o campo, descongestionando a grande cidade e tornando a vida industrial mais higiênica. Não é o artesão que voltará para o campo, mas, ao contrário, o operário mais moderno e estandardizado.

§ 138. *América*. No número de 16 de fevereiro de 1930 da *Nuova Antologia*, são publicados dois artigos: "Punti di vista sull'America: Spirito e tradizione americana", do professor J. P. Rice (Rice, em 1930, foi designado pela *Italy-America Society* de Nova York para

DOS CADERNOS MISCELÂNEOS | 315

pronunciar o ciclo anual de conferências criado pela *Fundação Westinghouse* com o objetivo de intensificar as relações entre a América e a Itália), um artigo de pouco valor; e "La rivoluzione industriale degli Stati Uniti", do engenheiro Pietro Lanino, interessante do seguinte ponto de vista: por mostrar que um conceituado publicista e teórico da indústria italiana nada compreendeu do sistema industrial capitalista americano. (Em 1930, Lanino escreveu também uma série de artigos sobre a indústria americana na *Rivista di Politica Economica*, publicada pelas sociedades anônimas.) Desde o primeiro parágrafo, Lanino afirma que na América ocorreu "uma inversão completa dos que até agora haviam sido os critérios econômicos fundamentais da produção industrial. Abandonou-se a lei da oferta e da procura na fixação dos salários. O custo de produção foi reduzido, apesar do aumento dos salários". Nada foi abandonado: Lanino não compreendeu que a nova técnica baseada na racionalização e no taylorismo criou uma nova e original qualificação psicotécnica e que os operários que possuem essa qualificação não apenas são poucos, mas estão ainda em formação, motivo pelo qual os "mais preparados" são disputados com a oferta de altos salários; isso confirma a lei da "oferta e da procura" no terreno salarial. Se a afirmação de Lanino fosse verdadeira, seria impossível explicar o elevado grau de *turnover* do pessoal empregado, ou seja, o fato de que muitos operários renunciam aos altos salários de certas empresas por salários menores de outras. Isto é: não só os industriais renunciariam à lei da oferta e da procura, mas também os operários, os quais, por vezes, permanecem desempregados, renunciando aos altos salários. Enigma ao qual Lanino evitou cuidadosamente dar uma resposta. Todo o artigo se baseia nessa incompreensão preliminar. Não é de surpreender o fato de que os industriais americanos, a começar por Ford, tenham procurado afirmar que se trata de uma nova forma de relações: eles buscam obter, além dos efeitos econômicos dos altos salários, também efeitos sociais de hegemonia espiritual, o que é normal.

316 | CADERNOS DO CÁRCERE

§ 139. Mario Gianturco, "La terza sessione marittima della Conferenza Internazionale del Lavoro", *Nuova Antologia*, 16 de março de 1930. (Resume também os pontos das reuniões anteriores dos marítimos; interessante e útil.)

§ 143. Maria Pasolini Ponti, "Intorno all'arte industriale", *Nuova Antologia*, 1º de julho de 1930.

CADERNO 3 (1930)

§ 5. *América*. São latinas a América Central e do Sul? E em que consiste essa latinidade? Grande fracionamento, que não é casual. Os Estados Unidos — que são concentrados e que buscam, através da política de imigração, não só manter mas ampliar essa concentração (que é uma necessidade econômica e política, como o demonstrou a luta interna entre as várias nacionalidades para influir sobre a direção do governo na política da guerra, como o demonstra a influência do elemento nacional na organização sindical e política dos operários, etc.) — exercem um grande peso no sentido de manter essa desagregação, à qual buscam sobrepor uma rede de organizações e movimentos guiados por eles: 1) União Pan-Americana (política estatal); 2) movimento missionário para substituir o catolicismo pelo protestantismo; 3) oposição à Federação do Trabalho de Amsterdã e tentativa de criar uma união pan-americana do trabalho (ver se existem também outros movimentos e iniciativas desse tipo); 4) organização bancária, industrial e de crédito, que se estende por toda a América. (Esse é o primeiro elemento.)

A América do Sul e Central são caracterizadas: 1) por um número apreciável de índios que, embora passivamente, exercem uma influência sobre o Estado: seria útil obter informações sobre a posição social desses índios, sobre sua importância econômica, sobre sua participação na propriedade agrária e na produção industrial; 2) as raças brancas que dominam na América Central e do Sul não podem se

DOS CADERNOS MISCELÂNEOS | 317

vincular a pátrias europeias que tenham uma grande função econômica e histórica — Portugal, Espanha (Itália) —, comparável àquela dos Estados Unidos; em muitos Estados, elas representam uma fase semifeudal e jesuítica, pelo que se pode dizer que todos os Estados da América Central e do Sul (com exceção talvez da Argentina) têm de atravessar a fase da *Kulturkampf* e do advento do Estado laico moderno (a luta do México contra o clericalismo é um exemplo dessa fase). A difusão da cultura francesa liga-se a essa fase: trata-se da cultura maçônico-iluminista, que deu lugar às chamadas *Igrejas positivistas*, das quais participam até mesmo muitos operários, que, apesar disso, definem-se como anarcossindicalistas. Contribuição das várias culturas: Portugal, França, Espanha, Itália. Questão do nome: América Latina, ibérica ou hispânica? Franceses e italianos usam "latina"; portugueses, "ibérica"; espanhóis, "hispânica". De fato, a maior influência é exercida pela França; as outras três nações latinas têm escassa influência, apesar da língua, já que essas nações americanas surgiram em oposição à Espanha e a Portugal, e tendem a criar um nacionalismo e uma cultura próprios. Influência italiana, marcada pelo caráter social da emigração italiana: por outro lado, em nenhum país americano os italianos são a raça hegemônica.

Um artigo de Lamberti Sorrentino, "Latinità dell'America", na *Italia Letteraria* de 22 de dezembro de 1929. "As repúblicas sul-americanas são latinas por causa de três fatores principais: a língua espanhola, a cultura predominantemente francesa, a contribuição étnica predominantemente (!) italiana. Esse último é, dos três, o fator mais profundo e substancial, precisamente porque confere à nova raça que se forma o caráter latino (!); e, na aparência (!), é o mais fugaz porque, já na primeira geração, perdendo o que tem de original e próprio (nada disso faz sentido!), aclimata-se espontaneamente ao novo ambiente geográfico e social." Segundo Sorrentino, espanhóis, franceses e italianos têm um interesse comum em conservar (!) a língua espanhola, instrumento para a formação de uma profunda

318 | CADERNOS DO CÁRCERE

consciência latina, capaz de resistir aos desvios (!) que arrastam os sul-americanos para a confusão (!) e o caos. O diretor de um periódico literário ultranacionalista da Argentina (o país mais europeu e latino da América) afirmou que o homem argentino "fixará seu tipo latino/ anglo-saxônico predominante". O mesmo escritor, que se autodefine "argentino cem por cento", disse ainda mais explicitamente: "Quanto aos norte-americanos, cujo país nos deu a *base constitucional e educacional*, deve-se dizer claramente que nós nos sentimos mais próximos deles (pela educação, pelos gostos, pela maneira de viver) do que dos europeus e dos espanhóis afro-europeus, como gostam de se definir esses últimos; e jamais tememos o chicote dos Estados Unidos." (Refere-se à tendência espanhola a considerar os Pireneus uma barreira cultural entre a Europa e o mundo ibérico: Espanha, Portugal, América Central e do Sul e Marrocos. Teoria do iberismo — ibero-americanismo, aperfeiçoamento do hispanismo — hispano--americanismo.) O iberismo é antilatino: as repúblicas americanas deveriam voltar-se somente para a Espanha e Portugal. (Puros exercícios de intelectuais e de grandes decadentes que não querem se convencer de que hoje contam muito pouco.) A Espanha faz grandes esforços para reconquistar a América do Sul em todos os campos: cultural, comercial, industrial, artístico. (Mas com que resultados?) A hegemonia cultural da França está ameaçada pelos anglo-saxões: existem um Instituto Argentino de Cultura Inglesa e um Instituto Argentino de Cultura Norte-Americana, organizações riquíssimas e atuantes: ensinam a língua inglesa com grandes facilidades para os alunos, cujo número é cada vez maior, e com programas muito eficientes de intercâmbio universitário e científico. A emigração italiana e espanhola está estagnada; cresce a emigração polonesa e eslava. Sorrentino desejaria uma frente única franco-ítalo-ibérica para manter a cultura latina.

§ 26. *América e Europa.* Em 1927, a Organização Internacional do Trabalho, de Genebra, publicou os resultados de uma pesquisa sobre

DOS CADERNOS MISCELÂNEOS | **319**

as relações entre patrões e operários nos Estados Unidos: *Les rélations industrielles aux États-Unis*. Segundo Gompers, os objetivos finais do sindicalismo americano consistiriam na instituição progressiva de um controle paritário, que se estendesse de cada fábrica ao conjunto da indústria e que culminasse numa espécie de parlamento orgânico. (Ver a forma que assume, nas palavras de Gompers & Cia., a tendência dos operários à autonomia industrial [6].)

CADERNO 4 (1930-1932)

§ 76. *Vittorio Macchioro e a América*. Vittorio Macchioro escreveu um livro: *Roma capta. Saggio intorno alla religione romana*, Ed. G. Principato, Messina, cuja construção é inteiramente baseada na "pobreza de imaginação do povo romano". Viajou para a América em 1930 e enviou algumas reportagens para o *Mattino* de Nápoles; a primeira delas (de 7 de março) tem o seguinte tema (cf. *Italia Letteraria* de 16 de março de 1930): "O americano não tem fantasia, não sabe criar imagens. Não creio que, fora da influência europeia (!), possa surgir jamais um grande poeta ou um grande pintor americano. A mentalidade americana é essencialmente prática e técnica: disso resulta uma particular sensibilidade para a quantidade, ou seja, para as cifras. Do mesmo modo como o poeta é sensível às imagens e o músico aos sons, o americano é sensível aos números. — Essa tendência a conceber a vida como fato técnico explica a própria filosofia americana. O pragmatismo deriva precisamente dessa mentalidade que não valoriza nem capta o abstrato. James e, mais ainda, Dewey são os mais genuínos produtos dessa inconsciente necessidade de tecnicismo, que faz com que a filosofia seja substituída pela educação e que uma ideia abstrata não tenha valor em si mesma, mas somente na medida em que possa se traduzir em ação. ('A pobreza de imaginação do povo romano levou-o a conceber a divindade como uma energia abstrata que só se manifesta através da ação'; cf. *Roma capta*.)

320 | CADERNOS DO CÁRCERE

E, por isso, a América é a terra típica das igrejas e das escolas, onde a teoria se insere na vida."

Parece-me que a tese de Macchioro é um chapéu que cabe em todas as cabeças.

CADERNO 5 (1930-1932)

§ 2. *Rotary Club*. Atitude contrária, ainda que com algumas cautelas, dos jesuítas da *Civiltà Cattolica*. A Igreja como tal ainda não tomou uma posição sobre o Rotary Club. Os jesuítas criticam o Rotary por suas ligações com o protestantismo e a maçonaria: veem nele um instrumento do americanismo e, portanto, no mínimo, de uma mentalidade anticatólica. O Rotary, contudo, não quer ser nem confessional nem maçônico: todos podem ingressar em suas fileiras, sejam maçons, protestantes ou católicos (em alguns lugares, houve adesões até dos arcebispos católicos). Parece que seu programa essencial é a difusão de um novo espírito capitalista, ou seja, a ideia de que a indústria e o comércio, antes de serem um negócio, são um *serviço* social, ou, mais precisamente, de que são e podem ser um negócio na medida em que são um "serviço". Em outras palavras: o Rotary gostaria que fosse superado o "capitalismo selvagem" e que se instaurasse um novo costume, mais favorável ao desenvolvimento das forças econômicas. A exigência expressa pelo Rotary manifestou-se recentemente, na América, de modo bastante intenso; na Inglaterra, contudo, ela já havia sido superada, através da criação de uma certa média de "honestidade" e "lealdade" nos negócios. Por que foi precisamente o Rotary que se difundiu fora da América? Por que isso não ocorreu com uma das outras tantas formas de associação que lá existem e que constituem uma superação das velhas formas religiosas positivas? A causa deve ser buscada na própria América: talvez isso tenha ocorrido porque o Rotary organizou a campanha pelo *open shop* e, portanto, pela racionalização [7].

DOS CADERNOS MISCELÂNEOS | **321**

Extraio algumas informações do artigo "Rotary Club e massoneria" (*Civiltà Cattolica* de 21 de julho de 1928):

O Rotary, criado como associação nacional em 1910, constituiu-se como organização internacional mediante uma dotação de capital a fundo perdido, feita de acordo com as leis do estado de Illinois. O presidente do Rotary Internacional é mister Harr Rogers. O presidente dos clubes italianos é Felice Seghezza. O *Osservatore Romano* e a *Tribuna* aventaram o problema de saber se o Rotary é uma organização maçônica. Seghezza enviou uma carta (*Tribuna*, 16 de fevereiro de 1928) protestando e declarando infundada qualquer suspeita; a *Tribuna*, comentando a carta, escreveu, entre outras coisas: "São [...] as incertezas de todas as organizações internacionais, as quais frequentemente têm uma aparência perfeitamente inócua e legítima, mas podem também assumir substâncias bem diferentes. A seção italiana do Rotary pode sentir-se inteiramente isenta de maçonaria e de pleno acordo com o Regime; mas isso não significa que, em outros lugares, o Rotary não seja diferente. E se é, e outros o afirmam, não podemos nem devemos ignorá-lo."

O *"Código moral rotariano"*. No congresso geral realizado em St. Louis, em 1928, foi aprovado o seguinte princípio: "O Rotary é fundamentalmente uma filosofia da vida que busca conciliar o eterno conflito existente entre o desejo do ganho pessoal e o dever e o consequente impulso de servir ao próximo. Essa filosofia é a filosofia do *serviço: dar de si antes de pensar em si*, baseada no seguinte princípio moral: *quem serve melhor ganha mais*." O mesmo congresso decidiu que todos os sócios do Rotary devem aceitar, "sem juramento secreto, sem dogma nem fé, mas cada um a seu modo, esta filosofia rotariana do serviço". A *Civiltà Cattolica* transcreve o seguinte trecho do comendador Mercurio, um rotariano, publicada em *Il Rotary*, p. 97-98, mas a referência não é precisa (não sei se Mercurio é italiano e se *Il Rotary* é uma publicação italiana, como o é *Realtà*, dirigida por Bevione): "Deste modo, por assim dizer, transformou-se a ho-

322 | CADERNOS DO CÁRCERE

nestidade num interesse e se criou aquela nova figura do homem de negócios que sabe associar, em todas as atividades profissionais, industriais e comerciais, seu interesse pessoal com o interesse geral, o qual é, no fundo, o verdadeiro e grande objetivo de toda atividade, já que cada homem que atua com honestidade, mesmo que o faça inconscientemente, serve sobretudo ao bem-estar geral."

O caráter predominante dado pelo Rotary à atividade prática revela-se em outras citações truncadas e alusivas da *Civiltà Cattolica*. No Programa do *Rotary*: "[...] Um Rotary Club é um grupo de homens de negócio e de profissionais liberais, os quais, sem juramentos secretos nem dogmas ou credos, [...] aceitam a filosofia do serviço." Publica-se um *Annuario* italiano do Rotary, em Milão, pela Soc. An. Coop. "Il Rotary". Saiu, pelo menos, o *Annuario* de 1927-1928.

Filippo Tajani, no *Corriere della Sera* de 22 de junho de 1928, escreveu que o Rotary está entre "as instituições internacionais que visam, ainda que pela via da negociação, à solução dos problemas econômicos e industriais comuns". Dos 2.639 clubes rotarianos existentes (no momento da publicação do artigo), 2.088 estavam nos Estados Unidos, 254 na Inglaterra, 85 no Canadá, 18 na Itália, 13 na França, 1 na Alemanha, 13 na Espanha, 10 na Suíça, 20 em Cuba, 19 no México, 15 na Austrália e muito menos em outros países. (O Rotary Clube não pode ser confundido com a maçonaria tradicional, sobretudo com a dos países latinos. Trata-se de uma superação orgânica da maçonaria e representa interesses mais concretos e precisos. Característica fundamental da maçonaria é a democracia pequeno-burguesa, o laicismo, o anticlericalismo, etc. O Rotary é organização das classes altas e só se dirige ao povo indiretamente. É um tipo de organização essencialmente moderna. Que existam interferências entre a maçonaria e o Rotary é possível e provável, mas não é essencial: o Rotary, ao se desenvolver, tentará dominar todas as outras organizações, até mesmo a Igreja Católica, do mesmo modo como, na América, domina certamente todas as igrejas pro-

DOS CADERNOS MISCELÂNEOS | **323**

testantes. É claro que a Igreja Católica não poderá ver "oficialmente" o Rotary com bons olhos, mas parece difícil que assuma diante dele uma atitude semelhante à adotada contra a maçonaria: deveria então posicionar-se contra o capitalismo, etc. O desenvolvimento do Rotary é interessante sob muitos aspectos: ideológicos, práticos, organizativos, etc. Mas é preciso ver se a depressão econômica americana e mundial não dará um golpe no prestígio do americanismo e, por conseguinte, do Rotary.)

§ 4. *Saint-simonismo, maçonaria, Rotary Club*. Seria interessante uma pesquisa sobre os seguintes nexos ideológicos: as doutrinas do americanismo e o saint-simonismo têm, indubitavelmente, muitos pontos de contato; mas, ao contrário, parece-me que o saint-simonismo influiu pouco sobre a maçonaria, pelo menos no que se refere ao núcleo mais importante de suas concepções: já que o positivismo deriva do saint-simonismo e o positivismo foi um momento do espírito maçônico, haveria um contato indireto. O rotarianismo seria um moderno saint-simonismo de direita.

§ 8. *A América e o Mediterrâneo*. Livro do professor G. Frisella Vella, *Il traffico fra America e l'Oriente attraverso il Mediterraneo*, Sandron, Palermo, 1928, XV-215 p., 15 liras. O ponto de partida de Frisella Vella é "siciliano". Já que a Ásia é o terreno mais adequado para a expansão econômica americana e a América se comunica com a Ásia através do Pacífico e do Mediterrâneo, a Europa não deve opor resistência a que o Mediterrâneo se transforme numa grande artéria do comércio América-Ásia. A Sicília obteria grandes benefícios com isso, tornando-se intermediária do comércio americano-asiático, etc. Frisella Vella está convencido da fatal hegemonia mundial da América, etc.

§ 60. "La schiavitù del lavoro indigeno" (de A. Brucculeri), na *Civiltà Cattolica* de 2 de fevereiro de 1929. Resume as questões relativas ao estado de escravidão ainda existente em vários países (Abissínia,

324 | CADERNOS DO CÁRCERE

Nepal, Tibete, Hedjaz, etc.); à condição escrava das mulheres nos países onde existe poligamia; ao *trabalho forçado* a que são submetidos os nativos em muitas colônias (por exemplo, na África Central francesa); às formas de escravidão ou servidão da gleba determinadas em muitos países pelas dívidas e pela usura (a "peonagem" na América; América Central e do Sul; Índia). (Esse fato ocorria, e talvez ainda ocorra, com os emigrantes italianos para a América do Sul: para ter a viagem paga, umas poucas centenas de liras, o emigrado trabalha de graça durante um certo tempo.) Nos casos de usura premeditada, a dívida não se extingue nunca e a servidão passa também de geração em geração. Trabalho das crianças e das mulheres nas fábricas chinesas. No artigo, há uma certa bibliografia, particularmente sobre a escravidão.

§ 61. *Rotary Club*. Cf., na *Civiltà Cattolica* de 16 de fevereiro de 1929, o artigo "Ancora Rotary Club e Massoneria". Os argumentos dos jesuítas para advertir contra o caráter maçônico do Rotary são esgotados nesse artigo. A "suspeita" é de dois graus: 1) que o Rotary seja uma autêntica emanação da maçonaria tradicional; 2) que o Rotary seja um novo tipo de maçonaria. A esses dois motivos ligam-se outros de caráter subordinado: 1) que, de qualquer modo, a maçonaria tradicional serve-se astuciosamente do Rotary, aproveitando-se da ingenuidade e do agnosticismo dos rotarianos; 2) o caráter "agnóstico", de indiferença ou de tolerância religiosa do Rotary é, para os jesuítas, um defeito tão grave que os induz a demonstrar hostilidade e a tomar atitudes de suspeita e de polêmica (estágio preparatório que poderia terminar com a condenação do Rotary pela Igreja). Esse segundo motivo ainda não deu lugar a uma campanha aberta, prelúdio de uma "excomunhão", porque os jesuítas são obrigados a distinguir entre países de maioria católica e países de maioria não católica. Nesses últimos, eles pedem a tolerância religiosa, sem a qual não poderiam se difundir: sua posição "ofensiva", aliás, requer a existência de instituições amorfas nas quais possam se inserir a fim de conquistá-las.

DOS CADERNOS MISCELÂNEOS | **325**

Ao contrário, nos países católicos, a posição "defensiva" exige a luta sem tréguas contra as instituições amorfas, que oferecem terreno favorável aos não católicos em geral. A fase atual da atitude diante do Rotary é: de ofensiva ideológica sem sanções práticas de caráter universal (excomunhão ou outra forma atenuada de proibição) nem mesmo nacional, mas só de caráter episcopal (em algumas dioceses — como numa espanhola, por exemplo — o bispo tomou posição contra o Rotary) [8]. A ofensiva ideológica baseia-se nos seguintes pontos: 1) o Rotary tem origens maçônicas; 2) em muitos países tem ótimas relações com a maçonaria; 3) em alguns lugares adotou uma posição abertamente hostil ao catolicismo; 4) a moral rotariana não passa de um disfarce da moral laica maçônica.

O problema da atitude dos jesuítas diante do Rotary complica-se por causa das condições italianas: o Rotary é permitido na Itália, enquanto a maçonaria é ilegal; afirmar de modo taxativo que o Rotary é um disfarce ou um instrumento da maçonaria levaria a consequências de caráter judicial. De resto, os rotarianos iniciaram sua vida italiana sob o patrocínio de eminentes personalidades: um dos primeiros rotarianos foi o príncipe herdeiro, conhecido por suas tendências católicas e devotas. Ademais, por reconhecimento dos rotarianos estrangeiros, o Rotary italiano tem de qualquer modo um caráter particular, ligado à situação local. A *Civiltà Cattolica* transcreve alguns trechos de um relatório de Stanley Leverton, publicado — depois de uma visita aos clubes da Itália, patrocinada pelo Rotary Internacional — em *The Rotary Wheel*, órgão oficial do Rotary britânico, e transcrita no número de agosto de 1928, p. 317, do órgão italiano *Il Rotary*: "tem-se a impressão de que, na Itália, o Rotary não navega em nosso mesmo barco"; "o Rotary deles é o único Rotary possível na Itália"; "revela-se um pouco diferente, mais um primo do que um irmão"; "suas atividades são atualmente dirigidas com propósitos muito amplos (*eh, eh!* — exclama o articulista da *Civiltà Cattolica*), mas seu objetivo é igual ao nosso..."; "embora

326 | CADERNOS DO CÁRCERE

possa parecer insólito e diferente, há sempre uma boa razão para que ele seja assim". "De qualquer modo, o Sr. Leverton tem a impressão de que os rotarianos italianos", apesar de etc., etc., "são os homens que estão construindo a Itália moderna."

§ 105. *Americanismo*. Cf. Carlo Linati, "Babbitt compra il mondo", na *Nuova Antologia* de 16 de outubro de 1929. Artigo medíocre, mas precisamente por isso significativo como expressão de uma opinião média. Pode servir exatamente para determinar o que pensam sobre o americanismo os pequenos-burgueses mais inteligentes. O artigo é uma variação do livro de Edgard Ansel Mowrer, *This American World*, que Linati julga "verdadeiramente agudo, rico de ideias e escrito com uma agradável concisão, entre o clássico e o brutal, por um pensador ao qual não faltam nem o espírito de observação, nem o sentido dos matizes históricos, nem a variedade de cultura". Mowrer reconstrói a história cultural dos Estados Unidos até a ruptura do cordão umbilical com a Europa e o advento do americanismo.

Seria interessante analisar os motivos do grande sucesso obtido por *Babbitt* na Europa [9]. Não se trata de um grande livro: é construído de modo esquemático e seu mecanismo é excessivamente óbvio. Tem uma importância mais cultural do que artística: a crítica dos costumes predomina sobre a arte. Que na América exista uma corrente literária realista que parte da crítica dos costumes é um fato cultural muito importante: significa que a autocrítica se difunde, ou seja, que nasce uma nova civilização americana consciente de suas forças e de suas fraquezas: os intelectuais se afastam da classe dominante para unirem-se a ela de modo mais íntimo, para serem uma verdadeira superestrutura e não apenas um elemento inorgânico e indiferenciado da estrutura-corporação.

Os intelectuais europeus já perderam em parte essa função: não representam mais a autoconsciência cultural, a autocrítica da classe dominante; voltaram a ser agentes imediatos da classe dominante ou, então, afastaram-se inteiramente dela, formando uma casta em si,

DOS CADERNOS MISCELÂNEOS | **327**

sem raízes na vida nacional popular. Eles riem de Babbitt, divertem-se com sua mediocridade, com sua ingênua estupidez, com seu modo de pensar destituído de originalidade, com sua mentalidade estandardizada. Nem sequer colocam o problema de saber se existem Babbitts na Europa. A questão é que na Europa o pequeno-burguês estandardizado existe, mas sua estandardização, em vez de ser nacional (e de uma grande nação, como os Estados Unidos), é regional, local. Os Babbitts europeus são de um nível histórico inferior ao do Babbitt americano: são uma fraqueza nacional, ao passo que o americano é uma força nacional; são mais pitorescos, porém mais estúpidos e mais ridículos; o seu conformismo gira em torno de uma superstição apodrecida e debilitadora, enquanto o conformismo de Babbitt é ingênuo e espontâneo, gira em torno de uma superstição dinâmica e progressista. Para Linati, Babbitt é "o protótipo do industrial americano moderno"; mas, na verdade, Babbitt é um pequeno-burguês, e sua mania mais típica é a de se tornar amigo dos "industriais modernos", de ser igual a eles, de ostentar sua "superioridade" moral e social. O industrial moderno é o modelo a ser atingido, o tipo social que deve ser imitado, enquanto para o Babbitt europeu o modelo e o tipo são dados pelo cônego da Catedral, pelo nobrezinho de província, pelo chefe de seção do Ministério. Deve-se notar essa falta de crítica dos intelectuais europeus: Siegfried, no prefácio de seu livro sobre os Estados Unidos, contrapõe ao operário taylorizado americano o artesão da indústria de luxo parisiense, como se esse último fosse o tipo generalizado do trabalhador; os intelectuais europeus, em geral, pensam que Babbitt é um tipo puramente americano e regozijam-se com a velha Europa. O antiamericanismo, mais do que estúpido, é cômico.

CADERNO 6 (1930-1932)

§ 49. *Americanismo. Ainda Babbitt.* O pequeno-burguês europeu ri de Babbitt e, portanto, ri da América, que seria habitada por 120 milhões de Babbitts. O pequeno-burguês não pode sair de si mesmo, compreender a si mesmo, assim como o imbecil não pode compreender que é imbecil (o que demonstraria que é um homem inteligente); por isso, são imbecis os que não sabem que o são, e são pequenos-burgueses os filisteus que não sabem que o são. O pequeno-burguês europeu ri da peculiar vulgaridade americana, mas não se dá conta de sua própria vulgaridade; não sabe que é o Babbitt europeu, inferior ao Babbitt do romance de Lewis na medida em que este procura escapar, deixar de ser Babbitt. O Babbitt europeu não luta contra sua própria vulgaridade, mas nela se sublima; e crê que seu verso, seu coaxar de sapo atolado no pântano é um canto de rouxinol. Apesar de tudo, Babbitt é o filisteu de um país em movimento; o pequeno-burguês europeu é o filisteu de países conservadores, que apodrecem no pântano do lugar-comum da grande tradição e da grande cultura. O filisteu europeu acredita ter descoberto a América com Cristóvão Colombo e que Babbitt é um boneco para seu divertimento de homem marcado por milênios de história. Contudo, nenhum escritor europeu conseguiu representar o Babbitt europeu, isto é, revelar-se capaz de autocrítica: precisamente por isso é imbecil e filisteu, só que não sabe que o é.

§ 123. *Passado e presente*. Observações sobre a crise de 1929-1930-?. Verificar o número de *Economia* de março de 1931 dedicado à "depressão econômica mundial": os dois artigos de P. Jannaccone e de Gino Arias [10]. Jannaccone observa que "a causa primeira" (*sic!*) da crise "é um excesso, não uma insuficiência de consumo", ou seja, que estamos diante de uma profunda e, muito provavelmente, não passageira perturbação do equilíbrio *dinâmico* entre a parcela consumida e a parcela poupada da renda nacional e o ritmo da produção necessário para conservar num determinado padrão de vida, constante ou em ascensão, uma população que aumenta numa determinada taxa de incremento líquido. A ruptura de tal equilíbrio pode se verificar de vários modos: expansão da parcela de renda

DOS CADERNOS MISCELÂNEOS | **329**

consumida em detrimento daquela poupada e reinvestida para a produção futura; diminuição da taxa de produtividade dos capitais, aumento da taxa de incremento líquido da população. Ou seja: num certo ponto, a renda média individual transforma-se de crescente em constante e de constante em progressivamente decrescente: em tal ponto, eclodem as crises, a diminuição da renda média leva a uma contração também absoluta do consumo e, por reflexo, a reduções adicionais da produção, etc. Assim, a crise mundial seria *crise de poupança*, e "o remédio soberano para detê-la, sem que se reduza a taxa de incremento (líquido) da população, reside no aumento da parcela de renda destinada à poupança e à formação de novos capitais. Essa é a advertência de alto valor moral que brota dos argumentos da ciência econômica".

As observações de Jannaccone são indiscutivelmente penetrantes: Arias, no entanto, extrai delas conclusões puramente tendenciosas e em parte imbecis. Admitida a tese de Jannaccone, cabe perguntar: a que se deve atribuir o excesso de consumo? Pode-se provar que as massas trabalhadoras aumentaram seu nível de vida em tal proporção que isso represente um excesso de consumo? Ou seja, a relação entre salários e lucros tornou-se catastrófica para os lucros? Uma estatística não poderia demonstrar isso nem sequer para a América. Arias "negligencia" um elemento "histórico" de certa importância: na distribuição da renda nacional, através especialmente do comércio e da bolsa, não se terá introduzido no após-guerra (ou aumentado em comparação com o período anterior) uma categoria de "apropriadores" que não representa nenhuma função produtiva necessária e indispensável, mas que absorve uma parte substantiva da renda? Não se considera que o "salário" sempre está ligado necessariamente a um trabalho (mas seria preciso distinguir o salário ou a retribuição absorvidos pela categoria de trabalhadores dedicada ao serviço das categorias sociais improdutivas e absolutamente parasitárias, e, além disso, existem trabalhadores doentes ou desempregados que vivem da caridade pública ou de subsídios), nem que a renda absorvida pelos assalariados é identificável quase até o centavo. Ao contrário, é difícil identificar a renda absorvida pelos não assalariados que não têm uma função necessária e indispensável no comércio ou na indústria. Uma relação entre os operários "ocupados" e o restante da população daria a imagem do peso "parasitário" que pesa sobre a produção. Desemprego de não assalariados: eles não são passíveis de estatística, já que "vivem" de algum modo com meios próprios, etc. No após-guerra, a categoria dos improdutivos parasitários cresceu enormemente, em sentido absoluto e relativo, e é tal categoria que devora a poupança. Nos países europeus, ela é ainda maior do que na América, etc. Portanto, as causas da crise não são "morais" (fruições, etc.) nem políticas, mas econômico-sociais, isto é, têm a mesma natureza da própria crise: a sociedade cria seus próprios venenos, deve sustentar massas (não só de assalariados desempregados) de população que impedem a poupança e rompem assim o equilíbrio dinâmico.

§ 127. *Questões industriais.* Na *Revue des Deux Mondes* de 15 de novembro de 1930, foi publicada a conferência lida na Academia de Ciências Morais e Políticas de Paris por Eugène Schneider, o dono da companhia do Creusot, sobre "Les rélations entre patrons et ouvriers. Les délégués de corporation". A conferência é muito importante, sobretudo para meu tema. Como em Turim, Schneider (para fins diversos, de desagregação) organizou as delegações como "delegados profissionais" (*corporation*). Mas os delegados não formam um corpo deliberativo e não têm um comitê de direção, etc. Mas a tentativa de Schneider é de primeira ordem, etc. Analisá-la. Buscar outras publicações a propósito.

§ 135. *Passado e presente. O fordismo.* À parte o fato de que os altos salários não representam na prática industrial de Ford aquilo que Ford teoricamente quer que signifiquem (cf. notas sobre o significado essencial dos altos salários como meio para selecionar uma mão de obra adequada ao fordismo, seja como método de produção e de trabalho, seja como sistema comercial e financeiro: necessidade de não ter interrupções no trabalho, logo *open shop*, etc.), deve-se notar: em certos países de capitalismo atrasado e de composição econômica em que se equilibram a grande indústria moderna, o artesanato, a pequena e média cultura agrícola e o latifundismo, as massas operárias e camponesas não são consideradas um "mercado". O mercado para a indústria é visto como algo situado no exterior, e em países atrasados do exterior, nos quais haja maior possibilidade de penetração política para a criação de colônias e de zonas de influência. A indústria, com o protecionismo interno e os baixos salários, busca mercados externos por meio de um verdadeiro *dumping* permanente.

Países onde existe nacionalismo, mas não uma situação "nacional--popular", ou seja, onde as grandes massas populares são consideradas gado. A permanência de uma camada artesanal industrial tão considerável em alguns países não estará ligada precisamente ao fato de que as grandes massas camponesas não são consideradas um mercado para a grande indústria, que tem predominantemente um mercado externo? E o chamado renascimento ou defesa do artesanato não expressará precisamente a vontade de conservar essa situação em detrimento dos camponeses mais pobres, aos quais se impede qualquer progresso?

§ 165. *Noções enciclopédicas. Ciência e científico.* Dubreuil, no livro *Standards*, observa com justeza que o adjetivo "científico", tão usado para acompanhar as palavras "direção científica do trabalho", "organização científica", etc., não tem o significado pedante e ameaçador que muitos lhe atribuem, mas não explica exatamente como deve ser entendido [11]. Na realidade, "científico" significa "racional" e, mais precisamente, "racionalmente conforme ao fim" a ser alcançado, isto é, produzir o máximo com o mínimo de esforço, obter o máximo de

332 | CADERNOS DO CÁRCERE

eficiência econômica, etc., escolhendo e determinando racionalmente todas as operações e os atos que conduzem ao fim.

O adjetivo "científico" é hoje amplamente usado, mas sempre se pode reduzir seu significado àquele de "conforme ao fim", na medida em que tal "conformidade" seja racionalmente (metodicamente) buscada depois de uma análise minuciosíssima de todos os elementos (até a capilaridade) constitutivos e necessariamente constitutivos (incluída no cálculo a eliminação dos elementos emotivos).

CADERNO 7 (1930-1931)

§ 91. *Passado e presente. Tendências na organização externa dos fatores humanos produtivos no após-guerra.* Parece-me que todo o conjunto dessas tendências deva fazer pensar no movimento católico econômico da Contrarreforma, que teve sua expressão prática no Estado jesuíta do Paraguai. Todas as tendências orgânicas do moderno capitalismo de Estado deveriam ser relacionadas a essa experiência jesuíta. No após-guerra, houve um movimento intelectualista e racionalista que corresponde ao florescimento das utopias na Contrarreforma: tal movimento ligou-se ao velho protecionismo, mas dele se diferencia e o supera, desembocando em várias tentativas de economias "orgânicas" e de Estados orgânicos. Poder-se-ia aplicar a eles o juízo de Croce sobre o Estado do Paraguai: ou seja, que se trata de um modo para uma sábia exploração capitalista nas novas condições que tornam impossível (pelo menos em todos os seus desdobramentos e extensão) a política econômica liberal [12].

§ 96. *Nomenclatura política. Artesanato, pequena, média, grande indústria.* Conceitos quantitativos e conceitos qualitativos. Do ponto de vista quantitativo, parte-se do número de trabalhadores empregados em cada empresa, estabelecendo-se cifras médias para cada categoria: de 1 a 5, artesanato; de 5 a 50, pequena indústria; de 50 a 100, média indústria; a partir de 100, grande indústria; trata-se de

DOS CADERNOS MISCELÂNEOS | **333**

categorias ou generalizações muito relativas e que podem mudar de país para país. O conceito qualitativo seria mais científico e exato, mas é muito mais complexo e apresenta muitas dificuldades. Qualitativamente, as categorias deveriam ser fixadas pela combinação de variados elementos: não só pelo número de operários, mas também pelo tipo das máquinas e pela coordenação entre máquina e máquina, pelo grau de divisão do trabalho, pela relação entre diversos tipos de trabalhadores (manuais, manuais especializados ou operadores de máquinas, operários qualificados, especializados) e pelo grau de racionalização (além de industrialização) do conjunto do aparelho produtivo e administrativo. Uma empresa racionalizada tem menos trabalhadores do que uma empresa não racionalizada; e, portanto, com 50 trabalhadores, pode ser mais "grande indústria" do que uma com 200 trabalhadores (isto acontece quando certas empresas, para certas partes de sua produção, servem-se de uma empresa externa, que é como a seção especializada de todo um grupo de empresas não organicamente ligadas, etc.). Cada um desses elementos tem peso relativo diferente, de acordo com o ramo industrial: na construção civil, o maquinismo jamais se desenvolverá como na indústria mecânica. O tipo de máquina têxtil se desenvolve de modo diverso daquele da indústria mecânica, etc.

A esse conceito de dimensão da indústria está ligado o conceito de "máquina". E também está ligada a noção de "fábrica disseminada", que é um aspecto do artesanato, do trabalho em domicílio e da pequena indústria. Mas até mesmo uma grande empresa da construção civil não poderá, num certo sentido, ser considerada uma fábrica disseminada? E a de bondes e a ferroviária? (Do ponto de vista da organização territorial, ou seja, da concentração técnica, essas empresas são disseminadas e isso tem importância para a psicologia dos trabalhadores. Um guarda-linhas ferroviário jamais terá a mesma psicologia do operário manual de uma grande fábrica, etc.)

334 | CADERNOS DO CÁRCERE

Outro elemento importante é a força motriz utilizada: um artesão que se serve da energia elétrica será um artesão no sentido tradicional? O fato moderno da facilidade de distribuição da força motriz elétrica, até para pequenas unidades, transforma e renova todos os tipos de indústria e de empresa.

CADERNO 8 (1931-1932)

§ 47. *Os negros da América*. Correspondência enviada de Nova York por Beniamino De Ritis, publicada no *Corriere della Sera* de 18 de fevereiro de 1932 ("Colonie a contanti?"). Tendências americanas de associar o problema das dívidas europeias com as necessidades político-estratégicas dos Estados Unidos no Caribe: pedido de cessão das possessões europeias nas Antilhas e também de colônias africanas. O economista Stephen Leacock publicou no *Herald Tribune* um artigo no qual escreve que a cessão do Congo seria suficiente para pagar toda a dívida de guerra: "Um grande sonho se tornaria realidade. Há seis gerações, os nativos do Congo foram transportados para a América como escravos. Passaram-se seis gerações de história, de trabalho, de lágrimas, e agora milhões de trabalhadores educados nas artes e nas ciências do homem branco poderiam voltar à terra da qual seus antepassados partiram como escravos e poderiam voltar a elas como homens livres e civilizados. Tudo isso requer apenas um novo arranjo das reparações de guerra e das dívidas com base em compensações territoriais [13]."

§ 90. *Noções enciclopédicas. A máquina*. Artigo de Metron, "La diffusione della macchina", no *Corriere della Sera* de 15 de março de 1932. Significado mais amplo do conceito de máquina: no Oriente, é máquina tanto o aparelho de barbear quanto o automóvel. No Ocidente, chama-se de máquina tanto o "instrumento" para costurar e para escrever quanto o motor elétrico e a máquina a vapor. Para Metron, são coisas diferentes: para ele, a verdadeira máquina é a

DOS CADERNOS MISCELÂNEOS | 335

"que permite a utilização das energias naturais" (fórmula equívoca, já que também o aparelho de barbear e a alavanca de Arquimedes permitem utilizar energias naturais antes não utilizadas); as outras são, para falar com exatidão, apenas "utensílios ou transmissões". "As máquinas-utensílios melhoram, aperfeiçoam o trabalho humano; as máquinas-motrizes substituem-no inteiramente. A verdadeira revolução no mundo se deve não às máquinas que, como a de escrever ou costurar, necessitam sempre do motor homem, mas àquelas que eliminam inteiramente o esforço muscular."

Observa Metron: "Segundo os cálculos contidos num estudo publicado por ocasião da Conferência Mundial da Energia realizada em 1930, em Berlim, a energia mecânica de qualquer origem (carvão, óleos minerais, quedas-d'água, etc.) consumida no curso de um ano por toda a humanidade pode ser avaliada em cerca de 1 trilhão 700 bilhões de quilowatts-hora, ou seja, 900 quilowatts-hora por pessoa. Ora, 900 quilowatts-hora representam quase dez vezes o trabalho que um homem robusto pode fazer num ano. Em suma, para cada homem de carne e osso e em seu benefício trabalharam dez outros homens de metal. Se esse processo continuar, só poderá levar a uma forma ideal de ócio, não o ócio que embrutece, mas aquele que eleva: ou seja, a força muscular deixada completamente à disposição do homem, que deveria trabalhar somente com o cérebro, isto é, na forma mais nobre e mais ambicionada." Isso foi escrito em 1932, no momento em que, precisamente nos países em que "os homens de metal" trabalham para os outros homens em proporção grandemente superior à média mundial, existe a mais terrível crise de ócio forçado e de miséria degradante. Também isso é um ópio da miséria!

Na realidade, a distinção feita por Metron entre máquinas-motrizes e máquinas-utensílios, com a predominância revolucionária das primeiras, não é exata: as máquinas-motrizes "ampliaram" o campo do trabalho e da produção, possibilitaram coisas que antes de sua descoberta eram impossíveis ou quase. Mas as máquinas-utensílios

336 | CADERNOS DO CÁRCERE

são as que realmente substituíram o trabalho humano e revolucionaram toda a organização humana da produção. Observação justa: a de que, a partir de 1919, a inovação de maior alcance foi a introdução nas fábricas do transporte mecânico do material e dos homens.

De resto, a questão da predominância das máquinas-motrizes ou das máquinas-utensílios é ociosa para além de certos limites; é importante para estabelecer a distância entre a antiguidade e a modernidade. Por outro lado, também nas máquinas-utensílios há diferenciações etc.

§ 108. *A burocracia.* Parece-me que, do ponto de vista econômico-social, o problema da burocracia e dos funcionários deva ser considerado num quadro bem mais amplo: no quadro da "passividade social", passividade relativa, e entendida do ponto de vista da atividade produtiva de bens materiais. Ou seja: do ponto de vista daqueles bens ou valores particulares que os economistas liberais chamam de "serviços". Numa determinada sociedade, qual é a distribuição da população com relação às "mercadorias" e com relação aos "serviços"? (E entende-se "mercadorias" no sentido restrito de "mercadorias" materiais, de bens fisicamente consumíveis como "espaço e volume".) É certo que, quanto mais for extensa a parte "serviços", tanto mais uma sociedade é mal organizada. Uma das finalidades da "racionalização" é certamente a de restringir ao mínimo necessário a esfera dos serviços. É particularmente nessa esfera que se desenvolve o parasitismo. O comércio e a distribuição em geral pertencem a essa esfera. O desemprego "produtivo" determina "inflação" de serviços (multiplicação do pequeno comércio).

§ 117. *Americanismo. A criminalidade.* O crescimento da delinquência organizada em grande estilo nos Estados Unidos é habitualmente explicado como uma decorrência do proibicionismo e do contrabando por ele gerado. A vida dos contrabandistas, suas lutas, etc., criaram um clima de romantismo que se espalha por

DOS CADERNOS MISCELÂNEOS | **337**

toda a sociedade e determina imitações, ímpetos aventureiros, etc. É verdade. Mas um outro fator deve ser buscado nos métodos extremamente brutais da polícia americana: o "policialismo" sempre cria o "banditismo". Esse fator é muito mais eficaz do que parece para levar à criminalidade profissional muitos indivíduos que, se não fosse isso, continuariam em sua atividade normal de trabalho. Também a brutalidade dos interrogatórios em que se admite coação física serve para ocultar a corrupção da própria polícia, etc. A ilegalidade dos organismos de ação, transformada em sistema, determina uma luta feroz dos que são apanhados, etc.

CADERNO 9 (1932)

§ 61. *Passado e presente. Inglaterra e Alemanha*. Uma comparação entre os dois países quanto a seu comportamento diante da crise de depressão de 1929 e dos anos seguintes. Dessa análise deveria surgir a real estrutura de um e de outro país e a respectiva posição funcional no complexo econômico mundial, elemento da estrutura que, via de regra, não é observado com atenção. Pode-se iniciar a análise a partir do fenômeno do desemprego. As massas de desempregados na Inglaterra e na Alemanha têm o mesmo significado? O teorema das "proporções definidas" na divisão do trabalho interno apresenta-se do mesmo modo nos dois países [14]? Pode-se dizer que o desemprego inglês, mesmo sendo numericamente inferior ao alemão, indica que o coeficiente "crise orgânica" é maior na Inglaterra do que na Alemanha, onde, ao contrário, o coeficiente "crise cíclica" é mais importante. Ou seja: na hipótese de uma retomada "cíclica", a absorção do desemprego seria mais fácil na Alemanha do que na Inglaterra. De que elemento da estrutura decorre essa diferença? Da maior importância que tem na Inglaterra o comércio em relação à produção industrial, ou seja, da existência na Inglaterra de uma massa de "proletários" ligados à função comercial superior àquela que existe na Alemanha, onde, ao contrário, é maior a massa

338 | CADERNOS DO CÁRCERE

industrial. Composição da população ativa e sua distribuição nas diversas atividades. Muitos comerciantes (banqueiros, agentes de câmbio, representantes, etc.) empregam numeroso pessoal em seus serviços cotidianos: aristocracia mais rica e poderosa do que na Alemanha. Mais numerosa a quantidade de "parasitas rituais", ou seja, de elementos sociais empregados não na produção direta, mas na distribuição e nos serviços pessoais das classes possuidoras.

§ 67. *Passado e presente*. Na exposição crítica dos acontecimentos subsequentes à guerra e das tentativas constitucionais (orgânicas) para sair do estado de desordem e de dispersão de forças, mostrar como o movimento para valorizar a fábrica, em contraste com a (ou melhor, autonomamente em relação à) organização profissional, correspondesse perfeitamente à análise que, do desenvolvimento do sistema de fábrica, é feita no Livro 1 da *Crítica da economia política* [15]. Que uma divisão do trabalho cada vez mais perfeita reduza objetivamente a posição do trabalhador na fábrica a movimentos de detalhe cada vez mais "analíticos", de modo que escapa a cada indivíduo a complexidade da obra comum e, mesmo em sua consciência, a própria contribuição seja desvalorizada até parecer facilmente substituível a qualquer instante; que, ao mesmo tempo, o trabalho combinado e bem ordenado dê uma maior produtividade "social" e que o conjunto dos trabalhadores da fábrica deva ser concebido como um "trabalhador coletivo" — eis os pressupostos do movimento de fábrica, que tende a fazer com que se torne "subjetivo" o que está dado "objetivamente". De resto, o que quer dizer "objetivo" nesse caso? Para o trabalhador individual, "objetivo" é o encontro das exigências do desenvolvimento técnico com os interesses da classe dominante. Mas esse encontro, essa unidade entre desenvolvimento técnico e interesses da classe dominante é só uma fase histórica do desenvolvimento industrial, deve ser concebido como transitório. A conexão pode se dissolver; a exigência técnica pode ser concretamente concebida não só como algo separado dos interesses da classe domi-

DOS CADERNOS MISCELÂNEOS | **339**

nante, mas como algo unido aos interesses da classe ainda subalterna. Que uma tal "cisão" e nova síntese esteja historicamente madura é algo demonstrado peremptoriamente pelo fato mesmo de que um tal processo é compreendido pela classe subalterna, que, precisamente por isso, não mais é subalterna, ou seja, demonstra que tende a sair de sua condição subordinada. O "trabalhador coletivo" compreende essa sua condição, e não só em cada fábrica tomada isoladamente, mas em esferas mais amplas da divisão do trabalho nacional e internacional; e essa consciência adquirida tem uma manifestação externa, política, precisamente nos organismos que representam a fábrica como produtora de objetos reais e não de lucro.

§ 71. *Passado e presente.* (Cf., infra, neste caderno, § 73.) Um aspecto essencial da estrutura do país é a importância que tem a burocracia em sua composição. Quantos são os funcionários da administração estatal e local? E que fração da população vive com os proventos dos empregos estatais e locais? Deve-se ver o livro do Dr. Renato Spaventa, *Burocrazia, ordinamenti amministrativi e fascismo*, 1928, Ed. Treves. Ele reproduz a opinião de um "ilustre economista", que, dezessete anos antes, ou seja, quando a população girava em torno de 35 milhões, calculava que "os que ganham seu sustento com um emprego público oscilam em torno de dois milhões de pessoas". Parece que, entre estes, não eram incluídos os funcionários das instâncias locais, enquanto, também ao que parece, eram incluídos os empregados das ferrovias e das indústrias monopolizadas, que não podem ser contados como empregados administrativos, mas devem ser considerados à parte, dado que, bem ou mal, produzem bens controláveis e são admitidos por necessidades industriais controláveis com exatidão. A comparação entre os vários Estados pode ser feita para os funcionários das administrações centrais e locais e para a parte do orçamento que consomem (e a fração de população que representam), não para os empregados das indústrias e dos serviços estatizados, que não são semelhantes e homogêneos de Estado para Estado. Por essa mesma razão, não podem ser incluídos entre os empregados estatais os professores primários, que devem ser considerados à parte, etc. É preciso isolar e comparar aqueles elementos de emprego estatal e local que existem em todo Estado moderno, mesmo no mais "liberista", e considerar à parte todas as outras formas de emprego, etc.

§ 73. *Passado e presente*. A burocracia (cf., supra, § 71). Estudo analítico de F. A. Rèpaci, "Il costo della burocrazia dello Stato", na *Riforma sociale* de maio-junho de 1932 [16]. Indispensável para aprofundar o tema. Elabora o material complexo dos volumes estatísticos sobre a burocracia publicados pelo Estado.

CADERNO 14 (1932-1935)

§ 57. *Passado e presente*. Elementos da crise econômica. Na publicidade da *Riforma Sociale*, as causas "mais características e graves" da crise social são listadas como se segue: 1) altos impostos; 2) consórcios industriais; 3) sindicatos operários; 4) operações de socorro; 5) obrigações; 6) batalhas pelo produto nacional; 7) cotas de importação e exportação; 8) dívidas entre os aliados; 9) armamentos; 10) protecionismo [17].

Evidencia-se que alguns elementos são semelhantes, ainda que mencionados separadamente, como causas específicas. Outros não são mencionados: por exemplo, as proibições à emigração. Parece-me que, numa análise, dever-se-ia começar por mencionar os obstáculos postos pelas políticas nacionais (ou nacionalistas) à circulação: 1) das mercadorias; 2) dos capitais; 3) dos homens (trabalhadores e fundadores de novas indústrias e novas empresas comerciais). O fato de que os liberais não falem dos obstáculos postos à circulação dos homens é sintomático, uma vez que, no regime liberal, tudo se relaciona e um obstáculo cria uma série de outros. Se se considera que os obstáculos à circulação dos homens são "normais", ou seja, justificáveis, devidos a "força maior", isso significa que toda a crise

DOS CADERNOS MISCELÂNEOS | **341**

"se deve a força maior", é "estrutural" e não de conjuntura, e só pode ser superada construindo uma nova estrutura, que leve em conta as tendências inerentes à velha estrutura e as domine com novas premissas. A premissa maior, nesse caso, é o nacionalismo, que não consiste somente na tentativa de produzir no próprio território tudo aquilo que nele se consome (o que significa que todas as forças são orientadas segundo a previsão do estado de guerra), o que se expressa no protecionismo tradicional, mas também na tentativa de fixar as principais correntes de comércio com determinados países, ou porque aliados (e, portanto, quer-se sustentá-los e moldá-los de um modo mais adequado ao estado de guerra), ou porque se quer arruiná-los já antes da guerra militar (e esse novo tipo de política econômica é o das "cotas de importação e exportação", que parte do absurdo de que entre dois países deve haver "balança equilibrada" nas trocas, e não que cada país só pode obter o equilíbrio comerciando com todos os outros países indistintamente). Entre os elementos de crise apontados pela *Riforma Sociale*, nem todos são aceitáveis sem crítica; por exemplo... "os altos impostos". Estes são danosos quando se destinam a manter um contingente de população desproporcional às necessidades administrativas, não quando servem para antecipar capitais que só o Estado pode antecipar, mesmo que esses capitais não sejam imediatamente produtivos (e não se alude à defesa militar). A chamada política de "obras públicas" não é criticável em si, mas só em determinadas condições: ou seja, são criticáveis as obras públicas inúteis ou mesmo suntuosas, não aquelas que criam as condições para um incremento futuro das trocas ou evitam males certos (inundações, por exemplo) e evitáveis, sem que individualmente ninguém possa ser induzido (mediante o lucro) a substituir o Estado nessa atividade. O mesmo se diga dos "consórcios industriais": são criticáveis os consórcios "artificiais", não os que nascem pela força das coisas; se todo "consórcio" for condenável, então o sistema é condenável, porque o sistema, mesmo sem incentivos artificiais, isto

342 | CADERNOS DO CÁRCERE

é, sem lucros produzidos pela lei, induz a que se criem consórcios, isto é, a diminuir as despesas gerais.

E o mesmo vale para os "sindicatos operários", que não nascem artificialmente, mas, ao contrário, nascem ou nasceram apesar de todas as adversidades e os obstáculos da lei (e não só da lei, mas da atividade criminosa privada não punida pela lei). Os itens listados pela *Riforma Sociale* mostram assim a debilidade dos economistas liberais diante da crise: 1) eles omitem alguns elementos; 2) misturam arbitrariamente os elementos considerados, não distinguindo entre os que são "necessários" e os outros, etc.

CADERNO 15 (1933)

§ 5. *Passado e presente. A crise.* O estudo dos acontecimentos que assumem o nome de crise e que se prolongam de forma catastrófica de 1929 até hoje deverá atrair atenção especial. 1) Será preciso combater todos os que pretendam dar desses acontecimentos uma definição única ou, o que é o mesmo, encontrar uma causa ou uma origem única. Trata-se de um processo que tem muitas manifestações e no qual causas e efeitos se interligam e se sobrepõem. Simplificar significa desnaturar e falsear. Portanto: processo complexo, como em muitos outros fenômenos, e não "fato" único que se repete sob várias formas em razão de uma causa e uma origem únicas. 2) Quando começou a crise? A questão está ligada à primeira. Tratando-se de um desenvolvimento e não de um evento, a questão é importante. Pode-se dizer que a crise como tal não tem data de início, mas só algumas de suas "manifestações" mais clamorosas, que são identificadas com a crise, de modo errôneo e tendencioso. O outono de 1929, com o *crack* da bolsa de Nova York, é para alguns o início da crise; e, como era de supor, para os que pretendem ver no "americanismo" a origem e a causa da crise. Mas os eventos do outono de 1929 na América são exatamente uma das manifestações clamorosas do desenvolvimento da crise, e nada mais. Todo o após-guerra é crise, com tentativas de

DOS CADERNOS MISCELÂNEOS | **343**

remediá-la que às vezes têm sucesso neste ou naquele país, e nada mais. Para alguns (e talvez não sem razão), a própria guerra é uma manifestação da crise, ou melhor, a primeira manifestação; a guerra foi precisamente a resposta política e organizativa dos responsáveis. (Isso mostraria que é difícil separar nos fatos a crise econômica das crises políticas, ideológicas, etc., embora isso seja possível cientificamente, ou seja, mediante um trabalho de abstração.) 3) A crise tem origem nas relações técnicas, isto é, nas respectivas posições de classe, ou em outros fatos, como legislações, desordens, etc.? Decerto, parece demonstrável que a crise tem origens "técnicas", ou seja, nas respectivas relações de classe, mas que, em seus inícios, as primeiras manifestações ou previsões deram lugar a conflitos de vários tipos e a intervenções legislativas, que lançaram mais luz sobre a própria "crise", não a determinaram, ou acentuaram alguns de seus fatores. Estes três pontos — 1) que a crise é um processo complexo; 2) que se inicia pelo menos com a guerra, ainda que esta não seja sua primeira manifestação; 3) que a crise tem origens internas, nos modos de produção e, portanto, de troca, e não em fatos políticos e jurídicos — parecem ser os três primeiros a ser esclarecidos com exatidão.

Outro ponto é que se esquecem os fatos simples, isto é, as contradições fundamentais da sociedade atual, em favor de fatos aparentemente complexos (mas seria melhor dizer "artificiosos"). Uma das contradições fundamentais é esta: que, enquanto a vida econômica tem como premissa necessária o internacionalismo, ou melhor, o cosmopolitismo, a vida estatal se desenvolveu cada vez mais no sentido do "nacionalismo", da "autossuficiência", etc. Uma das características mais visíveis da "crise atual" é, apenas, a exasperação do elemento nacionalista (estatal-nacionalista) na economia: cotas de importação e de exportação, *clearing*, restrição ao comércio de divisas, comércio equilibrado apenas entre dois Estados, etc. Então se poderia dizer, o que seria o mais exato, que a "crise" é tão somente a intensificação quantitativa de certos elementos, nem novos nem

344 | CADERNOS DO CÁRCERE

originais, mas sobretudo a intensificação de certos fenômenos, enquanto outros, que antes apareciam e operavam simultaneamente com os primeiros, neutralizando-os, tornaram-se inoperantes ou desapareceram inteiramente. Em suma, o desenvolvimento do capitalismo foi uma "crise contínua", se assim se pode dizer, ou seja, um rapidíssimo movimento de elementos que se equilibravam e neutralizavam. Num certo ponto, nesse movimento, alguns elementos predominaram, ao passo que outros desapareceram ou se tornaram inativos no quadro geral. Então surgiram acontecimentos aos quais se dá o nome específico de "crises", que são mais ou menos graves precisamente na medida em que tenham lugar elementos maiores ou menores de equilíbrio. Dado esse quadro geral, pode-se estudar o fenômeno em seus diversos planos e aspectos: monetário, financeiro, produtivo, de comércio interno, de comércio exterior, etc.; e não se pode excluir que cada um desses aspectos, em consequência da divisão internacional do trabalho e das funções, possa ter aparecido, nos diferentes países, como predominante ou como máxima manifestação. Mas o problema fundamental é o produtivo; e, na produção, o desequilíbrio entre indústrias dinâmicas (nas quais o capital constante aumenta) e indústrias estacionárias (nas quais conta muito a mão de obra imediata). Compreende-se que, dado que também no campo internacional ocorre uma estratificação entre indústrias dinâmicas e estacionárias, foram mais atingidos pela crise os países nos quais as indústrias dinâmicas existem em abundância, etc. Disso resultam variadas ilusões, decorrentes da incompreensão de que o mundo é uma unidade, queira-se ou não, e de que todos os países, se se mantiverem em determinadas condições de estrutura, passarão por certas "crises". (Sobre todos esses temas, deve-se ver a literatura da Sociedade das Nações, de seus especialistas e de sua comissão financeira, que servirá pelo menos para que se possa dispor de todo o material sobre a questão, bem como as publicações das mais importantes revistas internacionais e das Câmaras de Deputados.)

A moeda e o ouro. A base áurea da moeda se tornou necessária em razão do comércio internacional e do fato de que existem e operam as divisões nacionais (o que leva a fatos técnicos particulares desse campo, dos quais não se pode prescindir: entre os fatos, está a rapidez da circulação, que não é um fato econômico menor). Dado que as mercadorias se trocam por mercadorias, em todos os campos, a questão é saber se esse fato, inegável, ocorre num tempo curto ou longo e se essa diferença de tempo tem importância. Dado que as mercadorias se trocam por mercadorias (compreendidas, entre as mercadorias, os serviços), é evidente a importância do "crédito", ou seja, o fato de que uma massa de mercadorias ou serviços fundamentais, isto é, que indicam um completo ciclo comercial, produzem títulos comerciais e que tais títulos deveriam se manter constantes a cada momento (com igual poder de troca), sob pena da paralisação das trocas. É verdade que as mercadorias se trocam por mercadorias, mas "abstratamente", os atores da troca são diferentes (ou seja, não existe "escambo" individual, e isso exatamente acelera o movimento). Por isso, se é necessário que no interior de um Estado a moeda seja estável, tanto mais necessária se mostra a estabilidade da moeda que serve às trocas internacionais, nas quais "os atores reais" desaparecem por trás do fenômeno. Quando num Estado a moeda varia (por inflação ou deflação), ocorre uma nova estratificação de classes no próprio país; mas, quando varia uma moeda internacional (por exemplo, a libra esterlina e, em menor medida, o dólar, etc.), ocorre uma nova hierarquia entre os Estados, o que é mais complexo e leva a interrupção no comércio (e com frequência a guerras), ou melhor, há transferência "gratuita" de mercadorias e serviços entre um país e outro, e não só entre uma classe e outra da população. A estabilidade da moeda, internamente, é uma reivindicação de algumas classes e, externamente (para as moedas internacionais, nas quais se assumiram os compromissos), de todos os que comerciam. Mas por que elas variam? As razões são muitas, certamente: 1) porque o

346 | CADERNOS DO CÁRCERE

Estado gasta demais, ou seja, não quer que suas despesas sejam pagas diretamente por certas classes, mas por outras, indiretamente, e, se possível, por países estrangeiros; 2) porque não se quer diminuir um custo "diretamente" (por exemplo, o salário), mas só indiretamente e num prazo prolongado, evitando atritos perigosos, etc. De qualquer modo, também os efeitos monetários se devem à oposição dos grupos sociais, que nem sempre se deve entender no sentido do próprio país em que o fato ocorre, mas no de um país antagonista.

Este é um princípio pouco aprofundado, mas que é decisivo para a compreensão da história: que um país seja destruído pelas invasões "estrangeiras" ou bárbaras não quer dizer que a história desse país não esteja incluída na luta de grupos sociais. Por que aconteceu a invasão? Por que se deu determinado movimento de população, etc.? Do mesmo modo como, em certo sentido, num determinado Estado, a história é a história das classes dirigentes, assim também, no mundo, a história é a história dos Estados hegemônicos. A história dos Estados subalternos se explica através da história dos Estados hegemônicos. A queda do Império Romano se explica através do desenvolvimento da vida do próprio Império Romano, mas isso sugere que "faltam" certas forças, ou seja, é uma história negativa e, por isso, insatisfatória. A história da queda do Império Romano deve ser buscada no desenvolvimento das populações "bárbaras" e até mais além, porque os movimentos das populações bárbaras eram frequentemente consequências "mecânicas" (isto é, pouco conhecidas) de outro movimento inteiramente desconhecido. Eis por que a queda do Império Romano gera "peças de oratória" e se apresenta como um enigma: 1) porque não se quer reconhecer que as forças decisivas da história mundial não estavam então no Império Romano (mesmo que fossem forças primitivas); 2) porque não dispomos dos documentos históricos de tais forças. Se há enigma, não se trata de coisas "incognoscíveis", mas simplesmente "desconhecidas" por falta de documentos. Resta ver a parte negativa: "por que o Império

DOS CADERNOS MISCELÂNEOS | **347**

se deixou vencer?"; mas precisamente o estudo das forças negativas é aquele que menos satisfaz, e com razão, porque pressupõe de *per si* a existência de forças positivas e nunca se quer confessar que estas são desconhecidas. Na questão da formulação histórica da queda do Império Romano também entram em jogo elementos ideológicos, de vaidade, que estão longe de ser desprezíveis.

§ 30. *Americanismo*. Duhamel expressou a ideia de que um país de alta civilização deve também florescer artisticamente [18]. Isso foi dito em relação aos Estados Unidos, e o conceito é exato; mas será exato em qualquer momento do desenvolvimento de um país? Recordar a teoria americana de que, em cada período de civilização, os grandes homens expressam a atividade fundamental da época, que é, também ela, unilateral. Parece-me que as duas ideias podem convergir na distinção entre fase econômico-corporativa de um Estado e fase ético-política. O florescimento artístico dos Estados Unidos pode ser concebido como o europeu, dada a homogeneidade existente nas formas de vida civil; assim, em determinado período, a Itália produzia artistas para toda a cosmópole europeia, etc. Os países então "tributários" da Itália desenvolviam-se "economicamente" e esse desenvolvimento foi sucedido por um florescimento artístico próprio, ao passo que a Itália decaiu: foi o que ocorreu, depois do Renascimento, em relação à França, à Alemanha e à Inglaterra. Um elemento histórico muito importante no estudo dos "florescimentos artísticos" é o fato da continuidade dos grupos intelectuais, ou seja, da existência de uma grande tradição cultural, precisamente o que faltou na América. Outro elemento negativo, desse ponto de vista, é certamente representado pelo fato de que a população americana não se desenvolveu organicamente sobre uma base nacional, mas é produto de uma contínua justaposição de núcleos de emigrantes, ainda que sejam emigrantes de países anglo-saxões.

NOTAS AO TEXTO

I. TEMAS DE CULTURA

1. Caderno 16

1. Matilde Serao (1865-1927), jornalista e escritora radicada em Nápoles, escreve romances na linha do "verismo" (variante italiana do naturalismo), antes de enveredar, com menos êxito, pelo romance psicológico e espiritualista sob influência de Paul Bourget. Pode-se traduzir *paese di Cuccagna*, nome do romance analisado por Croce, como "país da abundância" ou Eldorado.

2. Honoré de Balzac, "Um conchego de solteirão", in Id., *A comédia humana*, Rio de Janeiro-Porto Alegre-São Paulo, Globo, 1955, vol. VI, p. 56.

3. Publicadas originalmente em 1891 na revista social-democrata *Neue Zeit*, as recordações pessoais de Paul Lafargue sobre Marx reaparecem em D. Riazanov (org.), *Marx: o homem, o pensador, o revolucionário*, São Paulo, Global, 1984, p. 83-98, que Gramsci conhecia na edição francesa de 1928. Logo a seguir, no texto, Gramsci menciona a carta de Friedrich Engels a Margaret Harkness, de abril de 1888. Em sua carta, F. Engels expõe a M. Harkness, então uma popular autora de romances de inspiração socialista, o método artístico de Balzac, capaz de garantir, mesmo contra as convicções conservadoras do autor, uma configuração realista da sociedade francesa anterior a 1848. Cf. K. Marx e F. Engels, *Sobre a literatura e a arte*, Lisboa, Estampa, 1971, p. 194.

4. Em francês no original. O trecho imediatamente sucessivo é uma livre tradução por Gramsci do livro de G. Lanson.

350 | CADERNOS DO CÁRCERE

5. É provável que Gramsci tenha tido um conhecimento apenas indireto dos livros de Pietro Paolo Trompeo, *Rilegature gianseniste. Saggi di storia letteraria*, Milão-Roma, 1930; e Francesco Ruffini, *La vita religiosa di A. Manzoni*, Bari, 1931.

6. O juízo de G. Sorel, em carta a B. Croce datada de março de 1912 e publicada na *Critica* em novembro de 1928, é particularmente duro: "Acabo de receber um enorme volume: *Il materialismo storico in Federico Engels*, do professor Rodolfo Mondolfo, de Turim. Fiquei espantado ao ver que são necessárias tantas páginas para explicar o pensamento de um homem que pensava tão pouco, como Engels." Rodolfo Mondolfo (1877-1976) escreve vários textos de interpretação do marxismo em chave humanista e antimaterialista, muitos dos quais reunidos em *Estudos sobre Marx* (São Paulo, Mestre Jou, 1966), mas se destaca, especialmente, por seus inúmeros estudos de filosofia grega. Exilado durante o fascismo, R. Mondolfo passa a ensinar em Córdoba e Tucumán, na Argentina, ainda depois de reaver a cátedra universitária em seu país, em 1945.

7. Ernst Drahn assina a introdução de uma antologia de textos marxianos, publicada pela Ed. Reclam: *Lohnarbeit und Kapital, Zur Judenfrage und andere Schriften aus der Frühzeit*, Leipzig, s.d. [Trabalho assalariado e capital, Sobre a questão judaica e outros escritos de juventude]. Gramsci, inclusive, traduz essa antologia quase integralmente no cárcere. Na introdução, E. Drahn menciona seu outro trabalho, a *Marx-Bibliographie*, de 1923.

8. Sobre este livro de E. Bernheim, cf., também, vol. 1 da presente edição, p. 240.

9. Os parágrafos recolhidos sob o título "Tipos de revista" encontram-se na seção "Jornalismo", vol. 2, p. 189-246. Muito provavelmente, "Dicionário crítico" é uma variante de "Noções enciclopédicas", título sob o qual se recolhem vários parágrafos dos *Cadernos do cárcere*.

10. Ezio Levi (1884-1941), além de estudar a influência árabe na cultura espanhola e do Ocidente em geral, escreve vários livros sobre a poesia italiana e espanhola da Idade Média até o Renascimento. Gramsci

NOTAS AO TEXTO | **351**

também o menciona no vol. 2, p. 115-116; no vol. 3, p. 176; e no vol. 5, caderno 5, § 123.

11. Sobre Giuseppe Salvioli e seu *Il capitalismo antico* (1ª ed. francesa, 1906; edição italiana, revista e atualizada, 1929), cf. vol. 2, p. 269. G. Salvioli representa, na historiografia de seu tempo, uma posição próxima do materialismo histórico, tal como definido pelo "revisionismo" de Croce no final do século XIX.

12. Sobre Corrado Barbagallo, cf., infra, p. 116; cf., também, vol. 1, p. 92; e vol. 2, p. 256.

13. A "disputa entre os antigos e os modernos", que prenuncia o debate entre clássicos e românticos, ocorre na França de Luís XIV, na segunda metade do século XVII.

14. A polêmica entre C. Barbagallo e B. Croce transcorre na revista dirigida pelo primeiro, a *Nuova Rivista Storica*, entre 1928 e 1929. Em 1917, em Milão, C. Barbagallo havia publicado um livro intitulado *Il materialismo storico*.

15. Mario Borsa, *Londra*, Milão, 1929; Angelo Crespi, *La funzione storica dell'Impero britannico*, Milão, 1918; Guido De Ruggiero, *L'Impero britannico dopo la guerra*, Florença, 1921. Sobre G. De Ruggiero, cf. vol. 1, p. 479.

16. Roberto Ardigò (1828-1920), influente positivista italiano, ensina na Universidade de Pádua a partir de 1881 e, com sua ênfase na realidade fenomênica, combate o idealismo filosófico da época. Suas obras cobrem um amplo espectro, da psicologia à sociologia, da moral à ciência da educação.

17. Alberto Mario, adepto republicano de Giuseppe Mazzini, é encarcerado em 1874 sob a acusação de conspiração antimonárquica — exatamente contra Vítor Emanuel II (1820-1878), rei do Piemonte--Sardenha e também, depois de 1861, da Itália, mencionado pouco acima a propósito de uma peregrinação a seu túmulo.

18. Sobre Achille Loria — com uma descrição do artigo "L'influenza sociale dell'aeroplano" —, cf., particularmente, vol. 2, p. 249-265.

352 | CADERNOS DO CÁRCERE

Referências a A. Loria e ao lorianismo estão espalhadas em vários pontos. Cf., *inter alia*, no vol. 1, p. 139, 158-160 e 187.

19. Nas *Questões fundamentais do marxismo*, Georges Plekhanov escreve: "Meu amigo Victor Adler observou com muita justeza, no artigo que escreveu no dia do enterro de Engels, que o socialismo, tal como Marx e Engels o compreendiam, é uma doutrina não só econômica, mas também universal. [...] Mas, quanto mais verdadeira é esta característica do socialismo tal como o compreendiam Marx e Engels, tanto mais estranha é a impressão que se tem ao ver Victor Adler admitir a possibilidade de substituir a base materialista dessa 'doutrina universal' por uma base kantiana. O que pensar de uma doutrina universal, cuja base filosófica não tem nenhuma relação com todo o seu edifício?" Sobre esse livro de G. Plekhanov, vol. 1, p. 460.

20. Francesco Olgiati, *Carlo Marx*, 2ª ed., Milão 1920. Gramsci também menciona a relação desse livro com a visão crociana de Marx no vol. 1, p. 291 e 369. Monsenhor Francesco Olgiati (1886-1962), além do livro sobre Marx, escreve extensamente sobre a história da filosofia, particularmente Tomás de Aquino e René Descartes.

21. Trata-se do ensaio de Rosa Luxemburg, "Stillstand und Fortschritt im Marxismus", publicado no *Vorwärts*, de Berlim, em 14 de março de 1903, no vigésimo aniversário da morte de Marx. Esse ensaio também está presente na coletânea organizada por David Riazanov, cit. A ideia básica de R. Luxemburg é que o Livro III do *Capital* — ao sublinhar a lei decisiva da taxa de lucro, a repartição da mais-valia em lucro, juro e renda fundiária, e as modificações trazidas pela concorrência nessa repartição —, *teoricamente* fundamental para a crítica do capitalismo, não tem a mesma importância *prática* do Livro I para a luta operária. Ao conceituar a exploração dos trabalhadores (com a teoria da mais-valia) e a tendência objetiva à socialização da produção, o Livro I atende plenamente às necessidades do movimento socialista. A conclusão é que, só com o avanço da luta política e a decorrente proposição de novas questões práticas, o Livro III deixaria de ser um capítulo basicamente "não lido" pelos socialistas, entre outros momentos ainda não elaborados e valorizados da teoria de Marx.

NOTAS AO TEXTO | **353**

Gramsci se refere a essa ideia de R. Luxemburg em outras ocasiões: cf., por exemplo, vol. 1, p. 211 e 226.

22. Sobre o paralelo hegeliano/marxiano entre a filosofia clássica alemã e a política revolucionária francesa, com a mesma referência aos versos de Giosuè Carducci, cf. vol. 1, p. 189-191.

23. Sobre a posição de Mario Missiroli a respeito de uma reforma religiosa, cf. vol. 2, p. 177-179; sobre a carta de G. Sorel a M. Missiroli, na qual se menciona a discrepância entre grandes movimentos históricos e cultura moderna, cf., vol. 1, p. 394; e sobre o próprio Missiroli, cf. vol. 1, p. 475-476.

24. A aproximação entre Proudhon, Gioberti e, entre os contemporâneos de Gramsci, "revisionistas" como Croce ou Bernstein aparece em vários pontos dos *Cadernos*. Cf., infra, §§ 16 e 26, e também, *inter alia*, vol. 1, p. 281-295. Na realidade, outras referências à *aposta* pascaliana, presentes no caderno 8, §§ 228 e 230 (ambos, textos A), são retomadas em supra, § 1 deste caderno 16.

25. Jules Lachelier (1832-1918), representante do idealismo do século XIX, inspira-se em temas kantianos e defende uma espécie de "positivismo espiritualista", uma metafísica que se define como "a ciência do pensamento em si mesmo". Gramsci parece ter tido acesso ao livro de J. Lachelier, *Psicologia e metafísica*, durante sua estadia na clínica de Fórmia, entre 1933 e 1934. Sobre o jansenismo, cf., infra, p. 373.

26. Alusão à Concordata entre o Vaticano e a Prússia, firmada em 14 de junho de 1929: a Prússia, então um *Land* (estado) da Alemanha, restaura antigos privilégios da Igreja e concede novos, inclusive subsídios públicos. O contexto desse parágrafo é dado pelos Pactos ou Tratados Lateranenses, firmados entre a Santa Sé (Pio XI) e o governo fascista alguns meses antes, em fevereiro de 1929. Celebrados no Palácio de Latrão, em Roma, trata-se, na verdade, de um conjunto de três documentos: o Tratado, a Concordata e o acordo financeiro. O Tratado resolve a chamada "questão romana", que se origina em 1870 com a ocupação da capital: cria a Cidade do Vaticano, um Estado soberano dentro da Itália, em troca da renúncia do papa aos territórios que possuía antes da unidade nacional. A Concordata regulamenta "as

354 | CADERNOS DO CÁRCERE

condições da religião e da Igreja na Itália", garantindo à Igreja uma posição privilegiada na sociedade civil: submissão do matrimônio à lei canônica; educação religiosa obrigatória na escola elementar e média, com controle da Igreja sobre a seleção dos professores; reconhecimento da Ação Católica como organização autônoma. O acordo financeiro inclui uma compensação ao papa no valor de 1 bilhão 750 milhões de liras (das quais, 1 bilhão em títulos públicos), em razão dos territórios perdidos. Um reduzido número de senadores, entre os quais Benedetto Croce, opõe-se à aprovação desses documentos, em nome do caráter laico do Estado. Sobre algumas disposições específicas da Concordata italiana, cf., infra, *inter alia*, § 14, neste caderno.

27. Sobre a *Kulturkampf* bismarckiana, cf., particularmente, vol. 2, p. 283; e vol. 3. p. 374.

28. "A lei sarda de 29 de maio de 1855", aprovada pelo Senado do reino do Piemonte-Sardenha, suprime ordens religiosas e confisca propriedades eclesiásticas; essa lei, fruto da maioria liberal que então sustenta o Gabinete Cavour, expressa o princípio da separação entre Estado e Igreja. Sobre A. C. Jemolo, cf. vol. 3, p. 400.

29. A revista *Nuovi Studi di Diritto, Economia e Politica* publica entre 1929 e 1930 uma série de artigos sobre a Concordata, duramente criticados por Gramsci neste mesmo parágrafo. Sobre a orientação dessa revista e os intelectuais a ela ligados (Ugo Spirito, Arnaldo Volpicelli), cf., *inter alia*, vol. 1, p. 317. O acordo de maio de 1920 entre a Rússia Soviética e o governo menchevique da Geórgia estipula, numa de suas cláusulas, a obrigação dos mencheviques reconhecerem a atividade legal do Partido Comunista da Geórgia, a qual, de resto, se tornaria uma república soviética logo no início de 1921. Anton Ivanovitch Denikin (1872-1947), general do Exército czarista, comanda as forças antibolcheviques no Sul da Rússia, por ocasião da guerra civil. Derrotado em março de 1920, parte para o exílio na França e nos Estados Unidos.

30. A Reforma Gentile, de 1923, torna obrigatório o ensino religioso no nível elementar, mas os dispositivos da Concordata estendem a obrigatoriedade para o nível médio. Sobre a Reforma Gentile, cf., *inter alia*, vol. 1, p. 455, e vol. 2, p. 43-53 e 145-146. A Universidade do Sagrado Coração, uma instituição católica milanesa fundada em 1921

NOTAS AO TEXTO | **355**

pelo franciscano Edoardo Agostino Gemelli, recebe reconhecimento governamental em 1924. Sobre E. A. Gemelli, cf. vol. 2, p. 298. Cf., também, infra, p. 191 e 248.

31. Luigi Credaro (1860-1939), pedagogo e político, é ministro da Educação entre 1911 e 1914. Leva seu nome a lei sobre a instrução primária de 1910-1911, que confia ao Estado a instrução primária na maior parte dos municípios italianos. A lei é duramente combatida pela Igreja, que até então controlava quase inteiramente esse nível de ensino.

32. Em 29 de julho de 1929, o *Osservatore Romano* noticia um discurso de Pio XI aos bispos italianos: "O papa confessava estar seriamente preocupado com o atropelo na porta dos seminários e também das escolas apostólicas, que se podem chamar de seminários dos religiosos. Depois de um período de crise e de escassez de vocações para o estado eclesiástico, em alguns lugares se registra um grande número de rapazes que se preparam para o estado sacerdotal. Não seria certamente agradável se se tivesse de repetir: *Multiplicasti gentem, sed non magnificasti laetitiam*. É mister, por isso, considerar três fatores, que podem estar influindo nessa abundância de alunos do Santuário. Os pais são facilmente induzidos a encaminhar seus filhos para o sacerdócio pela isenção do serviço militar concedida aos clérigos *in sacris*. O segundo fator é fornecido pelas melhores condições econômicas e sociais do clero. O terceiro fator é a facilidade de completar os estudos [...]"

33. O cardeal Roberto Bellarmino (1542-1621), doutor da Igreja e teólogo da Contrarreforma, conhecido por seu papel de acusação no julgamento de Galileu, examina a questão do poder temporal e espiritual em alguns de seus escritos. Reivindica para a Igreja um poder supremo, mas "indireto", sobre todos os aspectos da sociedade, ou seja, um poder que não implica necessariamente o governo temporal. Sobre R. Bellarmino, cf., infra, p. 227-228 e 239-240.

34. O "centro neoescolástico" é um movimento filosófico surgido na Itália no início do século XIX, com base na orientação aristotélico-tomista; um de seus principais promotores é o padre Luigi Taparelli D'Azeglio (cf., infra, p. 202). Na encíclica *Aeterni patris*, de 1879, o papa Leão XIII legitima a orientação neotomista. A Concordata dá um novo im-

356 | CADERNOS DO CÁRCERE

pulso ao neotomismo, com a fundação, em 1929, da *Rivista di filosofia neoscolastica* e da Universidade Católica do Sagrado Coração. Sobre essa última e sobre seu fundador, o padre Gemelli, cf., supra, n. 30.

35. Amplamente noticiado, informações sobre o VII Congresso Nacional de Filosofia, em Roma, em maio de 1929, chegam até Gramsci de variadas fontes. Tomem-se, por exemplo, algumas palavras do padre Agostino Gemelli proferidas naquele Congresso: "Não há nada menos religioso, menos cristão, do que o pensamento de Gentile e dos idealistas [...]; nada é mais anticristão; e é bom dizê-lo porque nada dissolve mais a alma cristã do que o idealismo, porque nenhum sistema nega tanto o fundamento cristão da vida quanto o idealismo, ainda que este use nossas palavras [...]. Num país católico, o professor não tem o direito de ministrar a jovens filhos de pais católicos o veneno filosófico, o veneno do idealismo." Cf. Eugenio Garin, *Cronache di filosofia italiana 1900-1943*, Bári, Laterza, 1955, p. 490-491.

36. Sobre esta afirmação de Benjamin Disraeli, cf. vol. 3, p. 407.

37. A "conversão da dívida pública" acarretaria uma perda para a Igreja, porque os títulos públicos em seu poder, sempre no valor de 1 bilhão de liras, passariam a ser remunerados não a 5%, mas a 3,5% ao ano, com um novo rendimento global de 35 milhões de liras.

38. Cf., infra, p. 225-226.

39. Provável reminiscência de uma concepção pascaliana citada na *Histoire de la littérature française*, de G. Lanson (cit., p. 409): "O que é, então, esta natureza sujeita a ser posta de lado? O costume é uma segunda natureza que destrói a primeira. Por que o costume não é natural? Desconfio que essa natureza não seja nada além de um primeiro costume, assim como o costume é uma segunda natureza."

40. Os "parágrafos anteriores" mencionados são textos do tipo A (caderno 8, §§ 151, 153 e 156), que, reunidos ao § 159 do mesmo caderno, compõem o presente texto C (ou seja, o § 12 do caderno 16).

41. Sobre Vincenzo Morello (ou seja, o jornalista "Rastignac"), cf., em particular, vol. 2, p. 302. "Corrado Brando", protagonista da tragé-

NOTAS AO TEXTO | **357**

dia *Più che l'amore* de D'Annunzo, é o protótipo do super-homem dannunziano.

42. Giuseppe Monanni, jornalista e editor, é um dos mais importantes divulgadores do individualismo anarquista italiano na primeira metade do século XX.

43. Originalmente anarquista e, depois, partidário do nascente movimento fascista em Turim, Mario Gioda (1883-1924) publica no jornal *La Folla* textos sobre o submundo turinense, sob o pseudônimo de inspiração balzaquiana "O amigo de Vautrin". Sobre Gioda e o sub-romantismo na cultura italiana, cf. vol. 2, p. 300. Para outra referência de Gramsci a M. Gioda, cf. caderno 3, § 53, no vol. 6.

44. Lema de Mussolini e suas "tropas de assalto". O livro de Mario Praz, citado acima, só é conhecido indiretamente por Gramsci (a propósito, cf. caderno 21, § 14, no vol. 6). Mario Praz (1896-1982), crítico literário e ensaísta, além de notável estudioso da literatura inglesa, realiza em *La carne, la morte e il diavolo nella letteratura romantica* um estudo clássico das relações entre literatura, artes figurativas, gosto e costume.

45. Sobre este mesmo tema, com nova alusão ao número da revista *Cultura* dedicado a Dostoiévski, em fevereiro de 1931, cf. caderno 21, § 14, no vol. 6.

46. Escrito por ocasião dos dez anos de fascismo no poder, o artigo de Louis Gillet aparece quase integralmente, sob o título "La Nuova Roma", na *Rassegna settimanale della stampa estera*, de 27 de dezembro de 1932. No original de Gramsci, a alusão a "alguns aspectos da vida moderna" associados ao baixo romantismo refere-se provavelmente ao fascismo.

47. Arturo Farinelli (1867-1948), professor de literatura alemã em Turim, é um dos pontos de referência dos estudos universitários de Gramsci entre 1912 e 1913. Sobre A. Farinelli, cf., também, infra, p. 153.

48. Trata-se do ensaio de Marx "A revolução espanhola", de 1854, publicado no oitavo volume da edição francesa de J. Molitor das obras marxianas (Paris, 1927-1931). Sobre Marx, a Constituição espanhola de 1812 e a unidade italiana, cf., particularmente, caderno 6, § 199, no vol. 5.

358 | CADERNOS DO CÁRCERE

49. Trata-se do texto de Engels, "Os bakuninistas em ação", publicado originalmente em *Der Vokstaat*, em outubro-novembro de 1873, a propósito da revolta espanhola do verão daquele mesmo ano.

50. Em espanhol no original. (Ed. bras.: *O engenhoso fidalgo D. Quixote de La Mancha*, Rio de Janeiro, Aguilar, 1960, p. 601.)

51. Sobre o industrial francês Eugène Schneider, cf., infra, p. 330.

52. Antonio Rosmini Serbati (1797-1855), padre, filósofo e teórico político, é também um personagem do *Risorgimento*: em 1848, aparece em missão diplomática de Carlos Alberto, rei do Piemonte-Sardenha, junto a Pio IX. Seus trabalhos, entre eles *La costituzione secondo la giustizia sociale*, são postos em 1849 no *Índex* dos livros proibidos, o que o faz retirar-se da vida pública. Politicamente, defende um Estado limitado ao papel de fiador dos direitos individuais, regulando as relações entre as famílias e possibilitando a preservação e a acumulação da propriedade.

53. Citado pelo escritor católico Luigi Scremin, Dominikus Prümmer, O. P., professor de Teologia na Universidade de Friburgo, na Suíça, além de escrever inúmeros tratados sobre moral, é um renomado especialista em Tomás de Aquino. Várias vezes referida nos *Cadernos*, a revista *Civiltà Cattolica* expressa o ponto de vista dos jesuítas. O comentário sobre o livro de L. Scremin não está assinado.

54. "E, do mesmo modo que não podemos julgar um indivíduo pelo que ele pensa de si mesmo, não podemos tampouco julgar estas épocas de revolução pela sua consciência, mas, pelo contrário, é necessário explicar esta consciência pelas contradições da vida material, pelo conflito existente entre as forças produtivas sociais e as relações de produção." Sobre o significado do "Prefácio" de 1859 à *Contribuição à crítica da economia política*, cf., *inter alia*, vol. 1, p. 141-145 e 158-161; e vol. 3, p. 36-46.

55. Thomas Babington Macaulay (1800-1859), historiador e político liberal, é o autor de uma monumental *História da Inglaterra* (1848-1861). O ensaio citado por Gramsci, "On the Athenian Orators", data de 1824.

NOTAS AO TEXTO | **359**

56. Gramsci também alude a estes peculiares "anciães de Santa Zita" no vol. 2, p. 36. Sobre F. De Sanctis, cf. vol. 1, p. 473.

57. No prefácio de seu *A teoria do materialismo histórico. Manual popular de sociologia marxista*, de 1921, N. Bukharin diz: "Este livro nasceu das discussões travadas nas conferências de trabalhos práticos que o autor dirigia com J. P. Deniké." Cf., em particular, vol. 1, p. 112-114.

58. Sobre esta afirmação de Engels (no *Anti-Dühring*), cf. vol. 1, p. 180-185.

59. Trata-se dos parágrafos recolhidos no caderno 12, "Apontamentos e notas dispersas para um grupo de ensaios sobre a história dos intelectuais", no vol. 2, p. 13-54.

60. Existem neste parágrafo algumas imprecisões. Nas eleições gerais de 1913, o *Corriere della Sera* apoia o liberal Iro Bonzi contra o católico Carlo Ottavio Cornaggia, num distrito eleitoral milanês. Elege-se, no entanto, um político radical, não um socialista. Sobre a função política do *Corriere della Sera*, cf., em particular, vol. 2, p. 194-196 e 215-220.

61. O anarquista Luigi Galleani (1861-1931) publica em 1914, em Boston, *Faccia a faccia col nemico: Cronache giudiziarie dell'anarchismo militante*, um volume de 506 páginas em que recolhe as colunas escritas com o mesmo nome em *Cronaca Sovversiva*, semanário que ele próprio edita nos Estados Unidos entre 1903 e 1919. Os quinze julgamentos selecionados por Galleani incluem os de François Claudius Koenigstein (1859-1892), conhecido como Ravachol, e Emile Henry (1874-1894), ambos executados na guilhotina.

62. Sobre este episódio — e a responsabilidade atribuída por Gramsci ao Partido Socialista pelo clima cultural em que eram educados homens como Pietro Abbo —, cf. vol. 3, p. 191.

63. Trata-se do pequeno conto intitulado "O saco prodigioso", in *As mil e uma noites*, Rio de Janeiro, Acigi, s.d., p. 63. No conto, Ali, o narrador, descreve sua disputa com um curdo que, no mercado, lhe roubara inesperadamente um pequeno saco. Na presença do Cádi, tentam "provar" serem os legítimos proprietários, indicando — num crescendo surrealista — animais, pessoas, cidades e regiões inteiras que o saco supostamente conteria. Ao sugerir "refazer a narrativa",

Gramsci talvez tenha em mira a inutilidade de certas disputas verbais, que, afinal, se revelam pouco mais que nada ("cinco caroços de azeitona"): uma condenação, na forma de fábula, da ideia de se fazer política de modo meramente abstrato, sem objetivos precisos e sem uma sólida fundamentação.

64. Gramsci retoma e amplia uma ideia do prefácio à primeira edição do *Capital*: "O país mais desenvolvido não faz mais do que representar a imagem futura do menos desenvolvido." (K. Marx, *O capital. Crítica da economia política*, Rio de Janeiro, Civilização Brasileira, 1998, Livro 1, vol. 1, p. 5).

65. Eduard Bernstein (1850-1932), teórico da social-democracia alemã, propõe no final do século XIX uma "revisão" do marxismo. Em 1899, publica *Os pressupostos do socialismo e as tarefas da social-democracia*, texto clássico do reformismo social-democrata. (Ed. bras. parcial: *Socialismo evolucionário*, Rio de Janeiro, Zahar, 1997).

66. Max Nordau (1849-1923), psiquiatra e escritor de origem judeu--húngara, além de ser um dos líderes do movimento sionista, escreve em alemão ensaios de crítica da cultura, enfatizando a decadência do pensamento e da arte na Europa.

67. Cf., supra, § 21.

2. Caderno 26

1. Adriano Tilgher (1887-1941), ensaísta e filósofo, interessa-se pelas relações entre pragmatismo e idealismo, além de escrever sobre teatro e estética em geral. Opositor do fascismo, Tilgher também edita vários jornais, como *Il Mondo* e *Il Popolo di Roma*. Em 1928, A. Tilgher reúne alguns artigos dispersos em jornal no volume *Storia e antistoria*, mencionado criticamente no parágrafo. Sobre este mesmo livro, cf., também, vol. 1, p. 232-233.

2. Sobre Filippo Burzio e o tema do "demiurgo", cf., particularmente, vol. 3, p. 122-124. Cf., ainda, infra, p. 125.

NOTAS AO TEXTO | **361**

3. A primeira frase entre aspas, retirada do artigo de B. Tecchi, é de F. Burzio; a segunda provavelmente é do próprio Gramsci e deve ser comparada com uma afirmação de Goethe em sentido oposto. Cf. vol. 1, p. 435.

4. Sobre a relação entre partido político e personalidade individual, Croce afirma: "Os partidos políticos são modalidades que se oferecem às várias personalidades para forjar instrumentos de ação e afirmarem a si mesmas e, com elas mesmas, aos próprios ideais éticos, bem como para realizar esforços para segui-los; daí a importância que têm nos partidos os líderes e os condutores, e não só estes mas também os outros que parecem ocupar postos secundários e modestamente se retraem à sombra e, no entanto, movimentam o fio das ações. O que conta, pois, é o vigor da personalidade em que se recolhe e expressa o ideal ético; os partidos (costuma admitir-se) são aquilo que são os indivíduos que os compõem e os personificam" (B. Croce, *Etica e politica*, Bari, Laterza, 1931, p. 237).

5. Cf. vol. 1, p. 271.

6. Na passagem mencionada, Croce afirma: "Isto não deve impedir que se admire sempre o velho pensador revolucionário [Marx] (sob muitos aspectos, bastante mais *moderno* do que Mazzini, que entre nós se costuma contrapor a ele): o socialista que entendeu como também aquilo que se chama revolução, para se tornar fato político e efetivo, deve-se fundamentar na *história*, armando-se de *força* ou *poder* (mental, cultural, ético, econômico), e não confiar em sermões moralistas e ideologias e discursos iluministas. E, além da admiração, a ele igualmente reservaremos — nós, que então éramos jovens, nós, por ele educados — nossa gratidão, por haver contribuído para nos tornar insensíveis às seduções alcinescas (Alcina, a decrépita maga desdentada, que simulava as feições de jovem em flor) da Deusa Justiça e da Deusa Humanidade." Sobre o estilo de A. Loria, ver nesse mesmo livro de Croce o ensaio "Le teorie storiche del professor Loria", in Id., *Materialismo storico ed economia marxistica*, 4ª ed., Bari, Laterza,1921.

7. Referência cifrada a Marx. O ensaio de Franz Mehring, de 1903, se chama "Karl Marx e a alegoria" e está presente na coletânea de D. Riazanov, ed. bras. cit., p. 49-52. Franz Mehring (1846-1919), dirigente

362 | CADERNOS DO CÁRCERE

e teórico da esquerda social-democrata, é um dos fundadores — com Rosa Luxemburg e Karl Liebknecht — da Liga Espartaquista, que depois se converte no Partido Comunista da Alemanha. Além de importantes trabalhos de sociologia da literatura, deve-se a Mehring a primeira grande biografia de Marx, publicada em 1918.

8. Sobre este mesmo tema, cf. vol. 3, p. 246; sobre Ferdinand Lassalle, cf. ibid., p. 394.

9. O *pubblico ufficiale* desempenha uma função pública legislativa, judiciária ou administrativa, mesmo sem estar enquadrado regularmente na administração pública. O segundo termo — *ufficiale dello stato civile* — indica "oficial de registro".

10. Mantivemos no original o termo *ascaro* ("soldado", em árabe), para indicar o nativo alistado especialmente nas tropas coloniais italianas na Eritreia, Somália e Líbia. Por extensão — e com sentido pejorativo —, *ascaro*, num certo momento, passa a designar os deputados disponíveis a colaborar com os grandes partidos e o governo, com as características assinaladas por Gramsci. A palavra *crumiro* significa "fura-greves" no vocabulário sindical. O termo *moro*, do qual provém *moretto*, significa — além de "mouro" — "moreno escuro", "escuro", "negro".

11. De acordo com a sugestão gramsciana, mantivemos em italiano alguns termos, entre os quais *riscossa* e *riscatto*, pertencentes praticamente a uma mesma área semântica ("sublevação", "redenção", "libertação", "emancipação").

12. Sobre a origem militar-francesa de *riscossa*, cf., infra, p. 136.

3. Dos cadernos miscelâneos

1. Sobre os termos *arditi* e *arditismo*, cf. vol. 3, p. 374.

2. O escritor Jacques Rivière (1886-1925), editor da *Nouvelle Revue Française* a partir de 1919, fora prisioneiro dos alemães durante a Primeira Guerra Mundial.

NOTAS AO TEXTO | **363**

3. Jean Barois é personagem do romance homônimo de Roger Martin du Gard, publicado em 1913. Neste romance, Martin du Gard (1881-1958) retrata a crise social e intelectual da França durante o caso Dreyfus. Escreve também o importante ciclo romanesco de *Os Thibault*, entre 1922 e 1940, e recebe o Prêmio Nobel de Literatura em 1937.

4. Cesare Beccaria (1738-1794) escreve em 1764 *Dei delitti e delle pene*, um dos livros básicos do Iluminismo, de amplo impacto nos projetos de reforma penal; nele, Beccaria combate a pena de morte, a tortura e as injustiças do sistema judiciário. O teólogo Ferdinando Facchinei, um dos muitos opositores encarniçados que C. Beccaria encontrou já em seu tempo, escreve seu livro em 1765 por encomenda das autoridades de Veneza.

5. Sobre Luca Beltrami, cf. vol. 2, p. 109.

6. O poeta Vincenzo Monti (1754-1828) celebra, em estilo neoclássico, a Revolução Francesa e Napoleão, que tem um papel antiaustríaco na Itália. Sua frase aqui transcrita deve ser entendida como referência irônica à própria ingenuidade ou simplicidade.

7. Ruggero Bonghi (1826-1895), político e homem de letras, participa da rebelião napolitana de 1847-1848 contra os Bourbons. Em suas memórias, registra obras e opiniões de um seleto grupo de intelectuais reunidos no Piemonte, entre 1850 e 1855, em torno de Alessandro Manzoni e Antonio Rosmini Serbati. Gramsci critica duramente suas opiniões moderadas por ocasião dos movimentos de 1848-1849 em Florença. Cf. caderno 19, § 18, no vol. 5.

8. Cf., infra, p. 111.

9. Giuseppe Tucci (1894-1984), professor de Filosofia Oriental na Universidade de Roma, passa vários anos no Extremo Oriente, trabalhando em universidades indianas e realizando expedições científicas no Tibete, no Paquistão e no Afeganistão. Em 1929, torna-se membro da Academia da Itália.

10. O termo *puricellismo* deriva de Piero Puricelli, engenheiro idealizador e construtor das modernas autoestradas.

364 | CADERNOS DO CÁRCERE

11. No verão de 1928, a aeronave "Italia" cai no Ártico, causando a morte de dezessete tripulantes mas salvando-se o comandante Umberto Nobile (1885-1978) e outros sete companheiros. A comissão de inquérito governamental — com motivação política, já que Nobile não era adepto do fascismo — considera-o culpado e afasta-o da força aérea. Depois da Segunda Guerra, o relatório cai em descrédito e Nobile, reincorporado, torna-se deputado constituinte pelo PCI. No fim do parágrafo, Gramsci menciona "Caporetto", a dura derrota italiana na Primeira Guerra diante dos austríacos e alemães em 1917. Em italiano, a partir de então, "Caporetto" passa a ter o significado geral de "calamidade" ou "derrota catastrófica".

12. Em francês no original.

13. Como Gramsci indica imediatamente a seguir, trata-se de uma frase extraída de *A sagrada família*, em que existe uma ampla crítica do romance de E. Sue, publicado em folhetins em 1842-1843. Sobre E. Sue, cf., também, infra, p. 109. Eugène Sue (1804-1857), romancista francês, é autor de narrativas populares sobre a vida nos bairros miseráveis e no submundo parisiense, retratada segundo ideais humanitários e reformistas.

14. O termo *scapigliatura* — "desregramento", "vida livre e licenciosa" — designa um movimento artístico de vanguarda originalmente milanês, na segunda metade do século XIX. As influências mais sentidas pelos *scapigliati* são Baudelaire e os simbolistas franceses, os românticos alemães, Edgar Allan Poe; seus alvos polêmicos, a mentalidade burguesa e as tendências clássicas. Representam o movimento, entre outros, os romancistas Giuseppe Rovani (1818-1874), Emilio Praga (1839-1875) e Iginio Ugo Tarchetti (1841-1869), o poeta e pintor Giovanni Camerana (1845-1905), bem como Arrigo Boito (1842-1918), o libretista de Verdi.

15. Santa Vehme, ou *Vehmgericht*, é uma espécie de tribunal secreto com grande poder na Vestfália, entre os séculos XII e XVI.

16. Gaetano Salvemini [Rerum Scriptor], "Per gli incidenti di Terlizzi", *L'Unità*, 26 de setembro de 1913. O artigo trata da utilização de marginais nas eleições como política de governo. Sobre G. Salvemini, cf. vol. 1, p. 456.

NOTAS AO TEXTO | **365**

17. Sobre F. Guicciardini, cf. vol. 3, p. 377-378.

18. Sobre Arturo Labriola, cf. vol. 2, p. 305.

19. "Ispolcom" é a sigla do comitê executivo da Terceira Internacional. Logo a seguir, no texto, há uma referência, também encontrada no artigo de G. Gabbrielli, à organização genebrina anticomunista *Entente contre la Troisième Internationale*.

20. Em 1927, o católico conservador francês Henri Massis (1886-1970) publica *Défense de l'Occident*, que Gramsci lê no cárcere de Milão. Novas referências a H. Massis encontram-se em infra, p. 183 e 236-237. A "carta aberta" de Ugo Ojetti e a resposta do padre Enrico Rosa são retomadas no caderno 5, § 66, e no caderno 23, § 9, no vol. 6. Sobre Ugo Ojetti, cf. vol. 2, p. 298. Sobre o padre E. Rosa, cf., infra, p. 379.

21. Sobre Agostino Lanzillo, cf. vol. 3, p. 363-364. O pedagogo Giuseppe Lombardo-Radice (1879-1938), professor na Universidade de Catânia, defende as posições do idealismo filosófico. No primeiro governo fascista, Lombardo-Radice colabora, como encarregado da escola primária, com a reforma gentiliana da educação, antes que divergências políticas o levassem a abandonar o cargo.

22. Sobre Ugo Bernasconi, cf. caderno 15, § 54, no vol. 6.

23. Em russo, a palavra *Bog* ("Deus") tem a mesma raiz de *bogati* ("rico"). Bukharin chama a atenção para este nexo em "Igreja e escola na República dos Sovietes", um capítulo de seu livro *O programa dos comunistas*, Moscou, 1918. Gramsci tinha publicado o capítulo bukhariniano no *Ordine Nuovo* de 30 de agosto de 1919.

24. As palavras italianas *dovizia* e *dovizioso* ("abundância" e "abundante") guardam relação imediata com as latinas *divites* e *divitia*. Em português, registra-se também o arcaísmo "divícia" ("riqueza").

25. Gramsci aqui menciona, provavelmente, a propensão italiana à dúvida, à suspeita e à insinuação, em detrimento do caráter concreto das provas valorizado pela mentalidade inglesa.

26. A. Amati e P. E. Guarnerio, *Dizionario etimologico di 12 mila vocaboli italiani derivati dal greco*, Milão, Vallardi, 1901.

366 | CADERNOS DO CÁRCERE

27. Sobre Mario Govi, cf. vol. 1, p. 178-179.

28. A avaliação positiva de Luigi Einaudi sobre o *Dizionario* de Giulio Rezasco está em "Del modo di scrivere la storia del dogma economico", *Riforma Sociale*, março-abril de 1932. O mesmo artigo de L. Einaudi fornece as indicações bibliográficas anotadas no § 148, infra. Sobre L. Einaudi, cf. vol. 1, p. 463.

29. Cf., supra, p. 90-93.

30. Em 1932, Franz Weiss reúne artigos anteriormente publicados nos *Problemi del Lavoro*, de Milão, no volume *Nuovo Revisionismo (Saggi di revisionismo socialista nella dottrina e nella prassi)*. A pretensa "profundidade" de F. Weiss leva Gramsci a associá-lo, ironicamente, à figura de um profeta e até a evocar o "livro das Sete Trombetas", isto é, o *Apocalipse*.

31. Uma breve nota ou artigo de jornal podem estar localizados entre dois asteriscos ou pequenas estrelas (*stellete*); por metonímia, *stelleta* pode também designar o próprio autor da nota ou artigo. Gramsci emprega esta palavra tanto para Franz Weiss quanto para Giovanni Ansaldo, o "Estrela Negra", famoso jornalista do *Lavoro*, de Gênova. Sobre a contraposição entre F. Weiss e G. Ansaldo, cf., em particular, caderno 23, § 23, no vol. 6; sobre G. Ansaldo, cf., *inter alia*, vol. 2, p. 183-184.

32. Sobre o paralelo entre Franz Weiss e Sancho Pança, cf., infra, p. 127-128.

33. Sobre Corso Bovio, cf. vol. 2, p. 262.

34. Todas as citações do *Dom Quixote*, neste parágrafo e no subsequente, estão em espanhol. Sempre nos valemos da edição brasileira citada em supra, p. 358.

35. Grifos de Gramsci.

36. O *Weiss* germânico equivale à forma italiana *Bianco* (Branco).

37. Sobre Edmondo De Amicis, cf. vol. 2, p. 302-303.

NOTAS AO TEXTO | **367**

38. O escritor livornense Carlo Bini (1806-1842), amigo de Giuseppe Mazzini, passa de fato um período de três meses confinado na Ilha de Elba, em 1833, acusado de atividades em favor da *Jovem Itália* na região toscana. Sobre C. Bini, cf., também, caderno 19, § 9, no vol. 5.

39. Cf., supra, p. 62.

40. Gramsci extrai a opinião de F. Baldensperger de um artigo de Carlo Franelli, "Biografia: sincerità e maturità", publicado na *Critica fascista* de julho de 1932. Fernand Baldensperger (1871-1958), historiador francês de literatura, é um dos pais da moderna literatura comparada.

41. Frédéric Lefèvre, "Une heure avec le Dr. Gustave Le Bon (La philosophie scientifique)", *Les Nouvelles Littéraires*, 27 de setembro de 1930. Nesta entrevista, Le Bon afirma: "Nunca estive com Mussolini, mas me correspondo com ele; sua última carta data de 22 de maio de 1929 e é bastante interessante. Ei-la: 'Meu querido mestre [...] Democracia é o governo que dá ou tenta dar ao povo a *ilusão* de ser soberano. Os instrumentos desta ilusão variaram segundo as épocas e os povos, mas nunca o conteúdo e os objetivos...'" Gustave Le Bon (1841-1931), sociólogo e psicólogo, autor de *Psicologia das multidões* (1895), defende teorias marcadas pela preocupação com características nacionais e superioridade racial.

42. O artigo do editor A. F. Formiggini aparece na *Italia che scrive* de dezembro de 1928. Angelo Fortunato Formiggini (1875-1938), que lança a *Italia che scrive* em 1918, também é o fundador do Instituto Leonardo, para a propagação da cultura italiana. Pressionado pelas leis antissemitas do regime, A. Formiggini viria a se suicidar. Sobre Pietro Badoglio, cf. vol. 3, p. 380-381.

43. Gramsci provavelmente tem em vista uma nota publicada no *Marzocco* de 25 de outubro de 1931, que relata o uso, no passado, desta peculiar "focinheira" humana em alguns países europeus.

44. Cf., supra, p. 124.

45. Luigi Pulci (1432-1484), poeta ligado ao círculo florentino da família Médici, notabiliza-se como autor de *Morgante*, uma paródia renascentista dos poemas épico-cavaleirescos.

368 | CADERNOS DO CÁRCERE

46. Sobre as "Teses de Roma", cf. vol. 1, p. 257-258. Segundo a orientação esquerdista impressa às "Teses", não havia possibilidade de um golpe de Estado militar ou fascista. Sobre o peculiar raciocínio de Dom Ferrante, personagem de *Os noivos* construído como caricatura do erudito do século XVIII, cf. vol. 1, p. 180-185.

47. Cf. vol. 2, p. 256.

48. Cf., supra, p. 97-99.

49. O livro do historiador inglês John Robert Seeley (1834-1895), *L'espansione della Inghilterra*, aparece na Itália em 1928 e dele Gramsci parece ter tido um conhecimento apenas indireto. Neste livro, R. Seeley argumenta que "não é tarefa do historiador levar o leitor de volta ao passado ou fazê-lo ver os acontecimentos tal como apareceram aos contemporâneos. [...] Em vez de nos fazer participar das paixões de outros tempos, o historiador nos deve fazer notar que um acontecimento, apesar de atrair toda a atenção dos contemporâneos, foi na realidade de pouca importância, enquanto um outro, quase ignorado pelos contemporâneos, teve grandes consequências".

50. A referência é, mais precisamente, a H. G. Wells, *Breve storia del mondo*, Bari, 1930, livro efetivamente lido no cárcere. Sobre Wells e sua *Storia del mondo*, cf., também, vol. 2, p. 113-115.

51. Cf. vol. 3, p. 285-286.

52. Este parágrafo, cancelado na edição temática dos *Cadernos*, contém referências pessoais precisas. Neste trecho, por exemplo, Gramsci claramente alude a uma carta, assinada por "Ruggiero" (Ruggiero Grieco, dirigente comunista exilado na União Soviética), que recebe no cárcere de Milão, em 1928. Sobre o episódio, cf. "Cronologia da vida de Antonio Gramsci", no vol. 1, p. 66-67.

53. Originalmente publicado na *Economist* de 8 de abril de 1933, este princípio dos zulus reaparece na *Rassegna settimanale della stampa stera* de 25 de abril de 1933.

54. Na verdade, o *Manifesto Comunista* é um dos textos com os quais Gramsci se ocupa em seus "cadernos de tradução". No *Manifesto*,

DOS CADERNOS MISCELÂNEOS | **369**

Zunftbürger indica os membros das corporações medievais; já *Pfahl-bürger* e *Pfahlbürgerschaft* designam a pequena burguesia medieval, que vive fora dos muros das cidades; precursora da burguesia moderna, ao lado do pequeno campesinato, esta pequena burguesia — segundo o *Manifesto* — tende a desaparecer na moderna sociedade burguesa e só vegeta como um sinal do passado nos países de menor desenvolvimento industrial.

55. Há outras referências a esta sondagem do *Saggiatore* no vol. 1, p. 321 e 368.

56. Sobre o "homem de Guicciardini", cf. vol. 1, p. 472-473.

57. Galileu Galilei publica *Il saggiatore* (*O ensaiador*), em 1623.

58. Sobre o texto de B. Croce, cf., em particular, vol. 1, p. 422-423. O termo "problemismo", aplicado à revista *Unità*, deve ser entendido como referência a uma atitude filosófica que relativiza todas as posições e considera a vida busca contínua e sempre aberta à formulação de novos problemas. Sobre a *Unità* e seu diretor, Gaetano Salvemini, cf. vol. 1, p. 456.

59. Sobre Giuseppe Canepa e os acontecimentos turinenses de 1917, cf. vol. 2, p. 214-220; e caderno 8, § 83, no vol. 5.

60. Daniele Manin (1804-1857), um dos personagens do *Risorgimento*, lidera a rebelião antiaustríaca de 1848 como presidente da República de Veneza, que resiste heroicamente ao cerco das tropas dos Habsburgos até agosto de 1849. D. Manin morre exilado em Paris. Sobre Niccolò Tommaseo, cf., em particular, vol. 3, p. 210.

61. Reproduzida pela *Rassegna settimanale della stampa stera* de 1º de agosto de 1933, esta definição de civilização aparece num editorial do *Daily Mail* que faz a apologia do fascismo. À passagem citada por Gramsci segue-se, por exemplo, o comentário: "Mussolini demonstrou ao mundo como esta forma de controle pode ser exercida com o maior sucesso pelo Regime Fascista."

62. Sobre Francesco Coppola, cf. vol. 1, p. 478-479; sobre Roberto Forges Davanzati, cf. ibid., p. 478; sobre Maurizio Maraviglia, cf. vol. 3,

370 | CADERNOS DO CÁRCERE

p. 403-404. Giulio De Frenzi é o pseudônimo de Luigi Federzoni (1878-1967), fundador do Partido Nacionalista, em 1910, e do jornal deste partido, *L'Idea Nazionale*, ao lado de F. Coppola, R. Forges Davanzati e M. Maraviglia. L. Federzoni é um dos promotores da fusão do Partido Nacionalista com o Fascista, em 1923. Ministro mussoliniano do Interior e, em seguida, das Colônias, torna-se senador e presidente do Senado (de 1929 a 1931). Editor da revista *Nuova Antologia* desde 1931, L. Federzoni também preside a Academia da Itália a partir de 1938.

63. O presente juízo negativo sobre A. Farinelli colide com o interesse que sua obra havia despertado entre importantes colaboradores do *Ordine Nuovo*, como Palmiro Togliatti e Piero Gobetti e até o próprio Gramsci. Bonaventura Zumbini, morto em 1916, é catedrático de literatura italiana na Universidade de Nápoles. No caso de B. Zumbini, o juízo de Gramsci pode ter sido influenciado por algumas críticas de Croce ao professor napolitano.

II. AÇÃO CATÓLICA

1. Caderno 20

1. Pio XI (1857-1929), eleito papa em 1922, em plena ofensiva fascista, favorece a tendência do Vaticano a buscar uma aliança com o fascismo, definitivamente ratificada com a assinatura, em 1929, da chamada Concordata (cf., supra, p. 353-354, v. 26). Um dos primeiros atos do seu pontificado é precisamente a reforma da Ação Católica, concluída em outubro de 1923, com a aprovação dos novos estatutos, que fortalecem o caráter unitário da organização e acentuam sua subordinação à hierarquia eclesiástica. Também se definem os objetivos da organização: a colaboração do laicato católico com o apostolado hierárquico da Igreja e a formação dos quadros do movimento católico em colaboração com as escolas e universidades católicas.

2. Gramsci se refere aqui, evidentemente, a sua chegada à ilha de Ústica, onde fica confinado entre 7 de dezembro de 1926 e 20 de janeiro de 1927.

NOTAS AO TEXTO | 371

3. A palavra francesa *manant* significa originariamente habitante do burgo ou da aldeia (do verbo *manoir*, "habitar"); por extensão, adquire o sentido de "rústico", "grosseiro", "mal-educado". Do mesmo modo, a palavra *grédin*, citada pouco acima, tem hoje o significado de "patife".

4. Em duas cartas a Tania, de 28 de setembro e 12 de outubro de 1931, Gramsci observa: "Muitos cossacos acreditavam, como artigo de fé, que os judeus tinham rabo [...]. Esses cossacos não tinham judeus em seu território e os concebiam conforme a propaganda oficial e clerical, ou seja, como seres monstruosos que haviam matado Deus" (A. Gramsci, *Lettere dal carcere*, Palermo, Sellerio, 1996, p. 472 e 480).

5. A Confederação Italiana dos Trabalhadores, criada em setembro de 1918, reúne os sindicatos católicos, chamados de "brancos", que se opõem às organizações operárias socialistas e laicas. Sobre o Partido Popular, cf. vol. 1, p. 475.

6. A União Internacional de Friburgo (Suíça), que funciona entre 1884 e 1894, reúne os "católicos sociais" de vários países. Caráter análogo tem a União Internacional de Estudos Sociais, fundada em 1920 em Malines (Bélgica), responsável pela publicação, em 1927, do *Código Social*, também conhecido como *Código de Malines*, de caráter genérico e conservador. Quando se refere às mudanças ocorridas no campo da organização sindical, Gramsci está aludindo à criação de sindicatos "oficiais" e compulsórios na Itália fascista e na Alemanha nazista, com a consequente proibição de sindicatos livres e autônomos.

7. Filippo Naldi, diretor de *Il Resto del Carlino*, órgão dos latifundiários da Emília, arregimenta o suporte financeiro para o lançamento, em 1914, de *Il Popolo d'Italia*, o primeiro jornal dos fascistas. F. Naldi seria depois preso como um dos organizadores do atentado contra o deputado socialista Giacomo Matteotti. Sobre este atentado, cf. "Cronologia da vida de Antonio Gramsci", vol. 1, p. 60. Sobre a atividade político-jornalística de F. Naldi, cf., também, vol. 2, p. 217, e caderno 19, § 5, no vol. 5.

8. A ordem dos terciários franciscanos é a mais conhecida e importante das terceiras ordens seculares. Fundada pelo próprio Francisco, em 1221, difunde-se rapidamente por toda a Europa.

372 | CADERNOS DO CÁRCERE

9. Francisco de Assis (1182-1226) encarna um dos mais fortes movimentos de massa de reação à Igreja, cuja primeira manifestação data do início do século XI. Francisco defende o retorno à pureza do Evangelho, que se torna a regra fundamental da ordem que cria em 1209; mas a livre e fraterna comunidade apostólica que surge de sua pregação é rapidamente canalizada e controlada pela hierarquia eclesiástica, que a transforma numa ordem religiosa posteriormente clericalizada e politizada. Sobre esse tema, cf. vol. 1, p. 102-103.

10. Cf. Arthur Roguenant, *Patrons et ouvriers (Ouvrage couronné par l'Académie des sciences morales et politiques)*, Paris, J. Gabalda, 1907, XXI-181 p.

11. O integrismo católico — concepção segundo a qual todos os aspectos da vida política e social devem ser conformados com base nos princípios imutáveis da doutrina católica, o que implica a condenação de toda a evolução da história moderna — surge inicialmente, no século XIX, como reação ao iluminismo e ao racionalismo do século anterior. Tem seu máximo desenvolvimento sob os pontificados de Leão XIII (1878-1903) e de Pio X (1903-1914).

12. Umberto Benigni (1862-1934) empenha-se na luta contra o "modernismo" católico (cf. vol. 1, p. 469, e, intra, p. 250-251) e apoia os monarquistas e nacionalistas de ultradireita congregados na *Action Française* (cf. vol. 2, p. 303). Funda, em 1909, o *Sodalitium Pianum*, ou Sodalício de São Pio V (também conhecido como *Sapinière*, das iniciais *S* e *P*), uma organização cujas atividades secretas visavam a combater todos os que não eram considerados verdadeiros representantes da ortodoxia, incluindo teólogos e membros da alta hierarquia da Igreja. No texto A que dá origem a este parágrafo (caderno 5, § 1), Gramsci escreve: "O líder do movimento era monsenhor Umberto Benigni e uma parte da organização era constituída pelo 'Sodalitium Pianum' — 'Pianum' de Pio, que, de resto, ao que parece, não era nem mesmo Pio X, mas um outro papa ainda mais intransigente." No presente texto C, Gramsci especifica tratar-se de Pio V, em cujo papado (1566-1572), em plena Contrarreforma, publica-se o *Catecismo* do Concílio de Trento.

NOTAS AO TEXTO | **373**

13. Chama-se *Sillon* o movimento cristão social fundado por Marc Sang-nier em 1894. Condenado por Pio X como "modernista" e dissolvido em 1910, o movimento é considerado inspirador da democracia cristã.

14. O jansenismo — do nome do inspirador do movimento, o holandês Cornélio Jansen (1585-1638) — é um movimento filosófico-religioso surgido em Flandres, que se afirma sobretudo na França no século XVIII. Propondo o retorno do sentimento religioso à pureza e sim-plicidade evangélicas, logo assume um caráter político: opõe-se ao domínio temporal dos papas, combatendo a autoridade dos soberanos e a unificação entre poder temporal e espiritual. Foi condenado pela Igreja e duramente perseguido.

15. Ernesto Buonaiuti (1881-1956), padre e professor, é um dos líderes do modernismo italiano. Excomungado em 1926, é demitido em 1931 do cargo de professor de História da Religião na Universidade de Roma por ter se recusado a prestar o juramento fascista.

16. Erich Ludendorff (1865-1937), general prussiano, chefe dos grupos militaristas de extrema direita depois da Primeira Guerra, funda um movimento violentamente antissemita.

17. Sobre o modernismo e a encíclica *Pascendi dominici gregis*, cf., por exemplo, vol. 1, p. 376, e, infra, p. 249.

18. Sobre a política vaticana em relação à Ação Francesa, cf. vol. 3, p. 376.

19. Sobre o *Sillabo*, cf. vol. 1, p. 456, e, infra, p. 249.

20. O pontificado de Bento XV (1914-1922), situado entre Pio X (1903-1914) e Pio XI (1922-1939), coincide com a Primeira Guerra Mundial, durante a qual adota uma política de neutralidade e promove várias iniciativas de paz. Na política italiana, Bento XV suspende o *non expedit* (cf., infra, p. 378, n. 21) e autoriza a formação do Partido Po-pular. A encíclica *Ad Beatissimi Apostolorum*, mencionada no texto, é um documento de novembro de 1914, logo no início do pontificado.

21. Sobre o uso gramsciano do termo "(neo)malthusianismo", cf. vol. 1, p. 472; e vol. 3, p. 358.

374 | CADERNOS DO CÁRCERE

22. Mariano Rampolla del Tindaro (1843-1913), nascido na Sicília, torna--se cardeal e secretário de Estado do Vaticano em 1887. Duramente criticado pelos ultraconservadores católicos, Rampolla desenvolve algumas políticas de "abertura", como, em particular, a tentativa de aproximação (*Ralliement*) entre a Santa Sé e a restaurada República Francesa. Com isso, estimula a participação dos católicos na vida política da França, o que marginaliza os monarquistas e afasta a Igreja da *Action Française*. Giuseppe Zanardelli (1826-1903), político com várias passagens ministeriais e primeiro-ministro entre 1901 e 1903, é autor do veto à candidatura do cardeal Rampolla à sucessão de Leão XIII, em 1903.

23. Alfred Rosenberg (1893-1946), nascido na Estônia, foge para a Alemanha em 1919 e se torna, talvez, o mais destacado antibolchevique no grupo dirigente nazista, além de um dos principais elaboradores da fundamentação "científica" das políticas racistas. Edita o jornal oficial do Partido Nacional Socialista, *Völkischer Beobachter*, e escreve, em 1930, *Der Mythus des 20. Jahrhunderts* [*O mito do século XX*], um livro de orientação neopagã, anticristã e antissemita. Entre outras atividades, A. Rosenberg se torna ministro para os territórios ocupados no Leste. Em Nuremberg, é julgado e condenado à morte como criminoso de guerra.

2. Dos cadernos miscelâneos

1. Sobre V. Gioberti, cf. vol. 2, p. 295-296.

2. Sobre A. Anzilotti (1885-1924), cf. vol. 2, p. 296. Gramsci lê na prisão o livro de Kurt Kaser, *Riforma e controriforma* (Florença, 1927), publicado na Alemanha em 1922. André Philip, várias vezes mencionado (cf., sobretudo, infra, caderno 22), é o autor de *Le problème ouvrier aux États-Unis*, Paris, 1927 — livro que Gramsci possui no cárcere e que lhe serve para obter variadas informações sobre a condição operária na época do *maquinismo*, da produção de massa e da transformação fordista da economia e da sociedade americana.

3. Gramsci segue de perto o desenvolvimento da campanha eleitoral na Sardenha, em 1913, em que se registra grande participação das massas

NOTAS AO TEXTO | 375

camponesas, ainda que sem inteira consciência de sua força. Segundo muitas fontes, a experiência política fornecida por essas eleições tem importante papel na formação socialista de Gramsci.

4. Cf. "Giurisprudenza dei tribunali ecclesiastici", *Il Diritto Ecclesiatico e Rassegna di Diritto Matrimoniale*, ano XL, n. 3-4, março-abril de 1929, p. 176-185.

5. Todas as citações contidas neste § 68, tanto as do direito canônico quanto as da Bíblia, estão em latim no original.

6. Cf. A. Gemelli, "Il ventecinquesimo della morte di un papa", *Fiera Letteraria*, 29 de julho de 1928.

7. O Congresso de Gênova, em 1892, marca a fundação do Partido Socialista Italiano, sob a liderança de Filippo Turati. Leão XIII (1810-1903), sucessor de Pio IX em 1878, busca restaurar o prestígio da Igreja Católica, fazendo algumas concessões aos novos tempos. Empreende uma política de reaproximação com Bismarck, pondo fim à *Kulturkampf*, e estimula os católicos franceses a aderirem à República. Em sua famosa encíclica *Rerum Novarum* (1891), respondendo ao avanço do socialismo, lança as bases de uma nova doutrina social católica. Ao mesmo tempo, empenha-se enfaticamente por fazer do tomismo o fundamento da filosofia católica, apresentando-o como a verdadeira e única resposta católica a todos os demais pontos de vista político-sociais contemporâneos. Em consequência, combate duramente todas as formas de socialismo e de secularismo e reafirma a condenação ao liberalismo feita por seus predecessores. O intransigente antiliberalismo dos ativistas, assim estimulado, leva a uma curta supressão das organizações católicas por parte do governo italiano em 1898.

8. Filippo Meda (1869-1939), político e jornalista, destacado líder do grupo parlamentar católico do Partido Popular, ocupa o cargo de ministro do Tesouro num dos governos Giolitti.

9. Gabriel García Moreno (1821-1875) é um importante político do Equador, não da Venezuela. Sobre a *Kulturkampf*, inclusive na América Latina, cf. vol. 2, p. 31-32. Cf., também, infra, p. 317.

376 | CADERNOS DO CÁRCERE

10. Álvaro Obregón (1880-1928), antecessor de P. Calles na presidência do México, entre 1920 e 1924, empenha-se intensamente nas reformas agrária e educacional, entrando frequentemente em conflito com a Igreja Católica. Reeleito em 1927, A. Obregón seria logo depois assassinado por um fanático que se opunha à política anticlerical. Sobre P. Calles, cf. vol. 2, p. 283.

11. No opúsculo mencionado, são reproduzidos e comentados os documentos de uma polêmica entre o *Osservatore Romano*, por um lado, e Arnaldo Mussolini e Giovanni Gentile, por outro, ocorrida em setembro-outubro de 1927. Nesse período, as tratativas entre o governo fascista e o Vaticano parecem paralisadas, com as duas partes manifestando certa rigidez em suas posições.

12. Conhecem-se como "Estatuto" as regras constitucionais do reino do Piemonte-Sardenha, promulgadas pelo rei Carlos Alberto em 1848, que dividem o poder entre o monarca e o parlamento e asseguram direitos civis de matriz liberal. Embora defina o catolicismo como "a única religião de Estado", o Estatuto expressa também tolerância em face de outras religiões. Em 1861, quando os italianos se unificam como Estado sob a égide da casa real piemontesa, o Estatuto torna-se a Constituição do reino da Itália, revogada somente em 1948, com a promulgação de uma Constituição republicana. A dúvida sobre a ab-rogação de uma parte do Estatuto por um dispositivo da Lei das Garantias (cf., infra, p. 378, n. 24) é formulada por F. Orestano, no artigo citado no início deste parágrafo.

13. Diz-se "cidade leonina" a parte de Roma que compreende o Vaticano e suas adjacências, entre o Tibre e as muralhas erigidas pelo papa Leão IV (847-855), chamadas de *muralhas leoninas*.

14. Joseph De Maistre (1753-1821), pensador político francês, deixa a Savoia depois da invasão napoleônica e nunca mais regressa à França. Passa 14 anos na Rússia como enviado do rei do Piemonte-Sardenha e, depois de seu retorno a Turim, torna-se ministro do reino. Ultraconservador extremado, De Maistre opõe-se a todas as crenças e filosofias liberais: para ele, somente a autoridade absoluta da monarquia e do papado poderia manter a estabilidade política. Niccolò Rodolico (1873-1969), importante historiador preocupado com questões sociais,

NOTAS AO TEXTO | **377**

publica livros sobre as comunas medievais italianas, o jansenismo e o *Risorgimento*.

15. Sobre Solaro della Margarita, cf. vol. 2, p. 289. Sobre o sentido político da publicação de seu *Memorandum*, cf., também, caderno 19, § 13, no vol. 5. Gramsci menciona a discussão sobre uma proposta de reforma eleitoral que teve lugar no Senado em 12 de maio de 1928. Falando contra a proposta, o senador Ruffini invoca o Estatuto albertino. Mussolini intervém no debate para dizer que a posição do senador Ruffini era idêntica àquela assumida pelo marquês Solaro della Margarita em sua época, ou seja, era "uma posição claramente reacionária".

16. Sobre o livro de V. Gioberti, *Del primato morale e civile degli Italiani*, publicado em 1843, cf. vol. 3, p. 405.

17. Em Novara, em 23 de março de 1849, as tropas piemontesas de Carlos Alberto são derrotadas pelos austríacos. Cf. caderno 19, §§ 28 e 29, no vol. 5.

18. Salimbene da Parma (1221-1287), um franciscano que viajou muito, registra vários aspectos da vida medieval em suas *Crônicas*, uma das mais interessantes obras da literatura latina da Idade Média. Ele se encontra em Parma, em 1247, quando a cidade se rebela contra Frederico II e é sitiada pelas forças imperiais. Embora considerasse Frederico II um ímpio usurpador, Salimbene descreve-o com simpatia. Sobre Frederico II, cf. vol. 2, p. 110.

19. Albert Thomas (1878-1932) participa do movimento socialista francês e escreve sobre sindicalismo, antes de ser eleito deputado, em 1910, e assumir importantes posições no governo. Renuncia depois ao Parlamento para assumir, em Genebra, a direção da Organização Internacional do Trabalho, fundada pela Sociedade das Nações. Sobre A. Thomas, cf., infra, p. 208.

20. Em 18 de setembro de 1904, tem lugar na Itália a primeira greve geral nacional, cujo objetivo era protestar contra o massacre de trabalhadores pela polícia ocorrido em Buggerru, na Sardenha, em Castelluzzo, na Sicília, e em outras partes. Sobre T. Tittoni, cf., em particular, vol. 3, p. 369, e caderno 5, § 44, no vol. 5.

378 | CADERNOS DO CÁRCERE

21. *Non expedit* ("não convém") é a fórmula usada pela Igreja, depois da unificação italiana, para indicar que os católicos estavam proibidos de participar, como candidatos ou eleitores, nas eleições nacionais, embora tal proibição nem sempre se aplicasse às eleições regionais e municipais. Com a encíclica *Il fermo proposito*, de 1905, Pio X, sem revogar formalmente a proibição, permite aos católicos ingressar na vida pública.

22. O bispo Geremia Bonomelli (1831-1914) é um dos defensores abertos, na hierarquia católica, da separação entre Estado e Igreja e da participação política dos católicos; por essa razão, alguns de seus livros chegam a ser colocados no *Índex*. G. Bonomelli, no entanto, obedece à disciplina eclesiástica e, assim, mantém considerável influência sob os pontificados de Leão XIII e Pio X.

23. Sobre o mesmo tema, cf., infra, p. 213.

24. A Lei das Garantias papais, promulgada em maio de 1871, tenta definir e regular as relações entre o reino da Itália e a Santa Sé após a tomada de Roma, que completa a unificação e cancela os últimos vestígios do poder temporal do papa. Entre outras coisas, a lei assegura os direitos e privilégios do papa como chefe da Igreja Católica, reconhece a extraterritorialidade do Vaticano e garante a transferência anual de uma vultosa quantia para a Santa Sé. O Vaticano, considerando que a lei provinha da ação unilateral de um Estado cuja legitimidade não reconhecia, recusa-se a aceitar, mas o governo italiano continua a depositar a soma prevista em nome do papa. A questão só é resolvida por ocasião da Concordata de 1929.

25. Edmondo Cione (1908-1965), fortemente influenciado por Croce, escreve importantes obras sobre o Renascimento e a Reforma. No início dos anos 40, rompe com Croce e — mesmo alegando não ser pessoalmente fascista — aproxima-se de Mussolini durante a chamada República de Salò, o período terminal do fascismo.

26. O tema da relação entre Reforma e Renascimento aparece várias vezes nos *Cadernos*. Cf., *inter alia*, vol. 1, p. 364-365.

NOTAS AO TEXTO | **379**

27. O jesuíta Enrico Rosa (1870-1938) ingressa na redação da *Civiltà Cattolica* em 1905, tornando-se editor-chefe entre 1915 e 1935. Destaca-se como firme defensor das posições católicas oficiais contra o liberalismo e o modernismo.

28. Gramsci menciona episódios do *Risorgimento*, difusamente tratados nos parágrafos dedicados a este tema, muitos dos quais reunidos no caderno 19. Sobre F. Confalonieri, cf., em particular, caderno 19, §§ 24, 42, 44 e 54, no vol. 5. Sobre a prisão dos irmãos Cipriano e Giona La Gala, cf. caderno 5, § 43, também no vol. 5.

29. O sueco Nathan Söderblom (1866-1931), pacifista e pioneiro do movimento ecumênico, ganha o Prêmio Nobel da Paz em 1930.

30. *Sannyasi*, cujo sentido Gramsci parece desconhecer, é o hindu que renuncia a todos os bens materiais, torna-se mendigo e atinge assim o mais alto estágio do ascetismo religioso. O *sadhu* (santo) Sundar Singh, objeto de duras críticas por parte dos católicos, é um antigo hindu convertido ao protestantismo.

31. Ugo Mioni (1870-1935), além dos romances de aventura para jovens, é autor de inúmeros livros sobre temas religiosos, como liturgia e atividade missionária. Gramsci considera-o um "filhote do padre Bresciani", categoria em que reúne literatos reacionários e nostálgicos: a propósito, cf. caderno 21, §§ 5 e 9, no vol. 6.

32. As "Semanas Sociais francesas" são encontros anuais, nos quais teólogos, filósofos e cientistas sociais católicos buscavam difundir no seio do laicato as doutrinas da *Rerum Novarum*. Elas se realizam a partir de 1904 não só na França, mas também na Itália e em outros países.

33. Educador e teólogo, Ferrante Aporti (1791-1858) é o responsável por algumas das primeiras escolas maternais italianas, voltadas para as crianças pobres. Professor e administrador escolar em Cremona, na Lombardia, transfere-se para o Piemonte em 1848, onde se torna senador. Suas ideias liberais, tanto na política quanto na pedagogia, têm a influência de Rousseau e Pestalozzi. Sobre F. Aporti, cf., também, caderno 19, § 27, no vol. 5.

380 | CADERNOS DO CÁRCERE

34. O historiador Lucien Romier (1885-1944) dedica sua atenção maior, depois da Primeira Guerra Mundial, às questões econômicas e sociais. Aceita colaborar em 1926 com Edouard Herriot, político radical francês; mais tarde, porém, as posições reacionárias de L. Romier levam-no a ser ministro no governo do marechal Pétain, o qual, depois da ocupação de Paris por Hitler em 1941, faz de Vichy a capital da França e colabora ativamente com os nazistas. Sobre L. Romier, cf., também, infra, § 15, neste caderno.

35. Sobre o Partido do Centro (*Zentrumpartei*), de inspiração católica, cf. vol. 3, p. 374.

36. Cf., supra, p. 201.

37. Alfred Smith (1873-1944), governador por quatro vezes do estado de Nova York, é o primeiro candidato católico à Presidência dos Estados Unidos, esmagadoramente derrotado, em 1928, pelo republicano Herbert Hoover. A carta aberta de Smith, mencionada mais adiante neste parágrafo, é reproduzida no livro de Nicolas Fontaine, que Gramsci possui na prisão (sobre este livro, cf., supra, caderno 20, § 4). Nesta carta, Smith diz que sua crença no catolicismo não o impede de ser leal à Constituição americana. Contribui para a derrota de Smith, além do fato de ser católico, sua oposição ao "proibicionismo", ou seja, à famosa "lei seca", promulgada em 1919 e revogada em 1933, que proibia a produção e o consumo de bebidas alcoólicas em todo o território americano.

38. Antonio Fogazzaro (1842-1911), poeta e romancista de orientação católico-liberal, ocupa papel importante na literatura italiana das duas últimas décadas do século XIX. Seus romances e poemas, que tentam conciliar fé e ciência, foram proibidos pela Igreja Católica, acusados de "modernismo".

39. Por "Conciliação", entendem-se aqui as negociações que levam aos Tratados de Latrão entre o Estado italiano e o Vaticano, ou seja, à Concordata.

40. Antonio Salandra lidera o grupo de deputados da direita não fascista, na conjuntura de crise iminente do governo dirigido por Ivanoe

NOTAS AO TEXTO | **381**

Bonomi. Mesmo pressionado por Mussolini, então líder parlamentar dos fascistas, Salandra recusa-se a prestar a homenagem ao pontífice morto em nome do Parlamento. Em 1929, na visão do senador Alfredo Petrillo, reproduzida no artigo citado da *Civiltà Cattolica*, "Salandra, evidentemente, olhava para o passado, inclusive para o passado recente; Mussolini já trabalhava para o futuro, ainda que fosse um futuro distante". Sobre A. Salandra, cf. vol. 2, p. 300. Sobre I. Bonomi, cf. vol. 1, p. 469-470.

41. Gramsci também se refere a "Ignotus" — e a seu folheto sobre fascismo, escola e religião — no vol. 2, p. 270. Sobre os princípios pedagógicos de G. Gentile, cf., supra, p. 354-355, n. 30. O Decreto Real de 1923 sobre a educação elementar, mencionado em seguida, faz parte do arsenal legislativo de implementação da Reforma Gentile.

42. Lelio Socini (1525-1562), inicialmente luterano, desenvolve depois teorias originais que põem em questão as doutrinas da Santíssima Trindade, da predestinação, dos sacramentos, da graça, etc.; essas teorias, conhecidas como "socinismo", foram consideradas heréticas tanto pelos católicos quanto pelos protestantes. Carlo Pisacane, homem de ação e teórico militar, e Giuseppe Mazzini, personagens do *Risorgimento*, aparecem particularmente no vol. 5.

43. Mesmo após a Conciliação, persistem discrepâncias entre o Vaticano e o fascismo, uma das quais a existência da Ação Católica como organismo desvinculado da autoridade estatal e com larga influência sobre jovens trabalhadores e estudantes. À dissolução da Ação Católica por ordem de Mussolini, Pio XI responde com a encíclica *Non abbiamo bisogno*, em 29 de junho de 1931. No ano seguinte, porém, Pio XI e Mussolini chegariam a novo acordo. Cf., infra, p. 238.

44. Niceto Alcalà Zamora (1877-1949), advogado e político liberal espanhol, é ministro da Guerra no primeiro governo republicano, derrubado em 1923 por Primo de Rivera. Depois da nova proclamação da República Espanhola, em 1931, torna-se seu primeiro presidente. Morre no exílio, em Buenos Aires.

45. Enrico Carlo Lea, *Storia dell'Inquisizione. Fondazione e procedura*, Turim, 1910.

382 | CADERNOS DO CÁRCERE

46. Sobre Giovanni Papini, cf. vol. 2, p. 285-286. G. Papini reaparece em vários pontos destes *Cadernos*: cf., *inter alia*, caderno 23, §§ 11, 16 e 37, e caderno 17, §§ 13, 16 e 24, no vol. 6.

47. Filippo Crispolti (1845-1942), jornalista e político, é uma figura representativa do laicato católico no primeiro pós-guerra: em particular, dirige vários periódicos católicos. As "Amizades Católicas", associações do laicato católico fundadas em 1817, com o objetivo de divulgar a "boa imprensa", são dissolvidas em 1848 pelo governo do reino do Piemonte-Sardenha.

48. Em sua "Carta sobre o Romantismo", datada de 22 de setembro de 1823, dirigida ao conservador Cesare d'Azeglio, Alessandro Manzoni busca dar ao movimento romântico italiano um fundamento católico-liberal, além de estritos limites confessionais: máxima expressão narrativa das exigências éticas e artísticas de Manzoni, expressas nessa "Carta", será o romance *Os noivos*, publicado pouco depois.

49. A segunda parte do artigo mencionado no texto só será publicada em 20 de agosto de 1932, com o título "Il movimento lamennaisiano in Italia", mas Gramsci dela não se ocupa. Sobre Cesare d'Azeglio, cf., supra, § 183. Félicité-Robert de La Mennais (ou Lamennais, 1782-1854), abade, periodista e filósofo francês, tem até 1826 uma posição extremamente conservadora: defende a monarquia e a completa subordinação à Igreja de Roma, sendo mesmo considerado o pai do "integrismo". Depois, torna-se republicano, combate o papado e funda o movimento social-católico na França. Gramsci refere-se a isso quando, mais adiante, fala do Lammenais "de novo tipo".

50. Sobre o Abade Turmel, cf., neste volume, p. 178, 247 e 250-251.

51. Sobre o *Ralliement*, cf., supra, p. 374, n 22. Por "combismo" deve-se entender a linha política de Émile Combes (1835-1921), primeiro-ministro da França entre 1902 e 1905. Na esteira do caso Dreyfus, E. Combes adota uma orientação abertamente anticlerical, abolindo o ensino religioso e reafirmando a separação entre Estado e Igreja.

52. Trata-se, certamente, do discurso de 14 de dezembro de 1925, no qual Pio XI expressa sua gratidão ao governo italiano pelo apoio dado às

NOTAS AO TEXTO | **383**

atividades do ano santo, mesmo que, em sua opinião, esse apoio fosse insuficiente para reparar os "erros" cometidos contra a Igreja e a religião desde o *Risorgimento*. De todo modo, Pio XI elogia abertamente o governo fascista pelo empenho em pôr fim aos "conflitos internos".

53. É muito provável que Gramsci tenha tomado conhecimento desse discurso do cardeal Francis Bourne no *Manchester Guardian Weekly*, que ele lê regularmente no cárcere. Nesse discurso, o cardeal Bourne afirma: "A Igreja Católica, como tal, nada tem a ver com qualquer partido político. Ela jamais enunciou um modelo de organização política. No Evangelho, nada é dito aos crentes sobre o partido a que devem pertencer."

54. A YMCA — isto é, Young Men's Christian Association (Associação Cristã de Moços) —, de origem protestante, surge em Londres, em 1845, para responder à nova situação provocada pela expansão urbano-industrial. Posteriormente, amplia seu raio de ação, passando a intervir em todos os aspectos da vida associativa.

55. Cf., supra, p. 231-232 e 234.

56. Sobre o neoguelfismo e o sanfedismo, cf., respectivamente, vol. 2, p. 292 e 295. Antonio Capece Minutolo, príncipe de Canossa (1768-1838), extremado defensor dos privilégios eclesiáticos e feudais e da monarquia absoluta, dirige a polícia dos Bourbons de Nápoles, depois da Restauração. Aplica uma política tão repressiva que as próprias potências da Santa Aliança se veem obrigadas a solicitar seu afastamento do reino das Duas Sicílias.

57. Cf., supra, p. 169-170.

58. Sobre A. Loisy, cf., particularmente, vol. 1, p. 404.

59. Em *Pagine sulla guerra* (2ª ed., Bári, 1928), Croce define *Le disciple*, romance de P. Bourget, como "obra-prima pelo avesso", "pastiche stendhaliano [...] tornado tolo pela infusão de tola tragicidade filosófico-moral". Sobre P. Bourget, cf. vol. 3, p. 392.

60. Gramsci se refere provavelmente a uma observação de Croce, comentada mais extensamente no vol. 1, p. 364-365.

384 | CADERNOS DO CÁRCERE

61. A fonte principal deste parágrafo é um artigo de Siro Contri, "Filosofia e cattolicesimo: neoscolastici e 'archeoscolastici'", publicado na *Italia letteraria* de 24 de abril de 1932. No início do artigo, menciona-se uma polêmica contra a Universidade Católica levada a cabo por Giuseppe Gorgerino, sob o pseudônimo de "Asmodeo", também usado por S. Contri.

62. Com efeito, Gramsci reúne estes dois tipos de notas nos textos C que compõem o caderno 20, intitulado precisamente "Ação Católica. Católicos integrais – Jesuítas – Modernistas".

63. "Josefismo", do nome do imperador austríaco José II, designa a política que tem como objetivo limitar os privilégios e a influência do clero e reforçar a autoridade dos reis. Afirma-se na Europa na segunda metade do século XVIII, no período das chamadas "monarquias esclarecidas", sendo também chamado de "regalismo" e, na França, de "galicanismo". Sobre o mesmo tema, cf. vol. 2, p. 147.

64. Sobre a *Critica Sociale*, revista dos socialistas, cf. vol. 1, p. 465-466.

III. AMERICANISMO E FORDISMO

1. Caderno 22

1. Com a expressão "economia programática", Gramsci se refere provavelmente ao planejamento socialista da economia, tal como vinha sendo empreendido pela União Soviética. Para ele, tanto o "americanismo" quanto o fascismo — considerados formas de "revolução passiva" que respondem à Revolução de 1917 — acolhem elementos de programação econômica na tentativa de conservar o capitalismo.

2. Sobre o "proibicionismo", cf., supra, p. 380, n. 37.

3. Gramsci expõe seu conceito de "revolução passiva" em várias passagens: cf., em especial, vol. 1, p. 283, e vol. 5, *passim*.

4. No manuscrito, a enumeração se interrompe aqui: o resto da página e as oito páginas seguintes foram deixadas em branco.

NOTAS AO TEXTO | **385**

5. O industrial americano Henry Ford (1863-1947) funda em 1903 a Ford Motor Company, que pouco tempo depois se tornaria a maior fábrica de automóveis do mundo. O fordismo assinala uma etapa fundamental na organização do processo produtivo industrial no capitalismo. Baseia-se na "organização científica do trabalho na fábrica", teorizada por Frederick Winslow Taylor (1856-1915). O taylorismo propõe o estabelecimento de um processo de trabalho fundado na subdivisão racional dos movimentos e no acompanhamento sistemático dos tempos, visando assim a eliminar as peculiaridades individuais e a atingir uma estandardização do desempenho.

6. Em 1917 (não em 1912, como aponta Gramsci), Giustino Fortunato traduz e apresenta as partes referentes a Nápoles que aparecem em *Italianische Reise* [Viagem à Itália], de Goethe. Este volume volta a ser lançado como *Le lettere da Napoli di V. Goethe*, Rieti, 1928. Sobre G. Fortunato, cf. vol. 2, p. 297. O comentário de Luigi Einaudi chama-se "Goethe, la leggenda del lazzarone napoletano e il valore del lavoro", e está publicado na *Riforma sociale* de março-abril de 1918. O termo *lazzarone* — do espanhol *lázaro*, "pobre", "esfarrapado", tal como o mendigo leproso do Evangelho — denota o indivíduo das classes populares de Nápoles desde o tempo da dominação espanhola, em alusão depreciativa a seu aspecto miserável, que o tornava semelhante aos doentes de um leprosário. Os *lazzaroni* não só se voltaram contra os espanhóis, no século XVII, como também contra liberais e jacobinos por ocasião da tentativa republicana em Nápoles, em 1799. Em sentido coloquial, *lazzarone* também significa "preguiçoso", "vadio", "vagabundo". Logo a seguir, no texto, Gramsci emprega o derivado *lazzaronismo*, que manteremos no original.

7. Provável referência ao artigo do historiador Niccolò Rodolico, "Il retorno alla terra nella storia d'Italia", *Nuova Antologia*, 16 de fevereiro de 1934. Sobre N. Rodolico, cf., supra, p. 376-377, n. 14.

8. Gramsci se vale aqui — assim como em infra, p. 339 — do livro de Renato Spaventa, *Burocrazia, ordinamenti amministrativi e Fascismo*, Treves, 1928, que ele conhece indiretamente, através do artigo de S. Alessi, "Intorno all'ordinamento burocratico", *Critica fascista*, 15 de agosto de 1932.

386 | CADERNOS DO CÁRCERE

9. O senador Ugo Ancona, numa sessão parlamentar de junho de 1929, denuncia a tendência ao gasto excessivo por parte da população italiana, manifestando-se a favor do rebaixamento do nível de vida. Mussolini se opõe publicamente a essa opinião, numa intervenção em que exprime os juízos recordados no parágrafo.

10. Sobre a "lei das proporções definidas", cf. vol. 3, p. 85.

11. O Rotary Club, associação de homens de negócios fundada pelo americano Paul P. Harris, em 1905, tem como base uma ideologia filantropista. Em 1912, adquirindo rapidamente dimensão internacional, passa a se chamar "Associação Internacional de Rotary Clubs". Sobre o Rotary, cf., particularmente, infra, p. 320-323. Depois da Primeira Guerra, a Igreja Católica opõe-se duramente ao ingresso da YCMA (Associação Cristã de Moços, ACM) na Itália; mas não foi possível localizar o episódio, mencionado por Gramsci, da possível ajuda de Giovanni Agnelli (1866-1945), fundador e proprietário da Fiat, a essa organização. No final do parágrafo, há uma provável alusão à proposta feita por Agnelli em 1920, após a ocupação das fábricas — proposta recusada pelo grupo do *Ordine Nuovo* —, de transformar a Fiat numa cooperativa. Gramsci fala sobre essa proposta em seu ensaio pré-carcerário de 1926 sobre a questão meridional (A. Gramsci, *A questão meridional*, São Paulo, Paz e Terra, 1987, p. 146 e ss.). Sobre o "americanismo" do grupo do *Ordine Nuovo*, cf. a série de artigos de Carlo Petri, "Il sistema Taylor e i Consigli dei produtori", n. 23-27 da revista, publicados entre outubro e novembro de 1919.

12. De Alessandro Schiavi são os artigos "Impulsi, remore e soste nell'attività dei comuni italiani" e "La municipalizzazione dei servizi pubblici dell'ultimo decennio in Italia", ambos publicados na *Riforma Sociale* em 1929. A. Schiavi é também o tradutor e apresentador italiano de *Il superamento del marxismo*, de Henri De Man, citado logo a seguir, no final do parágrafo.

13. As revistas *Nuovi Studi di Diritto, Economia e Politica* e *Critica Fascista*, dirigidas respectivamente por Ugo Spirito e Arnaldo Volpicelli, defendem o corporativismo. Sobre o corporativismo, U. Spirito e A. Volpicelli, cf., *inter alia*, vol. 1, p. 317. O "centro intelectual" mencionado no parágrafo é a Escola de Ciências Corporativas da Real

NOTAS AO TEXTO | 387

Universidade de Pisa, fundada em 1928, em cujo programa editorial figuram pelo menos dois livros lidos por Gramsci em Fórmia — *La crisi del capitalismo* e *L'economia programmatica*, ambos de 1933 —, com ensaios de intelectuais como G. Pirou, W. Sombart e J. A. Hobson.

14. Sobre H. De Man e seu livro, *Il superamento del marxismo*, cf., particularmente, vol. 1, p. 461; mas H. De Man é criticado em muitas passagens do caderno 11, integralmente reproduzido no mesmo vol. 1.

15. Cf. Benedetto Croce, "Sulla storiografia socialistica. Il comunismo di Tommaso Campanella", in Id., *Materialismo storico ed economia marxistica*, cit., p. 189.

16. Sobre "super-regionalismo" e "supercosmopolitismo", cf. vol. 2, p. 294.

17. Gramsci provavelmente se refere ao fato de Coblença ter sido um lugar de reunião dos aristocratas franceses em 1792.

18. Sobre Mino Maccari, cf. vol. 2, p. 296. Cf., ainda, infra, § 7, neste caderno.

19. Esta "pequena fórmula" de Gentile aparece em outros trechos dos *Cadernos*. Cf, por exemplo, vol. 3, p. 110-111.

20. Em alguns artigos de *L'Unità*, em 1925, Gramsci refere-se a Massimo Fovel, originalmente socialista, como expressão do "maximalismo pequeno-burguês". Sobre M. Fovel, cf., também, vol. 3, p. 238.

21. Em janeiro de 1921, em consequência da cisão do Partido Socialista, cria-se em Livorno o Partido Comunista da Itália. O jornal triestino *Il Lavoratore* (acima mencionado), até então órgão dos socialistas, passa para o controle do PCI.

22. A tese da "corporação proprietária", formulada sobretudo por Ugo Spirito, radicaliza o conceito fascista de corporativismo, propondo a superação dos conflitos de classe num novo ordenamento social situado para além do capitalismo.

23. Para obter o monopólio da representação dos trabalhadores industriais, os sindicalistas fascistas aceitam, em 1925, a supressão das comissões de fábrica. Mais tarde, alguns setores do sindicalismo fas-

388 | CADERNOS DO CÁRCERE

cista lutam em vão pelo reconhecimento jurídico dos "comissários de fábrica", homens de confiança dos sindicatos no interior das empresas. Tais "comissários" continuam a existir em algumas indústrias, mas sempre com a hostilidade dos empresários que, dessa forma, atacam também a própria organização sindical.

24. Sobre o livro de Guglielmo Ferrero, *Tra i due mondi* (Milão, 1913), cf., também, infra, § 16, neste caderno. Em sua atividade jornalística pré--carcerária, Gramsci já polemiza com G. Ferrero sobre a quantidade e a qualidade. Assim, no *Avanti!*, em 19 de julho de 1918, Gramsci afirma: "Guglielmo Ferrero deve estar contente: começa o reino da qualidade que deve substituir o reino da aborrecida quantidade. [...] Os bancos só darão crédito aos aristocratas da produção nacional. Todos hão de ver a qualidade, os belos objetos, as belas máquinas, as belas estradas de ferro, o belo comércio; os consumidores pobres talvez preferissem ter mercadorias baratas e abundantes" (A. Gramsci, *Sotto la mole. 1916-1920*, Turim, Einaudi, 1960, p. 420). Em 9 de agosto de 1918, retoma o mesmo argumento: "A democracia italiana é assim. Guglielmo Ferrero escreve um livro para defender a qualidade contra a quantidade, ou seja, para defender a volta ao artesanato contra a produção capitalista, à aristocracia fechada da produção contra o regime da livre concorrência, que lança no mercado montes de mercadorias baratas para os pobres" (ibid., p. 431). Sobre G. Ferrero, cf. vol. 1, p. 478.

25. Em sua autobiografia, Vittorio Alfieri conta como se fazia amarrar numa cadeira a fim de estar seguro de que dedicaria o tempo necessário a sua obra. Sobre V. Alfieri, cf. vol. 3, p. 406.

26. No III Congresso Pan-Russo dos Sindicatos, em março de 1920, Trotski (Leão Davidovi) defende novos métodos para reorganizar a produção na União Soviética. Nas difíceis condições legadas pela Primeira Guerra e a guerra civil, Trotski julga que "o único meio de conseguirmos a mão de obra indispensável para os trabalhos econômicos atuais é a implantação do trabalho obrigatório", o que exigiria "a aplicação em certa medida dos métodos de militarização do trabalho". Em consequência, Trotski chega a propor a militarização dos próprios sindicatos. Inicialmente simpático à ideia, Lenin combate-a depois duramente, o que leva à rejeição pelo comitê central do partido

NOTAS AO TEXTO | **389**

bolchevique, em novembro de 1920. Essa intervenção de Trotski está reproduzida em seu livro *Terrorismo e comunismo. O anti-Kautsky* (Rio de Janeiro, Saga, 1969, p. 133-180). Quando fala nas pesquisas de Trotski sobre o *byt* (modo de vida), Gramsci refere-se aos artigos escritos em 1923, depois reunidos em livro, com o título *Problemas da vida cotidiana*; as pesquisas sobre literatura, também mencionadas, estão em *Literatura e revolução* (Rio de Janeiro, Zahar, 1970). Nesses trabalhos, o dirigente comunista demonstra ter compreendido a importância assumida pelos Estados Unidos na política mundial depois da Primeira Guerra e revela um particular interesse pelo fordismo e pelo taylorismo.

27. O verso de Horácio (*Sátiras*, I, 2), aqui ligeiramente modificado, fala em "amores fáceis e prontamente desfrutáveis".

28. H. Ford, *Ma vie et mon oeuvre* e *Aujourd'hui et demain* (ambos publicados em Paris, em 1926); e A. Philip, *Le problème ouvrier aux États--Unis*, cit. Entre os livros do cárcere, figura ainda uma outra obra de H. Ford e Samuel Crowther, *Perché questa crisi mondiale?*, Milão, 1931.

29. Ao que tudo indica, Gramsci cita de memória uma passagem de Ugo Spirito, em que o teórico do corporativismo afirma: "O Estado, com frequência cada vez maior, deve intervir nos casos de falência e salvar os interesses da coletividade, nacionalizando as perdas de empresas privadas, pelas quais não são responsáveis os proprietários (acionistas). [...] Desse modo, o Estado intervém na chamada economia *privada* somente para tornar *públicas* suas perdas" (U. Spirito, *Capitalismo e corporativismo*, Florença, 1933, p. 8-9).

30. Sobre o Estado jesuíta do Paraguai, cf., infra, p. 332.

31. Na citação da entrevista de L. Pirandello — publicada sob o título "Pirandello parla della Germania, del cinema sonoro e di altre cose" —, os comentários de Gramsci estão entre parênteses.

32. U. Spirito, "Ruralizzazione o industrializzazione?", *Archivio di studi corporativi*, n. 1, 1930. A alusão final à "flauta de Pã" deve ser entendida no contexto da polêmica contra as implicações político-culturais do super-regionalismo e correntes afins.

390 | CADERNOS DO CÁRCERE

33. Os dois livros que Gramsci conhece diretamente são o de André Siegfried (*Les États-Unis d'aujourd'hui*, Paris, 1928) e o de Lucien Romier (*Qui sera le Maître, Europe ou Amérique?*, Paris, 1927). André Siegfried (1875-1959), estudioso de questões político-econômicas francesas e mundiais, é autor de inúmeros livros sobre o Canadá, a Inglaterra, a Nova Zelândia e, sobretudo, os Estados Unidos.

2. Dos cadernos miscelâneos

1. A informação sobre J. Royce chega a Gramsci, de modo indireto, através do artigo de Bruno Revel, "Cronaca di filosofia", *Fiera Letteraria*, 24 de fevereiro de 1929. Nesse artigo, B. Revel comenta um livro do filósofo americano, *Outlines of Psychology*, de 1903, cuja edição italiana é de 1928. Josiah Royce (1855-1916) forma-se filosoficamente na Alemanha e adere a um programa idealista de tipo neo-hegeliano. Para ele, a realidade deve ser concebida como vida do espírito absoluto, somente a partir da qual se torna possível o pensamento científico. A ordem natural é também a base da ordem moral, o que dá à obrigação ética a forma de lealdade à comunidade de todos os indivíduos.

2. Madison Grant (1865-1937), em *The Passing of Great Race or the Racial Basis of European History*, de 1917, pretende elucidar o sentido da história com base no que chama de "moderna antropologia". Para ele, em razão das sucessivas invasões, os povos europeus, aparentemente homogêneos nacional e linguisticamente, na verdade se dividem em camadas raciais que correspondem muito de perto às divisões de classe. A carta de G. Sorel enviada a R. Michels, citada no texto, tem a data de 28 de agosto de 1917. Sobre G. Sorel e R. Michels, cf., respectivamente, vol. 1, p. 476, e vol. 3, p. 372.

3. O historiador e escritor Antonello Gerbi (1909-1976) escreve *La politica del Settecento. Storia di un'idea* (Bari, 1928), que Gramsci lê na prisão. No livro, A. Gerbi refere-se a Ford como exemplo de "ideologia racionalista, humanitária e democrática, que parece ser a única acessível às mentes pouco especulativas dos homens de governo e de ação". Em nota, A. Gerbi remete a uma observação de Croce em *La rivoluzione napoletana del 1799* (Bari, 1926), na qual a posição de Engels no *Anti-Dühring* a respeito do contraste entre cidade e

NOTAS AO TEXTO | **391**

campo é assimilada às opiniões de Vincenzo Russo (1770-1799), que polemiza contra as grandes cidades fazendo o elogio da vida rural. A descrição do filósofo alemão Oswald Spengler (1880-1936) sobre as grandes cidades é citada por Gramsci a partir de um artigo de Manfredi Gravina, "Pro e contro lo Stato unitario in Germania", *Nuova Antologia*, 1º de março de 1928.

4. Alberto De Stefani (1879-1969) adere ao Partido Fascista em 1921, mesmo ano em que se elege deputado. Entre 1922 e 1925, ocupa o posto de ministro das Finanças e do Tesouro, implementando uma política livre-cambista e privatista. Dessa forma, perde o apoio dos setores industriais — como o da produção de armas — para os quais era decisivo o apoio estatal.

5. Giuseppe De Michelis (1875-1951) é autor de diversos livros sobre economia, trabalho e imigração. Dirige o serviço italiano de imigração de 1919 a 1927 e o Instituto Internacional de Agricultura em Roma, de 1925 a 1933, além de atuar no serviço diplomático.

6. As teses de Samuel Gompers aparecem no artigo "Gli albori di un nuovo spirito sociale in America", assinado por "Munitor" e publicado na *Nuova Antologia* de 16 de novembro de 1927. Samuel Gompers (1850-1924), que emigra da Inglaterra para Nova York, em 1863, tem papel de destaque na organização sindical americana, como fundador e presidente da Federação Americana do Trabalho (AFL) entre 1886 e 1924.

7. Sobre o significado do *open shop*, é provável que Gramsci se recordasse de um artigo enviado de Londres por Piero Sraffa e publicado no *Ordine Nuovo* de 5 de julho de 1921: "O *open shop* certamente quer dizer, segundo a maioria, que os operários devem ser admitidos independentemente do fato de serem sindicalizados ou não, mas, na realidade, quase nenhum industrial normalmente emprega um operário se sabe que ele está inscrito num sindicato."

8. O arcebispo de Toledo, cardeal Pedro Segura y Saenz, condena o Rotary numa carta pastoral de 23 de janeiro de 1929.

9. O romance *Babbitt*, do escritor norte-americano Sinclair Lewis (1885-1951), aparece em 1922. Como em outras obras do autor, expressa-se neste romance o tratamento satírico que Lewis sempre procurou dar à classe média americana. Gramsci possui uma cópia da edição francesa, publicada em 1930. Nesse mesmo ano, Lewis ganha o Prêmio Nobel de Literatura.

10. O artigo de Pasquale Jannaccone, economista liberal ligado ao grupo de Luigi Einaudi, é a resposta a um questionário publicado no citado número da revista *Economia*. O artigo de Gino Arias, "La crisi e i giudizi degli economisti", é um comentário às respostas dadas pelos entrevistados, entre os quais Albert Aftalion, Maurice Ansiaux, Charles Gide e F.W. Taussig. Sobre P. Jannaccone, cf., por exemplo, vol. 1, p. 481. Sobre Gino Arias, cf. vol. 3, p. 284.

11. Henri Dubreuil, *Standards. Il lavoro americano visto da um operaio francese*, Bári, 1931. Na p. 93, H. Dubreuil afirma: "Justamente por certos abusos e equívocos, a expressão 'organização científica do trabalho' se tornou quase sinônimo de bárbara exploração. Notemos logo que na América se faz um uso extremamente frequente da palavra *scientific* num sentido que talvez não seja exato traduzir por 'científico', palavra que em francês tem um sentido certamente mais rigoroso e abstrato do que a palavra inglesa correspondente na América. Aqui, a expressão *scientific management* expressa, antes, um conjunto de métodos com os quais se busca simplesmente introduzir o máximo possível de bom senso e lógica natural, em contraposição ao 'deixa como está' da *routine* tradicional, com a qual se seguem hábitos sem perguntar se não se poderia fazer melhor."

12. Croce observa que "os jesuítas instruíam os selvagens para o trabalho; seu pretenso comunismo campanelliano reduzia-se a uma sábia exploração capitalista, que era para a Ordem fonte de ricos proventos" (*Materialismo storico ed economia marxistica*, cit., p. 211).

13. Stephen Leacock (1869-1944), economista canadense de projeção internacional no início do século XX, é autor de muitos livros de história do Canadá, de ensaios humorísticos e de ficção, além de significativa produção em sua própria área profissional.

DOS CADERNOS MISCELÂNEOS | **393**

14. Sobre a "lei das proporções definidas", cf. vol. 3, p. 85.

15. Gramsci alude, inicialmente, ao movimento dos conselhos de fábrica, promovido em Turim pelo grupo de *L'Ordine Nuovo* durante o "biênio vermelho", em 1919-1920. Logo a seguir, no texto, menciona-se, em particular, K. Marx, *O Capital*, Livro I, cit., cap. XII, "Divisão do trabalho e manufatura", p. 386 e ss.

16. Francesco Antonio Rèpaci é irmão de Leonida Rèpaci, várias vezes citado nestes *Cadernos*. Gramsci critica severamente os irmãos Rèpaci no caderno 23, § 26, no vol. 6.

17. Esta lista aparece numa página publicitária dedicada à revista liberal *Riforma Sociale*, dirigida por Luigi Einaudi, e publicada no *Almanacco letterario 1933*, Milão, 1933.

18. Esta ideia do ensaísta francês Georges Duhamel (1884-1966) aparece, de passagem, num artigo de Aldo Capasso ("Un libro de Daniel Rops", *La Nuova Italia*, 20 de fevereiro de 1933). A. Capasso refere-se às críticas de Rops "à escola de intelectuais americanos que nega quase em bloco a civilização de seu país: Hemingway, Mencken, etc. [...]; aos 'novos humanistas': Waldo Franck; e à profundíssima ideia de Duhamel segundo a qual um país de alta civilização deve ter também um florescimento artístico".

ÍNDICE ONOMÁSTICO

Abbo, Pietro, 79, 359
Abignente, Filippo, 77
Adler, Max, 35
Adler, Victor, 352
Adrasto Barbi, Silvio, 77
Aftalion, Albert, 392
Agabiti, Augusto, 76
Agliardi, Giuseppe, 201
Agnelli, Giovanni, 268, 279, 386
Alcalá Zamora, Niceto, 228, 381
Alessi, Salvatore, 385
Alexandre, o Grande, rei da Macedônia (336-323 a.C.), 122, 224
Alfieri, Vittorio, 287, 388
Alvaro, Corrado, 302
Amati, A., 365
Ambrosi, Luigi, 77
Amedeo de Savoia, duque de Aosta, rei de Espanha (1870-1873), 67
Ancona, Ugo, 107, 267, 386
Anile, Antonino, 78
Ansaldo, Giovanni, 126, 366
Ansiaux, Maurice, 392
Antona-Traversi, Giannino, 77
Anzilotti, Antonio, 187, 374
Aporti, Ferrante, 207, 379
Arcari, Paolo, 77
Ardigò, Roberto, 30-31, 34, 36, 78, 351
Arias, Gino, 328, 329, 392

Arrò, Alessandro, 77
Artioli, Adolfo, 76
Avolio, Gennaro, 188
Aznar, 199

Bacci, Orazio, 77
Badii, Cesare, 188
Badoglio, Pietro, 132, 367
Bainville, Jacques, 181
Baldensperger, Fernand, 131, 367
Balzac, Honoré de, 17, 18, 20, 61, 62, 63, 349
Banfi, Antonio, 227
Baratono, Adelchi, 35
Barbagallo, Corrado, 28, 29, 116, 351
Barbera, Mario, 219
Barbier, Edmond-Jean-François, 106
Barone, Giuseppe, 78
Baudelaire, Charles, 20, 364
Bazzi, Carlo, 276
Beccaria, Cesare, 104, 363
Begey, Attilio, 78
Bellarmino, Roberto, 52, 227, 228, 239, 355
Belloni-Filippi, Ferdinando, 77
Belluzzo, Giuseppe, 218
Beltrami, Luca, 105, 363
Benetti, Giuseppe, 77
Benetti, Velleda, 78

396 | CADERNOS DO CÁRCERE

Benigni, Umberto, 166-169, 170, 172, 174, 176, 177, 251, 372
Benini, Vittorio, 77
Bento XV (Giacomo Della Chiesa), papa (1914-1922), 175, 217, 373
Bergson, Henri, 35, 111
Bermani, Eugenio, 78
Bernaert, Augusto, 192
Bernasconi, Ugo, 114, 365
Bernheim, E., 25, 350
Bernini, Ferdinando, 197
Bernstein, Eduard, 81, 353, 360
Bernstein, Henry, 64
Bertram, Johannes Adolf, 215
Bevione, Giuseppe, 217, 321
Billot, Louis, 170, 174, 236
Bini, Carlo, 130, 367
Bismarck-Schönhausen, Otto von, 55, 94, 246
Block, Maurice, 105, 119
Boccardo, Gerolamo, 123
Boito, Arrigo, 364
Bombacci, Nicola, 217
Bonfantini, Mario, 130
Bonghi, Ruggero, 106, 111, 363
Bonomelli, Geremia, 201, 378
Bonomi, Ivanoe, 217, 381
Bonomi, Paolo, 201, 213
Bontempelli, Massimo, 78
Bontempi, Teresina, 78
Bonucci, Alessandro, 78
Borelli, Tommaso, 277
Borsa, Mario, 351
Bottai, Giuseppe, 125
Boulin, Duguet Roger, 174, 180
Bourget, Paul, 246, 349, 383
Bourne, Francis, 238, 383
Bovio, Corso, 126, 366

Brahmabandhav, Upadhyaya, 205
Bricarelli, Carlo, 216
Brindisi, Giuseppe, 28
Brucculeri, Angelo, 198, 204, 208, 209, 213, 214, 312, 323
Brunelli, Bruno, 77
Bruni, Renato, 76
Brunialti, Attilio, 126
Bruno, Giordano, 227
Bukharin, Nikolai Ivanovitch, 336, 365
Buonaiuti, Ernesto, 167, 169, 170, 178, 179, 251, 373
Burzio, Filippo, 90, 91, 125, 360, 361
Busnelli, Giovanni, 216
Buttigieg, Joseph A., 10

Calvino, Paolo, 77
Calles, Plutarco Elias, 193, 376
Camerana, Giovanni, 364
Cameroni, Agostino, 201
Camis, Mário, 266
Camões, Luiz Vaz de, 124
Campanella, Tommaso, 270
Canepa, Giuseppe, 151, 369
Cangemi, Lello, 309, 312
Canossa (Antonio Capece Minutolo), príncipe de, 241, 383
Canudo, Ricciotto, 78
Capasso, Aldo, 393
Caporali, Enrico, 77
Cappa, Innocenzo, 78
Capra-Cordova, G., 77
Caprin, Giulio, 78
Carducci, Giosue, 353
Carlos Alberto de Savoia-Carignano, rei da Sardenha (1831-1849), 358, 376, 377

ÍNDICE ONOMÁSTICO | 397

Carlos Magno, rei dos francos (771) e imperador (800-813), 172, 173

Carlos VIII de Valois, rei da França (1483-1498), 136

Carlyle, Thomas, 133

Carvaglio, Giulio, 77

Casini, Tito, 194

Catellani, Enrico, 76

Cattani, monsenhor, 207

Cavallera, Ferdinando, 206

Celi, Padre, 216

Cervantes Saavedra, Miguel de, 124, 129

Cervesato, Arnaldo, 77

Cesarini-Sforza, Widar, 77

Chamberlain, Arthur Neville, 64

Chiapelli, Alessandro, 116, 117

Cicchitti, Arnaldo, 188

Ciccotti, Ettore, 125, 276

Cimbali, Giuseppe, 77

Cione, Edmondo, 203, 204, 378

Cippico, Antonio, 78

Clisma, bispo de (ver Rémond, Paul)

Colombo, Cristóvão, 133, 328

Collonna di Cesarò (Giovanni Antonio Cesarò), duque, 78

Collyer, W.T., 240

Combes, Èmile, 382

Comte, Auguste, 192

Confalonieri, Federico, 205, 379

Confúcio, 124

Constantino I, imperador romano (306-337), 224, 245

Contri, Siro, 248, 384

Coppola, Francesco, 153, 369

Cordignano, Fulvio, 108

Cornaggia Medici Castiglione, Carlo Ottavio, 78, 201, 359

Corti, Settimio, 77

Cosentini, Francesco, 77

Cossa, Luigi, 125

Couchaud, Paul-Louis, 169, 236

Cousin, Victor, 18

Credaro, Luigi, 51, 355

Crespi, Angelo, 29, 78, 351

Crispolti, Filippo, 231, 232, 382

Croce, Benedetto, 17, 24, 35, 37, 91, 151, 204, 246, 270, 332, 349, 351, 353, 354, 361, 369, 370, 378, 383, 387, 390, 392

Croizier, Padre, 181

Cromwell, Oliver, 285

Crowther, Samuel, 389

Custodi, Pietro, 125

Cuvier, Georges, 134

D'Aquino, Alessandro, 77

Danset, Padre, 210

D'Azeglio, Cesare, 231, 232, 382

Dante Alighieri, 117, 124, 132, 133, 216

D'Ors, Eugène, 109

Davanzati, Roberto Forges, 153, 369

Davidovi, Leão (ver Trotski)

De Amicis, Edmondo, 130, 366

De Angelis, Leopoldo, 77

De Burgos y Mazo, M., 232

De Frenzi, Giulio, 370

De Gubernatis, Angelo, 77

Del Chiaro, Giuseppe, 205

Del Greco, Francesco, 75

De Luca, Benedetto, 77

De Maistre, Joseph, 194-196, 242

De Man, Henri, 270, 386, 387

De Michelis, Giuseppe, 312, 313, 314, 391
Denikin, Anton Ivanovitch, 48, 354
De Pietri Tonelli, Alfonso, 283, 312
De Pol, Bruno, 106
De Ritis, Beniamino, 334
De Ruggiero, Guido, 29, 43, 45, 227, 351
De Sanctis, Francesco, 74, 359
Desbuquois, G., 199
De Stefani, Alberto, 312, 391
De Stefano, Antonino, 169
De Toth, Paolo, 242
De Vecchi, Cesare Maria, conde de Val Cismon, 221
Descartes, René, 352
Dewey, John, 319
Diambrini Palazzi, Sandro, 36
Di Gennaro, Francesco, 78
Di Giacomo, Salvatore, 111
Di Mattia, Luigi, 76
Disraeli, Benjamin, 53, 94, 96, 356
Doria-Cambon, Nella, 77
Dostoiévski, Fiodor Mikhailovitch, 64, 357
Drahn, Ernst, 25, 350
Dreyfus, Alfred, 382
Dubreuil, Henri, 331, 392
Duguet, Roger, pseudônimo de Boulin (ver)
Duhamel, Georges, 347, 393
Dumas, Alexandre, 61
Durtain, Luc (pseudônimo de André Nepven), 305

Eckermann, Johann Peter, 103
Einaudi, Luigi, 29, 125, 264, 366, 388, 392, 393

Einstein, Albert, 149
Emerson, Ralph Valdo, 133
Engels, Friedrich, 18, 24, 67, 349, 350, 352, 358, 359, 390
Erasmo de Roterdã, 39
Eugenio de Savoia, 72
Everboeck, Cornelio, 207

Fabrizi de' Briani, Vittoria, 77
Facchinei, Ferdinando, 104, 363
Faggi, Adolfo, 77
Falorsi, Guido, 77
Farina, Salvatore, 77
Farinelli, Arturo, 66, 357, 370
Federzoni, Luigi, 370
Felice, Franco de, 10
Ferrara, Francesco, 125
Ferrero, Guglielmo, 29, 282, 305, 388
Ferrini, Oreste, 77
Feuerbach, Ludwig, 81
Fischer, Louis, 225
Fogazzaro, Antonio, 215, 380
Fontaine, Nicolas, 170, 171, 172, 177, 214, 380
Ford, Henry, 262, 268, 273, 289, 290, 295, 296, 297, 315, 330, 385, 389, 390
Forges Davanzati, Roberto, 153, 369
Formiggini, Angelo Fortunato, 110, 132, 367
Fortini del Giglio, Ugo, 78
Fortunato, Giustino, 264, 385
Fournol, Étienne, 305
Fovel, Massimo, 276, 278, 281, 387
Francisco de Assis, 164, 372
Francisco José I, imperador da Áustria e rei da Hungria (1848-1916), 54
Franck, Waldo, 393

ÍNDICE ONOMÁSTICO | **399**

Franchi, Bruno, 77
Franelli, Carlo, 367
Frederico II, imperador (1220-1250), 197, 377
Friscia, Alberto, 76
Frisella Vella, Giuseppe, 197, 323
Frola, Giuseppe, 95

Gabba, Carlo Francesco, 77
Gabrielli, Gabriele, 112, 365
Galilei, Galileu, 150, 227, 228, 355, 369
Galleani, Luigi, 78, 359
Galtey (Gauthey, Jules), 80
Gandhi, Mohandas Karamchand, 112
García Moreno, Gabriel, 192, 375
Gardenghi, Pio, 277
Garin, Eugenio, 356
Gasco, Giuseppe, 76
Gasparri, Pietro, 210, 215, 219
Gatto-Roissard, Leonardo, 77
Gay, Francisque, 196
Gaya, L., 216
Gazzera, Pietro, 126
Gemelli, Agostino, 191, 248, 355, 356, 375
Gentile, Giovanni, 35, 275, 376, 381
Gerbi, Antonello, 311, 390
Gerratana, Valentino, 10
Giannini, Amedeo, 188
Gianturco, Mario, 316
Gide, Charles, 392
Gillet, Louis, 64, 357
Gioberti, Vincenzo, 44, 67, 196, 205, 220, 353, 374, 377
Gioda, Mario, 357
Giolitti, Giovani, 276, 375
Giovannetti, Eugenio, 274
Gobetti, Piero, 370

Gobineau, Joseph-Arthur, conde de, 61
Goethe, Johann Wolfgang von, 103, 115, 124, 132, 264, 361, 385
Gohier, Urbain, 176
Gompers, Samuel, 319, 391
Gonzalez Palencia, Angel, 27
Gorgerino, Giuseppe, 248, 384
Govi, Mario, 120, 366
Graf, Arturo, 78
Gradassi Luzi, Ricccardo, 78
Granata, Giorgio, 150
Grant, Madison, 310, 390
Gravina, Manfredi, 391
Gray, Ezio Maria, 78
Gregório XVI (Bartolomeo Alberto Cappellari), papa (1831-1846), 249
Grieco, Ruggiero, 368
Groppali, Alessandro, 78
Gruber, Hermann Joseph, 118
Guarnerio, Pier Enea, 120, 365
Guicciardini, Francesco, 83, 110, 145, 150, 365
Guidi, Angelo Flavio, 77
Guilherme I de Orange-Nassau, rei dos Países Baixos (1815-1843), 239

Halecki, Oscar, 253, 254
Harkness, Margaret, 349
Harris, Paul P., 386
Hegel, Georg Wilhelm Friedrich, 40, 42, 94, 221
Heiler, Friedrich, 205
Heine, Heinrich, 19
Hemingway, Ernest, 393
Henrique VIII Tudor, rei da Inglaterra (1509-1547), 225
Henry, Emile, 359

400 | CADERNOS DO CÁRCERE

Héritier, Jean, 236
Herriot, Edouard, 211, 380
Hertling, Giorgio, 192
Hitler, Adolf, 380
Hobson, John Atkinson, 387
Hoepker-Aschoff, 46
Hofmannsthal, Hugo von, 105
Homero, 124, 125
Hoover, Herbert, 380
Horácio, 31, 291, 389
Hugo, Victor, 63, 105, 109, 113, 124

Inácio de Loyola, 239

Jacks, L. P., 117
Jacuzio, Raffaele, 64
James, William, 319
Jannaccone, Pasquale, 328, 329, 392
Janni, Ugo, 76
Jansen, Cornélio, 373
Jemolo, Arturo Carlo, 46, 187, 354
Jorio, Domenico, 215
José II, imperador da Áustria (1765-1790), 384

Kaller, Maximilian, 213
Kant, Immanuel, 40, 58, 246
Kaser, Kurt, 187, 374
Kriszties, A., 152
Kropotkin, Piotr Alexeievitch, 80

Labanca, Baldassarre, 77
Labriola, Antonio, 28, 35, 36
Labriola, Arturo, 110, 365
Lacointe, Félix, 180
Lachelier, Jules, 45, 353
Lafargue, Paul, 18, 349
La Gala, Cipriano, 205, 379

La Gala, Giona, 205, 379
Lambruschini, Raffaelo, 207
Lamennais, Hughues-Félicité-Robert de, 235, 382
Lang, Ossian, 118
Lanino, Pietro, 315
Lanson, Gustave, 18, 349, 356
Lanteri, Pio Brunone, 232
Lanzalone, Giovanni, 77
Lanzillo, Agostino, 113, 114, 365
Lassalle, Ferdinand, 94, 362
Lattes, Ernesto, 77
Lauria, Amilcare, 78
Le Bon, Gustave, 131, 367
Lea, Henry-Charles, 229, 381
Leacock, Stephen, 334, 392
Leão IV, papa (847-855), 376
Leão XIII (Vincenzo Gioacchino Pecci), papa (1878-1903), 54, 180, 191, 198, 204, 212, 237, 255, 355, 372, 374, 375, 378
Lefèvre, Frédéric, 131, 367
Lenin, pseudônimo de Vladimir Ilitch Ulianov, 388
Leopardi, Giacomo, 117, 133
Le Roux de Lincy, 123
Leverton, Stanley, 325, 326
Levi, Alessandro, 152
Levi, Ezio, 27, 350
Levi Minzi, Giacomo, 77
Lewis, Sinclair, 328, 392
Liebknecht, Karl, 362
Liénart, Aquiles, bispo de Lille, 198
Linati, Carlo, 326
Lipparini, Giuseppe, 77
Lo Forte Randi, Andrea, 77
Loisy, Alfred, 245, 251, 383

ÍNDICE ONOMÁSTICO | 401

Lombardo-Radice, Giuseppe, 110, 113, 114, 365
Loria, Achille, 32, 78, 93, 351, 352, 361
Louandre, Charles, 106
Lucini, Gian Pietro, 78
Ludendorff, Erich, 169, 373
Ludovici, Anthony M., 283
Lugan, Alphonse, 181
Lugli, Giuseppe, 196
Luís XIV, rei da França (1643-1715), 351
Luís XV, rei da França (1715-1774), 285
Luís XVIII, rei da França (1814-1824), 159
Lutero, Martinho, 39
Luxemburg, Rosa, 352, 353, 362
Luzio, Alessandro, 32
Luzzato, Leone, 77

Macaulay, Thomas Babington, 71, 72, 358
Maccari, Mino, 274, 281, 282, 387
Macchioro, Vittorio, 319, 320
Madini, Pietro, 109
Maironi, Franco, 215
Manacorda, Guido, 195
Mandoul, J., 196
Manin, Daniele, 152, 369
Mantegazza, Vico, 106
Manzoni, Alessandro, 19, 105, 106, 111, 120, 134, 232, 350, 382
Manzoni, Romeo, 77
Maquiavel, Nicolau, 37
Maraviglia, Maurizio, 153, 369
Marchesini, Giovanni, 30
Marchi, Vittore, 76
Marescalchi, Arturo, 19

Marescotti, Ercole Arturo, 78
Mario, Alberto, 31, 351
Marrocco, Luigi, 76
Martelli, Diego, 277
Martire, Egilberto, 65
Martin du Gard, Roger, 363
Martov (pseudônimo de Iuli Osipovitch Tchederbaum), 288
Marvasi, Vittorio, 197
Marx, Karl, 349, 352, 353, 357, 360-362, 393
Marzorati, Angelo, 78
Massari, Amedeo, 78
Massis, Henri, 112, 183, 236, 237, 343
Mataloni, G. M., 169, 174
Matteotti, Giacomo, 371
Maura, Antonio 192
Maurras, Charles, 119, 171, 173, 174, 179-82, 192, 199, 237, 246, 251
Mazzini, Giuseppe, 221, 351, 361, 367
Meda, Filippo, 192, 375
Mehring, Franz, 93, 361
Melani, Alfredo, 77
Mencken, Henry Louis, 393
Mercurio, 321
Meriano, Francesco, 274
Mermeix (pseudônimo de Gabriel Terrail), 196
Messina, Giuseppe, 224
Metron, 334, 335
Michel, Francisque, 123
Michelangelo Buonarotti, 119
Michels, Robert, 125, 311, 312, 390
Milton, John, 117
Minunni, Italo, 277

402 | CADERNOS DO CÁRCERE

Mioni, Ugo, 206, 379
Misciatelli, Piero, 204
Missiroli, Mario, 37, 40, 41, 276, 353
Mitzakis, Michel, 131
Molitor, Jean-Philippe, 357
Momigliano, Felice, 78
Monanni, Giuseppe, 61, 357
Mondolfo, Rodolfo, 24, 28, 36, 350
Montagne, Havard de la, 177
Monti, Achille, 78
Monti, Vincenzo, 105, 363
Morando, Giuseppe, 76
Moreau, Edouard de, 210
Morelli, Gabriele, 78
Morello, Vincenzo, 61, 63-66, 356
Morselli, Enrico, 78
Mortara, Edgardo, 266
Mowrer, Edgard Ansel, 326
Muller, Albert, 209
Murri, Romolo, 77
Mussolini, Arnaldo, 376
Mussolini, Benito, 108, 267, 357, 369, 377, 378, 381, 386

Naldi, Filippo, 163, 276, 371
Napoleão I, imperador dos franceses (1804-1815), 63, 138, 152, 218, 363
Napoleão III, imperador dos franceses (1852-1870), 105, 106, 212
Nardi, Vittorio, 76
Nelson, Horatio, 138
Nenni, Pietro, 277
Nietzsche, Friedrich Wilhelm, 61, 62, 63
Nobile, Umberto, 364
Noguer, N., 235
Nono Villari, Maria, 78

Nordau, Max, 82, 360
Novaro, Angiolo Silvio, 76
Novus, aticulista de, 65
Nunzio, Paolo, 76

Obregón, Alvaro, 193, 376
O'Connell, Daniel, 192
Ojetti, Ugo, 112, 123, 124, 183, 365
Olgiati, Francesco, 37, 352
Omodeo, Adolfo, 62
Orestano, Francesco, 194, 376
Ottolenghi, Raffaele, 76
Ovecka, Veriano, 197
Owen, Robert, 207

Pacelli, Eugenio, 229
Pagni, Carlo, 276, 278
Palazzo, Costanza, 77
Palma Castiglione, G. E., 311
Pancrazi, Pietro, 110
Panzini, Alfredo, 78
Papini, Giovanni, 153, 195, 222, 230, 231, 245, 273, 382
Pareto, Vilfredo, 125
Parodi, Dominique, 76
Parsons, Wilfred, 237
Pascal, Blaise, 18, 19, 45, 89, 134
Pasqualigo, padre, 170
Pasolini Ponti, Maria, 277, 316
Passigli, Giuseppe, 277
Peano, Camillo, 75
Penne, Giovanni Battista, 76
Pera, Luigi, 77
Perla, Luigi, 309
Perucci, Ugo, 76
Pestalozzi, Johann Heinrich, 379
Pétain, Henri-Philippe-Omer, 380
Petri, Carlo, 386
Petrillo, Alfredo, 217, 381

ÍNDICE ONOMÁSTICO | **403**

Petrini, Domenico, 264
Philip, André, 187, 269, 295, 305, 374, 389
Piccardi, Guido, 76
Pieri, Piero, 147
Pietropaolo, Francesco, 78
Pilo, Mario, 77
Pio V (Antonio Ghislieri), papa (1566-1572), 166, 372
Pio VII (Giorgio Chiaramonti), papa (1800-1823), 194
Pio IX (Giovanni Maria Ferretti), papa (1846-1878), 174, 249, 358, 375
Pio X (Giuseppe Melchiorre Sarto), papa (1903-1914), 166, 171, 174-177, 181, 201, 213, 215, 237, 249, 372, 373, 378
Pio XI (Ambrogio Ratti), papa (1922-1939), 159, 167, 171, 172, 174, 210, 213, 215, 219, 221, 239, 353, 355, 370, 373, 381, 382
Pirandello, Luigi, 302, 304, 389
Pirou, Gaëtan, 387
Pirri, Pietro, 117, 216
Pisacane, Carlo, 221, 381
Pitágoras, 126
Pizzi, Italo, 78
Plekhanov, Georgui Valentinovitch, 34, 352
Plutarco, 226
Podrecca, Guido, 78
Poe, Edgard Allan, 364
Poggi, Alfredo, 35, 76
Pompei, Manlio, 147
Porro, Carlo, 127
Porro, Francesco, 78
Praga, Emilio, 364

Praz, Mario, 62, 357
Predieri, Giovanni, 77
Preziosi, Giovanni, 276
Proudhon, Pierre-Joseph, 44, 67, 353
Prümmer, Dominikus, 69, 358
Puccio, Luigi, 78
Pulci, Luigi, 134, 367
Puoti, Basilio, 74
Puricelli, Piero, 363

Quadrelli, Ercole, 77

Rampolla del Tindaro, Mariano, 180
Ravachol (pseudônimo de François August Koenigstein), 79, 80, 359
Raveggi, Pietro, 77
Reinach, Salomão, 226
Rémond, Paul, 197
Renan, Ernest, 41
Renda, Antonio, 76
Rensi, Giuseppe, 76
Rèpaci, Francesco Antonio, 340, 393
Rèpaci, Leonida, 393
Rerum Scriptor, ver Salvemini, Gaetano
Revel, Bruno, 390
Rezasco, Giulio, 366
Rezzara, Nicolò, 201, 213
Riazanov, David Borisovitch, 18, 349
Ricca-Salerno, Paolo, 125
Rice, J. P., 314
Ridolfi Bolognesi, Pietro, 76
Rivière, Jacques, 103, 362
Rizzi, Fortunato, 78

404 | CADERNOS DO CÁRCERE

Robespierre, Maximilien, 40
Rocco, Alfredo, 64
Rodolico, Niccolò, 194-196, 266, 376, 385
Roesner, E., 152
Rogers, Harr, 321
Roguenant, Arthur, 372
Rolland, Romain, 112
Romano, Pietro, 77
Romier, Lucien, 210, 211, 268, 305, 380, 390
Roosevelt, Franklin Delano, presidente dos Estados Unidos (1932-1945), 285
Rops, Daniel, 393
Rosa (ver Luxemburg, Rosa)
Rosa, Enrico, 38, 112, 168, 169, 172, 173, 176-179, 183, 199, 204, 221, 231, 365, 379
Rosenberg, Alfred, 182, 374
Rosmini Serbati, Antonio, 69, 106, 358, 363
Rossi Casè, Luigi, 77
Rousseau, Jean-Jacques, 180, 181, , 379
Rovani, Giuseppe, 364
Royce, Josiah, 309, 390
Ruffini, Francesco, 19, 195, 350, 377
Ruggeri, Ruggero, 64

Sacchi, Alessandro, 77
Sacchi, Bice, 77
Sagot de Vauroux, monsenhor, 179
Salandra, Antonio, 217, 380
Salata, Francesco, 54, 55, 180
Salimbene da Parma, 197, 377
Saltet, L., 178
Salvatorelli, Luigi, 250

Salvemini, Gaetano, 364, 369
Salvioli, Giuseppe, 28, 351
Sangnier, Marc, 196, 373
Sanna, Giovanni, 28
Sartiaux, Felix, 247, 250, 251
Sassoli de' Bianchi, Guido, 216
Sbarretti, Donato, 198
Schiappoli, Domenico, 46
Schiavi, Alessandro, 269, 386
Schlund, Erhard, 213
Schneider, Eugène, 69, 330, 358
Scremin, Luigi, 69, 358
Seeley, John Robert, 137, 138, 368
Seghezza, Felice, 321
Segura y Saenz, Pedro, 228, 391
Serao, Matilde, 17, 349
Sergi, Giuseppe, 77
Serpieri, Arrigo, 271
Shakespeare, William, 110, 124, 132
Siegfried, André, 305, 327, 390
Siotto-Pintor, Manfredi, 77
Smith, Alfred E., 380
Socini, Lelio, 381
Söderblom, Nathan, 205, 379
Solaro della Margarita, Clemente, 195, 377
Solmi, Arrigo, 147
Sombart, Werner, 387
Sorel, Georges, 24, 35, 37, 40, 41, 70, 311, 326, 353, 390
Sorrentino, Lamberti, 317, 318
Sparacio, Santi, 128, 129
Spaventa, Renato, 266, 339, 385
Spengler, Oswald, 311, 391
Speziale, G. C., 115, 116
Spirito, Ugo, 304, 354, 386, 387, 389
Squillace, Fausto, 122
Sraffa, Piero, 391

DOS CADERNOS MISCELÂNEOS | **405**

Stendhal (pseudônimo de Henry Beyle), 63
Strauss, Richard, 105
Suardi, Gianforte, 200, 201, 202, 213
Sue, Eugène, 64, 109, 364

Taine, Hippolyte-Adolphe, 249
Tajani, Filippo, 322
Talleyrand-Périgord, Charles--Maurice, 218
Taparelli d'Azeglio, Luigi, 202, 355
Tarchetti, Iginio Ugo, 364
Tardieu, André, 305
Taussig, Frank William, 392
Taylor, Frederick Winslow, 274, 286
Tecchi, Bonaventura, 90, 91, 361
Terlinden, Charles, 239
Thomas, Albert, 198, 208, 377
Tilgher, Adriano, 90, 231, 360
Tittoni, Tommaso, 200, 377
Togliatti, Palmiro, 370
Tolstoi, Leão Nikolaievitch, 112, 113, 124
Tomás de Aquino, 220, 245, 352, 358
Tommaseo, Niccolò, 152, 369
Toscano Stanziale, Nicola, 76
Tosini, Casimiro, 76
Treitschke, Heinrich von, 64
Trompeo, Pietro Paolo, 19, 350
Trotski (pseudônimo de Leão Davidovitch Bronstein), 287, 288, 388
Tucci, Giuseppe, 107, 363
Turati, Filippo, 375
Turati, Giampiero, 77
Turchi, Nicola, 226

Turgueniev, Ivan Sergueievitch, 153
Turmel, Joseph, 178, 235, 236, 247, 250, 251, 382
Tyan, M.T.Z., 122
Tyrrell, George, 170, 236

Valdarmini, Angelo, 78
Valdés, Juan de, 39
Valera, Paolo, 61, 63
Varisco, Bernardino, 76
Vecchi, Nicola, 277
Vercesi, Ernesto, 251
Verdi, Giuseppe, 364
Viazzi, Pio, 78
Vico, Giambattista, 82, 280
Vidari, Giovanni, 77
Villari, Luigi, 78
Villari, Pasquale, 78
Vítor Emanuel II, rei da Sardenha (1849-1861) e da Itália (1861-1878), 31, 351
Volpicelli, Arnaldo, 354, 386
Voltaire (pseudônimo de François-Marie Arouet) 119, 180
Weiss, Franz, 125-128, 366
Wells, Herbert George, 138, 368
Windthorst, Ludwig, 192
Würzburger, E., 152

Zanardelli, Giuseppe, 180, 374
Zerboglio, Adolfo, 77, 104
Zucca, Antioco, 77
Zuccarini, Oliviero, 276
Zucchelli, Torquato, 78
Zumbini, Bonaventura, 153, 370

*O texto deste livro foi composto em
Minion Pro, em corpo 11,5/15,5.*

*A impressão se deu sobre papel off-white
pelo Sistema Digital Instant Duplex
da Divisão Gráfica da
Distribuidora Record.*